맛있는
중국어
新HSK

KB210108

KB184284

4급

단어 1200

JRC 중국어연구소 기획·저

맛있는 books

4급 단어 1200

기획·저	JRC 중국어연구소
발행인	김효정
발행처	맛있는books
등록번호	제2006-000273호

주소	서울시 서초구 명달로 54 JRC빌딩 7층
전화	구입문의 02·567·3861 I 02·567·3837
	내용문의 02·567·3860
팩스	02·567·2471
홈페이지	www.booksJRC.com

★ 맛있는 중국어 新HSK ★
4급 단어 1200, 이렇게 학습하세요

맛있는 중국어 新HSK 4급 단어 1200은 40일 완성으로, 〈단어 학습 → 확인 학습〉의 학습과 복습이 가능하도록 체계적으로 구성되어 있습니다.

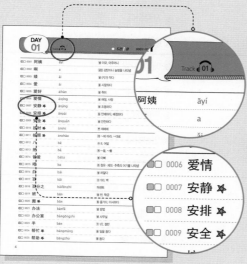

1 단어 먼저 들어 보기

학습하기 전에 먼저 MP3 파일을 들으며 눈으로 단어를 익혀 보세요.

2 단어 익히기

2013 한반(汉办) 개정 단어가 정확하게 정리되어 있어요. 잘 외워지지 않는 단어는 체크란에 표시해 두고, 시험 전에 체크되어 있는 단어만 집중적으로 확인해 보세요.

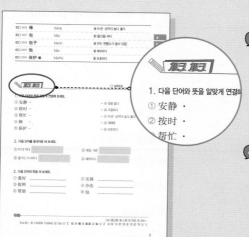

3 학습 단어 확인하기

4급 단어 중, 꼭 외워야 하는 중요 단어만 골라 체크체크 문제를 구성했습니다. 틀린 단어는 꼭 확인하고 넘어가세요.

4 녹음을 다시 들으며 복습하기

모든 단어는 '중국어-한국어-중국어'로 녹음되어 있습니다. 중국어를 들으며 한국어 뜻을 말해 보고, 한국어를 들으며 중국어 단어를 말해 보세요.

『맛있는 중국어 新HSK 4급 단어 1200』의 MP3 파일은 맛있는북스 홈페이지(www.booksJRC.com)에서 무료로 다운로드 할 수 있습니다.

☐☐ 0001	阿姨	āyí	명 이모, 아주머니
☐☐ 0002	啊	a	감탄 감탄이나 놀람을 나타냄
☐☐ 0003	矮	ǎi	형 (키가) 작다
☐☐ 0004	爱	ài	동 사랑하다
☐☐ 0005	爱好	àihào	명 취미
☐☐ 0006	爱情	àiqíng	명 애정, 사랑
☐☐ 0007	安静 ✄	ānjìng	형 조용하다
☐☐ 0008	安排 ✄	ānpái	동 안배하다, 배정하다
☐☐ 0009	安全 ✄	ānquán	형 안전하다
☐☐ 0010	按时 ✄	ànshí	부 제때에
☐☐ 0011	按照 ✄	ànzhào	개 ~에 따라, ~대로
☐☐ 0012	八	bā	수 8, 여덟
☐☐ 0013	把	bǎ	개 ~을, ~를
☐☐ 0014	爸爸	bàba	명 아빠
☐☐ 0015	吧	ba	조 청유·제의·추측의 어기를 나타냄
☐☐ 0016	白	bái	형 하얗다
☐☐ 0017	百	bǎi	수 100, 백
☐☐ 0018	百分之	bǎifēnzhī	퍼센트
☐☐ 0019	班	bān	명 반, 학급
☐☐ 0020	搬 ✄	bān	동 옮기다, 이사하다
☐☐ 0021	办法	bànfǎ	명 방법
☐☐ 0022	办公室	bàngōngshì	명 사무실
☐☐ 0023	半	bàn	수 1/2, 절반
☐☐ 0024	帮忙 ✄	bāngmáng	동 일을 돕다
☐☐ 0025	帮助 ✄	bāngzhù	동 돕다

☐☐ 0026	棒	bàng	휑 (수준·성적이) 높다, 좋다
☐☐ 0027	包	bāo	통 (물건을) 싸다
☐☐ 0028	包子	bāozi	명 만두, 찐빵[소가 들어 있음]
☐☐ 0029	饱	bǎo	휑 배부르다
☐☐ 0030	保护 ✿	bǎohù	통 보호하다

체크 체크

☐ 실력점검 _____ /15 ☐ 오답확인

1. 다음 단어와 뜻을 알맞게 연결해 보세요.

① 安静 ·　　　　　　　　　　　　· ⓐ 일을 돕다

② 按时 ·　　　　　　　　　　　　· ⓑ 조용하다

③ 帮忙 ·　　　　　　　　　　　　· ⓒ (수준·성적이) 높다, 좋다

④ 棒　 ·　　　　　　　　　　　　· ⓓ 제때에

⑤ 保护 ·　　　　　　　　　　　　· ⓔ 보호하다

2. 다음 단어를 중국어로 써 보세요.

① (키가) 작다 [   ]　　② 애정, 사랑 [   ]

③ 옮기다, 이사하다 [   ]　　④ 배부르다 [   ]

3. 다음 단어의 뜻을 써 보세요.

① 爱好 _____　　② 安排 _____

③ 按照 _____　　④ 办法 _____

⑤ 帮助 _____　　⑥ 包 _____

~대로 ④ 방법 ⑤ 돕다 ⑥ (물건을) 싸다.
1. ① ⓑ ② ⓓ ③ ⓐ ④ ⓒ ⑤ ⓔ 2. ① 矮 ② 爱情 ③ 搬 ④ 饱 3. ① 취미, 애호하다 ② 안배하다, 배치하다 ③ ~에 따라,

☐☐ 0031	保证	bǎozhèng	图 보장하다, 보증하다
☐☐ 0032	报名 ✿	bàomíng	图 신청하다
☐☐ 0033	报纸	bàozhǐ	图 신문
☐☐ 0034	抱	bào	图 안다, 포옹하다
☐☐ 0035	抱歉 ✿	bàoqiàn	图 미안해하다
☐☐ 0036	杯子	bēizi	图 잔, 컵
☐☐ 0037	北方	běifāng	图 북방, 북부
☐☐ 0038	北京	Běijīng	고유 베이징
☐☐ 0039	倍	bèi	양 배, 곱절
☐☐ 0040	被	bèi	개 ~에 의해[피동]
☐☐ 0041	本	běn	양 권[책을 세는 단위]
☐☐ 0042	本来	běnlái	부 본래, 원래
☐☐ 0043	笨	bèn	형 멍청하다, 어리석다
☐☐ 0044	鼻子	bízi	图 코
☐☐ 0045	比	bǐ	개 ~보다 图 비교하다
☐☐ 0046	比较 ✿	bǐjiào	부 비교적 图 비교하다
☐☐ 0047	比如	bǐrú	접 예를 들어
☐☐ 0048	比赛 ✿	bǐsài	图 경기, 시합
☐☐ 0049	笔记本 ✿	bǐjìběn	图 수첩
☐☐ 0050	必须	bìxū	부 반드시, 꼭
☐☐ 0051	毕业	bìyè	图 졸업하다
☐☐ 0052	变化 ✿	biànhuà	图 변화 图 변화하다, 달라지다
☐☐ 0053	遍	biàn	양 번, 차례
☐☐ 0054	标准 ✿	biāozhǔn	图 표준, 기준
☐☐ 0055	表格 ✿	biǎogé	图 표, 양식, 서식

☐☐ 0056	表示 ✄	biǎoshì	통 표시하다, 드러내다
☐☐ 0057	表演 ✄	biǎoyǎn	통 공연하다
☐☐ 0058	表扬 ✄	biǎoyáng	통 칭찬하다
☐☐ 0059	别	bié	부 ~하지 마라
☐☐ 0060	别人	biéren	대 다른 사람

체크 체크

□ 실력점검 _____ /15   ■ 오답확인

1. 다음 단어와 뜻을 알맞게 연결해 보세요.

① 保证 ·

② 被 ·

③ 本来 ·

④ 表示 ·

⑤ 比如 ·

· ⓐ 본래, 원래

· ⓑ 보장하다, 보증하다

· ⓒ 표시하다, 드러내다

· ⓓ ~에 의해[피동]

· ⓔ 예를 들어

2. 다음 단어를 중국어로 써 보세요.

① 신문

② 배, 곱절

③ 경기, 시합

④ 졸업하다

3. 다음 단어의 뜻을 써 보세요.

① 抱歉 _____

② 比较 _____

③ 必须 _____

④ 变化 _____

⑤ 标准 _____

⑥ 表扬 _____

정답

③ 반드시, 꼭 ④ 변화(하다), 달라지다(변화하다) ⑤ 표준, 기준 ⑥ 칭찬하다

1. ① ⓑ, ② ⓓ, ③ ⓐ, ④ ⓒ, ⑤ ⓔ   2. ① 报纸 ② 倍 ③ 比赛 ④ 毕业   3. ① 미안해하다, 사과하다 ② 비교적, 비교하다

7

□□ 0061	宾馆	bīnguǎn	몡 호텔
□□ 0062	冰箱 ✗	bīngxiāng	몡 냉장고
□□ 0063	饼干 ✗	bǐnggān	몡 과자
□□ 0064	并且	bìngqiě	쩹 게다가, 또한
□□ 0065	博士 ✗	bóshì	몡 박사
□□ 0066	不	bù	틧 부정을 나타냄
□□ 0067	不但…而且… ✗	búdàn…érqiě…	쩹 ~뿐만 아니라 게다가
□□ 0068	不得不 ✗	bùdébù	틧 부득이하게, 어쩔 수 없이
□□ 0069	不管 ✗	bùguǎn	쩹 ~에 관계없이
□□ 0070	不过 ✗	búguò	쩹 그러나, 하지만
□□ 0071	不仅 ✗	bùjǐn	쩹 ~뿐만 아니라
□□ 0072	不客气	bú kèqi	천만에요
□□ 0073	部分 ✗	bùfen	몡 부분
□□ 0074	擦 ✗	cā	뙁 닦다, 문지르다
□□ 0075	猜 ✗	cāi	뙁 추측하다
□□ 0076	材料 ✗	cáiliào	몡 재료
□□ 0077	菜	cài	몡 채소, 요리
□□ 0078	菜单	càidān	몡 메뉴
□□ 0079	参观 ✗	cānguān	뙁 참관하다, 시찰하다
□□ 0080	参加 ✗	cānjiā	뙁 참가하다
□□ 0081	餐厅 ✗	cāntīng	몡 식당
□□ 0082	草	cǎo	몡 풀
□□ 0083	厕所	cèsuǒ	몡 화장실
□□ 0084	层	céng	얭 층[건물의 층을 세는 단위]
□□ 0085	茶	chá	몡 차

□□ 0086	差	chà	형 나쁘다 동 부족하다
□□ 0087	差不多 ✦	chàbuduō	형 비슷하다 부 대체로, 거의
□□ 0088	长	cháng	형 길다
□□ 0089	长城	Chángchéng	고유 만리장성
□□ 0090	长江	Cháng Jiāng	고유 장강

b

c

체크 체크

□ 실력점검 ____ /15 ■ 오답확인

1. 다음 단어와 뜻을 알맞게 연결해 보세요.

① 并且 ·

② 不管 ·

③ 材料 ·

④ 层 ·

⑤ 差 ·

· ⓐ 재료

· ⓑ 층

· ⓒ 게다가, 또한

· ⓓ 나쁘다, 부족하다

· ⓔ ~에 관계없이

2. 다음 단어를 중국어로 써 보세요.

① 냉장고

② 부득이하게

③ 닦다, 문지르다

④ 참가하다

3. 다음 단어의 뜻을 써 보세요.

① 宾馆 _____

② 不但…而且… _____

③ 不仅 _____

④ 猜 _____

⑤ 参观 _____

⑥ 餐厅 _____

9

□□ 0091	尝 ✻	cháng	동 맛보다
□□ 0092	场	chǎng	양 번, 차례[문예·오락·체육 활동 등에 쓰임]
□□ 0093	唱歌	chànggē	동 노래 부르다
□□ 0094	超过 ✻	chāoguò	동 초과하다
□□ 0095	超市	chāoshì	명 슈퍼마켓, 마트
□□ 0096	衬衫	chènshān	명 셔츠, 블라우스
□□ 0097	成功 ✻	chénggōng	동 성공하다
□□ 0098	成绩 ✻	chéngjì	명 성적
□□ 0099	成为 ✻	chéngwéi	동 ~이 되다
□□ 0100	诚实 ✻	chéngshí	형 성실하다, 진실하다
□□ 0101	城市	chéngshì	명 도시
□□ 0102	乘坐 ✻	chéngzuò	동 (차·배 등을) 타다
□□ 0103	吃	chī	동 먹다
□□ 0104	吃惊 ✻	chījīng	동 놀라다
□□ 0105	迟到	chídào	동 지각하다
□□ 0106	重新 ✻	chóngxīn	부 다시, 재차
□□ 0107	抽烟 ✻	chōuyān	동 담배를 피우다
□□ 0108	出	chū	동 (안에서 밖으로) 나다, 내다
□□ 0109	出差 ✻	chūchāi	동 출장 가다
□□ 0110	出发	chūfā	동 출발하다
□□ 0111	出生	chūshēng	동 출생하다
□□ 0112	出现	chūxiàn	동 출현하다, 나타나다
□□ 0113	出租车	chūzūchē	명 택시
□□ 0114	除了	chúle	개 ~을 제외하고
□□ 0115	厨房	chúfáng	명 주방

☐☐ 0116 穿	chuān	동 (옷·신발 등을) 입다, 신다	
☐☐ 0117 传真	chuánzhēn	명 팩스	
☐☐ 0118 船	chuán	명 배	
☐☐ 0119 窗户 ✦	chuānghu	명 창문	
☐☐ 0120 春	chūn	명 봄	

C

체크 체크

☐ 실력점검 ____ /15   ☐ 오답확인

1. 다음 단어와 뜻을 알맞게 연결해 보세요.

① 场 ·

② 成为 ·

③ 乘坐 ·

④ 重新 ·

⑤ 除了 ·

· ⓐ 번, 차례

· ⓑ (차·배 등을) 타다

· ⓒ ~이 되다

· ⓓ ~을 제외하고

· ⓔ 다시, 재차

2. 다음 단어를 중국어로 써 보세요.

① 맛보다

② 성적

③ 지각하다

④ 출발하다

3. 다음 단어의 뜻을 써 보세요.

① 超过 _____

② 成功 _____

③ 诚实 _____

④ 城市 _____

⑤ 吃惊 _____

⑥ 抽烟 _____

☐☐ 0121	词典	cídiǎn	몡 사전
☐☐ 0122	词语	cíyǔ	몡 어휘, 단어
☐☐ 0123	次	cì	양 번, 차례[횟수를 세는 단위]
☐☐ 0124	聪明	cōngming	톙 똑똑하다
☐☐ 0125	从	cóng	개 ~로부터
☐☐ 0126	从来 ✘	cónglái	뷔 여태껏, 지금까지
☐☐ 0127	粗心 ✘	cūxīn	톙 세심하지 못하다
☐☐ 0128	存	cún	동 저축하다, 보존하다
☐☐ 0129	错	cuò	톙 틀리다
☐☐ 0130	错误 ✘	cuòwù	몡 착오, 잘못
☐☐ 0131	答案	dá'àn	몡 답안
☐☐ 0132	打扮 ✘	dǎban	동 꾸미다, 단장하다
☐☐ 0133	打电话	dǎ diànhuà	전화를 걸다
☐☐ 0134	打篮球	dǎ lánqiú	농구를 하다
☐☐ 0135	打扰 ✘	dǎrǎo	동 방해하다
☐☐ 0136	打扫 ✘	dǎsǎo	동 청소하다
☐☐ 0137	打算 ✘	dǎsuan	동 ~할 생각이다, 계획하다
☐☐ 0138	打印 ✘	dǎyìn	동 프린트하다
☐☐ 0139	打招呼	dǎ zhāohu	동 인사하다
☐☐ 0140	打折 ✘	dǎzhé	동 할인하다
☐☐ 0141	打针 ✘	dǎzhēn	동 주사를 놓다
☐☐ 0142	大	dà	톙 크다
☐☐ 0143	大概 ✘	dàgài	뷔 대략, 아마
☐☐ 0144	大家	dàjiā	대 모두, 모든 사람
☐☐ 0145	大使馆	dàshǐguǎn	몡 대사관

☐☐ 0146 **大约** ✄	dàyuē	閉 대략, 대충
☐☐ 0147 **大夫**	dàifu	몡 의사
☐☐ 0148 **带**	dài	몡 띠, 벨트 통 휴대하다, 데리고 가다
☐☐ 0149 **戴** ✄	dài	통 착용하다, 쓰다, 끼다
☐☐ 0150 **担心** ✄	dānxīn	통 걱정하다, 염려하다

c

d

체크 체크

☐ 실력점검 _____ /15 ☐ 오답확인

1. 다음 단어와 뜻을 알맞게 연결해 보세요.

① 词语 ·　　　　　　　　　　· ⓐ 답안

② 打扰 ·　　　　　　　　　　· ⓑ 인사하다

③ 打招呼 ·　　　　　　　　　· ⓒ 어휘, 단어

④ 大概 ·　　　　　　　　　　· ⓓ 대략, 아마

⑤ 答案 ·　　　　　　　　　　· ⓔ 방해하다

2. 다음 단어를 중국어로 써 보세요.

① 착오, 잘못 [   ]　　　　② 꾸미다, 단장하다 [   ]

③ 청소하다 [   ]　　　　④ 할인하다 [   ]

3. 다음 단어의 뜻을 써 보세요.

① 从来 _____　　　② 粗心 _____

③ 打算 _____　　　④ 大约 _____

⑤ 带 _____　　　⑥ 戴 _____

정답

1. ① ⓒ, ② ⓔ, ③ ⓑ, ④ ⓓ, ⑤ ⓐ　2. ① 错误 ② 打扮 ③ 打扫 ④ 打折　3. ① 여태껏, 지금까지 ② 세심하지 못
함, 부주의하다 ③ 계획하다 ④ 대략, 대충 ⑤ 띠, 벨트, 휴대하다, 데리고 가다 ⑥ 착용하다, 쓰다, 끼다

☐☐ 0151	蛋糕	dàngāo	몡 케이크
☐☐ 0152	当 ✖	dāng	통 되다, 맡다
☐☐ 0153	当然	dāngrán	혱 당연하다, 물론이다
☐☐ 0154	当时	dāngshí	몡 당시, 그때
☐☐ 0155	刀	dāo	몡 칼
☐☐ 0156	导游 ✖	dǎoyóu	몡 가이드
☐☐ 0157	到	dào	개 ~까지 통 도착하다
☐☐ 0158	到处 ✖	dàochù	뷔 도처에, 곳곳에
☐☐ 0159	到底 ✖	dàodǐ	뷔 도대체
☐☐ 0160	倒	dào	뷔 오히려, 도리어 *dǎo 통 쓰러지다, 넘어지다
☐☐ 0161	道歉 ✖	dàoqiàn	통 사과하다
☐☐ 0162	得意	déyì	혱 득의하다, 만족하다
☐☐ 0163	地	de	조 동사 앞에서 부사어를 연결함
☐☐ 0164	的	de	조 명사 앞에서 관형어를 연결함
☐☐ 0165	得	de	조 동사와 형용사 뒤에서 정도와 가능을 보충함
☐☐ 0166	得	děi	조통 마땅히 ~해야 한다
☐☐ 0167	灯	dēng	몡 등
☐☐ 0168	登机牌	dēngjīpái	몡 탑승권
☐☐ 0169	等	děng	조 등, 따위[명사 나열 후 한정을 나타냄]
☐☐ 0170	等	děng	통 기다리다
☐☐ 0171	低	dī	혱 낮다
☐☐ 0172	底	dǐ	몡 바닥, 밑
☐☐ 0173	地点 ✖	dìdiǎn	몡 지점
☐☐ 0174	地方	dìfang	몡 곳, 장소
☐☐ 0175	地球 ✖	dìqiú	몡 지구

☐☐ 0176	**地铁**	dìtiě	명	지하철
☐☐ 0177	**地图**	dìtú	명	지도
☐☐ 0178	**地址** ✗	dìzhǐ	명	주소
☐☐ 0179	**弟弟**	dìdi	명	남동생
☐☐ 0180	**第一**	dì-yī	수	첫 번째, 제일

d

체크 체크

☐ 실력점검 _____ /15   ☐ 오답확인

1. 다음 단어와 뜻을 알맞게 연결해 보세요.

① 当然 •

② 到处 •

③ 道歉 •

④ 登机牌 •

⑤ 地球 •

• ⓐ 사과하다

• ⓑ 도처에, 곳곳에

• ⓒ 탑승권

• ⓓ 지구

• ⓔ 당연하다, 물론이다

2. 다음 단어를 중국어로 써 보세요.

① 케이크 _____

② 가이드 _____

③ 도대체 _____

④ 지하철 _____

3. 다음 단어의 뜻을 써 보세요.

① 当 _____

② 当时 _____

③ 得意 _____

④ 低 _____

⑤ 地图 _____

⑥ 地址 _____

15

☐☐ 0181 点	diǎn	양 시[시간을 세는 단위] 동 주문하다
☐☐ 0182 电脑	diànnǎo	명 컴퓨터
☐☐ 0183 电视	diànshì	명 텔레비전
☐☐ 0184 电梯	diàntī	명 엘리베이터
☐☐ 0185 电影	diànyǐng	명 영화
☐☐ 0186 电子邮件	diànzǐ yóujiàn	명 전자우편, 이메일
☐☐ 0187 调查 ✖	diàochá	동 조사하다
☐☐ 0188 掉	diào	동 떨어지다
☐☐ 0189 丢	diū	동 잃어버리다
☐☐ 0190 东	dōng	명 동쪽
☐☐ 0191 东西	dōngxi	명 물건, 것
☐☐ 0192 冬	dōng	명 겨울
☐☐ 0193 懂	dǒng	동 알다, 이해하다
☐☐ 0194 动物 ✖	dòngwù	명 동물
☐☐ 0195 动作	dòngzuò	명 동작
☐☐ 0196 都	dōu	부 모두
☐☐ 0197 读	dú	동 읽다, 공부하다
☐☐ 0198 堵车 ✖	dǔchē	동 교통이 막히다
☐☐ 0199 肚子	dùzi	명 (사람이나 동물의) 배, 복부
☐☐ 0200 短	duǎn	형 (길이가) 짧다
☐☐ 0201 短信	duǎnxìn	명 문자 메시지
☐☐ 0202 段	duàn	양 (한)동안, 기간, 구간
☐☐ 0203 锻炼 ✖	duànliàn	동 단련하다
☐☐ 0204 对	duì	형 맞다, 정확하다
☐☐ 0205 对	duì	개 ~에 대해

■□ 0206	**对不起**	duìbuqǐ	동	미안하다, 죄송하다
■□ 0207	**对话**	duìhuà	명	대화
■□ 0208	**对面**	duìmiàn	명	맞은편
■□ 0209	**对于**	duìyú	개	~에 대해
■□ 0210	**多**	duō	형	(수량이) 많다

d

체크 체크

□ 실력점검 _____ /15   ■ 오답확인

1. 다음 단어와 뜻을 알맞게 연결해 보세요.

① 电梯 ·   · ⓐ 교통이 막히다
② 调查 ·   · ⓑ 동물
③ 动物 ·   · ⓒ ~에 대해
④ 堵车 ·   · ⓓ 엘리베이터
⑤ 对 ·   · ⓔ 조사하다

2. 다음 단어를 중국어로 써 보세요.

① 컴퓨터   ② 전자우편, 이메일

③ 잃어버리다   ④ 단련하다

3. 다음 단어의 뜻을 써 보세요.

① 电影 _____   ② 掉 _____
③ 读 _____   ④ 肚子 _____
⑤ 短信 _____   ⑥ 对于 _____

1. ① ⓓ, ② ⓔ, ③ ⓑ, ④ ⓐ, ⑤ ⓒ   2. ① 电脑 ② 电子邮件 ③ 丢 ④ 锻炼   3. ① 영화 ② 떨어지다, 떨어뜨리다 ③ 읽다 ④ 배 ⑤ 문자 메시지 (휴대 전화의 문자) ⑥ ~에 대해

17

☐☐ 0211	多么	duōme	閉 얼마나[의문문에서 정도를 나타냄]
☐☐ 0212	多少	duōshao	대 얼마, 몇
☐☐ 0213	饿	è	혱 배고프다
☐☐ 0214	儿童	értóng	몡 아동, 어린이
☐☐ 0215	儿子	érzi	몡 아들
☐☐ 0216	而	ér	젭 그리고, 그러나
☐☐ 0217	耳朵	ěrduo	몡 귀
☐☐ 0218	二	èr	주 2, 둘
☐☐ 0219	发	fā	동 보내다, 교부하다
☐☐ 0220	发烧	fāshāo	동 열이 나다
☐☐ 0221	发生 ✖	fāshēng	동 발생하다, 생기다
☐☐ 0222	发现 ✖	fāxiàn	동 발견하다
☐☐ 0223	发展 ✖	fāzhǎn	몡 발전 동 발전하다
☐☐ 0224	法律	fǎlǜ	몡 법률
☐☐ 0225	翻译 ✖	fānyì	몡 번역(사), 통역(사) 동 번역(통역)하다
☐☐ 0226	烦恼 ✖	fánnǎo	혱 걱정하다, 고민하다
☐☐ 0227	反对	fǎnduì	동 반대하다
☐☐ 0228	饭店	fàndiàn	몡 호텔
☐☐ 0229	方便 ✖	fāngbiàn	혱 편리하다 동 편리하게 하다
☐☐ 0230	方法	fāngfǎ	몡 방법
☐☐ 0231	方面	fāngmiàn	몡 방면
☐☐ 0232	方向	fāngxiàng	몡 방향
☐☐ 0233	房东	fángdōng	몡 집주인
☐☐ 0234	房间	fángjiān	몡 방
☐☐ 0235	放	fàng	동 두다, 놓다, 넣다

☐☐ 0236	放弃 ✖	fàngqì	통 포기하다	
☐☐ 0237	放暑假 ✖	fàng shǔjià	여름 방학을 하다	
☐☐ 0238	放松 ✖	fàngsōng	통 늦추다, 긴장을 풀다	
☐☐ 0239	放心	fàngxīn	통 안심하다, 마음을 놓다	
☐☐ 0240	飞机	fēijī	명 비행기	

체크 체크

☐ 실력점검 _____ /15   ☐ 오답확인

1. 다음 단어와 뜻을 알맞게 연결해 보세요.

① 儿童 ·   · ⓐ 아동, 어린이

② 发现 ·   · ⓑ 법률

③ 法律 ·   · ⓒ 발견하다

④ 烦恼 ·   · ⓓ 편리하다, 편리하게 하다

⑤ 方便 ·   · ⓔ 걱정하다, 고민하다

2. 다음 단어를 중국어로 써 보세요.

① 열이 나다 [   ]   ② 반대하다 [   ]

③ 방 [   ]   ④ 포기하다 [   ]

3. 다음 단어의 뜻을 써 보세요.

① 儿子 _____   ② 发展 _____

③ 翻译 _____   ④ 方法 _____

⑤ 放松 _____   ⑥ 放心 _____

정답

1. ① ⓐ, ② ⓒ, ③ ⓑ, ④ ⓔ, ⑤ ⓓ 2. ① 发烧 ② 反对 ③ 房间 ④ 放弃 3. ① 아들(자) ② 발전하다(되다) ③ 번역(하다) ④ 방법, 방식 ⑤ 늦추다, 긴장을 풀다 ⑥ 안심하다, 마음을 놓다

☐☐ 0241	非常	fēicháng	분	매우, 대단히
☐☐ 0242	分	fēn	양 (시간의) 분 동 나누다
☐☐ 0243	分钟	fēnzhōng	명 분[시간의 길이를 나타냄]
☐☐ 0244	份	fèn	양 부, 통, 권[문서·신문 등을 세는 단위]
☐☐ 0245	丰富 ✄	fēngfù	형 풍부하다
☐☐ 0246	否则 ✄	fǒuzé	접 그렇지 않으면
☐☐ 0247	服务员	fúwùyuán	명 종업원
☐☐ 0248	符合 ✄	fúhé	동 부합하다
☐☐ 0249	父亲	fùqīn	명 부친, 아버지
☐☐ 0250	付款	fùkuǎn	동 돈을 지불하다
☐☐ 0251	负责 ✄	fùzé	동 책임지다, 맡다
☐☐ 0252	附近 ✄	fùjìn	명 부근, 근처
☐☐ 0253	复习	fùxí	동 복습하다
☐☐ 0254	复印 ✄	fùyìn	동 복사하다
☐☐ 0255	复杂 ✄	fùzá	형 복잡하다
☐☐ 0256	富	fù	형 부유하다
☐☐ 0257	改变 ✄	gǎibiàn	동 변화하다, 고치다
☐☐ 0258	干杯 ✄	gānbēi	동 건배하다
☐☐ 0259	干净 ✄	gānjìng	형 깨끗하다
☐☐ 0260	赶	gǎn	동 뒤쫓다
☐☐ 0261	敢	gǎn	조동 과감하게 ~하다
☐☐ 0262	感动 ✄	gǎndòng	동 감동하다
☐☐ 0263	感觉	gǎnjué	명 감각 동 느끼다
☐☐ 0264	感冒 ✄	gǎnmào	동 감기에 걸리다
☐☐ 0265	感情	gǎnqíng	명 감정

⬜⬜ 0266	**感谢**	gǎnxiè	통	고맙다
⬜⬜ 0267	**感兴趣** ✦	gǎn xìngqù		관심이 있다, 좋아하다
⬜⬜ 0268	**干**	gàn	통	하다
⬜⬜ 0269	**刚**	gāng	부	막, 방금
⬜⬜ 0270	**刚才**	gāngcái	명	방금 전

체크 체크

1. 다음 단어와 뜻을 알맞게 연결해 보세요.

① 丰富 ·

② 符合 ·

③ 负责 ·

④ 复杂 ·

⑤ 赶 ·

· ⓐ 부합하다

· ⓑ 풍부하다

· ⓒ 복잡하다

· ⓓ 뒤쫓다

· ⓔ 책임지다, 맡다

2. 다음 단어를 중국어로 써 보세요.

① 복습하다

② 건배하다

③ 감동하다

④ 감기에 걸리다

3. 다음 단어의 뜻을 써 보세요.

① 否则 _____

② 付款 _____

③ 改变 _____

④ 干净 _____

⑤ 感情 _____

⑥ 感谢 _____

1. ① ⓑ, ② ⓐ, ③ ⓔ, ④ ⓒ, ⑤ ⓓ 2. ① 复习 ② 干杯 ③ 感动 ④ 感冒 3. ① 그렇지 않으면 ② 돈을 지불하다
③ 변화하다, 고치다 ④ 깨끗하다 ⑤ 감정 ⑥ 고맙다

☐☐ 0271	高	gāo	형 높다
☐☐ 0272	高速公路	gāosù gōnglù	명 고속도로
☐☐ 0273	高兴	gāoxìng	형 기쁘다, 유쾌하다
☐☐ 0274	告诉	gàosu	동 알리다
☐☐ 0275	哥哥	gēge	명 형, 오빠
☐☐ 0276	胳膊	gēbo	명 팔
☐☐ 0277	个	gè	양 명, 개[사람이나 사물을 세는 단위]
☐☐ 0278	个子	gèzi	명 키
☐☐ 0279	各	gè	대 각, 여러 가지
☐☐ 0280	给	gěi	동 주다
☐☐ 0281	根据 ✘	gēnjù	개 ~에 근거하여
☐☐ 0282	跟	gēn	개 ~와, ~과
☐☐ 0283	更	gèng	부 더, 더욱
☐☐ 0284	工资 ✘	gōngzī	명 월급
☐☐ 0285	工作	gōngzuò	동 일하다
☐☐ 0286	公共汽车	gōnggòng qìchē	명 버스
☐☐ 0287	公斤	gōngjīn	양 킬로그램(kg)
☐☐ 0288	公里	gōnglǐ	양 킬로미터(km)
☐☐ 0289	公司	gōngsī	명 회사
☐☐ 0290	公园	gōngyuán	명 공원
☐☐ 0291	功夫	gōngfu	명 재주, 시간
☐☐ 0292	共同 ✘	gòngtóng	형 공동의, 공통의
☐☐ 0293	狗	gǒu	명 개
☐☐ 0294	购物 ✘	gòuwù	동 구매하다
☐☐ 0295	够	gòu	동 (수량·기준 등을) 만족시키다 형 충분하다

☐☐ 0296 **估计** ✖	gūjì	통 추측하다
☐☐ 0297 **鼓励** ✖	gǔlì	통 격려하다
☐☐ 0298 **故事**	gùshi	명 이야기
☐☐ 0299 **故意** ✖	gùyì	부 고의로, 일부러
☐☐ 0300 **顾客** ✖	gùkè	명 고객

g

체크 체크

☐ 실력점검 _____ /15   ☐ 오답확인

1. 다음 단어와 뜻을 알맞게 연결해 보세요.

① 告诉 ·   · ⓐ 킬로미터
② 根据 ·   · ⓑ 공원
③ 公里 ·   · ⓒ ~에 근거하여
④ 公园 ·   · ⓓ 추측하다
⑤ 估计 ·   · ⓔ 알리다

2. 다음 단어를 중국어로 써 보세요.

① 키   ② 일하다

③ 회사   ④ 고객

3. 다음 단어의 뜻을 써 보세요.

① 胳膊 _____   ② 工资 _____
③ 狗 _____   ④ 鼓励 _____
⑤ 故事 _____   ⑥ 故意 _____

□□ 0301	刮风	guāfēng	통 바람이 불다
□□ 0302	挂 ✄	guà	통 걸다
□□ 0303	关	guān	통 닫다, 끄다
□□ 0304	关键	guānjiàn	명 관건
□□ 0305	关系	guānxi	명 관계
□□ 0306	关心	guānxīn	명 관심 통 관심을 갖다
□□ 0307	关于	guānyú	개 ~에 관해서
□□ 0308	观众	guānzhòng	명 관중
□□ 0309	管理 ✄	guǎnlǐ	통 관리하다
□□ 0310	光	guāng	명 빛 부 단지, 다만
□□ 0311	广播	guǎngbō	통 방송하다
□□ 0312	广告	guǎnggào	명 광고
□□ 0313	逛 ✄	guàng	통 산보하다, 거닐다
□□ 0314	规定	guīdìng	명 규정 통 규정하다
□□ 0315	贵	guì	형 비싸다
□□ 0316	国籍	guójí	명 국적
□□ 0317	国际	guójì	형 국제적인
□□ 0318	国家 ✄	guójiā	명 국가
□□ 0319	果汁	guǒzhī	명 과일 주스
□□ 0320	过	guò	통 건너다, 지나가다
□□ 0321	过程 ✄	guòchéng	명 과정
□□ 0322	过去	guòqù	명 과거
□□ 0323	过	guo	조 동사 뒤에서 경험을 나타냄
□□ 0324	还	hái	부 여전히, 아직도
□□ 0325	还是 ✄	háishi	부 여전히, (아무래도) ~가 낫다 접 또는

☐☐ 0326 **孩子**	háizi	몡 아이	
☐☐ 0327 **海洋** ✄	hǎiyáng	몡 해양	
☐☐ 0328 **害怕** ✄	hàipà	통 두려워하다, 무서워하다	
☐☐ 0329 **害羞** ✄	hàixiū	혱 부끄러워하다, 수줍어하다	
☐☐ 0330 **寒假** ✄	hánjià	몡 겨울 방학	

g
h

☐ 실력점검 _____ /15   ■ 오답확인

1. 다음 단어와 뜻을 알맞게 연결해 보세요.

① 挂 ·
② 关心 ·
③ 观众 ·
④ 规定 ·
⑤ 过程 ·

· ⓐ 규정(하다)
· ⓑ 걸다
· ⓒ 관심(을 갖다)
· ⓓ 과정
· ⓔ 관중

2. 다음 단어를 중국어로 써 보세요.

① 방송하다

② 산보하다, 거닐다

③ 과일 주스

④ 두려워하다, 무서워하다

3. 다음 단어의 뜻을 써 보세요.

① 关键 _____   ② 关于 _____
③ 广告 _____   ④ 孩子 _____
⑤ 害羞 _____   ⑥ 寒假 _____

☐☐ 0331	汉语	Hànyǔ	몡 중국어
☐☐ 0332	汗	hàn	몡 땀
☐☐ 0333	航班 ✄	hángbān	몡 (배·비행기의) 정기편
☐☐ 0334	好	hǎo	혱 좋다
☐☐ 0335	好吃	hǎochī	혱 맛있다
☐☐ 0336	好处 ✄	hǎochù	몡 장점, 좋은 점
☐☐ 0337	好像 ✄	hǎoxiàng	튄 (마치) ~와 같다
☐☐ 0338	号	hào	몡 번호, 사이즈, 일[날짜를 나타냄]
☐☐ 0339	号码	hàomǎ	몡 번호
☐☐ 0340	喝	hē	동 마시다
☐☐ 0341	合格	hégé	동 합격하다
☐☐ 0342	合适 ✄	héshì	혱 알맞다, 적합하다
☐☐ 0343	和	hé	갸 ~와, ~과
☐☐ 0344	盒子 ✄	hézi	몡 상자
☐☐ 0345	黑	hēi	혱 검다, 어둡다
☐☐ 0346	黑板 ✄	hēibǎn	몡 칠판
☐☐ 0347	很	hěn	튄 매우
☐☐ 0348	红	hóng	혱 붉다
☐☐ 0349	后悔 ✄	hòuhuǐ	동 후회하다
☐☐ 0350	后来 ✄	hòulái	몡 그 후, 그 다음
☐☐ 0351	后面	hòumiàn	몡 뒤, 뒤쪽
☐☐ 0352	厚	hòu	혱 두껍다
☐☐ 0353	互联网	hùliánwǎng	몡 인터넷
☐☐ 0354	互相 ✄	hùxiāng	튄 서로, 상호
☐☐ 0355	护士	hùshi	몡 간호사

☐☐ 0356	护照 ✦	hùzhào	몡 여권
☐☐ 0357	花	huā	몡 꽃
☐☐ 0358	花 ✦	huā	통 (돈·시간 등을) 쓰다, 소비하다
☐☐ 0359	画 ✦	huà	몡 그림 통 그리다
☐☐ 0360	怀疑 ✦	huáiyí	통 의심하다

체크 체크

☐ 실력점검 ____ /15   ■ 오답확인

1. 다음 단어와 뜻을 알맞게 연결해 보세요.

① 好像 ·

② 合适 ·

③ 厚 ·

④ 互相 ·

⑤ 花 ·

· ⓐ 두껍다

· ⓑ 맞다, 적합하다

· ⓒ 서로, 상호

· ⓓ (돈·시간 등을) 쓰다, 소비하다

· ⓔ (마치) ~와 같다

2. 다음 단어를 중국어로 써 보세요.

① 장점, 좋은 점

② 합격하다

③ 인터넷

④ 여권

3. 다음 단어의 뜻을 써 보세요.

① 汗 _____

② 航班 _____

③ 号码 _____

④ 盒子 _____

⑤ 后悔 _____

⑥ 怀疑 _____

1. ① ⓔ, ② ⓑ, ③ ⓐ, ④ ⓒ, ⑤ ⓓ   2. ① 好处 ② 合格 ③ 互联网 ④ 护照   3. ① 땀 ② 항공편 ③ 번호 ④ 상자(박스) ⑤ 후회하다 ⑥ 의심하다

▢▢ 0361	坏	huài	형 나쁘다, 상하다, 고장 나다
▢▢ 0362	欢迎 ✖	huānyíng	동 환영하다
▢▢ 0363	还	huán	동 돌려주다
▢▢ 0364	环境 ✖	huánjìng	명 환경
▢▢ 0365	换 ✖	huàn	동 교환하다, 바꾸다
▢▢ 0366	黄河	Huáng Hé	고유 황허
▢▢ 0367	回	huí	동 돌다, 되돌아가다
▢▢ 0368	回答	huídá	동 대답하다
▢▢ 0369	回忆 ✖	huíyì	동 회상하다
▢▢ 0370	会	huì	조동 (배워서) ~할 수 있다, ~할 가능성이 있다
▢▢ 0371	会议 ✖	huìyì	명 회의
▢▢ 0372	活动	huódòng	명 활동, 행사, 모임
▢▢ 0373	活泼 ✖	huópo	형 활발하다
▢▢ 0374	火	huǒ	명 불
▢▢ 0375	火车站	huǒchēzhàn	명 기차역
▢▢ 0376	或者	huòzhě	접 ~이든가 아니면 ~이다[선택을 나타냄]
▢▢ 0377	获得 ✖	huòdé	동 얻다, 획득하다
▢▢ 0378	几乎 ✖	jīhū	부 거의, 하마터면
▢▢ 0379	机场	jīchǎng	명 공항
▢▢ 0380	机会 ✖	jīhuì	명 기회
▢▢ 0381	鸡蛋	jīdàn	명 계란
▢▢ 0382	积极 ✖	jījí	형 적극적이다, 긍정적이다
▢▢ 0383	积累 ✖	jīlěi	동 쌓이다, 축적하다
▢▢ 0384	基础 ✖	jīchǔ	명 토대, 기초
▢▢ 0385	激动 ✖	jīdòng	동 감격하다, 흥분하다

☐☐ 0386 **及时** ✄	jíshí	图 즉시, 곧바로
☐☐ 0387 **极**	jí	图 극, 절정 图 극히, 몹시
☐☐ 0388 **即使** ✄	jíshǐ	图 설령 ~일지라도
☐☐ 0389 **几**	jǐ	图 몇[수를 묻는 데 쓰임]
☐☐ 0390 **计划** ✄	jìhuà	图 계획 图 계획하다

테크 테크

☐ 실력점검 _____ /15   ■ 오답확인

1. 다음 단어와 뜻을 알맞게 연결해 보세요.

① 坏 •

② 回忆 •

③ 活动 •

④ 积累 •

⑤ 激动 •

• ⓐ 활동, 행사, 모임

• ⓑ 나쁘다, 상하다, 고장 나다

• ⓒ 쌓이다, 축적하다

• ⓓ 회상하다

• ⓔ 감격하다, 흥분하다

2. 다음 단어를 중국어로 써 보세요.

① 회의

② 활발하다

③ 기회

④ 적극적이다, 긍정적이다

3. 다음 단어의 뜻을 써 보세요.

① 环境 _____

② 回答 _____

③ 获得 _____

④ 几乎 _____

⑤ 基础 _____

⑥ 及时 _____

☐☐ 0391	记得 ✄	jìde	통 기억하고 있다
☐☐ 0392	记者 ✄	jìzhě	명 기자
☐☐ 0393	技术	jìshù	명 기술
☐☐ 0394	季节	jìjié	명 계절
☐☐ 0395	既然	jìrán	접 기왕 이렇게 된 바에야
☐☐ 0396	继续 ✄	jìxù	통 계속하다
☐☐ 0397	寄	jì	통 부치다
☐☐ 0398	加班 ✄	jiābān	통 초과근무 하다
☐☐ 0399	加油站	jiāyóuzhàn	명 주유소
☐☐ 0400	家	jiā	명 집
☐☐ 0401	家具 ✄	jiājù	명 가구
☐☐ 0402	假	jiǎ	형 거짓의, 가짜의
☐☐ 0403	价格 ✄	jiàgé	명 가격
☐☐ 0404	坚持 ✄	jiānchí	통 견지하다, 유지하다
☐☐ 0405	检查 ✄	jiǎnchá	통 검사하다
☐☐ 0406	减肥 ✄	jiǎnféi	통 살을 빼다
☐☐ 0407	减少	jiǎnshǎo	통 감소하다
☐☐ 0408	简单 ✄	jiǎndān	형 간단하다
☐☐ 0409	见面	jiànmiàn	통 만나다
☐☐ 0410	件	jiàn	양 건, 개[옷·사건 등을 세는 단위]
☐☐ 0411	建议 ✄	jiànyì	통 건의하다
☐☐ 0412	健康 ✄	jiànkāng	명 건강 형 건강하다
☐☐ 0413	将来	jiānglái	명 장래
☐☐ 0414	讲	jiǎng	통 말하다
☐☐ 0415	奖金	jiǎngjīn	명 상금, 보너스

☐☐ 0416	**降低** 🗡	jiàngdī	통 내려가다
☐☐ 0417	**降落** 🗡	jiàngluò	통 착륙하다
☐☐ 0418	**交**	jiāo	통 건네다, 제출하다
☐☐ 0419	**交流** 🗡	jiāoliú	통 교류하다
☐☐ 0420	**交通** 🗡	jiāotōng	명 교통

체크 체크

☐ 실력점검 _____ /15   ☐ 오답확인

1. 다음 단어와 뜻을 알맞게 연결해 보세요.

① 记得 ·　　　　　　　　　　　· ⓐ 가격

② 技术 ·　　　　　　　　　　　· ⓑ 기억하고 있다

③ 价格 ·　　　　　　　　　　　· ⓒ 기술

④ 减少 ·　　　　　　　　　　　· ⓓ 내려가다

⑤ 降低 ·　　　　　　　　　　　· ⓔ 감소하다

2. 다음 단어를 중국어로 써 보세요.

① 계절 [   ]　　　② 초과근무 하다 [   ]

③ 건강(하다) [   ]　　　④ 착륙하다 [   ]

3. 다음 단어의 뜻을 써 보세요.

① 继续 _____　　　② 家具 _____

③ 坚持 _____　　　④ 检查 _____

⑤ 建议 _____　　　⑥ 将来 _____

☐☐ 0421	郊区 ✘	jiāoqū	몡 변두리, 시외, 외곽
☐☐ 0422	骄傲 ✘	jiāo'ào	쥉 오만하다, 거만하다
☐☐ 0423	教	jiāo	됭 가르치다
☐☐ 0424	角	jiǎo	몡 뿔, 각
☐☐ 0425	饺子 ✘	jiǎozi	몡 만두
☐☐ 0426	脚	jiǎo	몡 발
☐☐ 0427	叫	jiào	됭 부르다
☐☐ 0428	教室	jiàoshì	몡 교실
☐☐ 0429	教授 ✘	jiàoshòu	몡 교수
☐☐ 0430	教育 ✘	jiàoyù	몡 교육
☐☐ 0431	接	jiē	됭 받다, 연결하다, 마중하다
☐☐ 0432	接受 ✘	jiēshòu	됭 받아들이다
☐☐ 0433	接着	jiēzhe	뷔 이어서, 뒤따라
☐☐ 0434	街道	jiēdào	몡 거리
☐☐ 0435	节	jié	몡 기념일, (식물의) 마디 얭 여러 개로 나누어진 것을 세는 단위
☐☐ 0436	节目 ✘	jiémù	몡 프로그램
☐☐ 0437	节日 ✘	jiérì	몡 기념일, 경축일
☐☐ 0438	节约 ✘	jiéyuē	됭 절약하다
☐☐ 0439	结果 ✘	jiéguǒ	몡 결과, 성과
☐☐ 0440	结婚 ✘	jiéhūn	됭 결혼하다
☐☐ 0441	结束 ✘	jiéshù	됭 끝나다
☐☐ 0442	姐姐	jiějie	몡 누나, 언니
☐☐ 0443	解决 ✘	jiějué	됭 해결하다
☐☐ 0444	解释 ✘	jiěshì	됭 설명하다, 해명하다
☐☐ 0445	介绍 ✘	jièshào	됭 소개하다

▣▢ 0446 借	jiè	통 빌리다, 빌려주다	
▣▢ 0447 今天	jīntiān	명 오늘	
▣▢ 0448 尽管 ✿	jǐnguǎn	접 비록 ~라 할지라도	
▣▢ 0449 紧张 ✿	jǐnzhāng	형 긴장하다	
▣▢ 0450 进	jìn	통 나아가다, (밖에서 안으로) 들다	

j

□ 실력점검 _____ /15   ▣ 오답확인

1. 다음 단어와 뜻을 알맞게 연결해 보세요.

① 骄傲 ·

② 教授 ·

③ 节约 ·

④ 结束 ·

⑤ 解释 ·

· ⓐ 교수

· ⓑ 오만하다, 거만하다

· ⓒ 끝나다

· ⓓ 절약하다

· ⓔ 설명하다, 해명하다

2. 다음 단어를 중국어로 써 보세요.

① 받아들이다

② 프로그램

③ 결혼하다

④ 소개하다

3. 다음 단어의 뜻을 써 보세요.

① 脚 _____

② 教育 _____

③ 结果 _____

④ 解决 _____

⑤ 尽管 _____

⑥ 紧张 _____

☐☐ 0451	进行 ✖	jìnxíng	통 진행하다
☐☐ 0452	近	jìn	형 가깝다
☐☐ 0453	禁止 ✖	jìnzhǐ	통 금지하다
☐☐ 0454	京剧	jīngjù	명 경극
☐☐ 0455	经常	jīngcháng	부 자주, 빈번히
☐☐ 0456	经过	jīngguò	통 경과하다, 겪다
☐☐ 0457	经济 ✖	jīngjì	명 경제
☐☐ 0458	经理	jīnglǐ	명 사장, 매니저
☐☐ 0459	经历 ✖	jīnglì	통 겪다
☐☐ 0460	经验 ✖	jīngyàn	명 경험
☐☐ 0461	精彩 ✖	jīngcǎi	형 뛰어나다
☐☐ 0462	景色 ✖	jǐngsè	명 풍경
☐☐ 0463	警察 ✖	jǐngchá	명 경찰
☐☐ 0464	竞争 ✖	jìngzhēng	명 경쟁 통 경쟁하다
☐☐ 0465	竟然	jìngrán	부 뜻밖에도
☐☐ 0466	镜子	jìngzi	명 거울
☐☐ 0467	究竟	jiūjìng	부 도대체
☐☐ 0468	九	jiǔ	수 9, 아홉
☐☐ 0469	久	jiǔ	형 (시간이) 오래다
☐☐ 0470	旧	jiù	형 낡다, 오래다
☐☐ 0471	就	jiù	부 바로, 곧
☐☐ 0472	举	jǔ	통 들다
☐☐ 0473	举办 ✖	jǔbàn	통 거행하다, 개최하다
☐☐ 0474	举行 ✖	jǔxíng	통 거행하다
☐☐ 0475	句子	jùzi	명 문장

	0476	拒绝 ✦	jùjué	통 거절하다
	0477	距离 ✦	jùlí	명 거리 통 (~로부터) 떨어지다
	0478	聚会 ✦	jùhuì	명 모임
	0479	决定 ✦	juédìng	통 결정하다
	0480	觉得	juéde	통 ~라고 여기다

j

체크 체크

□ 실력점검 _____ /15 ■ 오답확인

1. 다음 단어와 뜻을 알맞게 연결해 보세요.

① 进行 ·
② 经历 ·
③ 警察 ·
④ 竟然 ·
⑤ 举办 ·

· ⓐ 경찰
· ⓑ 겪다
· ⓒ 진행하다
· ⓓ 거행하다
· ⓔ 뜻밖에도

2. 다음 단어를 중국어로 써 보세요.

① 금지하다
② 경험
③ 거절하다
④ 결정하다

3. 다음 단어의 뜻을 써 보세요.

① 经济 _____
② 精彩 _____
③ 竞争 _____
④ 究竟 _____
⑤ 举行 _____
⑥ 聚会 _____

1. ① ⓒ, ② ⓑ, ③ ⓐ, ④ ⓔ, ⑤ ⓓ   2. ① 禁止 ② 经验 ③ 拒绝 ④ 决定   3. ① 경제 ② 훌륭하다 ③ 경쟁(하다) ④ 도대체 ⑤ 거행하다(개최하다) ⑥ 모임

35

■☐ 0481	咖啡	kāfēi	몡 커피
■☐ 0482	开	kāi	통 열다, 켜다
■☐ 0483	开始	kāishǐ	통 시작하다
■☐ 0484	开玩笑	kāi wánxiào	통 농담하다
■☐ 0485	开心	kāixīn	혱 기쁘다, 즐겁다
■☐ 0486	看	kàn	통 보다
■☐ 0487	看法 ✘	kànfǎ	몡 견해, 생각
■☐ 0488	看见	kànjiàn	통 보다
■☐ 0489	考虑 ✘	kǎolǜ	통 고려하다
■☐ 0490	考试 ✘	kǎoshì	몡 시험 통 시험을 치다
■☐ 0491	烤鸭	kǎoyā	몡 오리구이
■☐ 0492	科学	kēxué	몡 과학
■☐ 0493	棵	kē	얭 그루
■☐ 0494	咳嗽 ✘	késou	통 기침하다
■☐ 0495	可爱	kě'ài	혱 귀엽다
■☐ 0496	可怜 ✘	kělián	혱 불쌍하다
■☐ 0497	可能	kěnéng	혱 가능하다 뷔 아마도, 어쩌면
■☐ 0498	可是	kěshì	쩝 그러나
■☐ 0499	可惜 ✘	kěxī	혱 아쉽다, 섭섭하다
■☐ 0500	可以	kěyǐ	조통 ~할 수 있다
■☐ 0501	渴	kě	혱 목마르다
■☐ 0502	刻	kè	통 새기다 얭 15분
■☐ 0503	客人	kèrén	몡 손님
■☐ 0504	客厅	kètīng	몡 객실
■☐ 0505	课	kè	몡 수업

☐☐ 0506	肯定	kěndìng	부	분명, 확실히
☐☐ 0507	空	kōng	형	(속이) 비다, 텅 비다
☐☐ 0508	空气	kōngqì	명	공기
☐☐ 0509	空调	kōngtiáo	명	에어컨
☐☐ 0510	恐怕 ✦	kǒngpà	부	아마도

체크 체크

☐ 실력점검 ____ /15   ☐ 오답확인

1. 다음 단어와 뜻을 알맞게 연결해 보세요.

① 开始 ·

② 看法 ·

③ 考试 ·

④ 可怜 ·

⑤ 肯定 ·

· ⓐ 견해, 생각

· ⓑ 시험, 시험을 치다

· ⓒ 불쌍하다

· ⓓ 분명, 확실히

· ⓔ 시작하다

2. 다음 단어를 중국어로 써 보세요.

① 농담하다 [   ]

② 고려하다 [   ]

③ 기침하다 [   ]

④ 목마르다 [   ]

3. 다음 단어의 뜻을 써 보세요.

① 科学 _____

② 可能 _____

③ 可惜 _____

④ 客人 _____

⑤ 空调 _____

⑥ 恐怕 _____

1. ① ⓔ, ② ⓐ, ③ ⓑ, ④ ⓒ, ⑤ ⓓ   2. ① 开玩笑 ② 考虑 ③ 咳嗽 ④ 渴   3. ① 과학 ② 가능하다 ③ 아쉽다, 섭섭하다 ④ 손님 ⑤ 에어컨 ⑥ 아마도

37

☐☐ 0511	口	kǒu	명 입 양 식구
☐☐ 0512	哭	kū	동 울다
☐☐ 0513	苦	kǔ	형 (맛이) 쓰다
☐☐ 0514	裤子	kùzi	명 바지
☐☐ 0515	块	kuài	양 조각, 덩어리, 위안[중국의 화폐 단위]
☐☐ 0516	快	kuài	형 빠르다 부 빨리
☐☐ 0517	快乐	kuàilè	형 즐겁다
☐☐ 0518	筷子	kuàizi	명 젓가락
☐☐ 0519	矿泉水	kuàngquánshuǐ	명 광천수
☐☐ 0520	困	kùn	형 졸리다
☐☐ 0521	困难 ✄	kùnnan	명 곤란, 어려움 형 곤란하다, 어렵다
☐☐ 0522	垃圾桶	lājītǒng	명 쓰레기통
☐☐ 0523	拉	lā	동 끌다, 당기다
☐☐ 0524	辣 ✄	là	형 맵다
☐☐ 0525	来	lái	동 오다
☐☐ 0526	来不及 ✄	láibují	동 늦다, 시간에 댈 수 없다
☐☐ 0527	来得及 ✄	láidejí	동 늦지 않다
☐☐ 0528	来自	láizì	동 ~(으로)부터 오다, ~에서 나오다
☐☐ 0529	蓝	lán	형 파란색의
☐☐ 0530	懒	lǎn	형 게으르다
☐☐ 0531	浪费 ✄	làngfèi	동 낭비하다
☐☐ 0532	浪漫	làngmàn	형 낭만적이다
☐☐ 0533	老	lǎo	형 늙다
☐☐ 0534	老虎	lǎohǔ	명 호랑이
☐☐ 0535	老师	lǎoshī	명 선생님

☐☐ 0536	了	le	조 동작의 완료나 상태의 변화를 나타냄
☐☐ 0537	累	lèi	형 피곤하다
☐☐ 0538	冷	lěng	형 춥다
☐☐ 0539	冷静	lěngjìng	형 조용하다, 침착하다, 냉정하다
☐☐ 0540	离	lí	개 ~로부터

체크 체크

☐ 실력점검 _____ /15   ☐ 오답확인

1. 다음 단어와 뜻을 알맞게 연결해 보세요.

① 冷静 ·

② 困难 ·

③ 来自 ·

④ 老虎 ·

⑤ 离 ·

· ⓐ ~(으로)부터 오다, ~에서 나오다

· ⓑ 조용하다, 침착하다, 냉정하다

· ⓒ 곤란, 어려움, 곤란하다, 어렵다

· ⓓ ~로부터

· ⓔ 호랑이

2. 다음 단어를 중국어로 써 보세요.

① 울다

② 맵다

③ 낭비하다

④ 바지

3. 다음 단어의 뜻을 써 보세요.

① 苦 _____

② 筷子 _____

③ 困 _____

④ 垃圾桶 _____

⑤ 来不及 _____

⑥ 浪漫 _____

▣□ 0541	离开	líkāi	통 떠나다
▣□ 0542	礼拜天	lǐbàitiān	명 일요일
▣□ 0543	礼貌 ✖	lǐmào	형 예의 바르다
▣□ 0544	礼物	lǐwù	명 선물
▣□ 0545	里	lǐ	명 안 양 리[길이의 단위, 1리는 500미터]
▣□ 0546	理发 ✖	lǐfà	통 이발하다
▣□ 0547	理解 ✖	lǐjiě	통 이해하다, 알다
▣□ 0548	理想 ✖	lǐxiǎng	명 이상, 꿈
▣□ 0549	力气	lìqi	명 힘
▣□ 0550	历史	lìshǐ	명 역사
▣□ 0551	厉害 ✖	lìhai	형 대단하다, 심각하다
▣□ 0552	例如	lìrú	예를 들다
▣□ 0553	俩	liǎ	두 개, 두 사람
▣□ 0554	连 ✖	lián	개 ~조차
▣□ 0555	联系 ✖	liánxì	통 연락하다
▣□ 0556	脸	liǎn	명 얼굴
▣□ 0557	练习	liànxí	통 연습하다
▣□ 0558	凉快 ✖	liángkuai	형 시원하다
▣□ 0559	两	liǎng	수 2, 둘
▣□ 0560	辆	liàng	양 대, 량[차량을 세는 단위]
▣□ 0561	聊天 ✖	liáotiān	통 이야기를 나누다, 한담하다
▣□ 0562	了解 ✖	liǎojiě	통 이해하다
▣□ 0563	邻居 ✖	línjū	명 이웃, 이웃집
▣□ 0564	零	líng	수 0, 영
▣□ 0565	零钱	língqián	명 잔돈, 용돈

■□ 0566	**另外**	lìngwài	젭 그밖에, 게다가
■□ 0567	**留**	liú	통 남다, 머무르다
■□ 0568	**留学** ✖	liúxué	통 유학하다
■□ 0569	**流利** ✖	liúlì	형 (말·문장이) 유창하다
■□ 0570	**流行** ✖	liúxíng	통 유행하다

체크 체크

□ 실력점검 _____ /15 ■ 오답확인

1. 다음 단어와 뜻을 알맞게 연결해 보세요.

① 离开 ·

② 理解 ·

③ 凉快 ·

④ 邻居 ·

⑤ 另外 ·

· ⓐ 이해하다, 알다

· ⓑ 시원하다

· ⓒ 이웃, 이웃집

· ⓓ 떠나다

· ⓔ 그밖에, 게다가

2. 다음 단어를 중국어로 써 보세요.

① 예의 바르다 [   ]

② 대단하다, 심각하다 [   ]

③ 이야기를 나누다, 한담하다 [   ]

④ 유창하다 [   ]

3. 다음 단어의 뜻을 써 보세요.

① 礼物 _____

② 理发 _____

③ 例如 _____

④ 了解 _____

⑤ 零钱 _____

⑥ 流行 _____

1. ① ⓓ ② ⓐ ③ ⓑ ④ ⓒ ⑤ ⓔ   2. ① 礼貌 ② 厉害 ③ 聊天 ④ 流利   3. ① 선물 ② 이발하다 ③ 예를 들다 ④ 이해하다 ⑤ 잔돈, 용돈 ⑥ 유행하다

41

☐☐ 0571	六	liù	㊇ 6, 여섯
☐☐ 0572	楼	lóu	㊎ 층
☐☐ 0573	路	lù	㊅ 길
☐☐ 0574	旅行 ✄	lǚxíng	㊇ 여행하다
☐☐ 0575	旅游 ✄	lǚyóu	㊇ 여행하다
☐☐ 0576	律师 ✄	lǜshī	㊅ 변호사
☐☐ 0577	绿	lǜ	㊊ 초록색의
☐☐ 0578	乱	luàn	㊊ 어지럽다 ㊒ 함부로
☐☐ 0579	妈妈	māma	㊅ 엄마
☐☐ 0580	麻烦 ✄	máfan	㊊ 귀찮다, 번거롭다
☐☐ 0581	马	mǎ	㊅ 말
☐☐ 0582	马虎	mǎhu	㊊ 부주의하다, 조심성이 없다
☐☐ 0583	马上 ✄	mǎshàng	㊒ 바로, 곧
☐☐ 0584	吗	ma	㊌ 문장 끝에서 의문의 어기를 나타냄
☐☐ 0585	买	mǎi	㊇ 사다
☐☐ 0586	卖	mài	㊇ 팔다
☐☐ 0587	满	mǎn	㊊ 가득 차다
☐☐ 0588	满意 ✄	mǎnyì	㊇ 만족하다
☐☐ 0589	慢	màn	㊊ 느리다
☐☐ 0590	忙	máng	㊊ 바쁘다
☐☐ 0591	猫	māo	㊅ 고양이
☐☐ 0592	毛	máo	㊅ 털
☐☐ 0593	毛巾 ✄	máojīn	㊅ 수건
☐☐ 0594	帽子	màozi	㊅ 모자
☐☐ 0595	没关系	méi guānxi	괜찮다, 문제없다

▢▢ 0596	没有	méiyǒu	동 없다 부 ~하지 않다[과거 부정]
▢▢ 0597	每	měi	대 매, 각, ~마다
▢▢ 0598	美丽	měilì	형 아름답다
▢▢ 0599	妹妹	mèimei	명 여동생
▢▢ 0600	门	mén	명 문

체크 체크

☐ 실력점검 _____ /15 ◼ 오답확인

1. 다음 단어와 뜻을 알맞게 연결해 보세요.

① 旅行 ·　　　　　　　　　　　· ⓐ 고양이

② 满　·　　　　　　　　　　　· ⓑ 가득 차다

③ 猫　·　　　　　　　　　　　· ⓒ 여행하다

④ 帽子 ·　　　　　　　　　　　· ⓓ 아름답다

⑤ 美丽 ·　　　　　　　　　　　· ⓔ 모자

2. 다음 단어를 중국어로 써 보세요.

① 어지럽다, 함부로

② 귀찮다, 번거롭다

③ 사다

④ 바쁘다

3. 다음 단어의 뜻을 써 보세요.

① 旅游 _____

② 律师 _____

③ 马虎 _____

④ 卖 _____

⑤ 满意 _____

⑥ 没有 _____

정답
3. ① 여행하다 ② 변호사 ③ 덜렁대다, 대충하다 ④ 팔다 ⑤ 만족스럽다 ⑥ 없다, ~하지 않다.
1. ① ⓒ, ② ⓑ, ③ ⓐ, ④ ⓔ, ⑤ ⓓ　2. ① 乱, ② 麻烦, ③ 买, ④ 忙.

43

▢▢ 0601	梦	mèng	몡 꿈
▢▢ 0602	迷路	mílù	통 길을 잃다
▢▢ 0603	米	mǐ	몡 쌀 양 미터
▢▢ 0604	米饭	mǐfàn	몡 밥, 쌀밥
▢▢ 0605	密码 ✄	mìmǎ	몡 비밀번호
▢▢ 0606	免费 ✄	miǎnfèi	통 무료로 하다
▢▢ 0607	面包	miànbāo	몡 빵
▢▢ 0608	面条	miàntiáo	몡 국수
▢▢ 0609	秒	miǎo	양 초[시간의 단위]
▢▢ 0610	民族	mínzú	몡 민족
▢▢ 0611	名字	míngzi	몡 이름
▢▢ 0612	明白 ✄	míngbai	통 이해하다, 알다
▢▢ 0613	明天	míngtiān	몡 내일
▢▢ 0614	母亲	mǔqīn	몡 모친
▢▢ 0615	目的 ✄	mùdì	몡 목적
▢▢ 0616	拿	ná	통 쥐다, 잡다
▢▢ 0617	哪	nǎ	때 무엇, 어느
▢▢ 0618	哪儿	nǎr	때 어디
▢▢ 0619	那	nà	때 그, 저
▢▢ 0620	奶奶	nǎinai	몡 할머니
▢▢ 0621	耐心 ✄	nàixīn	혱 인내심 있다
▢▢ 0622	男	nán	몡 남자 혱 남자의
▢▢ 0623	南	nán	몡 남쪽
▢▢ 0624	难	nán	혱 어렵다
▢▢ 0625	难道 ✄	nándào	뷔 설마 ~란 말인가?

	0626	难过 ✦	nánguò	형 괴롭다, 힘들다
	0627	难受 ✦	nánshòu	형 아프다, 참을 수 없다, 괴롭다
	0628	呢	ne	조 문장 끝에서 의문의 어기를 나타냄
	0629	内	nèi	명 내부, 안
	0630	内容 ✦	nèiróng	명 내용

체크 체크

☐ 실력점검 _____ /15   ☐ 오답확인

1. 다음 단어와 뜻을 알맞게 연결해 보세요.

① 梦 ·

② 民族 ·

③ 拿 ·

④ 耐心 ·

⑤ 难受 ·

· ⓐ 꿈

· ⓑ 쥐다, 잡다

· ⓒ 민족

· ⓓ 아프다, 참을 수 없다, 괴롭다

· ⓔ 인내심 있다

2. 다음 단어를 중국어로 써 보세요.

① 비밀번호

② 목적

③ 할머니

④ 어렵다

3. 다음 단어의 뜻을 써 보세요.

① 免费 _____

② 明白 _____

③ 母亲 _____

④ 难过 _____

⑤ 难道 _____

⑥ 内容 _____

☐☐ 0631	能	néng	조동 ~할 수 있다
☐☐ 0632	能力 ✿	nénglì	명 능력
☐☐ 0633	你	nǐ	대 너, 당신
☐☐ 0634	年	nián	명 년, 해
☐☐ 0635	年级	niánjí	명 학년
☐☐ 0636	年龄 ✿	niánlíng	명 연령
☐☐ 0637	年轻	niánqīng	형 젊다
☐☐ 0638	鸟	niǎo	명 새
☐☐ 0639	您	nín	대 당신
☐☐ 0640	牛奶	niúnǎi	명 우유
☐☐ 0641	弄	nòng	동 하다
☐☐ 0642	努力 ✿	nǔlì	동 노력하다
☐☐ 0643	女	nǚ	명 여자 형 여성의
☐☐ 0644	女儿	nǚ'ér	명 딸
☐☐ 0645	暖和 ✿	nuǎnhuo	형 따뜻하다
☐☐ 0646	偶尔 ✿	ǒu'ěr	부 때때로, 가끔
☐☐ 0647	爬山 ✿	páshān	동 등산하다
☐☐ 0648	排队 ✿	páiduì	동 줄 서다
☐☐ 0649	排列	páiliè	동 배열하다
☐☐ 0650	盘子	pánzi	명 접시, 쟁반
☐☐ 0651	判断 ✿	pànduàn	동 판단하다
☐☐ 0652	旁边	pángbiān	명 옆, 곁
☐☐ 0653	胖	pàng	형 뚱뚱하다
☐☐ 0654	跑步	pǎobù	동 달리다
☐☐ 0655	陪 ✿	péi	동 모시다

☐☐ 0656	朋友	péngyou	명	친구
☐☐ 0657	批评 ✄	pīpíng	동	비평하다
☐☐ 0658	皮肤 ✄	pífū	명	피부
☐☐ 0659	皮鞋	píxié	명	구두
☐☐ 0660	啤酒	píjiǔ	명	맥주

체크 체크

☐ 실력점검 ＿＿ /15 ☐ 오답확인

1. 다음 단어와 뜻을 알맞게 연결해 보세요.

① 弄　·

② 偶尔 ·

③ 排列 ·

④ 陪　·

⑤ 皮肤 ·

· ⓐ 배열하다

· ⓑ 모시다

· ⓒ 하다

· ⓓ 때때로, 가끔

· ⓔ 피부

2. 다음 단어를 중국어로 써 보세요.

① 능력　[　　　　]

② 젊다　[　　　　]

③ 등산하다　[　　　　]

④ 뚱뚱하다　[　　　　]

3. 다음 단어의 뜻을 써 보세요.

① 年龄　＿＿＿＿＿＿

② 努力　＿＿＿＿＿＿

③ 暖和　＿＿＿＿＿＿

④ 排队　＿＿＿＿＿＿

⑤ 判断　＿＿＿＿＿＿

⑥ 批评　＿＿＿＿＿＿

☐☐ 0661	脾气	píqi	명 성격
☐☐ 0662	篇	piān	양 편[글을 세는 단위]
☐☐ 0663	便宜 ✿	piányi	형 싸다
☐☐ 0664	骗 ✿	piàn	동 속이다
☐☐ 0665	票	piào	명 표, 티켓
☐☐ 0666	漂亮	piàoliang	형 예쁘다
☐☐ 0667	乒乓球	pīngpāngqiú	명 탁구
☐☐ 0668	平时 ✿	píngshí	명 평소, 평상시
☐☐ 0669	苹果	píngguǒ	명 사과
☐☐ 0670	瓶子	píngzi	명 병
☐☐ 0671	破	pò	동 찢어지다, 깨지다
☐☐ 0672	葡萄	pútao	명 포도
☐☐ 0673	普遍 ✿	pǔbiàn	형 보편적인
☐☐ 0674	普通话	pǔtōnghuà	명 보통화, 표준어
☐☐ 0675	七	qī	수 7, 일곱
☐☐ 0676	妻子	qīzi	명 아내
☐☐ 0677	其次 ✿	qícì	대 다음, 그 다음
☐☐ 0678	其实 ✿	qíshí	부 사실
☐☐ 0679	其他 ✿	qítā	대 기타, 그 외
☐☐ 0680	其中 ✿	qízhōng	대 그중
☐☐ 0681	奇怪 ✿	qíguài	형 이상하다, 기이하다
☐☐ 0682	骑	qí	동 (자전거·말 등을) 타다
☐☐ 0683	起床	qǐchuáng	동 일어나다
☐☐ 0684	起飞 ✿	qǐfēi	동 이륙하다
☐☐ 0685	起来	qǐlái	동 일어나다

■□ 0686	**气候** ✄	qìhòu	몡 기후
■□ 0687	**千**	qiān	囷 1,000, 천
■□ 0688	**千万** ✄	qiānwàn	囝 절대, 결코
■□ 0689	**铅笔**	qiānbǐ	몡 연필
■□ 0690	**签证** ✄	qiānzhèng	몡 비자

체크 체크 □ 실력점검 ____ /15 ■ 오답확인

1. 다음 단어와 뜻을 알맞게 연결해 보세요.

① 脾气 · · ⓐ 병
② 瓶子 · · ⓑ 보편적인
③ 普遍 · · ⓒ 기타, 그 외
④ 其他 · · ⓓ 기후
⑤ 气候 · · ⓔ 성격

2. 다음 단어를 중국어로 써 보세요.

① 속이다 　　　　　　　② 사실 　　　　　　

③ 이상하다, 기이하다 　　　　　　　④ 비자 　　　　　

3. 다음 단어의 뜻을 써 보세요.

① 篇 ＿＿＿＿＿ ② 平时 ＿＿＿＿＿
③ 破 ＿＿＿＿＿ ④ 妻子 ＿＿＿＿＿
⑤ 起飞 ＿＿＿＿＿ ⑥ 千万 ＿＿＿＿＿

◼◻ 0691	前面	qiánmian	몡 앞쪽
◼◻ 0692	钱	qián	몡 돈
◼◻ 0693	敲	qiāo	동 두드리다, 치다
◼◻ 0694	桥	qiáo	몡 다리
◼◻ 0695	巧克力 ✄	qiǎokèlì	몡 초콜릿
◼◻ 0696	亲戚	qīnqi	몡 친척
◼◻ 0697	轻	qīng	혱 가볍다
◼◻ 0698	轻松 ✄	qīngsōng	혱 수월하다, 편안하다
◼◻ 0699	清楚 ✄	qīngchu	혱 분명하다, 뚜렷하다
◼◻ 0700	情况 ✄	qíngkuàng	몡 상황
◼◻ 0701	晴	qíng	혱 하늘이 맑다
◼◻ 0702	请	qǐng	동 부탁하다
◼◻ 0703	请假	qǐngjià	동 휴가를 신청하다
◼◻ 0704	穷	qióng	혱 빈곤하다
◼◻ 0705	秋	qiū	몡 가을
◼◻ 0706	区别	qūbié	몡 구별, 차이
◼◻ 0707	取	qǔ	동 찾다, 취하다
◼◻ 0708	去	qù	동 가다
◼◻ 0709	去年	qùnián	몡 작년
◼◻ 0710	全部 ✄	quánbù	혱 전부의
◼◻ 0711	缺点 ✄	quēdiǎn	몡 결점
◼◻ 0712	缺少 ✄	quēshǎo	동 모자라다, 부족하다
◼◻ 0713	却	què	뷔 도리어, 오히려
◼◻ 0714	确实 ✄	quèshí	혱 확실하다, 분명하다
◼◻ 0715	裙子	qúnzi	몡 치마

☐☐ 0716 **然而** ✄	rán'ér	젭 그러나
☐☐ 0717 **然后**	ránhòu	젭 그런 후에
☐☐ 0718 **让** ✄	ràng	동 ~하게 시키다
☐☐ 0719 **热**	rè	형 덥다
☐☐ 0720 **热闹** ✄	rènao	형 번화하다

체크 체크

☐ 실력점검 ____ /15 ☐ 오답확인

1. 다음 단어와 뜻을 알맞게 연결해 보세요.

① 敲　　·

② 情况　·

③ 取　　·

④ 缺少　·

⑤ 然而　·

· ⓐ 두드리다, 치다

· ⓑ 모자라다, 부족하다

· ⓒ 상황

· ⓓ 그러나

· ⓔ 찾다, 취하다

2. 다음 단어를 중국어로 써 보세요.

① 가볍다 [   ]

② 휴가를 신청하다 [   ]

③ 구별, 차이 [   ]

④ 변화하다 [   ]

3. 다음 단어의 뜻을 써 보세요.

① 亲戚 _____

② 轻松 _____

③ 全部 _____

④ 缺点 _____

⑤ 却 _____

⑥ 确实 _____

③ 전부의 ④ 결점 ⑤ 오히려 ⑥ 확실하다, 틀림없다
① 친척의 ② 수월하다, 가뿐하다 3. ① 친척
2. ① 轻 ② 请假 ③ 区别 ④ 热闹
1. ① ⓐ, ② ⓒ, ③ ⓔ, ④ ⓑ, ⑤ ⓓ

☐☐ 0721	**热情**	rèqíng	몡 열정 혱 친절하다
☐☐ 0722	**人**	rén	몡 사람
☐☐ 0723	**认识** ✄	rènshi	통 알다, 인식하다
☐☐ 0724	**认为**	rènwéi	통 ~라 여기다
☐☐ 0725	**认真** ✄	rènzhēn	혱 진지하다, 성실하다
☐☐ 0726	**任何**	rènhé	떼 어떠한, 무슨
☐☐ 0727	**任务** ✄	rènwu	몡 임무
☐☐ 0728	**扔**	rēng	통 던지다
☐☐ 0729	**仍然** ✄	réngrán	뷔 여전히, 변함없이
☐☐ 0730	**日**	rì	몡 날, 일
☐☐ 0731	**日记**	rìjì	몡 일기
☐☐ 0732	**容易**	róngyì	혱 쉽다
☐☐ 0733	**如果** ✄	rúguǒ	졥 만약
☐☐ 0734	**入口**	rùkǒu	몡 입구
☐☐ 0735	**三**	sān	슌 3, 셋
☐☐ 0736	**伞**	sǎn	몡 우산
☐☐ 0737	**散步** ✄	sànbù	통 산보하다
☐☐ 0738	**森林**	sēnlín	몡 삼림
☐☐ 0739	**沙发** ✄	shāfā	몡 소파
☐☐ 0740	**伤心** ✄	shāngxīn	통 상심하다, 슬퍼하다
☐☐ 0741	**商店**	shāngdiàn	몡 상점
☐☐ 0742	**商量** ✄	shāngliang	통 상의하다
☐☐ 0743	**上**	shàng	몡 위, 위쪽
☐☐ 0744	**上班** ✄	shàngbān	통 출근하다
☐☐ 0745	**上网** ✄	shàngwǎng	통 인터넷에 접속하다

☐☐ 0746	上午	shàngwǔ	몡 오전
☐☐ 0747	稍微 ✄	shāowēi	閔 약간, 조금
☐☐ 0748	勺子	sháozi	몡 숟가락, 국자
☐☐ 0749	少	shǎo	혱 적다
☐☐ 0750	社会 ✄	shèhuì	몡 사회

체크 체크

☐ 실력점검 _____ /15 ☐ 오답확인

1. 다음 단어와 뜻을 알맞게 연결해 보세요.

① 认真 ·

② 任务 ·

③ 森林 ·

④ 稍微 ·

⑤ 社会 ·

· ⓐ 임무

· ⓑ 진지하다, 성실하다

· ⓒ 사회

· ⓓ 삼림

· ⓔ 약간, 조금

2. 다음 단어를 중국어로 써 보세요.

① 쉽다

② 산보하다

③ 상의하다

④ 출근하다

3. 다음 단어의 뜻을 써 보세요.

① 热情 _____

② 认为 _____

③ 任何 _____

④ 仍然 _____

⑤ 伤心 _____

⑥ 上网 _____

정답

1. ① ⓑ, ② ⓐ, ③ ⓓ, ④ ⓔ, ⑤ ⓒ   2. ① 容易 ② 散步 ③ 商量 ④ 上班   3. ① 열정, 친절하다 ② ~라 여기다

③ 어떠한, 무슨 ④ 여전히, 변함없이 ⑤ 상심하다, 슬퍼하다 ⑥ 인터넷에 접속하다

☐☐ 0751	谁	shéi	때 누구
☐☐ 0752	申请 ✖	shēnqǐng	통 신청하다
☐☐ 0753	身体	shēntǐ	명 몸, 건강
☐☐ 0754	深 ✖	shēn	형 깊다
☐☐ 0755	什么	shénme	때 무슨, 어떤
☐☐ 0756	甚至 ✖	shènzhì	접 심지어
☐☐ 0757	生病	shēngbìng	통 병이 나다
☐☐ 0758	生活 ✖	shēnghuó	명 통 생활(하다)
☐☐ 0759	生命 ✖	shēngmìng	명 생명
☐☐ 0760	生气	shēngqì	통 화내다
☐☐ 0761	生日	shēngrì	명 생일
☐☐ 0762	生意 ✖	shēngyi	명 장사, 사업
☐☐ 0763	声音	shēngyīn	명 소리
☐☐ 0764	省	shěng	명 성[지방 행정 단위] 통 아끼다, 절약하다
☐☐ 0765	剩 ✖	shèng	통 남다
☐☐ 0766	失败 ✖	shībài	통 실패하다
☐☐ 0767	失望 ✖	shīwàng	통 실망하다
☐☐ 0768	师傅	shīfu	명 기사님, 스승
☐☐ 0769	十	shí	수 10, 열
☐☐ 0770	十分	shífēn	부 매우, 굉장히
☐☐ 0771	时候	shíhou	명 시간, 때
☐☐ 0772	时间	shíjiān	명 시간
☐☐ 0773	实际	shíjì	형 실제의
☐☐ 0774	实在	shízài	부 정말, 참으로
☐☐ 0775	使	shǐ	통 (~에게) ~하게 시키다

☐☐ 0776	使用 ✄	shǐyòng	통 사용하다
☐☐ 0777	世纪	shìjì	명 세기
☐☐ 0778	世界	shìjiè	명 세계
☐☐ 0779	事情	shìqíng	명 일
☐☐ 0780	试 ✄	shì	통 시도하다

S

체크 체크

☐ 실력점검 _____ /15   ☐ 오답확인

1. 다음 단어와 뜻을 알맞게 연결해 보세요.

① 申请 ·   · ⓐ 남다

② 生气 ·   · ⓑ 실제의

③ 剩 ·   · ⓒ 화내다

④ 实际 ·   · ⓓ 사용하다

⑤ 使用 ·   · ⓔ 신청하다

2. 다음 단어를 중국어로 써 보세요.

① 깊다   ② 생활

③ 실패하다   ④ 시도하다

3. 다음 단어의 뜻을 써 보세요.

① 甚至 _____ ② 生命 _____

③ 生意 _____ ④ 失望 _____

⑤ 实在 _____ ⑥ 事情 _____

정답

1. ① ⓔ, ② ⓒ, ③ ⓐ, ④ ⓑ, ⑤ ⓓ   2. ① 深 ② 生活 ③ 失败 ④ 试   3. ① 심지어 ② 생명 ③ 장사, 사업
④ 실망하다 ⑤ 정말, 참으로 ⑥ 일

☐☐ 0781	是	shì	휑 맞다, 옳다 동 ~이다
☐☐ 0782	是否	shìfǒu	튀 ~인지 아닌지
☐☐ 0783	适合 ✿	shìhé	동 적합하다
☐☐ 0784	适应 ✿	shìyìng	동 적응하다
☐☐ 0785	收	shōu	동 받다
☐☐ 0786	收入 ✿	shōurù	명 수입
☐☐ 0787	收拾 ✿	shōushi	동 정리하다, 치우다
☐☐ 0788	手表	shǒubiǎo	명 손목시계
☐☐ 0789	手机	shǒujī	명 휴대전화
☐☐ 0790	首都	shǒudū	명 수도
☐☐ 0791	首先 ✿	shǒuxiān	튀 가장 먼저, 우선
☐☐ 0792	受不了 ✿	shòubuliǎo	참을 수 없다
☐☐ 0793	受到	shòudào	동 얻다, 받다, 견디다
☐☐ 0794	售货员 ✿	shòuhuòyuán	명 판매원
☐☐ 0795	瘦	shòu	휑 마르다
☐☐ 0796	书	shū	명 책
☐☐ 0797	叔叔	shūshu	명 숙부, 아저씨
☐☐ 0798	舒服 ✿	shūfu	휑 편안하다
☐☐ 0799	输	shū	동 패배하다, 지다
☐☐ 0800	熟悉 ✿	shúxī	동 숙지하다, 잘 알다
☐☐ 0801	树	shù	명 나무
☐☐ 0802	数量	shùliàng	명 수량
☐☐ 0803	数学	shùxué	명 수학
☐☐ 0804	数字	shùzì	명 숫자
☐☐ 0805	刷牙 ✿	shuāyá	동 이를 닦다

▢▢ 0806	帅 ✦	shuài	형 멋지다
▢▢ 0807	双	shuāng	양 쌍, 켤레[짝을 이룬 물건을 세는 단위]
▢▢ 0808	水	shuǐ	명 물
▢▢ 0809	水果	shuǐguǒ	명 과일
▢▢ 0810	水平 ✦	shuǐpíng	명 수준, 능력

체크 체크

1. 다음 단어와 뜻을 알맞게 연결해 보세요.

① 适合 ·
② 瘦 ·
③ 熟悉 ·
④ 双 ·
⑤ 水平 ·

· ⓐ 숙지하다, 잘 알다
· ⓑ 적합하다
· ⓒ 쌍, 켤레
· ⓓ 마르다
· ⓔ 수준, 능력

2. 다음 단어를 중국어로 써 보세요.

① 정리하다, 치우다 ▭▭▭▭
② 휴대전화 ▭▭▭▭
③ 패배하다, 지다 ▭▭▭▭
④ 이를 닦다 ▭▭▭▭

3. 다음 단어의 뜻을 써 보세요.

① 是否 _____
② 适应 _____
③ 首先 _____
④ 受不了 _____
⑤ 舒服 _____
⑥ 数量 _____

정답

☐☐ 0811	睡觉	shuìjiào	동 자다
☐☐ 0812	顺便 ✿	shùnbiàn	부 ~하는 김에, 겸사겸사
☐☐ 0813	顺利 ✿	shùnlì	형 순조롭다
☐☐ 0814	顺序	shùnxù	명 순서, 차례
☐☐ 0815	说	shuō	동 말하다
☐☐ 0816	说话	shuōhuà	동 말하다
☐☐ 0817	说明 ✿	shuōmíng	동 설명하다
☐☐ 0818	硕士	shuòshì	명 석사
☐☐ 0819	司机 ✿	sījī	명 운전기사
☐☐ 0820	死	sǐ	동 죽다
☐☐ 0821	四	sì	수 4, 넷
☐☐ 0822	送	sòng	동 보내다, 증정하다
☐☐ 0823	速度 ✿	sùdù	명 속도
☐☐ 0824	塑料袋 ✿	sùliàodài	명 비닐봉지
☐☐ 0825	酸 ✿	suān	형 시다
☐☐ 0826	虽然…但是… ✿	suīrán…dànshì…	접 비록 ~하지만, 그러나 ~
☐☐ 0827	随便 ✿	suíbiàn	부 마음껏, 하고 싶은 대로
☐☐ 0828	随着 ✿	suízhe	개 ~에 따라
☐☐ 0829	岁	suì	양 살[나이를 세는 단위]
☐☐ 0830	孙子	sūnzi	명 손자
☐☐ 0831	所有	suǒyǒu	형 모든, 일체의
☐☐ 0832	他	tā	대 그, 그 사람
☐☐ 0833	它	tā	대 그것, 저것
☐☐ 0834	她	tā	대 그녀, 그 여자
☐☐ 0835	台	tái	양 대[기계·설비·기구 등을 세는 단위]

☐☐ 0836	抬 ✬	tái	동 맞들다
☐☐ 0837	太	tài	부 매우, 아주
☐☐ 0838	太阳	tàiyáng	명 태양
☐☐ 0839	态度 ✬	tàidu	명 태도
☐☐ 0840	谈 ✬	tán	동 말하다, 이야기하다

체크 체크

☐ 실력점검 ____ /15 ☐ 오답확인

1. 다음 단어와 뜻을 알맞게 연결해 보세요.

① 顺利 ·
② 硕士 ·
③ 随着 ·
④ 所有 ·
⑤ 谈 ·

· ⓐ 석사
· ⓑ ~에 따라
· ⓒ 순조롭다
· ⓓ 말하다
· ⓔ 모든, 일체의

2. 다음 단어를 중국어로 써 보세요.

① 설명하다

② 속도

③ 시다

④ 태도

3. 다음 단어의 뜻을 써 보세요.

① 顺便 _____
② 顺序 _____
③ 塑料袋 _____
④ 虽然…但是… _____
⑤ 随便 _____
⑥ 台 _____

☐☐ 0841	弹钢琴 ✄	tán gāngqín	피아노를 치다
☐☐ 0842	汤	tāng	뗑 국
☐☐ 0843	糖	táng	뗑 설탕, 사탕·
☐☐ 0844	躺 ✄	tǎng	뙝 눕다
☐☐ 0845	趟	tàng	앵 번, 차례[왕복의 횟수를 세는 단위]
☐☐ 0846	讨论 ✄	tǎolùn	뙝 토론하다
☐☐ 0847	讨厌 ✄	tǎoyàn	뙝 싫어하다
☐☐ 0848	特别 ✄	tèbié	뛷 특히, 각별히
☐☐ 0849	特点	tèdiǎn	뗑 특징
☐☐ 0850	疼	téng	뼹 아프다
☐☐ 0851	踢足球	tī zúqiú	축구를 하다
☐☐ 0852	提	tí	뙝 들어올리다, 제기하다
☐☐ 0853	提高 ✄	tígāo	뙝 높이다, 향상시키다
☐☐ 0854	提供 ✄	tígōng	뙝 제공하다
☐☐ 0855	提前 ✄	tíqián	뙝 앞당기다
☐☐ 0856	提醒 ✄	tíxǐng	뙝 일깨우다
☐☐ 0857	题	tí	뗑 제목, 문제
☐☐ 0858	体育	tǐyù	뗑 체육, 스포츠
☐☐ 0859	天气	tiānqì	뗑 날씨
☐☐ 0860	甜 ✄	tián	뼹 달다
☐☐ 0861	填空	tiánkòng	뙝 빈칸을 채우다, 공란을 메우다
☐☐ 0862	条	tiáo	앵 가늘고 긴 것을 세는 단위
☐☐ 0863	条件 ✄	tiáojiàn	뗑 조건
☐☐ 0864	跳舞	tiàowǔ	뙝 춤을 추다
☐☐ 0865	听	tīng	뙝 듣다

☐☐ 0866	停 ✦	tíng	통 정지하다, 멈추다
☐☐ 0867	挺	tǐng	부 매우, 아주
☐☐ 0868	通过 ✦	tōngguò	통 통과하다 개 ~을 통하여
☐☐ 0869	通知 ✦	tōngzhī	통 통지하다, 알리다
☐☐ 0870	同情	tóngqíng	통 동정하다

t

체크 체크

☐ 실력점검 _____ /15   ☐ 오답확인

1. 다음 단어와 뜻을 알맞게 연결해 보세요.

① 讨论 ·   · ⓐ 매우, 아주

② 特点 ·   · ⓑ 토론하다

③ 提醒 ·   · ⓒ 일깨우다

④ 挺   ·   · ⓓ 특징

⑤ 通过 ·   · ⓔ 통과하다, ~을 통하여

2. 다음 단어를 중국어로 써 보세요.

① 눕다 [   ]   ② 축구를 하다 [   ]

③ 제공하다 [   ]   ④ 조건 [   ]

3. 다음 단어의 뜻을 써 보세요.

① 弹钢琴 _____   ② 特别 _____

③ 提高 _____   ④ 提前 _____

⑤ 停 _____   ⑥ 通知 _____

□□ 0871 同时	tóngshí	男 동시에
□□ 0872 同事 ✄	tóngshì	명 동료
□□ 0873 同学	tóngxué	명 학우
□□ 0874 同意 ✄	tóngyì	동 동의하다
□□ 0875 头发	tóufa	명 머리카락
□□ 0876 突然 ✄	tūrán	男 갑자기
□□ 0877 图书馆	túshūguǎn	명 도서관
□□ 0878 推 ✄	tuī	동 밀다
□□ 0879 推迟 ✄	tuīchí	동 뒤로 미루다, 연기하다
□□ 0880 腿	tuǐ	명 다리
□□ 0881 脱 ✄	tuō	동 벗다
□□ 0882 袜子 ✄	wàzi	명 양말
□□ 0883 外	wài	명 바깥쪽, 외부
□□ 0884 完	wán	동 끝나다
□□ 0885 完成 ✄	wánchéng	동 완성하다
□□ 0886 完全 ✄	wánquán	男 완전히
□□ 0887 玩	wán	동 놀다
□□ 0888 晚上	wǎnshang	명 저녁, 밤
□□ 0889 碗	wǎn	명 양 사발, 그릇
□□ 0890 万	wàn	仝 10,000, 만
□□ 0891 网球	wǎngqiú	명 테니스
□□ 0892 网站	wǎngzhàn	명 웹사이트
□□ 0893 往	wǎng	개 ~쪽으로, ~를 향하여
□□ 0894 往往	wǎngwǎng	男 왕왕, 흔히
□□ 0895 忘记 ✄	wàngjì	동 잊어버리다

▢▢ 0896	危险 ✄	wēixiǎn		혱	위험하다
▢▢ 0897	卫生间 ✄	wèishēngjiān		명	화장실
▢▢ 0898	为	wèi		개	~를 위하여, ~때문에
▢▢ 0899	为了	wèile		개	~를 하기 위해, ~를 위하여
▢▢ 0900	为什么	wèishénme		대	왜

체크 체크

☐ 실력점검 _____ /15   ☐ 오답확인

1. 다음 단어와 뜻을 알맞게 연결해 보세요.

① 同意 ·

② 脱 ·

③ 完全 ·

④ 玩 ·

⑤ 为了 ·

· ⓐ 벗다

· ⓑ 동의하다

· ⓒ ~를 하기 위해, ~를 위하여

· ⓓ 놀다

· ⓔ 완전히

2. 다음 단어를 중국어로 써 보세요.

① 머리카락

② 양말

③ 웹사이트

④ 위험하다

3. 다음 단어의 뜻을 써 보세요.

① 同时 _____

② 突然 _____

③ 推迟 _____

④ 完成 _____

⑤ 往往 _____

⑥ 忘记 _____

☐☐ 0901	喂	wéi	감탄 여보세요
☐☐ 0902	位	wèi	양 분[사람을 세는 단위]
☐☐ 0903	味道 ✬	wèidao	명 맛
☐☐ 0904	温度 ✬	wēndù	명 온도
☐☐ 0905	文化 ✬	wénhuà	명 문화
☐☐ 0906	文章	wénzhāng	명 글, 문장
☐☐ 0907	问	wèn	동 묻다
☐☐ 0908	问题 ✬	wèntí	명 문제
☐☐ 0909	我	wǒ	대 나
☐☐ 0910	我们	wǒmen	대 우리
☐☐ 0911	污染 ✬	wūrǎn	명 오염 동 오염시키다
☐☐ 0912	无	wú	동 없다
☐☐ 0913	无聊 ✬	wúliáo	형 무료하다, 지루하다
☐☐ 0914	无论 ✬	wúlùn	접 ~에도 불구하고
☐☐ 0915	五	wǔ	수 5, 다섯
☐☐ 0916	误会 ✬	wùhuì	명 오해 동 오해하다
☐☐ 0917	西	xī	명 서쪽
☐☐ 0918	西瓜	xīguā	명 수박
☐☐ 0919	西红柿	xīhóngshì	명 토마토
☐☐ 0920	吸引 ✬	xīyǐn	동 끌어당기다
☐☐ 0921	希望 ✬	xīwàng	명 희망 동 희망하다
☐☐ 0922	习惯 ✬	xíguàn	명 습관 동 습관이 되다
☐☐ 0923	洗	xǐ	동 씻다
☐☐ 0924	洗手间 ✬	xǐshǒujiān	명 화장실
☐☐ 0925	洗澡 ✬	xǐzǎo	동 샤워하다

☐☐ 0926	喜欢 ✄	xǐhuan	통 좋아하다
☐☐ 0927	下	xià	명 밑, 아래
☐☐ 0928	下午	xiàwǔ	명 오후
☐☐ 0929	下雨	xiàyǔ	통 비가 오다
☐☐ 0930	夏	xià	명 여름

체크 체크

☐ 실력점검 _____ /15　■ 오답확인

1. 다음 단어와 뜻을 알맞게 연결해 보세요.

① 文章　•

② 无聊　•

③ 西红柿　•

④ 习惯　•

⑤ 下雨　•

　　• ⓐ 토마토

　　• ⓑ 습관(이 되다)

　　• ⓒ 무료하다, 지루하다

　　• ⓓ 비가 오다

　　• ⓔ 글, 문장

2. 다음 단어를 중국어로 써 보세요.

① 맛 ［　　　　］　　② 문제 ［　　　　］

③ 오해(하다) ［　　　　］　　④ 좋아하다 ［　　　　］

3. 다음 단어의 뜻을 써 보세요.

① 文化 _____　② 问 _____

③ 污染 _____　④ 无论 _____

⑤ 吸引 _____　⑥ 希望 _____

☐☐ 0931	先	xiān	부 우선, 먼저
☐☐ 0932	先生	xiānsheng	명 선생[남자를 부르는 호칭]
☐☐ 0933	咸 ✦	xián	형 짜다
☐☐ 0934	现金 ✦	xiànjīn	명 현금
☐☐ 0935	现在	xiànzài	명 지금
☐☐ 0936	羡慕 ✦	xiànmù	동 부러워하다
☐☐ 0937	相反 ✦	xiāngfǎn	형 상반되다
☐☐ 0938	相同 ✦	xiāngtóng	형 서로 같다
☐☐ 0939	相信 ✦	xiāngxìn	동 믿다
☐☐ 0940	香	xiāng	형 (냄새가) 좋다, 향기롭다
☐☐ 0941	香蕉	xiāngjiāo	명 바나나
☐☐ 0942	详细 ✦	xiángxì	형 상세하다
☐☐ 0943	响	xiǎng	동 (소리가) 울리다
☐☐ 0944	想	xiǎng	조동 ~하고 싶다
☐☐ 0945	向	xiàng	개 ~쪽으로, ~를 향하여
☐☐ 0946	像 ✦	xiàng	동 닮다 부 마치 (~와 같다)
☐☐ 0947	橡皮	xiàngpí	명 지우개
☐☐ 0948	消息 ✦	xiāoxi	명 소식, 뉴스
☐☐ 0949	小	xiǎo	형 작다
☐☐ 0950	小吃	xiǎochī	명 간단한 음식, 간식
☐☐ 0951	小伙子 ✦	xiǎohuǒzi	명 젊은이
☐☐ 0952	小姐	xiǎojiě	명 아가씨
☐☐ 0953	小时	xiǎoshí	명 시간
☐☐ 0954	小说 ✦	xiǎoshuō	명 소설
☐☐ 0955	小心	xiǎoxīn	동 조심하다

■□ 0956	校长	xiàozhǎng	명 학교장, 교장
■□ 0957	笑	xiào	동 웃다
■□ 0958	笑话	xiàohua	명 농담, 우스갯소리
■□ 0959	效果 ✿	xiàoguǒ	명 효과
■□ 0960	些	xiē	양 조금, 약간, 몇몇

X

체크 체크

□ 실력점검 ____ /15   ■ 오답확인

1. 다음 단어와 뜻을 알맞게 연결해 보세요.

① 先 ·
② 相同 ·
③ 详细 ·
④ 像 ·
⑤ 笑话 ·

· ⓐ 상세하다
· ⓑ 농담, 우스갯소리
· ⓒ 우선, 먼저
· ⓓ 서로 같다
· ⓔ 닮다, 마치 (~와 같다)

2. 다음 단어를 중국어로 써 보세요.

① 짜다
② 부러워하다
③ 믿다
④ 소설

3. 다음 단어의 뜻을 써 보세요.

① 相反 _____
② 香 _____
③ 响 _____
④ 消息 _____
⑤ 小伙子 _____
⑥ 效果 _____

정답

1. ① ⓒ, ② ⓓ, ③ ⓐ, ④ ⓔ, ⑤ ⓑ 2. ① 咸 ② 羡慕 ③ 相信 ④ 小说 3. ① 상반되다 ② (냄새가) 향기롭다 ③ 소리, 울림 ④ 소식, 정보 ⑤ (주로가) 총각이 ⑥ 효과

67

☐☐ 0961	写	xiě	동 글씨를 쓰다
☐☐ 0962	谢谢	xièxie	동 감사합니다
☐☐ 0963	心情 ✄	xīnqíng	명 심정
☐☐ 0964	辛苦	xīnkǔ	형 고생스럽다
☐☐ 0965	新	xīn	형 새롭다
☐☐ 0966	新闻 ✄	xīnwén	명 뉴스
☐☐ 0967	新鲜 ✄	xīnxiān	형 신선하다
☐☐ 0968	信封	xìnfēng	명 편지 봉투
☐☐ 0969	信息 ✄	xìnxī	명 정보, 소식
☐☐ 0970	信心 ✄	xìnxīn	명 자신, 확신
☐☐ 0971	信用卡 ✄	xìnyòngkǎ	명 신용 카드
☐☐ 0972	兴奋 ✄	xīngfèn	형 흥분하다
☐☐ 0973	星期	xīngqī	명 주, 주일
☐☐ 0974	行	xíng	동 가다 형 좋다, 괜찮다
☐☐ 0975	行李箱	xínglixiāng	명 트렁크, 여행용 가방
☐☐ 0976	醒	xǐng	동 깨다
☐☐ 0977	幸福 ✄	xìngfú	형 행복하다
☐☐ 0978	性别	xìngbié	명 성별
☐☐ 0979	性格 ✄	xìnggé	명 성격
☐☐ 0980	姓	xìng	명 성, 성씨 동 성이 ~이다
☐☐ 0981	熊猫	xióngmāo	명 판다
☐☐ 0982	休息	xiūxi	동 휴식하다
☐☐ 0983	修理 ✄	xiūlǐ	동 수리하다
☐☐ 0984	需要 ✄	xūyào	동 필요하다
☐☐ 0985	许多	xǔduō	형 매우 많다

□□ 0986	选择 ✄	xuǎnzé	图 선택하다
□□ 0987	学期 ✄	xuéqī	명 학기
□□ 0988	学生	xuésheng	명 학생
□□ 0989	学习	xuéxí	동 공부하다
□□ 0990	学校	xuéxiào	명 학교

체크 체크

□ 실력점검 _____ /15   ■ 오답확인

1. 다음 단어와 뜻을 알맞게 연결해 보세요.

① 心情 ·   · ⓐ 흥분하다

② 信息 ·   · ⓑ 성격

③ 兴奋 ·   · ⓒ 매우 많다

④ 性格 ·   · ⓓ 정보, 소식

⑤ 许多 ·   · ⓔ 심정

2. 다음 단어를 중국어로 써 보세요.

① 신선하다 [   ]   ② 행복하다 [   ]

③ 휴식하다 [   ]   ④ 공부하다 [   ]

3. 다음 단어의 뜻을 써 보세요.

① 新闻 _____   ② 信心 _____

③ 行李箱_____   ④ 修理 _____

⑤ 选择 _____   ⑥ 学期 _____

정답

1. ① ⓔ, ② ⓓ, ③ ⓐ, ④ ⓑ, ⑤ ⓒ   2. ① 新鲜 ② 幸福 ③ 休息 ④ 学习   3. ① 뉴스 ② 자신, 확신 ③ 여행용 가방 ④ 수리하다 ⑤ 선택하다 ⑥ 학기

69

☐☐ 0991	雪	xuě	몡 눈
☐☐ 0992	压力 ✖	yālì	몡 스트레스
☐☐ 0993	呀	yā	갬탄 애, 야! *ya 어조사
☐☐ 0994	牙膏 ✖	yágāo	몡 치약
☐☐ 0995	亚洲	Yàzhōu	몡 아시아
☐☐ 0996	严格 ✖	yángé	혱 엄격하다
☐☐ 0997	严重 ✖	yánzhòng	혱 심각하다, 위급하다
☐☐ 0998	研究 ✖	yánjiū	동 연구하다
☐☐ 0999	盐 ✖	yán	몡 소금
☐☐ 1000	颜色 ✖	yánsè	몡 색
☐☐ 1001	眼睛	yǎnjing	몡 눈 [신체 부위]
☐☐ 1002	眼镜	yǎnjìng	몡 안경
☐☐ 1003	演出 ✖	yǎnchū	몡 공연
☐☐ 1004	演员 ✖	yǎnyuán	몡 배우
☐☐ 1005	羊肉	yángròu	몡 양고기
☐☐ 1006	阳光	yángguāng	몡 햇빛
☐☐ 1007	养成 ✖	yǎngchéng	동 양성하다, 기르다
☐☐ 1008	样子	yàngzi	몡 모양, 모습
☐☐ 1009	要求 ✖	yāoqiú	동 요구하다
☐☐ 1010	邀请 ✖	yāoqǐng	동 초청하다
☐☐ 1011	药	yào	몡 약
☐☐ 1012	要	yào	조동 ~하려고 하다 동 요구하다, 원하다, 필요하다
☐☐ 1013	要是	yàoshi	젭 만약 ~라면
☐☐ 1014	钥匙 ✖	yàoshi	몡 열쇠
☐☐ 1015	爷爷	yéye	몡 할아버지

	1016	也	yě	團 또한, 역시
	1017	也许 ✿	yěxǔ	團 아마도, 어쩌면
	1018	叶子	yèzi	명 잎, 찻잎
	1019	页	yè	양 쪽, 페이지
	1020	一	yī	주 1, 하나

체크 체크

1. 다음 단어와 뜻을 알맞게 연결해 보세요.

① 严格 ·　　　　　　　　　　· ⓐ 연구하다

② 研究 ·　　　　　　　　　　· ⓑ 엄격하다

③ 演员 ·　　　　　　　　　　· ⓒ 양성하다, 기르다

④ 养成 ·　　　　　　　　　　· ⓓ 잎, 찻잎

⑤ 叶子 ·　　　　　　　　　　· ⓔ 배우

2. 다음 단어를 중국어로 써 보세요.

① 스트레스 _____　　　　② 색 _____

③ 초청하다 _____　　　　④ 쪽, 페이지 _____

3. 다음 단어의 뜻을 써 보세요.

① 牙膏 _____　　　② 亚洲 _____

③ 严重 _____　　　④ 演出 _____

⑤ 要求 _____　　　⑥ 也许 _____

☐☐ 1021	一般 ✖	yìbān	형 일반적이다, 보통이다
☐☐ 1022	一边	yìbiān	명 한쪽, 한 편
☐☐ 1023	一点儿	yìdiǎnr	수량 조금, 약간
☐☐ 1024	一定	yídìng	부 분명히, 반드시
☐☐ 1025	一共 ✖	yígòng	부 모두, 전부
☐☐ 1026	一会儿	yíhuìr	명 잠시, 짧은 시간 내
☐☐ 1027	一起	yìqǐ	부 함께, 같이
☐☐ 1028	一切 ✖	yíqiè	대 일체, 전부, 모든
☐☐ 1029	一下	yíxià	좀 ~하다[동사 뒤에 놓여 동작을 간단히 해본다는 의미]
☐☐ 1030	一样	yíyàng	형 같다, 동일하다
☐☐ 1031	一直	yìzhí	부 줄곧, 계속
☐☐ 1032	衣服	yīfu	명 옷
☐☐ 1033	医生 ✖	yīshēng	명 의사
☐☐ 1034	医院 ✖	yīyuàn	명 병원
☐☐ 1035	已经	yǐjīng	부 이미
☐☐ 1036	以	yǐ	개 ~을, ~로써
☐☐ 1037	以前	yǐqián	명 과거, 이전
☐☐ 1038	以为	yǐwéi	동 ~라 여기다
☐☐ 1039	椅子 ✖	yǐzi	명 의자
☐☐ 1040	艺术	yìshù	명 예술
☐☐ 1041	意见 ✖	yìjiàn	명 견해, 의견
☐☐ 1042	意思	yìsi	명 의미, 뜻
☐☐ 1043	因此 ✖	yīncǐ	접 이로 인하여
☐☐ 1044	因为…所以… ✖	yīnwèi…suǒyǐ…	접 ~이기 때문에 그래서 ~
☐☐ 1045	阴	yīn	형 흐리다

☐☐ 1046	音乐	yīnyuè	명	음악
☐☐ 1047	银行	yínháng	명	은행
☐☐ 1048	引起 ✖	yǐnqǐ	동	야기하다, 일으키다
☐☐ 1049	饮料 ✖	yǐnliào	명	음료
☐☐ 1050	印象 ✖	yìnxiàng	명	인상

y

체크 체크

☐ 실력점검 _____ /15   ☐ 오답확인

1. 다음 단어와 뜻을 알맞게 연결해 보세요.

① 一切 ·

② 以 ·

③ 意思 ·

④ 因此 ·

⑤ 引起 ·

· ⓐ 야기하다, 일으키다

· ⓑ 의미, 뜻

· ⓒ 일체, 전부, 모든

· ⓓ ~을, ~로써

· ⓔ 이로 인하여

2. 다음 단어를 중국어로 써 보세요.

① 모두, 전부

② 의사

③ 견해, 의견

④ 은행

3. 다음 단어의 뜻을 써 보세요.

① 一般 _____

② 一直 _____

③ 已经 _____

④ 以为 _____

⑤ 因为…所以… _____

⑥ 印象 _____

73

☐☐ 1051	应该	yīnggāi	조동 마땅히 ~해야 한다
☐☐ 1052	赢	yíng	동 이기다
☐☐ 1053	影响	yǐngxiǎng	명 영향 동 영향을 주다
☐☐ 1054	应聘	yìngpìn	동 초빙에 응하다, 지원하다
☐☐ 1055	永远	yǒngyuǎn	부 언제나, 영원히
☐☐ 1056	勇敢	yǒnggǎn	형 용감하다
☐☐ 1057	用	yòng	동 쓰다
☐☐ 1058	优点	yōudiǎn	명 장점
☐☐ 1059	优秀	yōuxiù	형 우수하다, 뛰어나다
☐☐ 1060	幽默	yōumò	명 유머 형 유머러스하다
☐☐ 1061	尤其	yóuqí	부 더욱이, 특히
☐☐ 1062	由	yóu	개 ~가, ~이, ~(으)로서
☐☐ 1063	由于	yóuyú	접 ~때문에
☐☐ 1064	邮局	yóujú	명 우체국
☐☐ 1065	游戏	yóuxì	명 오락, 게임
☐☐ 1066	游泳	yóuyǒng	동 수영하다
☐☐ 1067	友好	yǒuhǎo	형 우호적이다
☐☐ 1068	友谊	yǒuyì	명 우정, 우의
☐☐ 1069	有	yǒu	동 가지고 있다
☐☐ 1070	有名	yǒumíng	형 유명하다
☐☐ 1071	有趣	yǒuqù	형 재미있다
☐☐ 1072	又	yòu	부 또, 다시
☐☐ 1073	右边	yòubian	명 오른쪽
☐☐ 1074	于是	yúshì	접 이리하여, 그래서
☐☐ 1075	鱼	yú	명 물고기

□□ 1076 **愉快** ✄	yúkuài	형	유쾌하다, 기쁘다
□□ 1077 **与**	yǔ	개	~와, ~과
□□ 1078 **羽毛球**	yǔmáoqiú	명	배드민턴
□□ 1079 **语法**	yǔfǎ	명	어법
□□ 1080 **语言** ✄	yǔyán	명	언어, 말

체크 체크

□ 실력점검 _____ /15   □ 오답확인

1. 다음 단어와 뜻을 알맞게 연결해 보세요.

① 应聘 ·

② 由于 ·

③ 友好 ·

④ 有趣 ·

⑤ 语言 ·

· ⓐ 재미있다

· ⓑ 우호적이다

· ⓒ ~때문에

· ⓓ 초빙에 응하다, 지원하다

· ⓔ 언어, 말

2. 다음 단어를 중국어로 써 보세요.

① 이기다

② 용감하다

③ 장점

④ 유명하다

3. 다음 단어의 뜻을 써 보세요.

① 影响 _____

② 优秀 _____

③ 幽默 _____

④ 由 _____

⑤ 游戏 _____

⑥ 愉快 _____

정답

1. ① ⓓ, ② ⓒ, ③ ⓑ, ④ ⓐ, ⑤ ⓔ   2. ① 赢 ② 勇敢 ③ 优点 ④ 有名   3. ① 영향을 주다, 영향을 끼치다 ② 우수하다 ③ 유머, 유머러스하다 ④ ~로, ~로부터 ⑤ 오락, 게임 ⑥ 유쾌하다, 기쁘다

75

□□ 1081	预习	yùxí	통 예습하다
□□ 1082	遇到 ✄	yùdào	통 만나다, 마주치다
□□ 1083	元	yuán	양 위안[돈을 세는 단위]
□□ 1084	原来 ✄	yuánlái	명 원래, 본래
□□ 1085	原谅 ✄	yuánliàng	통 용서하다
□□ 1086	原因 ✄	yuányīn	명 원인
□□ 1087	远	yuǎn	형 멀다
□□ 1088	愿意	yuànyì	통 바라다, 동의하다
□□ 1089	约会	yuēhuì	명 약속
□□ 1090	月	yuè	명 월, 달
□□ 1091	月亮	yuèliang	명 달
□□ 1092	阅读	yuèdú	통 읽다, 보다
□□ 1093	越	yuè	부 한층 더
□□ 1094	云	yún	명 구름
□□ 1095	允许	yǔnxǔ	통 허락하다, 허가하다
□□ 1096	运动 ✄	yùndòng	명 운동 통 운동하다
□□ 1097	杂志 ✄	zázhì	명 잡지
□□ 1098	再	zài	부 다시, 재차
□□ 1099	再见	zàijiàn	안녕, 또 뵙겠습니다
□□ 1100	在	zài	개 ~에서 통 ~에 있다, 존재하다
□□ 1101	咱们	zánmen	대 우리(들)
□□ 1102	暂时 ✄	zànshí	명 잠시, 잠깐
□□ 1103	脏 ✄	zāng	형 더럽다
□□ 1104	早上	zǎoshang	명 아침
□□ 1105	责任 ✄	zérèn	명 책임

⬜⬜ 1106	怎么	zěnme	때	어떻게, 어째서
⬜⬜ 1107	怎么样	zěnmeyàng	때	어떠한가
⬜⬜ 1108	增加	zēngjiā	통	증가하다
⬜⬜ 1109	占线	zhànxiàn	통	통화 중이다
⬜⬜ 1110	站	zhàn	명	정류장, 역 통 서다

y
z

체크체크

☐ 실력점검 _____ /15 ⬛ 오답확인

1. 다음 단어와 뜻을 알맞게 연결해 보세요.

① 原来 ·   · ⓐ 한층 더

② 原因 ·   · ⓑ 읽다, 보다

③ 阅读 ·   · ⓒ 증가하다

④ 越 ·   · ⓓ 원래, 본래

⑤ 增加 ·   · ⓔ 원인

2. 다음 단어를 중국어로 써 보세요.

① 만나다, 마주치다   ② 운동(하다)

③ 더럽다   ④ 통화 중이다

3. 다음 단어의 뜻을 써 보세요.

① 预习 _____   ② 原谅 _____

③ 愿意 _____   ④ 允许 _____

⑤ 暂时 _____   ⑥ 责任 _____

1. ① ⓓ ② ⓔ ③ ⓑ ④ ⓐ ⑤ ⓒ   2. ① 遇到 ② 运动 ③ 脏 ④ 占线   3. ① 예습하다 ② 용서하다 ③ 바라다, 동의하다 ④ 허락하다 ⑤ 잠시, 잠깐 ⑥ 책임

▢▢ 1111	张	zhāng	양 장[종이·침대 등을 세는 단위]
▢▢ 1112	长	zhǎng	동 자라다, 생기다
▢▢ 1113	丈夫	zhàngfu	명 남편
▢▢ 1114	招聘 ✖	zhāopìn	동 모집하다, 채용하다
▢▢ 1115	着急 ✖	zháojí	동 조급해하다, 걱정하다
▢▢ 1116	找	zhǎo	동 찾다
▢▢ 1117	照	zhào	동 (거울 등에) 비추다
▢▢ 1118	照顾 ✖	zhàogù	동 보살피다, 돌보다
▢▢ 1119	照片	zhàopiàn	명 사진
▢▢ 1120	照相机 ✖	zhàoxiàngjī	명 사진기, 카메라
▢▢ 1121	这	zhè	대 이, 이것
▢▢ 1122	着	zhe	조 동사 뒤에서 동작의 진행이나 상태의 유지를 나타냄
▢▢ 1123	真	zhēn	부 진짜, 참으로
▢▢ 1124	真正	zhēnzhèng	형 진정한, 참된
▢▢ 1125	整理 ✖	zhěnglǐ	동 정리하다
▢▢ 1126	正常 ✖	zhèngcháng	형 정상이다
▢▢ 1127	正好	zhènghǎo	부 딱 마침
▢▢ 1128	正确 ✖	zhèngquè	형 정확하다
▢▢ 1129	正式 ✖	zhèngshì	형 정식의
▢▢ 1130	正在	zhèngzài	부 지금 ~하고 있다
▢▢ 1131	证明 ✖	zhèngmíng	동 증명하다
▢▢ 1132	之	zhī	조 ~의
▢▢ 1133	支持 ✖	zhīchí	동 지지하다
▢▢ 1134	只	zhī	양 마리[짐승을 세는 단위], (쌍으로 된 것 중) 한 짝, 한 쪽
▢▢ 1135	知道	zhīdào	동 알다

▢▢ 1136 **知识**	zhīshi	몡 지식
▢▢ 1137 **直接**	zhíjiē	혱 직접적인
▢▢ 1138 **值得** ✖	zhíde	동 ~할 만한 가치가 있다
▢▢ 1139 **职业**	zhíyè	몡 직업
▢▢ 1140 **植物** ✖	zhíwù	몡 식물

체크 체크

□ 실력점검 _____ /15　□ 오답확인

1. 다음 단어와 뜻을 알맞게 연결해 보세요.

① 真正 ·

② 正好 ·

③ 正式 ·

④ 直接 ·

⑤ 值得 ·

· ⓐ 딱 마침

· ⓑ 직접적인

· ⓒ 진정한, 참된

· ⓓ ~할 만한 가치가 있다

· ⓔ 정식의

2. 다음 단어를 중국어로 써 보세요.

① 조급해하다 ▢▢▢▢

② 보살피다, 돌보다 ▢▢▢▢

③ 지식 ▢▢▢▢

④ 직업 ▢▢▢▢

3. 다음 단어의 뜻을 써 보세요.

① 招聘 _____

② 整理 _____

③ 正确 _____

④ 证明 _____

⑤ 支持 _____

⑥ 只 _____

▢▢ 1141	只	zhǐ	🄫 단지, 다만
▢▢ 1142	只好 ✖	zhǐhǎo	🄫 부득이, 어쩔 수 없이
▢▢ 1143	只要 ✖	zhǐyào	🄬 ~하기만 하면
▢▢ 1144	只有…才… ✖	zhǐyǒu…cái…	🄬 ~해야만 비로소 ~이다
▢▢ 1145	指	zhǐ	🄭 가리키다
▢▢ 1146	至少 ✖	zhìshǎo	🄫 적어도, 최소한
▢▢ 1147	质量 ✖	zhìliàng	🄮 품질
▢▢ 1148	中国	Zhōngguó	🄯 중국
▢▢ 1149	中间	zhōngjiān	🄮 중간, 가운데
▢▢ 1150	中文	Zhōngwén	🄮 중문, 중국어
▢▢ 1151	中午	zhōngwǔ	🄮 정오
▢▢ 1152	终于	zhōngyú	🄫 결국, 마침내
▢▢ 1153	种	zhǒng	🄰 종류, 부류, 가지
▢▢ 1154	重	zhòng	🄱 무겁다
▢▢ 1155	重点 ✖	zhòngdiǎn	🄮 중점, 핵심
▢▢ 1156	重视 ✖	zhòngshì	🄭 중시하다
▢▢ 1157	重要 ✖	zhòngyào	🄱 중요하다
▢▢ 1158	周末	zhōumò	🄮 주말
▢▢ 1159	周围 ✖	zhōuwéi	🄮 주위
▢▢ 1160	主要 ✖	zhǔyào	🄱 주요한, 중요한 🄫 주로
▢▢ 1161	主意	zhǔyi	🄮 의견, 방법
▢▢ 1162	住	zhù	🄭 살다, 거주하다
▢▢ 1163	注意 ✖	zhùyì	🄭 주의하다
▢▢ 1164	祝贺	zhùhè	🄭 축하하다
▢▢ 1165	著名 ✖	zhùmíng	🄱 유명하다, 저명하다

☐☐ 1166	专门 ✦	zhuānmén	男	특별히, 일부러, 전문적으로
☐☐ 1167	专业	zhuānyè	명	전공
☐☐ 1168	转	zhuàn	동	돌다
☐☐ 1169	赚 ✦	zhuàn	동	(돈을) 벌다
☐☐ 1170	准备 ✦	zhǔnbèi	동	준비하다

체크 체크

☐ 실력점검 _____ /15 ☐ 오답확인

1. 다음 단어와 뜻을 알맞게 연결해 보세요.

① 只好 ·   · ⓐ 중시하다

② 质量 ·   · ⓑ 부득이, 어쩔 수 없이

③ 重视 ·   · ⓒ 품질

④ 主意 ·   · ⓓ 특별히, 일부러, 전문적으로

⑤ 专门 ·   · ⓔ 의견, 방법

2. 다음 단어를 중국어로 써 보세요.

① 적어도, 최소한   ② 중요하다

③ 살다, 거주하다   ④ 준비하다

3. 다음 단어의 뜻을 써 보세요.

① 只有…才… _____   ② 终于 _____

③ 重点 _____   ④ 主要 _____

⑤ 祝贺 _____   ⑥ 转 _____

정답

1. ① ⓑ, ② ⓒ, ③ ⓐ, ④ ⓔ, ⑤ ⓓ 2. ① 至少 ② 重要 ③ 住 ④ 准备 3. ① ~해야만 비로소 ~이다 ② 결국, 마침내 ③ 중점, 요점 ④ 주요한, 주로 ⑤ 축하하다 ⑥ 돌다

81

▢▢ 1171 **准确**	zhǔnquè	형 확실하다
▢▢ 1172 **准时** ✖	zhǔnshí	부 제때에, 정시에
▢▢ 1173 **桌子**	zhuōzi	명 탁자
▢▢ 1174 **仔细** ✖	zǐxì	형 세심하다, 자세하다
▢▢ 1175 **自己**	zìjǐ	대 자기, 스스로, 혼자
▢▢ 1176 **自然** ✖	zìrán	명 자연
▢▢ 1177 **自信** ✖	zìxìn	명 자신(감) 형 자신감 있다
▢▢ 1178 **自行车**	zìxíngchē	명 자전거
▢▢ 1179 **字**	zì	명 글자, 문자
▢▢ 1180 **总结**	zǒngjié	명 총결, 결산
▢▢ 1181 **总是** ✖	zǒngshì	부 늘, 항상
▢▢ 1182 **走**	zǒu	동 걷다, 떠나다
▢▢ 1183 **租**	zū	동 임대하다, 세내다
▢▢ 1184 **嘴**	zuǐ	명 입
▢▢ 1185 **最**	zuì	부 최고의, 제일
▢▢ 1186 **最好** ✖	zuìhǎo	부 가장 좋기로는, ~가 제일이다
▢▢ 1187 **最后**	zuìhòu	명 최후
▢▢ 1188 **最近**	zuìjìn	명 최근
▢▢ 1189 **尊重** ✖	zūnzhòng	동 존중하다
▢▢ 1190 **昨天**	zuótiān	명 어제
▢▢ 1191 **左边**	zuǒbian	명 왼쪽
▢▢ 1192 **左右**	zuǒyòu	명 쯤, 가량[수량사 뒤에서 어림수를 나타냄]
▢▢ 1193 **作家** ✖	zuòjiā	명 작가
▢▢ 1194 **作业**	zuòyè	명 숙제
▢▢ 1195 **作用**	zuòyòng	명 작용

☐☐ 1196	作者 ✬	zuòzhě	몡 작가
☐☐ 1197	坐	zuò	통 앉다, 타다
☐☐ 1198	座	zuò	몡 좌석, 자리　양 좌, 동, 채[건축물·다리·산 등을 세는 단위]
☐☐ 1199	座位 ✬	zuòwèi	몡 좌석, 자리
☐☐ 1200	做	zuò	통 만들다, 하다

체크 체크

☐ 실력점검 _____ /15　☐ 오답확인

1. 다음 단어와 뜻을 알맞게 연결해 보세요.

① 准确 ·

② 自然 ·

③ 总结 ·

④ 最好 ·

⑤ 作者 ·

· ⓐ 총결, 결산

· ⓑ 자연

· ⓒ 가장 좋기로는, ~가 제일이다

· ⓓ 작가

· ⓔ 확실하다

2. 다음 단어를 중국어로 써 보세요.

① 자신감 ＿＿＿＿＿＿

② 존중하다 ＿＿＿＿＿＿

③ 왼쪽 ＿＿＿＿＿＿

④ 좌석, 자리 ＿＿＿＿＿＿

3. 다음 단어의 뜻을 써 보세요.

① 准时 ＿＿＿＿＿＿

② 仔细 ＿＿＿＿＿＿

③ 总是 ＿＿＿＿＿＿

④ 租 ＿＿＿＿＿＿

⑤ 作家 ＿＿＿＿＿＿

⑥ 作用 ＿＿＿＿＿＿

정답

1. ① ⓔ, ② ⓑ, ③ ⓐ, ④ ⓒ, ⑤ ⓓ　2. ① 自信 ② 尊重 ③ 左边 ④ 座位　3. ① 제시간에, 정시에 ② 자세하다 ③ 늘, 줄곧 ④ 임대하다, 세내다 ⑤ 작가 ⑥ 작용

MEMO

맛있는 중국어 新HSK

4급

모의고사

JRC 중국어연구소 기획 / **왕수인** 저

맛있는 books

맛있는 중국어 新HSK 4급 모의고사

기획	JRC 중국어연구소
저자	왕수인
발행인	김효정
발행처	맛있는books
등록번호	제2006-000273호

주소	서울시 서초구 명달로 54 JRC빌딩 7층
전화	구입문의 02·567·3861 l 02·567·3837
	내용문의 02·567·3860
팩스	02·567·2471
홈페이지	www.booksJRC.com

차 례

『맛있는 중국어 新HSK 4급』 모의고사의 동영상 강의(2회분)는 맛있는북스 홈페이지(www.booksJRC.com)에서 무료로 제공됩니다.

▲강의 보기

新汉语水平考试
HSK(四级)

注　意

一、HSK (四级) 分三部分：

    1. 听力 (45题，约30分钟)

    2. 阅读 (40题，40分钟)

    3. 书写 (15题，25分钟)

二、**听力结束后，有5分钟填写答题卡。**

三、全部考试约105分钟 (含考生填写个人信息时间5分钟)。

一、听 力

第一部分

第 1–10 题：判断对错。

例如：我想去办个信用卡，今天下午你有时间吗？陪我去一趟银行？

    ★ 他打算下午去银行。   (√)

    现在我很少看电视，其中一个原因是，广告太多了，不管什么时间，也不管什么节目，只要你打开电视，总能看到那么多的广告，浪费我的时间。

    ★ 他喜欢看电视广告。   (×)

1.   ★ 巧克力对减肥有帮助。   (   )

2.   ★ 他现在住在大公寓。   (   )

3.   ★ 说话人可能是售货员。   (   )

4.   ★ 人们的压力很大。   (   )

5.   ★ 小李的汉语说得不怎么样。   (   )

6.   ★ 他打算回国学汉语。   (   )

7.   ★ 天热的时候不能喝冰的饮料。   (   )

8.   ★ 他通过了考试。   (   )

9.   ★ 他没有时间看电影。   (   )

10.   ★ 这家公司的收入很低。   (   )

第二部分

第11-25题：请选出正确答案。

例如：女：该加油了，去机场的路上有加油站吗？
　　　男：有，你放心吧。
　　　问：男的主要是什么意思？

　　　A 去机场　　　B 快到了　　　C 油是满的　　　D 有加油站 √

11. A 酒店客房很多　　B 今天没有客房　　C 酒店职员不亲切　　D 男的对客房很满意

12. A 小王很亲切　　B 小王长得帅　　C 小王在谈恋爱　　D 男的不喜欢小王

13. A 喜欢买雨伞　　B 给小李买的　　C 今天没带伞　　D 以前的雨伞坏了

14. A 很健康　　B 很有力气　　C 脸色不好　　D 常常休息

15. A 去图书馆　　B 没有计划　　C 在家准备考试　　D 参加乒乓球比赛

16. A 喜欢喝茶　　B 没有礼貌　　C 没喝过咖啡　　D 喝咖啡也能睡着

17. A 公园　　B 商店　　C 餐厅　　D 图书馆

18. A 很高兴　　B 很难过　　C 不能同意　　D 不能相信

19. A 吃饭　　B 睡觉　　C 散步　　D 聊天

20. A 想减肥　　B 喜欢跑步　　C 心情不好　　D 为了健康

21. **A** 没有时间　　　　**B** 没有朋友　　　　**C** 不想花钱　　　　**D** 不喜欢旅游

22. **A** 家　　　　　　　**B** 公司　　　　　　**C** 机场　　　　　　**D** 银行

23. **A** 买书　　　　　　**B** 借书　　　　　　**C** 还书　　　　　　**D** 聊天

24. **A** 今天下午两点　　**B** 今天上午九点　　**C** 明天下午两点　　**D** 明天上午九点

25. **A** 休息　　　　　　**B** 散步　　　　　　**C** 去医院　　　　　　**D** 去小李家

第三部分

第26-45题：请选出正确答案。

例如：男：把这个材料复印5份，一会儿拿到会议室发给大家。

女：好的。会议是下午三点吗？

男：改了。三点半。推迟了半个小时。

女：好。602会议室没变吧？

男：对，没变。

问：会议几点开始？

A 两点   B 3点   C 3:30 √   D 6点

26. A 爬山   B 看电视   C 在家休息   D 出去散步

27. A 想买新的   B 忘带手机   C 丢了手机   D 手机便宜

28. A 他们在机场   B 男的很失望   C 女的要出去   D 男的刚回来

29. A 工作很忙   B 今天见客户   C 买了很贵的衣服   D 跟男的参观工厂

30. A 非常好   B 不太好   C 不怎么样   D 马马虎虎

31. A 要当医生   B 一起去买药   C 陪男的去看病   D 跟男的一起休息

32. A 银行不远   B 他们常常散步   C 他们开车去银行   D 他们走路去公园

33. A 伤心   B 开心   C 难过   D 吃惊

34. A 男的搬家了   B 男的不会开车   C 男的喜欢走路   D 男的上班不方便

35. **A** 两块五　　　　**B** 三块五　　　　**C** 五块五　　　　**D** 七块五

36. **A** 饮料　　　　　**B** 饺子　　　　　**C** 饼干　　　　　**D** 健康食品

37. **A** 不含维生素　　**B** 有两种味道　　**C** 没有低糖的　　**D** 只有低糖的

38. **A** 袜子　　　　　**B** 裙子　　　　　**C** 毛衣　　　　　**D** 帽子

39. **A** 司机　　　　　**B** 朋友　　　　　**C** 丈夫　　　　　**D** 售货员

40. **A** 不太重要　　　**B** 不是感情　　　**C** 无法选择　　　**D** 可以选择

41. **A** 亲情　　　　　**B** 友情　　　　　**C** 感情　　　　　**D** 爱情

42. **A** 广告　　　　　**B** 报道　　　　　**C** 杂志　　　　　**D** 电视节目

43. **A** 生活　　　　　**B** 法律　　　　　**C** 艺术　　　　　**D** 语言

44. **A** 先吃手里的　　**B** 先吃新鲜的　　**C** 先吃最难吃的　　**D** 先吃不好看的

45. **A** 不知好的　　　**B** 总有希望　　　**C** 让人开心　　　**D** 总是快乐

二、阅 读

第一部分

第46–50题：选词填空。

  A 估计 **B** 组织 **C** 竞争 **D** 坚持 **E** 信任 **F** 态度

例如：她每天都（ **D** ）走路上下班，所以身体一直很不错。

46. 这次暑假学校要（   ）留学生去外地旅行。

47. 我们要有一个积极的生活（   ）去面对现在的生活。

48. 检查结果现在还没出来，但我（   ）我的身体应该没什么问题。

49. 夫妻之间应该互相（   ），要尊重彼此的生活习惯。

50. 现在手机市场的（   ）越来越厉害，因此很多手机公司不断研究新产品。

第 51-55 题：选词填空。

A 值得　　　B 千万　　　C 温度　　　D 租　　　　E 舒服　　　F 湿润

例如：A：今天真冷啊，好像白天最高（　　C　　）才2°C。

　　　　B：刚才电视里说明天更冷。

51. A：这次数学考试，我得了满分。

　　　B：是吗？考了一百分啊！（　　　　　）表扬。

52. A：我（　　　　　）了新房子，打算这周五搬家。你能帮我吗？

　　　B：当然可以，没问题。

53. A：你觉得这张椅子怎么样？漂亮吧？

　　　B：坐上去很（　　　　　），不过价格有点儿贵，再便宜点儿就更好了。

54. A：这种植物喜欢（　　　　　）的环境，直接放在水里养也可以。

　　　B：养多长时间才能开花呢？

55. A：我明天开始游泳，要减肥！

　　　B：你游泳以后（　　　　　）别再吃东西，那样会更胖的。

第二部分

第56–65题：排列顺序。

例如：A：可是今天起晚了

　　　B：平时我骑自行车上下班

　　　C：所以就打车来公司　　　　　　　　　　　<u>B A C</u>

56. A：而且价格也很合理

　　 B：因此很受消费者的欢迎

　　 C：这瓶饮料不仅味道好　　　　　　　　　　<u>　　　　　　</u>

57. A：我平时不喝酒

　　 B：想喝点儿酒祝贺一下

　　 C：但今天为你感到特别高兴　　　　　　　　<u>　　　　　　</u>

58. A：最后就是服务要好

　　 B：餐厅怎样能吸引顾客呢

　　 C：首先菜的味道要好，其次价格不要太贵　　<u>　　　　　　</u>

59. A：也要勇敢地和对方交流

　　 B：这样才能学好外语

　　 C：即使说错了　　　　　　　　　　　　　　<u>　　　　　　</u>

60. A：我在读研究生的时候

　　B：通过教大学生英语

　　C：赚到了自己的学费　　　　　　　　　　_____

61. A：但我还是喜欢这样

　　B：虽然自己旅游要考虑很多问题

　　C：因为这样不用受别人的打扰　　　　　　_____

62. A：所以绝对不能喝酒开车

　　B：而且检查也很严格

　　C：法律规定喝酒后不能开车　　　　　　　　_____

63. A：在我看来，一个人能力的高低

　　B：比如教育水平，工作经历等

　　C：会受到很多方面的影响　　　　　　　　　_____

64. A：这样会让关系更美好

　　B：尊重是互相的

　　C：因此我们应该尊重对方的意见　　　　　　_____

65. A：随着人们生活水平的提高

　　B：到国外留学的人数也增加了

　　C：去外国旅游的人越来越多　　　　　　　　_____

第三部分

第66-85题：请选出正确答案。

例如：她很活泼，说话很有趣，总能给我们带来快乐，我们都很喜欢和她在一起。

    ★ 她是个什么样的人？

    A 幽默 √   **B** 马虎   **C** 骄傲   **D** 害羞

66. 很多人喜欢住在城市，但我觉得住在农村会更好。农村虽然没有城市方便、干净，然而周围环境很安静，生活更舒服。

    ★ 他觉得农村：

    A 很方便   **B** 很干净   **C** 很安静   **D** 很热闹

67. 广告只给我们介绍产品的优点，却不会介绍给我们它的缺点。因此很多人把东西买了以后才发现原来并不像广告上说的那么好，所以不能完全相信广告。

    ★ 他觉得广告：

    A 只介绍好处   **B** 只介绍坏处
    C 能完全相信   **D** 没什么作用

68. 快到暑假了，这次暑假我不想回家。因为我家里条件不是很好，所以想利用这次暑假打工赚钱。希望能减轻父母的负担。

    ★ 这次暑假，他想：

    A 回家   **B** 打工   **C** 学习   **D** 旅游

69. 从今年起，饺子店就没赚到多少钱。顾客越来越少，最近几天，每天来店里的顾客不到20个人，不知道究竟是哪儿出问题了。

★ 饺子店最近怎么样？

A 生意不好　　B 赚很多钱　　C 顾客很多　　D 没有问题

70. 小李和小王是最好的朋友。小王的学习非常优秀，数学也是全班第一。为了能够出国留学，小李每天晚上都要去张老师家学习数学，他的成绩提高得很快。小李的妈妈要小李向小王学习，一起进步。

★ 谁的数学是全班第一？

A 小王　　　B 小李　　　C 妈妈　　　D 张老师

71. 春节是中国最重要的传统节日。到了春节，在外地工作或者读书的子女们都开车或乘坐汽车、火车、飞机回家看望自己的父母。

★ 过春节时，中国人：

A 回家过年　　　　　　B 都开车回家
C 一般坐飞机　　　　　D 在外地过年

72. 很多年轻人为就业问题而烦恼，然而我觉得重要的不是找到好工作，而是应先考虑好自己以后真正想做什么事情。年轻人要记住方向比速度更重要。

★ 作者认为先要想好什么？

A 找到好工作　　　　　B 方向更重要
C 就业难问题　　　　　D 自己想做什么

73. 到冬天大部分鸟类都会飞到南方，因为它们受不了北方寒冷的气候，而且在北方很难找到食物，但是到春天它们会再飞回到这里来。

★ 冬季鸟类为什么飞向南方？

A 食物太多　　**B** 害怕寒冷　　**C** 没有朋友　　**D** 喜欢南方

74. 在山上我们不应该抽烟，因为会有火灾的危险。一旦发生火灾，再想恢复到原来的状态也需要很长时间，所以山上我们不能抽烟。

★ 山上为什么要禁止抽烟？

A 因为人多　　　　　　　　**B** 为了爬山
C 肯定发生火灾　　　　　　**D** 为了保护森林

75. 这本书的作者是一位科学老师。她通过这本书告诉我们关于科学的很有趣的故事，还通过介绍老师们的学校生活，让我们容易了解科学。

★ 这本书：

A 很无聊　　**B** 很有趣　　**C** 很新奇　　**D** 很感动

76. 还好不是很严重。不用打针，注意多休息，不要太累就会好的。我再给你开点儿药，你一定要每天按时吃。

★ 说话人最可能是谁？

A 老师　　**B** 母亲　　**C** 大夫　　**D** 演员

77. 举办研讨会的目的是给大家提供一次交流、学习的机会，我希望有兴趣的同学积极报名参加，学校的网站有详细内容，大家可以上网看看。

★ 说话人希望同学们：

A 参加活动　　**B** 提供机会　　**C** 努力学习　　**D** 上网购物

78. "机会只留给有准备的人"，这句话虽然是对的，但只有准备是不够的。我们还要主动去找机会，因为机会不是等来的。

★ 这段话主要告诉我们，应该：

A 等机会来   B 主动交流
C 努力准备   D 自己去找机会

79. 小时候我们都有美丽的梦想，然而随着时间的流逝，那些美丽的梦想也渐渐消失了。

★ 时间过去后：

A 梦想变了   B 忘记了梦想
C 梦想不美丽了   D 梦想还是没变

80-81.
　　如果工作中遇到了难题，那么就去跟同事交流，他可能会帮你解决。朋友之间发生了不高兴的事，你不应该发脾气，去跟朋友交流，可能会发现那就是误会。如果我们经常交流，我们的生活会过得很幸福。

★ 根据本文，下面哪项正确？

A 不需要交流   B 已经很幸福
C 交流能解决问题   D 交流会产生误会

★ 本文主要谈什么？

A 交流的缺点   B 交流的方法
C 交流的作用   D 交流的技巧

82-83.

　　阅读有很多好处。它会让你的知识更丰富，还会让你找到解决问题的办法。让阅读成为一种习惯吧。它会让你不再孤单，还会让你感到更多快乐，你的生活也会因此更精彩。

★ 根据本文，阅读会使人：

A 改变性格　　　B 感到孤单　　　C 养成习惯　　　D 解决问题

★ 本文主要谈阅读的：

A 方式　　　　　B 习惯　　　　　C 速度　　　　　D 优点

84-85.

　　由于各种原因，环境污染问题越来越严重了。但很多人没有环境保护的意识，他们认为保护环境是国家的事情，这造成我们生活的环境越来越差。其实保护环境很简单，只要每个人做出一点儿努力，环境就会有很大的改变，比如关掉不用的家电、少用一次洗衣机等。

★ 保护环境：

A 很难做到　　　　　　　B 不用着急
C 是国家的事　　　　　　D 每个人要努力

★ 作者让我们怎么做？

A 不用担心　　　　　　　B 打扫干净
C 从小事做起　　　　　　D 不要用洗衣机

三、书 写

第一部分

第 86-95 题：完成句子。

例如：那座桥　　　800年的　　　历史　　　有　　　了

　　　　那座桥有800年的历史了。

86. 被　　　考试资格　　　取消了　　　他的　　　突然

87. 是　　　行为　　　不负责任的　　　酒后开车　　　对生命

88. 一本　　　词典　　　有　　　桌子上　　　黄色的

89. 适应　　　这儿的环境　　　你　　　能　　　肯定

90. 空气　　　新鲜　　　大雨能　　　更加　　　使

91. 比　　　更　　　我们那儿　　　暖和　　　这儿的春天

92. 符合　　　产品　　　这家公司的　　　确实　　　我们的标准

93. 你们　　　把　　　清楚　　　原因　　　说　　　应该

94. 说　　　千万　　　这件事　　　你　　　别　　　跟妈妈

95. 同意　　　吗　　　这件事的　　　你能　　　看法　　　他对

第二部分

第96-100题：看图，用词造句。

例如：　　　　　　　　　　乒乓球　　**她很喜欢打乒乓球。**

96.　　　　　　　　　　观众

97.　　　　　　　　　　打扫

98.　　　　　　　　　　伤心

99.　　　　　　　　　　拍

100.　　　　　　　　　乱

新汉语水平考试
HSK(四级)

注　意

一、HSK (四级) 分三部分：

    1.　听力 (45题，约30分钟)

    2.　阅读 (40题，40分钟)

    3.　书写 (15题，25分钟)

二、**听力结束后，有5分钟填写答题卡。**

三、全部考试约105分钟 (含考生填写个人信息时间5分钟)。

一、听 力

第一部分

第1–10题：判断对错。

例如：我想去办个信用卡，今天下午你有时间吗? 陪我去一趟银行?

    ★ 他打算下午去银行。   (✓)

    现在我很少看电视，其中一个原因是，广告太多了，不管什么时间，也不管什么节目，只要你打开电视，总能看到那么多的广告，浪费我的时间。

    ★ 他喜欢看电视广告。   (×)

1. ★ 小李乒乓球打得很不错。   (   )

2. ★ 他每天看电影。   (   )

3. ★ 他早饭吃得很多。   (   )

4. ★ 那本书快到期了。   (   )

5. ★ 他认为价格是关键。   (   )

6. ★ 电脑已经修好了。   (   )

7. ★ 他们这次不能见面。   (   )

8. ★ 他们不会不帮忙。   (   )

9. ★ 那个地方堵车更严重了。   (   )

10. ★ 他们准备明天去爬长城。   (   )

第二部分

第 11-25 题：请选出正确答案。

例如：女：该加油了，去机场的路上有加油站吗？
　　　男：有，你放心吧。
　　　问：男的主要是什么意思？

　　　　A 去机场　　　B 快到了　　　C 油是满的　　　D 有加油站 √

11. A 银行　　　　B 邮局　　　　C 商店　　　　D 办公室

12. A 明天　　　　B 后天　　　　C 一个星期后　　D 两个星期后

13. A 没复习　　　B 不考试　　　C 没有重点　　　D 复习得不错

14. A 生气了　　　B 胳膊疼　　　C 肚子疼　　　　D 想休息

15. A 散步　　　　B 写作业　　　C 去学校　　　　D 去公园

16. A 机场　　　　B 教室　　　　C 客厅　　　　　D 厨房

17. A 律师　　　　B 记者　　　　C 医生　　　　　D 售货员

18. A 动物太少　　B 没看表演　　C 没带地图　　　D 天气不好

19. A 骑车　　　　B 走路　　　　C 坐地铁　　　　D 坐飞机

20. A 羡慕　　　　B 担心　　　　C 安慰　　　　　D 批评

21. **A** 风景美丽　　　**B** 空气新鲜　　　**C** 污染严重　　　**D** 环境不错

22. **A** 八点　　　　　**B** 九点　　　　　**C** 八点半　　　　**D** 九点半

23. **A** 长得帅　　　　**B** 性格好　　　　**C** 很幽默　　　　**D** 有耐心

24. **A** 衣服很漂亮　　**B** 女的买多了　　**C** 不知道好不好　**D** 别买那件衣服

25. **A** 不想吃饭　　　**B** 想吃饼干　　　**C** 放弃减肥　　　**D** 继续努力

第三部分

第26–45题：请选出正确答案。

例如：男：把这个材料复印5份，一会儿拿到会议室发给大家。

　　　女：好的。会议是下午三点吗？

　　　男：改了。三点半。推迟了半个小时。

　　　女：好。602会议室没变吧？

　　　男：对，没变。

　　　问：会议几点开始？

　　　　A 两点　　　　　B 3点　　　　　C 3:30 √　　　　D 6点

26.　A 喝了酒　　　B 没喝东西　　　C 喝了过期的牛奶　　D 喝了新鲜的牛奶

27.　A 护士　　　　B 作者　　　　　C 服务员　　　　　　D 理发师

28.　A 请假　　　　B 交作业　　　　C 送材料　　　　　　D 想报名

29.　A 医院后边　　B 车站右边　　　C 公园对面　　　　　D 学校附近

30.　A 哭了　　　　B 得病了　　　　C 加班了　　　　　　D 受伤了

31.　A 七点　　　　B 八点　　　　　C 九点　　　　　　　D 十点

32.　A 道歉　　　　B 发表　　　　　C 聊天　　　　　　　D 擦杯子

33.　A 时间还很早　B 外边在堵车　　C 快准备好了　　　　D 不想参加晚会

34.　A 旅行　　　　B 逛街　　　　　C 看电视　　　　　　D 写文章

35. A 洗碗　　　　B 擦地板　　　　C 洗衣服　　　　D 擦窗户

36. A 喝酒　　　　B 唱京剧　　　　C 看表演　　　　D 打羽毛球

37. A 教课　　　　B 旅游　　　　C 演出　　　　D 买房子

38. A 提高速度　　B 扩大范围　　　C 养成习惯　　　D 获得知识

39. A 交朋友　　　B 提高水平　　　C 怎样阅读　　　D 运动的重要性

40. A 抽烟的好处　B 抽烟的坏处　　C 烟味儿很香　　D 烟味儿，有人爱有人厌

41. A 喜欢　　　　B 讨厌　　　　C 支持　　　　D 理解

42. A 随便判断　　B 通过交流　　　C 通过别人的看法　D 根据自己的经验

43. A 仔细观察　　B 多和他吃饭　　C 多和他交流　　D 听别人的看法

44. A 不能看眼睛　B 不能太随便　　C 不能太大声　　D 不能在很多人面前

45. A 声音要大　　B 提前通知　　　C 先表扬后批评　D 先批评后表扬

二、阅 读

第一部分

第46–50题：选词填空。

A 增加　　　B 公里　　　C 粗心　　　D 坚持　　　E 消息　　　F 相信

例如：她每天都（　**D**　）走路上下班，所以身体一直很不错。

46. 这个（　　　　　）实在太突然了，我们都很难接受。

47. 累了吧？马上就到了，我们离目的地只有十多（　　　　　）。

48. 我上午一直在办公室帮老师整理文件了，你不（　　　　　）的话，去问问王老师。

49. 无论做什么事情，都应该认真、仔细，不能太马虎、太（　　　　　）。

50. 通过这次活动，我学到了很多东西，大大（　　　　　）了我学汉语的信心。

第51-55题：选词填空。

A 打扰   B 恐怕   C 温度   D 复杂   E 得   F 重点

例如：A：今天真冷啊，好像白天最高（ C ）才2°C。

B：刚才电视里说明天更冷。

51. A：你去哪儿啊？今天不是休息吗？

B：儿子忘了带护照，我（   ）给他送过去。

52. A：那个电脑上的问题解决了吗？

B：问题挺（   ）的，我试了半天，也没成功。

53. A：王总，我把新的计划书放在您的桌子上了，您看到了吗？

B：看到了。不过我觉得内容太简单，不够详细，缺少（   ）。

54. A：这件事你跟他商量好了吗？

B：还没，他最近忙着写论文，我怕（   ）他。

55. A：今天晚上我们一起去看京剧，怎么样？

B：不好意思，今天晚上我（   ）没有时间。

第二部分

第56–65题：排列顺序。

例如：A：可是今天起晚了

B：平时我骑自行车上下班

C：所以就打车来公司   **B A C**

56. A：而且环境保护得也非常好

B：云南四季的风景都很美丽

C：因此很多游客去那儿旅游   _____

57. A：有些汉字很特别

B：每个字可分为两个部分

C：一部分表示字的读音，一部分表示字的意思   _____

58. A：这让我感到很吃惊

B：他的成绩一直很优秀

C：但这次考试竟然考了五十分   _____

59. A：我想先去各国旅游

B：大学毕业后

C：然后再找适合我的工作   _____

60. **A：**既然她已经长大成人

    B：她已经二十岁了

    C：我们就尊重她的决定吧

    _____

61. **A：**所以要早点儿出发

    B：晚了就恐怕没有座位了

    C：体育馆今天晚上有乒乓球比赛

    _____

62. **A：**就是在健身房锻炼身体

    B：不是在图书馆看书

    C：他休息的时候

    _____

63. **A：**他平时说话声音很小

    B：因此，他给人留下了非常不自信的印象

    C：也不太喜欢和别人交流

    _____

64. **A：**它既能让人增长见识

    B：这本书是我今年看过的最好的一本书

    C：又能给人带来快乐

    _____

65. **A：**不管刮风还是下雨

    B：我每天都是第一个来到教室

    C：所以常常受到老师的表扬

    _____

第三部分

第66-85题：请选出正确答案。

例如：她很活泼，说话很有趣，总能给我们带来快乐，我们都很喜欢和她在一起。

★ 她是个什么样的人？

A 幽默 √   B 马虎   C 骄傲   D 害羞

66. 这个暑假，我想和家人一起去上海旅游，因为我的好朋友住在上海，我很想跟他见面。但是我妈妈不同意，她说上海很远，而且夏天太热，不适合去旅游。

★ 他为什么想去上海？

A 想见朋友   B 适合旅游   C 天气很好   D 距离很近

67. 随着科学的快速发展，人们之间的交流方式越来越多了，电话、手机、互联网等不仅拉近了人们的距离，而且更方便了人们的生活。

★ 这段话主要谈：

A 距离   B 生活   C 科学   D 交通

68. 现代人都很忙，连逛街的时间都没有，因此网上购物越来越流行。网购有很多优点，比如方便、便宜等。但它也有缺点，因为只能看到照片，所以不知商品的好坏。

★ 网上购物为什么越来越流行？

A 很便宜   B 很方便   C 人们没有时间 D 人们不喜欢逛街

69. 柳宗元，字子厚，河东人，唐宋八大家之一，他是中国唐代的文学家、散文家和思想家。他的作品达600多篇，对中国散文的发展有很大的影响。

★ 这段话主要谈：

A 解释历史　　　　B 唐宋八大家　　　C 介绍柳宗元　　D 散文的发展

70. 为了商量那件事，我刚去找过他，他在房间里看书呢，说下午有考试，我怕打扰他学习，所以没跟他说那件事。

★ 我没跟他商量是因为：

A 他不想商量　　B 不想打扰他　　　C 想跟他学习　　D 他没有时间

71. 他是个很喜欢开玩笑的人，说话也很幽默，在我们班很受欢迎，但有时候说话声音有点儿大，所以经常被老师批评。

★ 根据这段话，可以知道他：

A 成绩很优秀　　B 说话没有趣　　　C 很让人讨厌　　D 受大家欢迎

72. 他正在减肥，所以最近每顿饭吃得很少，他这样坚持了三个月，现在真的瘦了很多，我昨天晚上见到他差点儿没认出来。

★ 他现在：

A 看起来很瘦　　B 经常去锻炼　　　C 不喜欢吃饭　　D 减肥失败了

73. 虽然我对艺术很感兴趣，但是选择这个专业，不但要花很多钱，而且毕业以后很难找到工作，所以我不得不放弃自己想学的专业。

★ 这个专业：

A 学生很多　　　B 很受欢迎　　　　C 很难毕业　　　D 需要不少钱

74. 下个月我儿子要考研究生，所以他最近不看电视，也不见朋友，有时候连饭都不吃，整天坐在书桌前学习。

    ★ 根据这段话，可以知道儿子：

    A 经常看电视　　**B** 学习很努力　　**C** 不喜欢学习　　**D** 有很多朋友

75. 随着生活水平的提高，买车的人越来越多了，虽然堵车问题很严重，但很多人觉得有车就可以开车到很多地方旅游，生活会更加丰富。

    ★ 人们觉得买车：

    A 让生活更丰富　　　　　　　　**B** 提高外语水平
    C 解决堵车问题　　　　　　　　**D** 看起来很有钱

76. 中国面积大，因此南方和北方的气候不同，饮食习惯也不一样。南方人喜欢吃米饭；北方人爱吃饺子、面条等食品。所以在中国旅游，能尝到很多美食。

    ★ 根据这段话，可以知道北方人：

    A 爱吃米饭　　**B** 爱吃面条　　**C** 性格很好　　**D** 喜欢旅游

77. 小时候，我爸爸非常喜欢带我去旅行。不管去什么地方，他总会带着照相机。他说虽然不能带走美丽的风景，但有相机就可以带走照片和回忆。

    ★ 爸爸旅行时：

    A 喜欢照相　　**B** 忘带相机　　**C** 带很多钱　　**D** 经常迷路

78. 先生，您看这双鞋怎么样？我们每月八号有活动，打五折，比平时便宜一半的价钱。这双鞋是今年最流行的款式，颜色有三种，卖得非常好。

    ★ 这双鞋：

    A 不打折　　**B** 颜色有两种　　**C** 今年很流行　　**D** 卖得不太好

79. 我跟我姐姐的性格完全不一样，我性格很活泼，喜怒哀乐全都写在脸上；姐姐却相反，她很内向，感情变化不会表现得很明显。

★ 和姐姐相比，她：

A 不成熟　　　　**B** 很外向　　　　**C** 很冷静　　　　**D** 不漂亮

80–81.

我特别喜欢这部电影，这部电影不但吸引了我，还吸引了很多观众。电影的画面非常漂亮，内容更是让人感动，我在看电影的时候流下了眼泪。我甚至还把这部电影反复看了好多遍，而且每次都觉得很有意思。

★ 这部电影：

A 内容复杂　　**B** 演员优秀　　**C** 很受欢迎　　**D** 没有意思

★ 他为什么流眼泪了？

A 内容太简单　**B** 画面不漂亮　**C** 看不懂内容　**D** 内容很感动

82–83.

广东人都喜欢早上去茶楼喝茶。尤其是老年人，因为不用上班，所以早上起床后，就约上一两个好朋友，去茶楼一边喝茶，一边聊天。他们一般坐到十点钟，然后到街上散散步，买点儿吃的再回家。现在，这种茶文化慢慢地在中国其他地方也流行起来。

★ 喝完茶后，老人会：

A 上班　　　　**B** 回家　　　　**C** 散步　　　　**D** 见朋友

★ 本文主要谈：

A 喝茶的优点　**B** 喝茶的缺点　**C** 茶楼的特点　**D** 广东早茶文化

84-85.

　　大学毕业生找工作时，不可以只看重工资是多少，因为刚开始工作时，金钱并不是最重要的。其实最重要的是积累工作经验，要多和同事交流，向优秀的同事学习。这些经验比金钱重要多了。

★ 根据这段话，什么更重要？

A 工资　　　　**B** 经验　　　　**C** 朋友　　　　**D** 努力

★ 根据这段话，工作时应该：

A 要有耐心　　　　　　　　**B** 重视工资
C 多和同事交流　　　　　　**D** 不跟同事吵架

三、书 写

第一部分

第86-95题：完成句子。

例如：那座桥　　　　800年的　　　　历史　　　　有　　　　了

<u>　　　　那座桥有800年的历史了。　　　　　　　　</u>

86. 经验　　　警察　　　他　　　丰富的　　　是个

87. 进行　　　顺利　　　得很　　　比赛

88. 锻炼　　　偶尔　　　她　　　身体　　　会

89. 开始　　　弹钢琴　　　我　　　从小　　　学习

90. 我们的要求　　　对　　　严格　　　很　　　张老师

91. 了　　　被　　　打破　　　妈妈　　　杯子

92. 出去　　　天气　　　今天的　　　运动　　　不适合

93. 你　　　哪儿了　　　把我刚买的　　　放在　　　饼干

94. 受到了　　　欢迎　　　这场　　　表演　　　大家的

95. 道歉　　　肯定　　　接受　　　他　　　我的　　　不会

第二部分

第96-100题：看图，用词造句。

例如：  乒乓球　**她很喜欢打乒乓球。**

96. 租

97. 区别

98. 日记

99. 商量

100. 整齐

新汉语水平考试
HSK(四级)

注　意

一、HSK (四级) 分三部分：

    1.　听力 (45题，约30分钟)

    2.　阅读 (40题，40分钟)

    3.　书写 (15题，25分钟)

二、**听力结束后，有5分钟填写答题卡。**

三、全部考试约105分钟 (含考生填写个人信息时间5分钟)。

一、听 力

第一部分

第1–10题：判断对错。

例如：我想去办个信用卡，今天下午你有时间吗？陪我去一趟银行？

　　★ 他打算下午去银行。　　　　　　　　　　　　　　　（ √ ）

　　现在我很少看电视，其中一个原因是，广告太多了，不管什么时间，也不管什么节目，只要你打开电视，总能看到那么多的广告，浪费我的时间。

　　★ 他喜欢看电视广告。　　　　　　　　　　　　　　　（ × ）

1.　★ 这件衬衫适合春天穿。　　　　　　　　　　（　　　　　）

2.　★ 他们俩从小就认识。　　　　　　　　　　　（　　　　　）

3.　★ 李先生病得很严重。　　　　　　　　　　　（　　　　　）

4.　★ 飞机就要降落了 。　　　　　　　　　　　　（　　　　　）

5.　★ 马经理不在上海。　　　　　　　　　　　　（　　　　　）

6.　★ 那个活动被取消了。　　　　　　　　　　　（　　　　　）

7.　★ 喝茶跟减肥没有任何关系。　　　　　　　　（　　　　　）

8.　★ 在他心里母亲是一位优秀的教师。　　　　　（　　　　　）

9.　★ 他还不习惯这里的生活。　　　　　　　　　（　　　　　）

10.　★ 他们俩以前是同事。　　　　　　　　　　　（　　　　　）

第二部分

第 11-25 题：请选出正确答案。

例如：女：该加油了，去机场的路上有加油站吗?

男：有，你放心吧。

问：男的主要是什么意思?

  A 去机场 **B** 快到了 **C** 油是满的 **D** 有加油站 √

11. **A** 没看成电影 **B** 电影没意思 **C** 去看演出了 **D** 提前下班了

12. **A** 方向错了 **B** 前边堵车 **C** 不能按时到 **D** 无法再快了

13. **A** 打印机坏了 **B** 会议结束了 **C** 经理很生气 **D** 材料找不到了

14. **A** 售货员 **B** 王教授 **C** 王秘书 **D** 办公室经理

15. **A** 不认识 **B** 没看清 **C** 没睡醒 **D** 很生气

16. **A** 不太努力 **B** 办事认真 **C** 有责任心 **D** 能力太差

17. **A** 想做教授 **B** 写错答案了 **C** 大学刚毕业 **D** 以前是律师

18. **A** 聪明   **B** 活泼   **C** 内向   **D** 漂亮

19. **A** 机场   **B** 体育馆 **C** 火车站 **D** 电影院

20. **A** 扔垃圾 **B** 填表格 **C** 打排球 **D** 看照片

21.　**A** 去医院了　　　　**B** 在踢足球　　　　**C** 腿受伤了　　　　**D** 跑得太快

22.　**A** 见面地点　　　　**B** 参观时间　　　　**C** 交通工具　　　　**D** 报名人数

23.　**A** 钟不准　　　　　**B** 马上出发　　　　**C** 没到时间　　　　**D** 今天不上班

24.　**A** 空气湿润　　　　**B** 放阳台上　　　　**C** 没有阳光　　　　**D** 降雨减少

25.　**A** 交通方便　　　　**B** 环境很好　　　　**C** 风景很美　　　　**D** 空气不新鲜

第三部分

第26-45题：请选出正确答案。

例如：男：把这个材料复印5份，一会儿拿到会议室发给大家。
 　　 女：好的。会议是下午三点吗?
 　　 男：改了。三点半。推迟了半个小时。
 　　 女：好。602会议室没变吧?
 　　 男：对，没变。
 　　 问：会议几点开始?

 　　 A 两点 　　　 **B** 3点 　　　 **C** 3:30 √ 　　　 **D** 6点

26. **A** 不后悔 　　 **B** 很吃惊 　　 **C** 非常兴奋 　　 **D** 不太高兴

27. **A** 太苦 　　 **B** 价格便宜 　　 **C** 效果不好 　　 **D** 让人变困

28. **A** 大使馆 　　 **B** 机场 　　 **C** 邮局 　　 **D** 加油站

29. **A** 重新学 　　 **B** 多练习 　　 **C** 查资料 　　 **D** 问老师

30. **A** 灯坏了 　　 **B** 停电了 　　 **C** 男的要睡觉 　　 **D** 邻居不在家

31. **A** 是博士 　　 **B** 早上有课 　　 **C** 9点半下课 　　 **D** 找到工作了

32. **A** 多休息 　　 **B** 别抽烟 　　 **C** 少喝酒 　　 **D** 多喝水

33. **A** 写总结 　　 **B** 交报告 　　 **C** 开会讨论 　　 **D** 整理材料

34. **A** 同学 　　 **B** 同事 　　 **C** 亲戚 　　 **D** 家人

35. A 有些咸　　　B 很特别　　　C 不太好吃　　　D 马马虎虎

36. A 银行短信　　B 医院广告　　C 公司通知　　D 租房网站

37. A 有电梯　　　B 租金高　　　C 离公司近　　　D 不准养狗

38. A 有雨　　　　B 天气晴　　　C 很凉快　　　D 天要黑了

39. A 鱼的世界　　B 季节的变化　C 动物怎么交流　D 大自然的语言

40. A 十分普遍　　B 不太安全　　C 需要密码　　D 不容易建

41. A 支持　　　　B 反对　　　　C 怀疑　　　　D 担心

42. A 咖啡　　　　B 生活　　　　C 巧克力　　　D 圆面包

43. A 苦中有甜　　B 越吃越香　　C 中间最好吃　D 需要慢慢品尝

44. A 长得好看　　B 喜爱跳舞　　C 叫声好听　　D 站着睡觉

45. A 看不见　　　B 一直都在　　C 不好理解　　D 离生活很远

二、阅 读

第一部分

第46-50题：选词填空。

     A 精彩   **B** 及时   **C** 个子   **D** 坚持   **E** 出生   **F** 礼貌

例如：她每天都（   **D**   ）走路上下班，所以身体一直很不错。

46. 这次任务非常重要，如果遇到什么问题，要（   ）跟我联系。

47. 他女儿不但可爱，而且很懂（   ），所有的客人都喜欢她。

48. 你看看人家老刘，虽然（   ）没你高，但是力气却比你大多了！

49. 今天的演出很（   ），大家都辛苦了，早点儿回去休息吧。

50. 这只小猫（   ）没几天就被送到我家了，因此和我们的感情很深。

第51-55题：选词填空。

A 保护　　　B 符合　　　C 温度　　　D 继续　　　E 印象　　　F 困难

例如：A：今天真冷啊，好像白天最高（　　C　　）才2℃。

　　　B：刚才电视里说明天更冷。

51. A：为什么中国人不说"二个人"而说"两个人"呢？

　　 B：虽然中国人能听懂"二个人"的意思，但它不（　　　　　）我们的说话习惯。

52. A：小刘，你有什么意见？

　　 B：按照现在的速度，想要在规定时间内完成任务，好像有点儿（　　　　　）。

53. A：你在做什么呢？

　　 B：这是眼保健操，可以有效地（　　　　　）眼睛。

54. A：你对小刘的（　　　　　）怎么样？

　　 B：还不错，我就喜欢他这种性格活泼的年轻人。

55. A：你的报告写得很详细，我非常满意。

　　 B：谢谢经理。我会（　　　　　）努力的。

第二部分

第56-65题：排列顺序。

例如：**A**：可是今天起晚了

　　　B：平时我骑自行车上下班

　　　C：所以就打车来公司　　　　　　　　　　<u>B　A　C</u>

56. **A**：穿着打扮被认为是一个人的"活广告"

　　 B：比如他的职业、文化水平、生活习惯等

　　 C：因为我们可以从中获得很多信息　　　　<u>　　　　　　</u>

57. **A**：长大一点儿的时候又想当面包师

　　 B：现在，我成为了一家贸易公司的职员

　　 C：我小时候很想当记者　　　　　　　　　<u>　　　　　　</u>

58. **A**：而且还想引起人们对气候变暖问题的关注

　　 B："地球一小时"活动开始于2007年

　　 C：它不但是为了让人们节约用电　　　　　<u>　　　　　　</u>

59. **A**：所以最好提前预习一下

　　 B：否则可能不知道老师在讲什么

　　 C：我们明天要学的内容有点儿难　　　　　<u>　　　　　　</u>

60. A：这种牙膏效果非常不错

     B：购买满30元还免费送一个，非常合适

     C：正好现在还有打折活动   _____

61. A：我故意骗他说上个周日加班

     B：他那天早上竟然真的去公司了

     C：本来只是想开个玩笑，结果   _____

62. A：二来环境保护得也很好

     B：一来小城四季的风景都很美

     C：所以每年都吸引着成千上万的游客去那儿旅游 _____

63. A：但是她受到了很好的中文教育

     B：汉语说得非常流利

     C：虽然小刘在国外出生长大   _____

64. A：从他嘴里说出来也会变得非常有趣

     B：他是一个很有幽默感的人

     C：哪怕是很普通的经历   _____

65. A：由于他生病住院了

     B：后来就交给我来做了

     C：这次招聘会本来是由王主任负责的   _____

第三部分

第66-85题：请选出正确答案。

例如：她很活泼，说话很有趣，总能给我们带来快乐，我们都很喜欢和她在一起。

    ★ 她是个什么样的人？

        A 幽默 √   **B** 马虎   **C** 骄傲   **D** 害羞

66. 翻译工作看起来很简单，只要把一种语言翻译成另一种语言就行。其实想翻译得自然准确，必须下苦功夫。不但要学好语言，还要了解对象国文化。

    ★ 说话人觉得翻译：

        A 历史很短   **B** 是门艺术   **C** 并不简单   **D** 需要时间

67. 我小时候的好朋友现在已经成为了一名著名的钢琴家，经常去世界各地演出。我们每年春节的时候都会见面，聊聊以前的事、现在的生活。

    ★ 说话人的好朋友现在：

        A 很骄傲   **B** 非常有名   **C** 是歌唱家   **D** 住在国外

68. 今天下出租车时，由于着急赶时间，我不小心把手机忘在了出租车上。当我发现后，车已经开得很远，我只好给出租车公司打电话。

    ★ 说话人打电话的目的是：

        A 找手机   **B** 下错车   **C** 要行李   **D** 还司机钱

69. 您身体没有什么大问题，不要担心。这是我给您开的药，您一会儿去药房拿。回家以后注意休息，按时吃药。一个星期以后再过来检查一下。

★ 说话人可能是做什么工作的？

A 大夫　　　　　**B** 律师　　　　　**C** 警察　　　　　**D** 导游

70. 中国人常用"万里无云"表示天气非常好，是晴天。在这里"万里"指的并不是真的一万里，而是指人们能看到的地方。

★ "万里无云"形容：

A 阴雨天　　　　**B** 好天气　　　　**C** 地方很大　　　**D** 大雾天气

71. 看书有两种不好的方法，值得我们关注。第一就是看什么信什么，第二是信什么看什么。第一种方法不能使我们养成边看边想的习惯，第二种方法使人们的知识面变窄。

★ 根据上文，应该怎么看书？

A 边看边写　　　**B** 相信书本　　　**C** 边看边思考　　**D** 提高阅读速度

72. 一般三岁左右的孩子就可以学习自己刷牙了。在正式教孩子刷牙前，父母可以让孩子自己选择喜欢的杯子、牙刷和牙膏，这样更能引起他们刷牙的兴趣。

★ 让孩子选牙刷，能使他们：

A 懂得节约　　　**B** 养成好习惯　　**C** 学会刷牙方法　**D** 对刷牙感兴趣

73. 买了新房子以后，我想把原来的房子卖出去。但是奇怪的是，过了很长时间也没人给我打电话要买房子。最后我才知道，原来广告上的电话号码少写了一个数字。

★ 没人买房子的原因是什么？

A 房价太贵　　　**B** 条件不好　　　**C** 号码错了　　　**D** 交通不方便

74. 很多人喜欢吃饺子，却觉得包饺子太麻烦。一个人包饺子确实无聊，但要是很多人一起包就不一样了，不仅会包得很快，而且过程也会变得有趣得多。

    ★ 大家一起包饺子：

      A 味道香　　　　**B** 速度慢　　　　**C** 很有意思　　　　**D** 增加感情

75. 爷爷每天晚上九点睡觉，早上五点起床。起来先喝一杯茶，再去公园打半个小时的太极拳，回来顺便把早饭买回来。

    ★ 爷爷的生活习惯是：

      A 早睡早起　　　**B** 很少喝酒　　　**C** 每天逛超市　　　**D** 少吃多运动

76. 对我来说，人生最幸福的事情就是有一个好的身体、有一个爱自己的和自己爱的人、有可爱的孩子、有一群朋友，现在我都拥有了。

    ★ 说话人的幸福不包括：

      A 爱情　　　　　**B** 家庭　　　　　**C** 健康　　　　　**D** 金钱

77. 那里有很多蒙古族人，他们对人热情友好，不但请我们吃传统的蒙古食物，还教我们骑马、跳蒙古舞蹈，我们玩得非常开心。

    ★ 他们在那里干什么了？

      A 学骑马　　　　**B** 唱蒙古歌　　　**C** 学民族语言　　　**D** 交很多朋友

78. 你还在节食减肥吗？小马给我介绍的那个减肥方法效果特别好。我才坚持了不到两个星期，就感觉自己瘦了不少，你也可以试试。

    ★ 关于说话人，可以知道什么？

      A 吃得少　　　　**B** 打算结婚　　　**C** 正在减肥　　　**D** 会弹钢琴

79. 王小雨在申请表上填的电话是错的，老师现在联系不上她。如果有哪位同学见到了她，请让她到老师办公室一趟。

★ 老师联系不上王小雨是因为：

A 地址错了　　　B 号码不对　　　C 电话占线　　　D 手机关机

80–81.
回忆是生活中不可缺少的一部分，可我们不能总是活在回忆里，尤其是那些难过的回忆。过去发生的已经不能改变，重要的是现在。所以，我们应该收起回忆，认真做好眼前的事，这样才能走好以后的路。

★ 关于回忆，下列哪个正确？

A 是美好的　　　　　　　　B 是难过的
C 是可以改变的　　　　　　D 是生活的一部分

★ 根据这段话，我们应该：

A 重视现在　　　　　　　　B 养成好习惯
C 多回忆过去　　　　　　　D 要多总结经验

82–83.
社会中人与人的关系非常重要，而你选择的朋友也许会影响你的生活。如果你的朋友都是一些积极的人，那么你的性格也会阳光向上。如果你的朋友经常批评别人、抱怨生活，时间久了，你同样会被影响的。因此，我们要注意选择跟什么人交朋友。

★ 根据上文，积极的朋友：

A 朋友很多　　　　　　　　B 不会骄傲
C 总批评别人　　　　　　　D 让人变得阳光

★ 上文主要谈的是：

A 不要打扰别人　　　　　　B 学会礼貌对人
C 人与社会的关系　　　　　D 选择朋友很重要

84-85.

有一天，爸爸跟以前一样下班很晚。回到家的时候，7岁的女儿站在门口。女儿问爸爸："爸爸，你一个小时能挣多少钱？""20块。"爸爸回答说。"那你能给我10块钱吗？"爸爸拿出10块钱给了女儿。这时女儿从口袋里又拿出一张10块钱，对爸爸说："我有20块钱，你能卖我一个小时的时间吗？明天请早点回家跟我吃晚饭，好吗？"

★ 根据上文，女儿：

A 很热情　　　B 爱吃蛋糕　　　C 上小学了　　　D 原来有10块钱

★ 关于爸爸，可以知道什么？

A 很高兴　　　B 不太累　　　C 工作很忙　　　D 常常出差

三、书 写

第一部分

第 86-95 题：完成句子。

例如：那座桥　　　　800年的　　　　历史　　　　有　　　　了

　　　　那座桥有800年的历史了。

86. 一个勺子　　　帮我　　　吗　　　去厨房拿　　　能

87. 没有　　　引起　　　那条新闻　　　大家的重视　　　并

88. 得　　　那个演员　　　睡不着觉　　　激动

89. 重要　　　方向　　　更　　　比速度

90. 手表　　　盒子　　　里面　　　一块儿　　　有

91. 这些数字的　　　老师把　　　顺序　　　打乱了

92. 比赛的结果　　　观众　　　对　　　十分　　　失望

93. 当时不　　　难道　　　吗　　　你　　　吃惊

94. 吃光　　　孙子　　　都被　　　了　　　巧克力

95. 快要　　　这场　　　结束　　　羽毛球赛　　　了

第二部分

第96-100题：看图，用词造句。

例如： 乒乓球 **她很喜欢打乒乓球。**

 96. 仔细

 97. 挂

 98. 咸

 99. 大概

 100. 修理

정답

듣기

1. √	2. X	3. √	4. √	5. X	6. X	7. X	8. √	9. √	10. X
11. B	12. C	13. B	14. C	15. D	16. D	17. B	18. D	19. A	20. A
21. C	22. C	23. B	24. D	25. A	26. C	27. C	28. D	29. B	30. A
31. C	32. A	33. B	34. A	35. D	36. A	37. B	38. D	39. C	40. C
41. C	42. C	43. A	44. B	45. B					

독해

46. B	47. F	48. A	49. E	50. C	51. A	52. D	53. E	54. F	55. B
56. CAB		57. ACB		58. BCA		59. CAB		60. ABC	
61. BAC		62. CBA		63. ACB		64. BCA		65. ACB	
66. C	67. A	68. B	69. A	70. A	71. A	72. D	73. B	74. D	75. B
76. C	77. A	78. D	79. B	80. C	81. C	82. D	83. D	84. D	85. C

쓰기

86. 他的考试资格突然被取消了。

87. 酒后开车是对生命不负责任的行为。

88. 桌子上有一本黄色的词典。

89. 你肯定能适应这儿的环境。

90. 大雨能使空气更加新鲜。

91. 这儿的春天比我们那儿更暖和。

92. 这家公司的产品确实符合我们的标准。

93. 你们应该把原因说清楚。

94. 你千万别跟妈妈说这件事。

95. 你能同意他对这件事的看法吗?

96. 很多观众在看足球比赛。/ 最近足球赛踢得非常精彩, 因此很受广大观众的欢迎。

97. 我姐姐把房间打扫得很干净。/ 我姐姐是很勤劳的人, 每天把房间打扫得干干净净。

98. 她伤心得哭了。/ 不知道是什么原因, 她从早到现在一直很伤心。

99. 她在拍美丽的风景。/ 她用照相机拍了很多美丽的风景。

100. 弟弟又弄乱了刚整理好的玩具。/ 房间又被弟弟弄乱了, 到处都是他的玩具。

1

해설 및 정답 不但은 '~뿐만 아니라'라는 의미의 접속사로
巧克力不但能帮助减肥(초콜릿이 다이어트에 도움이 될 수 있
을 뿐만 아니라)라는 내용이 보기와 일치한다.

> 我以为巧克力会让人肥胖，但现在知
> 道了巧克力不但能帮助减肥，而且对身心
> 健康有好处。
>
> ★ 巧克力对减肥有帮助。(√)

나는 초콜릿은 사람을 뚱뚱하게 만든다고 여겼다.
하지만 지금은 초콜릿이 다이어트에 도움이 될 수 있을
뿐만 아니라, 게다가 심신 건강에도 좋은 점이 있다는
것을 알았다.

★ 초콜릿은 다이어트에 도움이 된다. (√)

단어 ★巧克力 qiǎokèlì 명 초콜릿 | 肥胖 féipàng 형 뚱뚱하다
| ★帮助 bāngzhù 명동 도움(을 주다) | ★减肥 jiǎnféi
동 살을 빼다, 다이어트 하다 | 身心 shēnxīn 명 심신
★健康 jiànkāng 명 건강 | ★好处 hǎochù 명 이점, 좋은
점

2
Test **1-2**

해설 및 정답 但是에 주의한다. 我想买一套大公寓。但
是(나는 큰 아파트를 한 채 사고 싶다. 하지만)으로 시작하는 첫 문
장으로 사고 싶지만 그렇지 못했다는 것을 유추할 수 있으므
로 현재 큰 아파트에서 살고 있다는 보기와는 일치하지 않는
다.

> 我想买一套大公寓。但是最近房子价
> 格很高，而且我才找到工作，所以没什么
> 钱。不知道什么时候能住在大公寓。
>
> ★ 他现在住在大公寓。(X)

나는 큰 아파트를 한 채 사고 싶다. 하지만 요즘은
집값이 너무 높다. 게다가 나는 이제서야 일자리를 찾
은 것이라서 돈도 얼마 없다. 언제쯤 큰 아파트에서 살
수 있을지 모르겠다.

★ 그는 지금 큰 아파트에 살고 있다. (X)

단어 公寓 gōngyù 명 아파트 | 房子 fángzi 명 집 | ★价格
jiàgé 명 가격

3
Test **1-3**

해설 및 정답 给您打折(할인해 드릴게요)라는 내용으로 화
자가 판매원임을 알 수 있다.

> 先生，这件衣服怎么样？我觉得很适
> 合您。而且现在买可以给您打折。只剩下
> 这一件了，买回去吧！
>
> ★ 说话人可能是售货员。(√)

선생님(손님), 이 옷은 어떠세요? 제가 보기에는 정
말 잘 어울려요. 게다가 지금 사시면 할인도 해드릴 수
있어요. 겨우 이거 한 벌 남았어요. 사가세요.

★ 화자는 아마도 판매원이다. (√)

단어 ★适合 shìhé 동 어울리다 | ★打折 dǎzhé 동 할인하다
| 剩下 shèngxià 동 남다 | 售货员 shòuhuòyuán 명
판매원

4
Test **1-4**

해설 및 정답 增加는 '증가하다'라는 의미의 어휘다. 따라서
压力增加와 压力很大는 같은 내용의 문장이다.

> 随着经济的发展，人们的生活水平越
> 来越高了。与此同时，人们的工作、学习
> 压力也增加了很多。
>
> ★ 人们的压力很大。(√)

경제 발전에 따라, 사람들의 생활 수준이 점점 높아졌다. 이것과 동시에, 사람들의 일과 학습 스트레스도 많이 증가했다.

★ 사람들의 스트레스가 매우 심하다. (√)

단어 随着 suízhe 개 ~에 따라 | ★经济 jīngjì 명 경제 | ★发展 fāzhǎn 동 발전하다 | 生活 shēnghuó 명 생활 | 水平 shuǐpíng 명 수준 | 同时 tóngshí 부 동시에 | ★压力 yālì 명 스트레스 | 增加 zēngjiā 동 증가하다

이번 겨울 방학에 나는 귀국하지 않을 계획이다. 나는 중국어 학원에 다녀서 방학 기간을 이용해 중국어를 잘 배울 것이다.

★ 그는 귀국해서 중국어를 배울 계획이다. (X)

단어 寒假 hánjià 명 겨울방학 | ★打算 dǎsuan 동 ~할 생각이다 | ★参加 cānjiā 동 참가하다 | 培训班 péixùnbān 명 학원 | 利用 lìyòng 동 이용하다 | 放假 fàngjià 동 방학하다 | 期间 qījiān 명 기간

---

5   Test 1-5

해설 및 정답 지시문에 不怎么样은 '그저 그렇다'는 의미의 부정적인 표현으로 녹음에 说得这么好(이렇게 말을 잘하다)와는 일치하지 않는다.

我真没想到小李的汉语能说得这么好。他来中国才一年，我都来了三年了，说得还是不怎么样。

★ 小李的汉语说得不怎么样。(X)

- - - - - - - - - -

나는 샤오리가 중국어를 이렇게 잘할지 생각도 못했다. 그는 중국에 온 지 겨우 일 년 됐고, 나는 온 지 삼 년이 됐는데 아직도 잘 못 한다.

★ 샤오리는 중국어를 잘 못한다. (X)

단어 没想到 méi xiǎngdào 생각지 못하다 | 才 cái 부 겨우 | 还是 háishi 부 여전히 | 不怎么样 bù zěnmeyàng 별로 좋지 않다

---

6   Test 1-6

해설 및 정답 부정부사에 집중해야 하는 문제이다. 녹음에서는 不打算이라고 했기 때문에 긍정문인 보기의 내용과는 일치하지 않는다.

这次寒假我不打算回国。我要参加一个汉语培训班，利用放假期间学好汉语。

★ 他打算回国学汉语。(X)

---

7   Test 1-7

해설 및 정답 最好는 '~하는 것이 가장 좋다'는 의미의 부사로 녹음에 最好别常喝(자주 마시지 않는 것이 좋다)와 보기에 不能喝(마시면 안 된다)는 내용에 차이가 있다.

天热的时候，人们喜欢喝冰的饮料，这样感觉很凉快。但医生提醒，最好别常喝冰的饮料。

★ 天热的时候不能喝冰的饮料。(X)

- - - - - - - - - -

날이 더울 때, 사람들은 차가운 음료 마시는 것을 좋아한다. 그렇게 하면 시원한 느낌이 든다. 하지만 의사는 차가운 음료를 자주 마시지 않을 것을 권장한다.

★ 날이 더울 때는 차가운 음료를 마시면 안 된다.

(X)

단어 喜欢 xǐhuan 동 좋아하다 | 饮料 yǐnliào 명 음료 | 感觉 gǎnjué 동 느끼다 | 凉快 liángkuai 형 시원하다 | 医生 yīshēng 명 의사 | ★提醒 tíxǐng 동 일깨우다

---

8   Test 1-8

해설 및 정답 녹음에는 시험의 구체적인 내용까지 언급되었다는 것만 다를 뿐 通过了(통과했다)는 내용은 일치한다.

你真了不起，怎么一次就通过了英语会话考试。今天我来请客，去祝贺一下吧!

★ 他通过了考试。(√)

너 정말 대단하다. 어떻게 한 번에 영어 회화 시험을 통과했니. 오늘은 내가 한턱낼게, 가서 축하 좀 하자!

★ 그는 시험에 통과했다. (√)

〔단어〕 了不起 liǎobuqǐ 〔형〕 대단하다 | 通过 tōngguò 〔동〕 통과하다 | 会话 huìhuà 〔명〕〔동〕 회화(하다) | ★考试 kǎoshì 〔명〕 시험 | 请客 qǐngkè 〔동〕 한턱내다 | 祝贺 zhùhè 〔동〕 축하하다

---

9   Test **1-9**

〔해설 및 정답〕 '连…都…'는 '~조차도 ~하다'라는 내용의 접속사로 连吃饭时间都没有(밥 먹을 시간조차도 없다)는 문장으로 영화 볼 시간도 당연히 없을 것임을 유추할 수 있다.

不好意思, 今天不能陪你去看电影。
我最近忙着写论文, 连吃饭时间都没有。

★ 他没有时间看电影。(√)

미안해, 오늘은 너랑 영화를 보러 갈 수 없어. 나 요즘 논문 쓰느라 바빠, 밥 먹을 시간도 없어.

★ 그는 영화를 볼 시간이 없다. (√)

〔단어〕 不好意思 bù hǎoyìsi 미안하다 | 陪 péi 〔동〕 동반하다 | 电影 diànyǐng 〔명〕 영화 | ★论文 lùnwén 〔명〕 논문

---

10   Test **1-10**

〔해설 및 정답〕 不错는 '좋다'는 의미의 긍정적 어휘이다. 收入方面都很不错(수입 방면에서는 매우 좋다)는 녹음 내용과 收入很低(수입이 낮다)는 보기의 내용은 일치하지 않는다.

这虽然不是一家大公司, 但工作环境和收入方面都很不错。而且还提供住宿, 听说宿舍条件也很好。

★ 这家公司的收入很低。(X)

여기가 비록 큰 회사는 아니지만 업무 환경과 수입 방면에서는 모두 아주 괜찮아. 게다가 숙소도 제공해 줘. 듣자니 숙소 조건도 매우 좋대.

★ 이 회사의 수입은 매우 낮다. (X)

〔단어〕 公司 gōngsī 〔명〕 회사 | ★环境 huánjìng 〔명〕 환경 | ★收入 shōurù 〔명〕 수입 | 方面 fāngmiàn 〔명〕 방면 | ★提供 tígōng 〔동〕 제공하다 | 住宿 zhùsù 〔동〕 묵다 | 宿舍 sùshè 〔명〕 기숙사 | ★条件 tiáojiàn 〔명〕 조건

---

11   Test **1-11**

〔해설 및 정답〕 满은 '가득 찼다'는 의미로 客房都满了(객실이 다 찼다)와 没有客房(객실이 없다)는 일치하는 내용임을 알 수 있다.

男: 请问今天有空房吗?
女: 很抱歉, 今天客房都满了。

问: 根据对话, 可以知道什么?

A 酒店客房很多
B 今天没有客房
C 酒店职员不亲切
D 男的对客房很满意

남: 오늘 빈방이 있나요?
여: 정말 죄송합니다. 오늘은 만실입니다.

질문: 대화에서 무엇을 알 수 있나?

A 호텔에 객실이 매우 많다
B 오늘은 빈 객실이 없다
C 호텔 직원이 불친절하다
D 남자는 객실에 매우 만족한다

〔단어〕 空房 kōngfáng 〔명〕 빈방 | ★抱歉 bàoqiàn 〔동〕 죄송합니다 | 客房 kèfáng 〔명〕 객실 | 酒店 jiǔdiàn 〔명〕 호텔 | 职员 zhíyuán 〔명〕 직원 | ★亲切 qīnqiè 〔형〕 친절하다 | ★满意 mǎnyì 〔형〕 만족하다

---

12   Test **1-12**

〔해설 및 정답〕 질문에서 언급한 可惜(아쉽다)가 핵심 어휘이기 때문에 녹음 내용 역시 이와 관련된 내용이 정답이 된다. 남자는 '아쉽다, 그는 이미 연애 중'이라고 했기 때문에 정답은 C이다.

女：小王很亲切，而且长得很帅，我爱上他了。

男：真是太可惜了，他正在和小李谈恋爱呢。

问：男的为什么说可惜？

A 小王很亲切

B 小王长得帅

C 小王在谈恋爱

D 男的不喜欢小王

여：샤오왕은 참 친절해, 게다가 잘생겼어. 나는 그를 사랑하게 됐어.

남：정말 너무 안타깝다, 그는 지금 샤오리와 연애 중이야.

질문：남자는 왜 안타깝다고 말하는가?

A 샤오왕이 매우 친절해서

B 샤오왕이 잘생겨서

C 샤오왕은 연애 중이어서

D 남자는 샤오왕을 좋아하지 않아서

단어 ★亲切 qīnqiè 형 친절하다 | 帅 shuài 형 잘생기다 | ★可惜 kěxī 형 아쉽다 | 谈恋爱 tán liàn'ài 동 연애하다

13   Test **1-13**

해설 및 정답 여자가 给她买的(그녀에게 사준 것)이라고 언급했기 때문에 정답은 B이다.

男：怎么又买雨伞了？你不是带伞了吗？

女：听说小李没带伞，这是给她买的。

问：女的为什么买了雨伞？

A 喜欢买雨伞

B 给小李买的

C 今天没带伞

D 以前的雨伞坏了

남：왜 또 우산을 샀니? 너 우산을 가져오지 않았어?

여：샤오리가 우산을 안 가져왔다고 들었어, 이건 샤오리에게 주려고 산 거야.

질문：여자는 왜 우산을 샀는가?

A 우산 사는 걸 좋아한다

B 샤오리에게 주려고 샀다

C 오늘 우산을 가지고 오지 않았다

D 이전의 우산이 고장 났다

단어 雨伞 yǔsǎn 명 우산 | 坏 huài 형 망가지다, 고장 나다

14   Test **1-14**

해설 및 정답 差는 '부족하다'는 의미의 부정적 어휘로 脸色很差는 안색이 안 좋음을 나타낸다.

女：最近你的脸色很差，是不是太累了？

男：是的，最近我休息得不好，常常生病。

问：男的怎么样？

A 很健康

B 很有力气

C 脸色不好

D 常常休息

여：요즘 너 안색이 많이 안 좋아, 너무 힘든 거 아니니?

남：맞아, 요즘 잘 쉬지 못해서 자주 아파.

질문：남자는 어떠한가？

A 매우 건강하다

B 힘이 매우 세다

C 안색이 좋지 않다

D 자주 휴식을 취한다

단어 脸色 liǎnsè 명 안색 | 差 chà 형 나쁘다 | 生病 shēngbìng 동 병이 나다 | ★健康 jiànkāng 형 건강하다 | 力气 lìqi 명 힘 | 休息 xiūxi 동 쉬다, 휴식하다

해설 및 정답 질문에서 언급한 오후라는 시간이 핵심이다.
오후에 여자는 탁구 시합에 참가한다고 했기 때문에 정답은
D이다.

男: 今天我们去图书馆准备考试吧!
女: 今天不行, <u>下午我要参加一场乒乓球
    比赛</u>。

问: 女的今天下午要做什么?

A 去图书馆
B 没有计划
C 在家准备考试
D 参加乒乓球比赛

남: 우리 오늘 도서관에 가서 시험을 준비하자!
여: 오늘은 안 돼. <u>오후에 나는 탁구 시합에 참가해야
    해.</u>

질문: 여자는 오늘 오후에 무엇을 하는가?

A 도서관에 간다
B 아무 계획이 없다
C 집에서 시험 준비를 한다
D 탁구 시합에 참가한다

단어 图书馆 túshūguǎn 몡 도서관 | ★准备 zhǔnbèi 동
준비하다 | ★考试 kǎoshì 몡 시험 | ★参加 cānjiā 동
참가하다 | 乒乓球 pīngpāngqiú 몡 탁구 | ★比赛 bǐsài
몡 시합 | ★计划 jìhuà 몡동 계획(하다)

해설 및 정답 남자의 말뜻을 묻고 있기 때문에 남자가 언급
한 내용에만 신경 쓴다. 咖啡和我的睡眠没有一点儿关
系(커피와 나의 수면에는 아무런 관계가 없다)고 했기 때문에 정답
은 D이다.

女: 不要喝太多咖啡, 否则你会睡不着觉。
男: 没关系, <u>咖啡和我的睡眠没有一点儿
    关系</u>。

问: 男的是什么意思?

A 喜欢喝茶
B 没有礼貌
C 没喝过咖啡
D 喝咖啡也能睡着

여: 커피를 너무 많이 마시지 마, 그렇지 않으면 잠을
    못 잘 수 있어.
남: 괜찮아, <u>커피와 나의 수면에는 아무런 관계가 없
    어.</u>

질문: 남자는 무슨 뜻인가?

A 차 마시는 걸 좋아한다
B 예의가 없다
C 커피를 마셔 본 적이 없다
D 커피를 마셔도 잠을 잘 수 있다

단어 咖啡 kāfēi 몡 커피 | 睡眠 shuìmián 몡 수면 | ★礼貌
límào 몡 예의

해설 및 정답 남자가 옷이 어떤가를 묻고, 여자는 마지막에
太贵了(너무 비싸다)고 이야기하는 것으로 보아 두 사람은 지
금 상점에 있다는 것을 유추할 수 있다.

男: 你看这件衣服怎么样? 我觉得很适合
    你。
女: 是很不错, 但是<u>太贵了</u>。

问: 他们可能在哪儿?

A 公园   **B 商店**
C 餐厅   D 图书馆

남: <u>이 옷 어때?</u> 너랑 아주 잘 어울릴 것 같아.
여: 정말 괜찮네, 근데 <u>너무 비싸다.</u>

질문: 그들은 아마도 어디에 있는 것일까?

A 공원   **B 상점**
C 식당   D 도서관

단어 ★适合 shìhé 동 어울리다 | 公园 gōngyuán 몡 공원 | 商

店 shāngdiàn 명 상점 | ★餐厅 cāntīng 명 식당 | 图书馆 túshūguǎn 명 도서관

---

18 ▶ Test **1-18**

(해설 및 정답) 어기조사 吧를 의문 형식으로 사용할 경우 이미 추측이 완료된 상황에서 질문하는 것이라고 판단해야 하기 때문에 남자의 骗我吧?(날 속이는 거지?)라는 질문의 의미는 보기에 不能相信(믿을 수 없다)과 일치한다.

女：难道你不知道吗？明天早上六点五十要在学校门口集合，七点准时出发。
男：这么早啊？你是在骗我吧？

问：男的是什么态度？

A 很高兴   B 很难过
C 不能同意   **D 不能相信**

여: 설마 모르고 있었던 거야? 내일 아침 6시 50분에 학교 입구에서 집합해야 돼, 7시 정시 출발이야.
남: 그렇게 빨리? 너 지금 나 속이는 거지?

질문: 남자의 태도는 어떠한가?

A 매우 기쁘다   B 매우 괴롭다
C 동의할 수 없다   **D 믿을 수 없다**

(단어) ★难道 nándào 뷔 설마 | 门口 ménkǒu 명 입구 | 集合 jíhé 동 집합하다 | ★准时 zhǔnshí 뷔 정시에 | 出发 chūfā 동 출발하다 | 骗 piàn 동 속이다 | 态度 tàidu 명 태도 | ★难过 nánguò 혱 괴롭다 | ★同意 tóngyì 동 동의하다 | ★相信 xiāngxìn 동 믿다

---

19 ▶ Test **1-19**

(해설 및 정답) '快要…了'는 '곧 ~할 것이다'는 의미의 임박형 구조로 快要饿死了(배고파 곧 죽을 것 같다)는 남자의 말은 밥을 먹고 싶다는 이야기임을 알 수 있다.

男：附近有没有餐厅？我快要饿死了。
女：往前走一分钟，在十字路口往右拐就到了。

问：男的想要做什么？

A 吃饭   B 睡觉
C 散步   D 聊天

남: 근처에 식당이 있니? 나 배고파서 곧 죽을 것 같아.
여: 1분 정도 직진하다가 사거리에서 우회전하면 돼.

질문: 남자는 무엇을 하고 싶은가?

A 식사   B 취침
C 산책   D 수다

(단어) ★附近 fùjìn 명 근처, 부근 | ★餐厅 cāntīng 명 식당 | 饿 è 혱 배고프다 | 十字路口 shízì lùkǒu 명 사거리 | 拐 guǎi 동 방향을 바꾸다

---

20 ▶ Test **1-20**

(해설 및 정답) 남자는 여자의 휴식하라는 제안을 거부한 뒤 다이어트를 하고 있다고 했으므로 정답은 A이다.

女：这么热的天，你已经跑了一个小时了，该休息了，会累坏的！
男：不行，这次我一定要减肥。

问：男的为什么不休息？

A 想减肥   B 喜欢跑步
C 心情不好   D 为了健康

여: 이렇게 더운 날에, 넌 이미 1시간째 뛰고 있어, 쉬어야 해, 힘들어서 병 나겠어.
남: 안 돼. 이번엔 반드시 살을 뺄 거야.

질문: 남자는 왜 쉬지 않는가?

A 살을 빼고 싶어서   B 달리기가 좋아서
C 기분이 좋지 않아서   D 건강을 위해서

(단어) ★减肥 jiǎnféi 동 살을 빼다, 다이어트 하다 | 喜欢 xǐhuan 동 좋아하다 | 跑步 pǎobù 동 달리다 | ★心情 xīnqíng 명 기분 | ★健康 jiànkāng 명 건강

모의고사 1회 해설   65

21

해설 및 정답 남자의 여행 제안에 여자는 거절한다. 그리고 이어서 要花多少钱?(돈을 얼마나 써야 하는가?)라는 이유를 언급했기 때문에 정답은 C이다.

男：这次寒假我们去上海旅游吧!

女：不行，总去旅游，每年要花多少钱?

问：女的为什么不想去上海?

A 没有时间

B 没有朋友

C 不想花钱

D 不喜欢旅游

남: 이번 겨울방학에 우리 상하이로 여행 가자!

여: 안 돼, 자꾸 여행을 가면 해마다 얼마를 써야 하는 거니?

질문: 여자는 왜 상하이에 가기 싫은가?

A 시간이 없어서

B 친구가 없어서

C 돈을 쓰고 싶지 않아서

D 여행을 좋아하지 않아서

단어 寒假 hánjià 명 겨울방학 | ★旅游 lǚyóu 동 여행하다 | 花 huā 동 (돈을) 쓰다

22

해설 및 정답 시간이나 장소 관련 어휘는 반드시 집중해서 들어야 한다. 남자가 여자에게 他在机场(그는 공항에 있다)고 했기 때문에 정답은 녹음에서 들리는 대로 C가 된다.

女：小王怎么还不上班?

男：他在机场，今天要去云南出差。

问：小王现在在哪儿?

A 家　　　　　　　B 公司

C 机场　　　　　D 银行

여: 샤오왕은 왜 아직도 출근을 안 하죠?

남: 그는 지금 공항에 있어요, 오늘 윈난으로 출장을 갑니다.

질문: 샤오왕은 지금 어디에 있는가?

A 집　　　　　　　B 회사

C 공항　　　　　D 은행

단어 上班 shàngbān 동 출근하다 | 公司 gōngsī 명 회사 | 机场 jīchǎng 명 공항 | 银行 yínháng 명 은행

23

해설 및 정답 남자의 질문으로 남자의 현재 행동을 바로 파악해야 한다. 能借给我这本书吗?(나한테 이 책을 빌려 줄 수 있니?)라는 문장으로 지금 책을 빌리고 있음을 알 수 있다.

男：能借给我这本书吗?

女：很抱歉，我已经借给小东了，下午他会来拿。

问：男的正在做什么?

A 买书　　　　　　**B 借书**

C 还书　　　　　　D 聊天

남: 나한테 이 책을 빌려 줄 수 있니?

여: 정말 미안, 이미 샤오둥에게 빌려 줬어, 오후에 샤오둥이 가지러 올 거야.

질문: 남자는 지금 무엇을 하는가?

A 책을 산다　　　　**B 책을 빌린다**

C 책을 반납한다　　D 수다를 떤다

단어 借 jiè 동 빌리다 | ★抱歉 bàoqiàn 동 미안해하다 | ★聊天 liáotiān 동 잡담하다

해설 및 정답 보기에는 시간이 제시되어 있기 때문에 일치하는 시간이 무엇인지에 주의하며 듣는다. 녹음에서 언급한 시간 중 완벽하게 일치하는 내용은 D뿐이다.

女：会议室里怎么一个人也没有？下午两点不是要开会吗？

男：没人通知你吗？<u>今天的会议改到明天上午九点了。</u>

问：什么时候进行会议？

A 今天下午两点　　B 今天上午九点
C 明天下午两点　　**D 明天上午九点**

여：회의실에 왜 아무도 없어요? 오후 2시에 회의하는 거 아닌가요?

남：아무도 안 가르쳐 줬어요. <u>오늘 회의는 내일 오전 9시로 변경됐어요.</u>

질문：언제 회의를 진행하는가?

A 오늘 오후 2시　　B 오늘 오전 9시
C 내일 오후 2시　　**D 내일 오전 9시**

단어 会议室 huìyìshì 圐 회의실 | 开会 kāihuì 통 회의를 열다 | ★通知 tōngzhī 알리다 | 会议 huìyì 圐 회의 | 改 gǎi 통 바꾸다 | ★进行 jìnxíng 통 진행하다

해설 및 정답 보기에는 동작 관련 어휘들이 제시되어 있으므로 그와 관련된 내용을 주의하며 듣는다. 질문은 여자가 하고 싶은 것이 무엇인지를 묻고 있기 때문에 정답은 A이다.

男：现在可以陪我去医院吗？我身体不舒服。

女：对不起，让小李陪你吧。我也有点儿不舒服，<u>想回家休息。</u>

问：女的想做什么？

A 休息　　　　　B 散步
C 去医院　　　　D 去小李家

남：지금 나랑 병원에 같이 가줄 수 있어? 나 몸이 안좋아.

여：미안한데, 샤오리한테 같이 가자고 해. 나도 몸이 좋지 않아서 집에 가서 쉬고 싶어.

질문：여자는 무엇이 하고 싶은가?

A 쉬고 싶다
B 산책을 하고 싶다
C 병원에 가고 싶다
D 샤오리 집에 가고 싶다

단어 陪 péi 통 동반하다 | 医院 yīyuàn 圐 병원 | ★舒服 shūfu 형 편안하다 | 休息 xiūxi 통 쉬다, 휴식하다 | ★散步 sànbù 통 산책하다

해설 및 정답 还是는 '~하는 것이 좋겠다'는 의미의 부사로 남자는 还是在家休息吧(집에서 쉬는 것이 좋겠다)고 언급했기 때문에 정답은 C이다.

女：我们今天去爬山怎么样？

男：天气这么不好，爬什么山？<u>还是在家休息吧。</u>

女：电视上说今天天气非常好啊！

男：你是看的什么节目？外边已经开始下雨了。

问：他们今天可能做什么？

A 爬山　　　　　B 看电视
C 在家休息　　D 出去散步

여：오늘 우리 등산 가는 거 어때?

남：날씨가 이렇게 안 좋은데, 무슨 등산이야? 집에서 그냥 쉬자.

여：TV에서 오늘 날씨가 정말 좋다고 했어!

남：너는 어떤 프로그램을 본 건데? 밖에 이미 비가 오기 시작했어.

질문：그들은 오늘 아마도 무엇을 하겠는가?

A 등산하다   B TV를 보다
C 집에서 쉬다   D 나가서 산책하다

단어 天气 tiānqì 몡 날씨 | 电视 diànshì 몡 텔레비전 | 节目 jiémù 몡 프로그램

27

해설 및 정답 남자가 여자에게 새 휴대폰의 구입 여부를 묻자 여자는 手机丢了(휴대폰을 잃어버렸다)라고 대답했다. 따라서 정답은 C이다.

男 : 你买了新手机吗?
女 : 是啊，昨天我的手机丢了，这是刚买的。
男 : 这种手机价格很贵吧?
女 : 便宜，我只要能打电话发短信就行。

问 : 女的为什么买了新手机?

A 想买新的   B 忘带手机
C 丢了手机   D 手机便宜

남: 너 새 휴대폰을 샀니?
여: 응, 어제 휴대폰을 잃어버렸어, 이건 방금 산 거야.
남: 이런 휴대폰은 가격이 아주 비싸지?
여: 저렴해, 나는 전화하거나 문자 메시지 보내는 것만 할 수 있으면 되거든.

질문: 여자는 왜 새 휴대폰을 샀는가?

A 새것을 사고 싶어서   B 휴대폰을 놓고 와서
C 휴대폰을 잃어버려서   D 휴대폰이 저렴해서

단어 手机 shǒujī 몡 휴대폰 | 丢 diū 동 잃어버리다 | 刚 gāng 뮈 방금, 막 | ★价格 jiàgé 몡 가격 | 便宜 piányi 혱 저렴하다 | 短信 duǎnxin 몡 문자 메시지

28

해설 및 정답 여자의 你回来了?(너 왔어?)라는 질문을 통해 남자가 방금 돌아왔음을 알 수 있다.

女 : 你回来了? 真不好意思，本来我该去机场接你的。
男 : 没关系，我打车回来的，很方便。你论文写完了吗?
女 : 写完了，再检查一遍，明天就可以交了。
男 : 那你快看吧，看完早点儿休息。

问 : 根据对话，可以知道什么?

A 他们在机场   B 男的很失望
C 女的要出去   **D 男的刚回来**

여: 왔어? 정말 미안해, 원래는 내가 공항에 마중 갔어야 했는데.
남: 괜찮아, 나 택시 타고 편하게 왔어. 너 논문은 다 썼어?
여: 다 썼어, 한 번만 더 검사하면, 내일 제출할 수 있어.
남: 그럼 빨리 봐, 다 보고 일찍 쉬어.

질문: 대화를 근거로, 알 수 있는 것은?

A 그들은 공항에 있다   B 남자는 매우 실망했다
C 여자는 나가야 한다   **D 남자는 막 돌아왔다**

단어 本来 běnlái 뮈 원래 | 机场 jīchǎng 몡 공항 | 接 jiē 동 마중하다 | 打车 dǎchē 동 택시를 타다 | ★方便 fāngbiàn 혱 편리하다 | ★论文 lùnwén 몡 논문 | ★检查 jiǎnchá 동 검사하다 | 交 jiāo 동 제출하다 | 休息 xiūxi 동 쉬다 | ★失望 shīwàng 동 실망하다

해설 및 정답 여자가 언급한 我今天要跟客户参观工厂 (나는 오늘 고객과 공장을 참관하러 간다)는 내용으로 오늘 고객을 만난다는 것을 알 수 있다.

男：这是你新买的衣服吗？真好看！
女：穿得跟平时不一样吧？<u>我今天要跟客户参观工厂</u>。
男：怪不得你今天穿得这么正式。
女：希望今天的工作能顺利完成。

问：关于女的，可以知道什么？

A 工作很忙
B 今天见客户
C 买了很贵的衣服
D 跟男的参观工厂

남: 이거 새로 산 옷이야? 정말 예쁘다!
여: 평소랑 다르게 입었지? <u>오늘 고객과 공장을 참관하러 가거든.</u>
남: 어쩐지 오늘 잘 차려 입었더라.
여: 오늘의 업무가 순조롭게 완성되길 바라.

질문: 여자에 대해 무엇을 알 수 있나?

A 일이 매우 바쁘다
B 오늘 거래처 고객을 만난다
C 아주 비싼 옷을 샀다
D 남자와 공장을 참관한다

단어 平时 píngshí 몡 평소 | 客户 kèhù 몡 고객, 거래처 | ★参观 cānguān 동 참관하다 | 工厂 gōngchǎng 몡 공장 | 怪不得 guàibude 뷔 어쩐지 | ★正式 zhèngshì 혱 정식의 | ★希望 xīwàng 동 바라다, 희망하다 | ★顺利 shùnlì 혱 순조롭다 | ★完成 wánchéng 동 완성하다

해설 및 정답 남자는 여자에게 서비스에 대해 很满意라고 대답한다. 满意는 '만족하다'라는 의미의 어휘로 굉장히 긍정적인 표현이므로 정답은 A가 된다.

女：您对我们的服务满意吗？
男：很满意。没想到会服务得这么周到。
女：谢谢您的表扬。欢迎您下次再来尝尝我们店的菜。
男：下次再来能打折吗？
女：当然，给你一张卡，下次来打九折。

问：这家店服务得怎么样？

A 非常好   B 不太好
C 不怎么样   D 马马虎虎

여: 저희 서비스에 만족하십니까？
남: <u>아주 만족합니다.</u> 이렇게 세심하게 서비스를 해주실지 생각지도 못했습니다.
여: 칭찬해 주셔서 감사합니다. 다음에 다시 오셔서 저희 가게의 음식을 맛보시기 바랍니다.
남: 다음에 다시 오면 할인해 주실 수 있나요？
여: 당연하죠. 카드 한 장을 드릴게요. 다음에 오시면 10% 할인해 드리겠습니다.

질문: 이 가게의 서비스는 어떠한가？

A 매우 좋다   B 별로 좋지 않다
C 그리 좋지 않다   D 그저 그렇다

단어 ★服务 fúwù 동 서비스하다 | ★满意 mǎnyì 혱 만족하다 | 周到 zhōudào 혱 세심하다 | ★表扬 biǎoyáng 동 칭찬하다 | 欢迎 huānyíng 동 환영하다 | 尝 cháng 동 맛보다 | ★打折 dǎzhé 동 할인하다 | 卡 kǎ 몡 카드

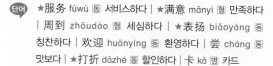

31

해설 및 정답〉 제시된 보기를 통해 행동 관련 문제임을 알 수 있다. 여자가 마지막에 언급한 还是는 '~하는 것이 좋겠다'는 의미의 부사로 여자는 남자에게 병원에 가보는 것이 좋겠다고 말하고 있기 때문에 정답은 C이다.

男：我突然肚子很疼，很难受。

女：<u>要不要陪你去看医生</u>？很难受就去看吧。

男：不用了，吃点儿药休息一会儿就会好的。

女：你也不是医生，不要随便判断，<u>我觉得还是去医院看看比较好</u>。

问：女的要做什么？

A 要当医生
B 一起去买药
C 陪男的去看病
D 跟男的一起休息

남: 나 갑자기 배가 너무 아파서 몹시 괴로워.

여: <u>같이 진찰 받으러 가줄까?</u> 많이 아프면 가서 진찰을 받아 보자.

남: 됐어, 약 먹고 좀 쉬면 괜찮아 질 거야.

여: 네가 의사도 아니면서 마음대로 판단하지 마. <u>내 생각에는 병원에 가서 진찰을 받아 보는 게 좋을 것 같아.</u>

질문: 여자는 무엇을 하려고 하는가?

A 의사가 되려고 한다
B 함께 약을 사러 가려고 한다
C 남자와 함께 진찰을 받으러 가려고 한다
D 남자와 함께 쉬려고 한다

단어〉 突然 tūrán 閉 갑자기 | 肚子 dùzi 闿 복부, 배 | 疼 téng 闿 아프다 | ★难受 nánshòu 闿 괴롭다 | 医生 yīshēng 闿 의사 | 休息 xiūxi 闿 쉬다. 휴식하다 | ★随便 suíbiàn 閉 마음대로 | ★判断 pànduàn 闿 판단하다 | 看病 kànbìng 闿 진찰하다

32

해설 및 정답〉 很近은 '매우 가깝다'는 의미로 不远(멀지 않다)와 내용이 일치한다.

女：你现在陪我去一趟银行，可以吗？

男：好吧。等等，我去拿一下车钥匙。

女：不用开车，<u>银行很近</u>。我们走过去吧，顺便散散步。

男：也好！今晚我们吃得太多了，最好出去走走。

问：根据对话，下列哪项正确？

A 银行不远
B 他们常常散步
C 他们开车去银行
D 他们走路去公园

여: 지금 나랑 은행에 같이 가줄 수 있어?

남: 그래. 잠깐만 기다려. 가서 차 열쇠를 가지고 올게.

여: 차를 안 가지고 가도 돼, <u>은행은 가까워.</u> 우리 걸어서 가자, 가는 길에 산책도 하고.

남: 그것도 좋지! 오늘 저녁에 너무 많이 먹어서 나가서 걷는 게 좋겠다.

질문: 대화에 근거하여 다음 중 옳은 것은?

A 은행은 멀지 않다
B 그들은 자주 산책을 한다
C 그들은 차를 가지고 은행에 간다
D 그들은 걸어서 공원에 간다

단어〉 陪 péi 闿 동반하다 | 银行 yínháng 闿 은행 | ★钥匙 yàoshi 闿 열쇠 | 顺便 shùnbiàn 閉 겸사겸사 | ★散步 sànbù 闿 산책하다

33

해설 및 정답〉 감정 관련 어휘들이 제시되어 있어 남녀의 말투에서도 힌트를 찾을 수 있다. 남자는 줄곧 긍정적인 내용의 문장들을 구사하고 있기 때문에 기쁨을 표현하고 있음을 유추할 수 있다.

男：我昨天跟丽丽一起吃饭了，她真的太漂亮了。

女：漂亮有什么用，要看她的性格怎么样。

男：她性格也好，学习也好，什么都好。

女：看样子你已经爱上她了。

问：男的现在心情怎么样？

A 伤心   **B 开心**

C 难过   D 吃惊

남: 나 어제 리리랑 같이 밥 먹었어, 리리는 정말 너무 예쁘더라.

여: 예쁜 게 무슨 소용이야, 성격이 어떤지를 봐야지.

남: 리리는 성격도 좋고 공부도 잘해, 뭐든지 다 잘해.

여: 보아하니 넌 이미 그녀를 사랑하게 되었구나.

질문: 지금 남자의 기분은 어떤가?

A 슬프다   **B 기쁘다**

C 괴롭다   D 놀라다

단어 漂亮 piàoliang 혱 예쁘다 | ★性格 xìnggé 혱 성격 | ★心情 xīnqíng 혱 기분 | ★伤心 shāngxīn 슬퍼하다 | 开心 kāixīn 혱 기쁘다 | ★难过 nánguò 혱 괴롭다 | ★吃惊 chījīng 동 놀라다

---

34   Test **1-34**

해설 및 정답 남자의 마지막 말 前几天我搬家了(며칠 전에 이사했다)와 보기 A의 내용이 일치한다.

女：你每天都是开车来上班吗？

男：是的，这样很方便，还能省不少时间呢。

女：可是你住的地方不是离公司很近吗？怎么不走路上班呢？

男：前几天我搬家了。

问：根据对话，可以知道什么？

A 男的搬家了

B 男的不会开车

C 男的喜欢走路

D 男的上班不方便

여: 매일 차 가지고 출근해요?

남: 맞아요, 편리하기도 하고 시간을 많이 아낄 수 있어서요.

여: 그런데 사는 곳이 회사에서 가깝지 않아요? 왜 걸어서 출근하지 않아요?

남: 며칠 전에 이사했어요.

질문: 대화에서 무엇을 알 수 있나?

A 남자는 이사했다

B 남자는 운전을 못 한다

C 남자는 걷는 것을 좋아한다

D 남자는 출근길이 불편하다

단어 上班 shàngbān 동 출근하다 | ★方便 fāngbiàn 혱 편리하다 | 省 shěng 동 아끼다 | 地方 dìfang 몡 곳, 장소 | 搬家 bānjiā 동 이사하다

---

35   Test **1-35**

해설 및 정답 액수 관련 문제는 보기와 일치되는 어휘가 들리는 경우도 있지만 계산을 해야 하는 문제일 수도 있기 때문에 각별한 주의가 필요하다. 남자는 포도를 3근 달라고 했고 여자는 1근에 2.5위안이라고 했기 때문에 남자가 지불해야 할 금액은 7.5위안이다.

男：今天水果新鲜吗？

女：我们家的水果都很新鲜，苹果也好，葡萄也好。

男：那我要三斤葡萄，多少钱？

女：葡萄一斤两块五。

问：男的要付多少钱？

A 两块五   B 三块五

C 五块五   **D 七块五**

남: 오늘 과일이 신선해요?

여: 우리 가게 과일은 모두 신선해요. 사과도 좋고, 포도도 좋아요.

남: 그럼 포도 3근 주세요. 얼마예요?

여: 포도 한 근에 2.5위안이에요.

질문: 남자는 얼마를 지불해야 하는가?

A 2.5위안   B 3.5위안

C 5.5위안   **D 7.5위안**

단어 ★新鲜 xīnxiān 형 신선하다 | 苹果 píngguǒ 명 사과 | 葡萄 pútao 명 포도 | 付 fù 동 (돈을) 지불하다

[36-37]

Test **1-36**

第36到37题是根据下面一段话:

³⁶这瓶饮料是我们公司的新产品。跟别的饮料比起来，维生素含量比较高，所以对身体有好处，也可以美容。而且³⁷产品有两种口味，如果您喜欢甜的，可以选低糖的；如果不喜欢甜的，就可以选无糖的。

36~37번 문제는 다음 내용에 근거한다.

³⁶이 음료는 저희 회사의 신제품입니다. 다른 음료와 비교하면 비타민 함량이 높아 건강에 이롭고 미용에도 좋습니다. 게다가 ³⁷두 가지 맛이 있는데, 만약 달콤한 맛을 좋아하신다면 당분 함량이 적은 것을 선택하시면 되고, 달콤한 것을 좋아하지 않으신다면 무가당을 선택하시면 됩니다.

단어 饮料 yǐnliào 명 음료 | 公司 gōngsī 명 회사 | 产品 chǎnpǐn 명 제품 | 维生素 wéishēngsù 명 비타민 | 含量 hánliàng 명 함량 | ★好处 hǎochù 명 장점, 이점 | 美容 měiróng 동 미용하다 | 口味 kǒuwèi 명 풍미 | 甜 tián 형 달다 | 选 xuǎn 동 선택하다 | 糖 táng 명 설탕

36

해설 및 정답 서론 부분에 这瓶饮料是我们公司的新产品(이 음료는 저희 회사의 신제품입니다)라는 내용으로 신제품이 음료임을 확인할 수 있다.

新产品是什么?

A 饮料   B 饺子

C 饼干   D 健康食品

신제품은 무엇인가?

A 음료   B 만두

C 비스킷   D 건강 식품

단어 ★饺子 jiǎozi 명 만두 | ★饼干 bǐnggān 명 비스킷 | 健康食品 jiànkāng shípǐn 명 건강 식품

37

Test **1-38**

해설 및 정답 신제품을 소개하는 내용 중 产品有两种口味(제품은 두 가지 맛이 있다)는 내용이 언급된다.

关于新产品，可以知道什么?

A 不含维生素

B 有两种味道

C 没有低糖的

D 只有低糖的

신제품과 관련해 무엇을 알 수 있나?

A 비타민에 함유되지 않았다

B 두 가지 맛이 있다

C 당분 함량이 적은 것이 없다

D 당분 함량이 적은 것만 있다

단어 ★味道 wèidao 명 맛

第38到39题是根据下面一段话：

　　<u>38,39昨天我的妻子让我陪她去买一个</u><u>帽子</u>，进了商店，她先去看袜子，说袜子颜色很漂亮，就买了一双。然后她又买了一条裙子、一件毛衣，把她带的钱都花完后，我们就回家了。回家以后，我发现，她竟然没有买帽子。

38~39번 문제는 다음 내용에 근거한다.

　　<u>38,39어제 나의 아내는 나에게 모자를 사러 같이 가자</u><u>고 했다.</u> 상점에 들어가 그녀는 우선 양말을 보았는데, 양말 색깔이 너무 예쁘다고 말하며, 한 켤레를 샀다. 그러고 나서 그녀는 또 치마 한 벌, 스웨터 한 벌을 샀고, 그녀가 가져간 돈을 모두 다 쓴 후에야, 우리는 집으로 돌아왔다. 집으로 돌아온 후, 나는 그녀가 뜻밖에도 모자를 사지 않았다는 것을 발견했다.

단어 妻子 qīzi 명 아내 | 陪 péi 동 동반하다 | 帽子 màozi 명 모자 | 商店 shāngdiàn 명 상점 | 袜子 wàzi 양말 | 颜色 yánsè 명 색깔 | 裙子 qúnzi 명 치마 | 毛衣 máoyī 명 스웨터 | ★发现 fāxiàn 동 발견하다 | 竟然 jìngrán 부 뜻밖에

해설 및 정답 서론에 妻子让我陪她去买一个帽子(아내는 나에게 모자를 사러 같이 가자고 했다)는 부분에서 아내가 모자를 사려고 했음을 알 수 있다.

妻子计划买什么？

A 袜子　　　　　　　B 裙子
C 毛衣　　　　　　　**D 帽子**

아내는 무엇을 살 계획이었나?

A 양말　　　　　　　B 치마
C 스웨터　　　　　　**D 모자**

단어 ★计划 jìhuà 동 계획하다

해설 및 정답 서론에 我的妻子(나의 아내)라고 지칭하는 부분에서 화자가 그녀의 남편임을 알 수 있다.

说话人是谁？

A 司机　　　　　　　B 朋友
C 丈夫　　　　　　D 售货员

화자는 누구인가?

A 기사　　　　　　　B 친구
C 남편　　　　　　D 판매원

단어 司机 sījī 명 기사 | ★售货员 shòuhuòyuán 명 판매원

第40到41题是根据下面一段话：

　　<u>41感情可分为三种，亲情、友情和爱</u><u>情。</u><u>40亲情是我们一出生就带来的，是最重</u><u>要的感情</u>；友情是朋友之间的感情，从小孩子到老人都需要朋友，如果没有朋友，我们的生活就会非常无聊；爱情是男女之间的感情，和你在一起的时间最长的是你的爱人，陪你尝人生中的苦、辣、酸、甜的人也是你的爱人。

40~41번 문제는 다음 내용에 근거한다.

　　<u>41감정은 세 종류로 나눌 수 있다.</u> 가족 간의 정, 우정 그리고 남녀 간의 사랑. <u>40가족 간의 정은 우리가 태어</u><u>나면서부터 가지고 태어나는 것으로 가장 중요한 감정</u>이다. 우정은 친구 사이의 감정이다. 어린아이부터 노인까지 모두 친구가 필요하다. 만약 친구가 없다면 우리의 삶은 매우 무료해질 것이다. 애정은 남녀 사이의 감정이다. 당신과 가장 오랜 시간을 함께 하는 사람이 바로 당신의 배우자이다. 당신과 동반하며 인생의 희로애락을 함께하는 사람 역시 배우자이다.

단어 感情 gǎnqíng 명 감정 | 亲情 qīnqíng 명 혈육 간의 정 |

1회 해설

友情 yǒuqíng 명 우정 | 爱情 àiqíng 명 애정 | ★重要 zhòngyào 형 중요하다 | 需要 xūyào 동 필요하다 | ★无聊 wúliáo 형 무료하다 | 尝 cháng 동 맛보다 | 苦辣酸甜 kǔ là suān tián 명 희로애락

해설 및 정답 亲情是我们一出生就带来的(가족 간의 정은 태어나면서부터 가지고 오는 것이다)라는 내용을 통해서 가족 간의 사랑은 선택할 수 있는 것이 아님을 알 수 있다.

关于亲情，可以知道什么?

A 不太重要   B 不是感情
C 无法选择   D 可以选择

가족 간의 정에 대해 무엇을 알 수 있나?

A 별로 중요하지 않다   B 감정이 아니다
C 선택할 수 없다   D 선택할 수 있다

단어 ★选择 xuǎnzé 동 선택하다

해설 및 정답 단문 형식의 주요 내용은 대체로 서론이나 결론에서 언급된다. 서론에서 감정을 세 종류로 나누었고, 본론에서는 그것에 대해 하나씩 설명하고 있으므로 정답은 C이다.

这段话主要谈什么?

A 亲情   B 友情
C 感情   D 爱情

이 단락은 무엇을 이야기하는가?

A 가족 간의 정   B 우정
C 감정   D 애정

第42到43题是根据下面一段话:

⁴²我最近一直在看这本杂志，⁴³它介绍了很多生活中的小知识。例如，怎样选择适合自己的衣服，刷牙应该用什么样的牙膏，怎样远离皮肤病等等。很多以前我没注意到的问题，现在通过它了解了不少。

42~43번 문제는 다음 내용에 근거한다.

⁴²나는 요즘 계속 이 잡지를 보고 있다. ⁴³그것은 생활 속의 작은 지식들을 많이 소개하고 있다. 예를 들면, 어떻게 자신에게 어울리는 옷을 선택하는지, 양치할 때는 어떤 치약을 사용해야 하는지, 어떻게 피부병을 예방하는지 등의 것들이다. 이전에는 내가 주의하지 못했던 많은 문제들을 지금은 그것을 통해 많이 알게 되었다.

단어 最近 zuìjìn 명 요즘, 최근 | 一直 yìzhí 부 줄곧 | ★杂志 zázhì 명 잡지 | ★介绍 jièshào 동 소개하다 | 生活 shēnghuó 명 생활 | 知识 zhīshi 명 지식 | 例如 lìrú 예를 들면 | ★选择 xuǎnzé 동 선택하다 | ★适合 shìhé 동 어울리다 | ★刷牙 shuāyá 동 양치하다 | 牙膏 yágāo 명 치약 | 远离 yuǎnlí 동 멀리하다 | 皮肤病 pífūbìng 명 피부병 | 注意 zhùyì 동 주의하다 | ★问题 wèntí 명 문제 | 通过 tōngguò 개 ~을 통해 | ★了解 liǎojiě 동 이해하다

해설 및 정답 보기에 집중하고 있었다면 쉽게 풀 수 있는 문제이다. 서론에서 在看这本杂志(이 잡지를 보고 있다)라고 언급했으므로 정답은 C이다.

说话人在介绍什么?

A 广告   B 报道
C 杂志   D 电视节目

화자는 무엇을 소개하고 있는가?

A 광고   B 보도
C 잡지   D 텔레비전 프로그램

단어 ★广告 guǎnggào 뗑 광고 | ★报道 bàodào 뗑 보도 | 节目 jiémù 뗑 프로그램

43
Test 1-47

해설 및 정답 화자는 잡지의 내용을 它介绍了很多生活中的小知识(그것은 생활 속의 작은 지식들을 많이 소개하고 있다)라고 설명하고 있다. 따라서 정답은 A이다.

说话人了解了哪方面的知识?

A 生活　　　　　B 法律
C 艺术　　　　　　D 语言

화자는 어떤 방면의 지식을 알게 됐는가?

A 생활　　　　　B 법률
C 예술　　　　　　D 언어

단어 方面 fāngmiàn 뗑 방면 | 法律 fǎlǜ 뗑 법률 | 艺术 yìshù 뗑 예술 | 语言 yǔyán 뗑 언어

[44-45]
Test 1-48

第44到45题是根据下面一段话:

吃水果时⁴⁴有的人一定先选看起来最新鲜的吃，而有的人与此相反，把最好的留到最后吃，你觉得他们当中谁更快乐？⁴⁴我想是第一种人，因为他吃的每一个水果都是手里最好的，⁴⁵但也有人认为第二种人更快乐，他们先吃不好的，这样更好的总在后头，因此他们总是有希望。

44~45번 문제는 다음 내용에 근거한다.

과일을 먹을 때 ⁴⁴어떤 이는 제일 신선해 보이는 것을 가장 먼저 먹고, 어떤 이는 이와 반대로 가장 좋아 보이는 것을 마지막까지 남겨 두고 먹는다. 당신은 그들 중 누가 더 행복하다고 느끼는가? ⁴⁴나는 첫 번째 부류의 사람이라고 생각한다. 왜냐하면 그가 먹는 모든 과일은 가지고 있는 과일 중에서 제일 좋은 것이니까. ⁴⁵하지만 어떤 이들은 두 번째 부류의 사람이 더욱 즐거울 것이라고 생각한다. 그들은 가장 안 좋은 것을 먼저 먹기 때문에 남아 있는 것은 언제나 좋은 것들이기 때문이다. 그래서 그들에게는 항상 희망이 있다.

단어 选 xuǎn 됭 고르다 | ★新鲜 xīnxiān 뼹 신선하다 | 后头 hòutou 뗑 뒷부분 | ★希望 xīwàng 뗑 희망

44
Test 1-49

해설 및 정답 질문은 第一种人(첫 번째 부류의 사람)에 관련된 내용이기 때문에 녹음에서 처음으로 언급한 사람에 관한 정보가 정답이다. 녹음 첫 부분에서 어떤 사람은 先选看起来最新鲜的(가장 신선해 보이는 것을 먼저 고른다)고 했기 때문에 정답은 B이다.

第一种人怎么吃水果?

A 先吃手里的
B 先吃新鲜的
C 先吃最难吃的
D 先吃不好看的

첫 번째 사람은 과일을 어떻게 먹나요?

A 손에 있는 것을 먼저 먹는다
B 신선한 것을 먼저 먹는다
C 제일 먹기 싫은 것을 먼저 먹는다
D 못생긴 것을 먼저 먹는다

45

해설 및 정답 第二种人更快乐, …因此他们总是有希望(두 번째 부류의 사람은 더욱 즐겁다, …왜냐하면 그들에게는 항상 희망이 있다)고 언급하고 있으므로 B가 정답이다.

关于第二种人，可以知道什么？

A 不知好的　　　B 总有希望
C 让人开心　　　D 总是快乐

두 번째 부류의 사람에 관해 무엇을 알 수 있나?

A 좋은 것을 모른다　　　B 언제나 희망이 있다
C 사람을 기쁘게 한다　　　D 언제나 기쁘다

단어 开心 kāixīn 형 기쁘다

||||||||||| 독해 |||||||||||

[46-50]

A 估计 gūjì 동 짐작하다
B 组织 zǔzhī 동 구성하다
C 竞争 jìngzhēng 명 경쟁
D 坚持 jiānchí 동 고수하다
E 信任 xìnrèn 동 신임하다
F 态度 tàidu 명 태도

46

해설 및 정답 겸어문 구조의 문장이다. 조동사인 要와 겸어 (목적어 겸 주어)인 留学生 사이에는 동사가 위치해야 하며, 의미상 '학교에서 여행을 구성한다'로 완성해야 한다.

이번 여름방학에 학교에서 유학생들이 외지로 여행을 갈 수 있게 (**B 구성했다**).

단어 暑假 shǔjià 명 여름방학 | 留学生 liúxuéshēng 명

유학생 | 外地 wàidì 명 외지 | ★旅行 lǚxíng 동 여행하다

47

해설 및 정답 的 뒤에는 명사 혹은 명사구가 위치해야 한다. 제시된 명사 중 生活(생활)과 함께 명사구로 완성될 어휘를 찾는다.

우리는 적극적인 생활 (**F 태도**)로 현재 생활에 직면 해야 한다.

단어 ★积极 jījí 형 적극적이다 | 生活 shēnghuó 명 동 생활(하다) | 面对 miànduì 동 마주보다

48

해설 및 정답 주어와 문장 사이에 빈칸이 있기 때문에 목적 절을 갖는 동사가 위치할 확률이 매우 높다.

검사 결과가 아직 나오지 않았지만, 나는 나의 건강에 이상이 없을 것이라 (**A 짐작한다**).

단어 ★检查 jiǎnchá 동 검사하다 | ★结果 jiéguǒ 명 결과 | ★问题 wèntí 명 문제

49

해설 및 정답 互相(서로)는 뒤에 반드시 이음절 동사가 위치 해야 한다. '부부 사이'라는 주어와 어울리는 동사를 찾는다.

부부는 서로 (**E 신임하고**), 각자의 생활 습관을 서로 존중해야 한다.

단어 夫妻 fūqī 명 부부 | 之间 zhījiān 명 사이 | 互相 hùxiāng 부 서로 | ★尊重 zūnzhòng 동 존중하다 | 彼此 bǐcǐ 대 서로 | 生活 shēnghuó 명 생활 | ★习惯 xíguàn 명 습관

50

해설 및 정답 的 뒤에는 명사나 명사구가 위치한다. 술어인 厉害(심하다)와 어울리는 명사를 찾는다.

지금 휴대폰 시장의 (**C 경쟁**)이 갈수록 심해지고 있 다. 따라서 많은 휴대폰 회사에서는 계속해서 신제품을 연구하고 있다.

단어 手机 shǒujī 명 휴대폰 | 市场 shìchǎng 명 시장 | ★厉害

lìhai 톙 심하다 | 公司 gōngsī 톉 회사 | 不断 búduàn 톎
계속해서 | ★研究 yánjiū 톓 연구하다 | 产品 chǎnpǐn 톉
제품

[51-55]

A 值得 zhídé 톓 ~할 만하다
B 千万 qiānwàn 톎 절대
C 温度 wēndù 톉 온도
D 租 zū 톓 임대하다
E 舒服 shūfu 톙 편안하다
F 湿润 shīrùn 톙 습윤하다

51

(해설 및 정답) 제시어 중 值得는 '~할 만한 가치가 있다'는 의미의 동사로 '值得+동사'의 형식으로 사용된다.

A: 이번 수학 시험에서 나는 만점을 받았어.
B: 그래? 100점 받았구나! 칭찬 (**A 할 만하네**).

(단어) 数学 shùxué 톉 수학 | ★考试 kǎoshì 톉 시험 | 满分 mǎnfēn 톉 만점 | ★表扬 biǎoyáng 톓 칭찬하다

52

(해설 및 정답) 동태조사 앞에는 동사만 위치한다. 목적어인 新房子(새집)과 호응하는 동사는 D뿐이다.

A: 나 새로 집을 (**D 임대했어**), 이번 주 금요일에 이사할 생각이야. 나 좀 도와줄 수 있어?
B: 당연하지. 문제없어.

(단어) 房子 fángzi 톉 집 | ★打算 dǎsuan 톓 ~할 생각이다, 계획하다 | 搬家 bānjiā 이사하다 | ★问题 wèntí 톉 문제

53

(해설 및 정답) 정도부사 뒤에는 형용사나 감정동사만 위치할 수 있다. 느낌을 묻는 질문이기 때문에 느낌 관련 형용사를 선택한다.

A: 이 의자는 어떤 것 같아? 예쁘지?
B: 앉았을 때 (**E 편안하긴**) 한데, 가격이 조금 비싸. 조금만 더 저렴하면 좋을 텐데.

(단어) ★椅子 yǐzi 톉 의자 | ★价格 jiàgé 톉 가격 | 便宜 piányi 톙 싸다

54

(해설 및 정답) 목적어인 环境(환경)을 수식해 줄 수 있는 어휘를 찾는다.

A: 이런 식물은 (**F 습윤한**) 환경을 좋아해서, 직접 물 속에 넣고 키워도 됩니다.
B: 얼마나 키워야 꽃이 피나요?

(단어) ★植物 zhíwù 톉 식물 | ★环境 huánjìng 톉 환경 | 直接 zhíjiē 톙 직접적인 | 养 yǎng 톓 기르다

55

(해설 및 정답) 부사 千万은 일반적으로 부정부사와 함께 사용되어 '절대 ~하지 마라'의 의미로 해석된다.

A: 나 내일부터 수영해, 다이어트 할 거야!
B: 너 수영한 다음에 (**B 절대**) 뭘 먹으면 안 돼, 그러면 살이 더 찐다.

(단어) 开始 kāishǐ 톓 시작하다 | 游泳 yóuyǒng 톓 수영하다 | ★减肥 jiǎnféi 톓 살을 빼다, 다이어트 하다 | 胖 pàng 톙 뚱뚱하다

56

(해설 및 정답) '不仅…而且…'는 '~뿐만 아니라 게다가 ~하다'라는 의미의 접속사 호응 구조이다. 因此(따라서)는 첫 문장으로 사용할 수 없기 때문에 결론으로 선택한다.

(정답) **C**这瓶饮料不仅味道好，**A**而且价格也很合理。**B**因此很受消费者的欢迎。
C이 음료는 맛이 좋을 뿐만 아니라 **A**게다가 가격도 매우 합리적이다. **B**그래서 소비자의 환영을 받고 있다.

(단어) 饮料 yǐnliào 톉 음료 | ★味道 wèidao 톉 맛 | ★价格 jiàgé 톉 가격 | 合理 hélǐ 톙 합리적이다 | 消费者 xiāofèizhě 톉 소비자 | 受欢迎 shòu huānyíng 환영을

받다, 인기 있다

(해설 및 정답) 주어로 사용할 수 있는 어휘는 我뿐이기 때문에 첫 문장으로 선택한다. 그 다음 시간 관계에 따라 平时(평소)→今天(오늘) 순으로 나열한다.

(정답) A我平时不喝酒。C但今天为你感到特别高兴，B想喝点儿酒祝贺一下。
A나는 평소에는 술을 마시지 않는다. C하지만 오늘은 너 때문에 너무 기뻐서 B술을 좀 마시며 축하하고 싶다.

(단어) 平时 píngshí 몡 평소 | 特别 tèbié 閉 아주 | 祝贺 zhùhè 통 축하하다

(해설 및 정답) 문제 제기로 시작하여 설명이 이어지는 내용의 문장이다. 설명 순서인 首先(우선)→其次(그다음)→最后(마지막으로)가 제시되어 있으니 그대로 나열하면 된다.

(정답) B餐厅怎样能吸引顾客呢？C首先菜的味道要好，其次价格不要太贵，A最后就是服务要好。
B식당은 어떻게 고객을 끄는가? C우선 음식의 맛이 좋아야 하고, 다음으로 가격이 너무 비싸면 안 된다. A마지막으로 서비스가 좋아야 한다

(단어) ★餐厅 cāntīng 몡 식당 | 吸引 xīyǐn 통 끌다 | ★顾客 gùkè 몡 고객 | ★味道 wèidao 몡 맛 | ★价格 jiàgé 몡 가격 | 服务 fúwù 몡 서비스

(해설 및 정답) '即使…也…'는 '설령 ~일지라도'라는 의미의 접속사 호응 구조이다. 접속사를 힌트로 문장을 연결한 뒤 주어가 될 수 없는 这样(이렇게)를 결론에 위치시킨다.

(정답) C即使说错了，A也要勇敢地和对方交流。B这样才能学好外语。
C설령 틀린다고 해도 A용감하게 상대방과 교류해야 한다. B이렇게 해야만 외국어를 잘 배울 수 있다.

(단어) 勇敢 yǒnggǎn 혱 용감하다 | 对方 duìfāng 몡 상대방 | ★交流 jiāoliú 통 교류하다

(해설 및 정답) 시간사구는 가장 앞에 배치한다. 通过(~을 통해)는 수단을 표현하는 어휘로 결론이 될 수 없기 때문에 시간사구 뒤에 나열해야 한다.

(정답) A我在读研究生的时候，B通过教大学生英语，C赚到了自己的学费。
A내가 대학원 과정을 밟을 때 B대학생들에게 영어를 가르치며 C나의 학비를 벌었다.

(단어) 研究生 yánjiūshēng 몡 대학원생 | 通过 tōngguò 개 ~을 통해 | 教 jiāo 통 가르치다 | 赚 zhuàn 통 돈을 벌다 | 学费 xuéfèi 몡 학비

(해설 및 정답) '虽然…但是…'는 '비록 ~이기는 하지만'이라는 의미의 접속사 호응 구조이다. 因为(~때문에)는 첫 문장이나 마지막 문장으로 모두 사용 가능하기 때문에 因为 뒤에 这样(이렇게)로 마지막 문장임을 파악한다.

(정답) B虽然自己旅游要考虑很多问题，A但我还是喜欢这样。C因为这样不用受别人的打扰。
B비록 혼자 여행하려면 많은 문제를 고려해야 하지만 A나는 그래도 이렇게 하는 것이 좋다. C이렇게 하면 다른 사람의 방해를 받을 필요가 없기 때문이다.

(단어) ★旅游 lǚyóu 통 여행하다 | ★考虑 kǎolǜ 통 고려하다 | ★问题 wèntí 몡 문제 | ★打扰 dǎrǎo 통 방해하다

(해설 및 정답) 주어로 사용 가능한 명사는 하나뿐이므로 C를 첫 문장으로 선택한 후, 내용을 심화시키는 접속사인 而且(게다가)로 의미를 연결한다.

(정답) C法律规定喝酒后不能开车，B而且检查也很严格。A所以绝对不能喝酒开车。
C법률 규정상 음주 후에는 운전을 할 수 없고, B게다가 검사 역시 매우 엄격하다. A그래서 절대 음주운전을 해서는 안 된다.

(단어) 法律 fǎlǜ 몡 법률 | 规定 guīdìng 몡통 규정(하다) | ★检查 jiǎnchá 통 검사하다 | ★严格 yángé 혱 엄격하다 | ★绝对 juéduì 閉 절대로 | 开车 kāichē 통 차를 몰다

63

해설 및 정답 '在…看来'는 '~가 보기에는'이라는 의미의 문형으로 도입부에 사용된다. 또한 예시는 대체로 마지막에 위치한다.

정답 A在我看来，一个人能力的高低，C会受到很多方面的影响。B比如教育水平，工作经历等。

A내가 보기에 한 사람의 능력의 높고 낮음은 C아주 많은 방면의 영향을 받을 것이다. B예를 들면 교육 수준, 업무 경험 등이 있다.

단어 能力 nénglì 图 능력 | 受到 shòudào 图 받다 | 方面 fāngmiàn 图 방면 | ★影响 yǐngxiǎng 图 영향 | ★教育 jiàoyù 图 교육 | 水平 shuǐpíng 图 수준 | ★经历 jīnglì 图 경험 图 겪다, 경험하다

64

해설 및 정답 주어가 될 수 있는 명사는 B에 있으므로 B를 첫 문장으로 선택한 후, 같은 어휘(尊重)가 있는 C문장으로 의미를 연결한다.

정답 B尊重是互相的，C因此我们应该尊重对方的意见。A这样会让关系更美好。

B존중은 상호적인 것이다. C따라서 우리는 상대방의 의견을 존중해야 한다. A이렇게 하면 관계를 더욱 아름답게 할 수 있다.

단어 ★尊重 zūnzhòng 图 존중하다 | 互相 hùxiāng 图 서로 | 对方 duìfāng 图 상대방 | ★意见 yìjiàn 图 의견 | 关系 guānxi 图 관계 | 美好 měihǎo 图 아름답다

65

해설 및 정답 随着는 '~에 따라서'라는 의미의 개사로 문장의 도입부에 사용되는 어휘이므로 첫 문장으로 선택한다. 그 다음으로는 B문장의 부사 也에 주의해야 한다. 也는 의미상 대부분 마지막 문장에서 사용된다.

정답 A随着人们生活水平的提高，C去外国旅游的人越来越多。B到国外留学的人数也增加了。

A사람들의 생활 수준이 높아짐에 따라 C외국 여행을 가는 사람들이 점점 많아지고, B외국 유학을 가는 사람도 증가했다.

단어 随着 suízhe 图 ~에 따라서 | 生活 shēnghuó 图 생활 | 水平 shuǐpíng 图 수준 | ★提高 tígāo 图 향상시키다 | ★旅游 lǚyóu 图 여행하다 | 国外 guówài 图 외국 | 留

66

해설 및 정답 보기에 제시된 어휘들을 단문에서도 찾을 수 있지만 부정부사 没有와 함께 쓰인 어휘들은 배제해야 한다.

많은 사람들이 도시에 사는 것을 좋아한다. 하지만 나는 농촌에 사는 것이 더 좋다고 생각한다. 농촌은 비록 도시만큼 편리하고 깨끗하지는 않지만, 주변 환경이 매우 조용하고 생활하기에 더욱 편안하다.

★ 그가 느끼기에 농촌:

A 매우 편리하다　　　　B 매우 깨끗하다

C 매우 조용하다　　　D 매우 떠들썩하다

단어 城市 chéngshì 图 도시 | 农村 nóngcūn 图 농촌 | ★方便 fāngbiàn 图 편리하다 | ★干净 gānjìng 图 깨끗하다 | 周围 zhōuwéi 图 주위 | ★环境 huánjìng 图 환경 | ★安静 ānjìng 图 조용하다 | 生活 shēnghuó 图 생활 | ★舒服 shūfu 图 편안하다

67

해설 및 정답 优点과 好处는 모두 '장점'이라는 의미를 가진 유사 어휘이다.

광고는 우리에게 제품의 장점만을 소개하고, 단점은 소개하지 않는다. 때문에 많은 사람들이 제품을 구입한 후에 실제로는 광고에서 말하는 것처럼 좋지 않다는 것을 발견한다. 따라서 광고를 완전히 믿을 수 없다.

★ 그가 느끼기에 광고는:

A 장점만을 소개한다
B 단점만을 소개한다
C 완전히 믿을 수 있다
D 아무런 작용이 없다

단어 广告 guǎnggào 图 광고 | 介绍 jièshào 图 소개하다 | 产品 chǎnpǐn 图 제품 | ★优点 yōudiǎn 图 장점 | ★缺点 quēdiǎn 图 단점 | ★发现 fāxiàn 图 발견하다 | 完全 wánquán 图 완전히 | ★相信 xiāngxìn 图 믿다 | ★好处

hǎochù 图 장점, 좋은 점 | ★坏处 huàichù 图 단점, 나쁜 점

68

해설 및 정답 질문에 조동사 想에 주의한다. 단문에서 想利用这次暑假打工(이번 여름방학을 이용해 아르바이트를 하고 싶다)는 문장을 쉽게 찾을 수 있다.

곧 여름방학이다. 이번 여름방학에 나는 집에 가고 싶지 않다. 왜냐하면 우리 집은 가정 환경이 그다지 좋지 않아, 이번 여름방학을 이용해 아르바이트를 해서 돈을 벌고 싶다. 부모님의 부담을 덜어 주고 싶다.

★ 이번 여름방학에 그는:

A 집에 가고 싶다
B 아르바이트를 하고 싶다
C 공부를 하고 싶다
D 여행을 가고 싶다

단어 暑假 shǔjià 图 여름방학 | 条件 tiáojiàn 图 조건 | 利用 lìyòng 图 이용하다 | 打工 dǎgōng 图 아르바이트하다 | 赚 zhuàn 图 돈을 벌다 | ★希望 xīwàng 图 희망하다, 바라다 | 减轻 jiǎnqīng 图 감소하다 | 父母 fùmǔ 图 부모 | 负担 fùdān 图 부담 | ★旅游 lǚyóu 图 여행하다

69

해설 및 정답 最近이라는 시간에 주의하여 정답을 찾아야 한다. 最近…顾客不到20个人(요즘…고객이 20명도 안 된다)는 문장에서 장사가 잘 되지 않는다는 것을 알 수 있다.

올해부터 만두 가게는 돈을 얼마 벌지 못했다. 고객은 점점 줄어들었고, 최근 며칠 동안 매일 가게에 찾아오는 손님은 20명이 되지 않았다. 도대체 어디서 문제가 난 것인지 모르겠다.

★ 만두 가게는 요즘 어떤가?

A 장사가 안 된다   B 돈을 매우 많이 번다
C 손님이 매우 많다   D 문제가 없다

단어 ★饺子 jiǎozi 图 만두 | 赚 zhuàn 图 돈을 벌다 | ★顾客 gùkè 图 고객 | 究竟 jiūjìng 图 도대체 | ★问题 wèntí 图 문제 | 生意 shēngyi 图 장사

70

해설 및 정답 주어는 문장의 앞 부분에 위치하기 때문에 数学第一(수학 1등)이라는 어휘가 있는 문장을 찾고, 그 문장 앞에 주어를 확인한다.

샤오리와 샤오왕은 제일 친한 친구다. 샤오왕은 공부를 매우 잘한다. 수학도 반에서 1등이다. 샤오리는 유학을 가기 위해 매일 저녁 장 선생님의 집에서 수학을 배워서, 그의 성적은 매우 빠르게 올라갔다. 샤오리의 엄마는 샤오리에게 샤오왕에게 배우며 함께 발전하라고 말씀하신다.

★ 누구의 수학이 반에서 1등인가?

A 샤오왕   B 샤오리
C 엄마   D 장 선생님

단어 ★优秀 yōuxiù 图 우수하다 | 数学 shùxué 图 수학 | 留学 liúxué 图 유학하다 | ★成绩 chéngjì 图 성적 | ★提高 tígāo 图 높이다 | ★进步 jìnbù 图 진보하다

71

해설 및 정답 중국어 문장은 수단을 먼저 제시한 뒤 목적은 마지막에 기술한다. 중국 최대 명절인 춘절에 중국인들의 목적 및 그에 따른 행동 역시 마지막 부분에서 찾아야 한다.

춘절은 중국에서 가장 중요한 전통 명절이다. 춘절이 되면, 외지에서 일하거나 공부하는 자녀들이 차를 운전하거나 버스, 기차, 비행기를 타고 부모님을 뵈러 집으로 돌아온다.

★ 춘절을 쇨 때, 중국인은:

A 집으로 돌아가 명절을 쇤다
B 모두 운전을 해서 집으로 돌아간다
C 일반적으로 비행기를 탄다
D 외지에서 명절을 쇤다

단어 春节 Chūnjié 图 춘절 | ★重要 zhòngyào 图 중요하다 | 传统 chuántǒng 图 전통 | 节日 jiérì 图 명절 | 外地 wàidì 图 외지 | 乘坐 chéngzuò 图 타다 | 看望 kànwàng 图 방문하다 | 父母 fùmǔ 图 부모

해설 및 정답 要나 应该 등의 조동사를 사용한 질문이라면 단문에서도 유사 조동사를 찾아 정답을 확인할 수 있다. 应先考虑好自己以后真正想做什么事情(우선은 자신이 나중에 진정으로 무슨 일을 하고 싶은지를 고려해야 한다)는 문장으로 정답이 D임을 알 수 있다.

많은 젊은이들이 취업 문제로 골머리를 썩는다. 그러나 나는 좋은 직업을 찾는 건 중요하지 않다고 생각한다. 우선은 자신이 나중에 진정으로 무슨 일을 하고 싶은지를 고려해야 한다. 젊은이들은 방향이 속도보다 더 중요하다는 것을 기억해야 한다.

★ 작가는 무엇을 먼저 생각해야 한다고 여기는가?

A 좋은 직업을 찾는 것
B 방향이 더욱 중요하다는 것
C 취업난 문제
D 자신이 무엇을 하고 싶은지

단어 年轻人 niánqīngrén 명 젊은이 | 就业 jiùyè 동 취직하다 | ★问题 wèntí 명 문제 | 烦恼 fánnǎo 형 번뇌하다 | 重要 zhòngyào 형 중요하다 | ★考虑 kǎolǜ 동 생각하다 | 真正 zhēnzhèng 부 정말로 | 事情 shìqing 명 일 | 方向 fāngxiàng 명 방향 | ★速度 sùdù 명 속도

해설 및 정답 受不了는 '견딜 수 없다'는 의미로 보기 B에 害怕(두렵다, 염려하다)와 유사 어휘이다.

겨울이 되면 대부분의 새들은 남쪽으로 날아간다. 왜냐하면 새들은 북쪽의 추운 기후를 견디지 못하기 때문이다. 게다가 북쪽에서는 먹이를 찾는 것도 쉽지가 않다. 그러나 봄이 오면 새들은 다시 이곳으로 돌아올 것이다.

★ 겨울에 새들은 왜 남쪽으로 날아가는가?

A 먹이가 매우 많아서　　**B 추위가 무서워서**
C 친구가 없어서　　　　　D 남쪽을 좋아해서

단어 冬天 dōngtiān 명 겨울 | 大部分 dàbùfen 명 대부분 | 鸟类 niǎolèi 명 조류 | 受不了 shòubuliǎo 동 견딜 수 없다 | 寒冷 hánlěng 형 한랭하다 | ★气候 qìhòu 명 기후 | 食

物 shíwù 명 음식물 | 春天 chūntiān 명 봄

해설 및 정답 원인을 찾아야 하는 문제이기 때문에 원인을 수식해 주는 因为(~때문에)와 같은 접속사 뒤에서 정답을 찾는다. 因为 뒤에 내용은 화재가 발생할 경우 원래의 상태로 회복하기 어렵다는 내용이므로 산림 보호와 연관 지을 수 있다. 보기 C는 肯定이라는 확신성을 갖는 어휘가 있기 때문에 정답이 될 수 없다.

산에서 우리는 흡연을 하면 안 된다. 화재의 위험이 있기 때문이다. 화재가 발생하면 원래의 상태로 복구되는 데까지 엄청난 시간이 필요하다. 따라서 우리는 산에서 담배를 피워서는 안 된다.

★ 산에서는 왜 흡연을 금지하는가?

A 사람이 많아서
B 등산을 하기 위해
C 반드시 화재가 발생하기 때문에
D 삼림을 보호하기 위해

단어 ★抽烟 chōuyān 동 담배를 피우다 | 火灾 huǒzāi 명 화재 | ★危险 wēixiǎn 형 위험하다 | ★发生 fāshēng 동 발생하다 | 恢复 huīfù 동 회복시키다 | 状态 zhuàngtài 명 상태 | 需要 xūyào 동 필요하다 | ★保护 bǎohù 동 보호하다 | ★森林 sēnlín 명 삼림, 숲

해설 및 정답 보기의 내용과 본문의 내용 중 일치하는 어휘는 B뿐이다.

이 책의 저자는 과학 선생님이다. 그녀는 이 책을 통해 우리에게 과학과 관련된 재미있는 이야기를 들려 준다. 그리고 선생님들의 학교 생활 소개를 통해, 우리가 쉽게 과학을 이해할 수 있도록 해준다.

★ 이 책은:

A 매우 지루하다　　　　**B 매우 재미있다**
C 매우 신기하다　　　　D 매우 감동적이다

단어 作者 zuòzhě 명 저자 | 科学 kēxué 명 과학 | 通过 tōngguò 개 ~을 통해 | 关于 guānyú 개 ~에 관해서 |

★有趣 yǒuqù 혱 재미있다 | 故事 gùshi 몡 이야기 | 介绍 jièshào 툉 소개하다 | 生活 shēnghuó 몡 생활 | 了解 liǎojiě 툉 이해하다 | ★无聊 wúliáo 혱 지루하다, 무료하다 | 新奇 xīnqí 혱 신기하다 | 感动 gǎndòng 툉 감동하다

76

해설 및 정답 동사 开는 목적어에 따라 의미가 달라진다. 목적어가 药(약)인 경우에 开는 '처방하다'는 의미를 갖게 되므로 화자가 의사임을 알 수 있다.

다행히 아주 심각하지는 않습니다. 주사를 맞을 필요는 없고, 휴식을 많이 취하고, 몸을 힘들게 하지 않도록 주의하면 좋아지실 겁니다. <u>제가 약을 다시 처방해 드릴 테니</u>, 매일 제때 챙겨 드세요.

★ 화자는 누구일 가능성이 큰가?

A 선생님   B 어머니

C 의사   D 배우

단어 ★严重 yánzhòng 혱 심각하다 | 打针 dǎzhēn 툉 주사를 맞다 | 注意 zhùyì 툉 주의하다 | 开 kāi 툉 열다; 처방하다 | 药 yào 몡 약 | ★按时 ànshí 뷔 제때 | 大夫 dàifu 몡 의사 | 演员 yǎnyuán 몡 배우

77

해설 및 정답 질문의 핵심 어휘인 希望(바라다)가 들어간 문장을 단문에서 찾는다. 그 문장과 보기에서 일치하는 어휘는 参加(참가하다)이므로 정답은 A이다.

연구 토론회를 개최하는 목적은 여러분에게 교류와 공부하는 기회를 제공하고자 함입니다. <u>흥미를 느끼는 학생 여러분은 적극적으로 참가 신청을 해주시길 바랍니다.</u> 학교 웹사이트에 자세한 내용이 나와 있으니, 온라인상에서 확인하세요.

★ 화자는 학생들이 어떻게 하기를 바라는가:

A 행사에 참여하기를

B 기회를 제공하기를

C 열심히 공부하기를

D 인터넷 쇼핑을 하기를

단어 举办 jǔbàn 툉 거행하다, 개최하다 | 研讨会 yántǎohuì

몡 연구 토론회 | 目的 mùdì 몡 목적 | ★提供 tígōng 툉 제공하다 | ★交流 jiāoliú 툉 교류하다 | 机会 jīhuì 몡 기회 | ★希望 xīwàng 툉 희망하다, 바라다 | 兴趣 xìngqù 몡 흥미 | ★积极 jījí 혱 적극적이다 | 报名 bàomíng 툉 신청하다 | ★参加 cānjiā 툉 참가하다 | 网站 wǎngzhàn 몡 웹사이트 | ★详细 xiángxì 혱 상세하다 | 内容 nèiróng 몡 내용 | ★购物 gòuwù 툉 물품을 구입하다, 쇼핑하다

78

해설 및 정답 要나 应该(~해야 한다) 등의 조동사를 사용한 질문이라면 단문에서도 유사한 조동사를 찾아 정답을 확인할 수 있다. 要主动去找机会(자발적으로 기회를 찾아야 한다)는 문장을 통해 정답이 D라는 것을 알 수 있다.

"기회는 준비된 자에게만 온다" 이 말은 비록 맞지만, 준비만으로는 부족하다. <u>우리는 자발적으로 기회를 찾아야 한다.</u> 왜냐하면 기회는 기다린다고 오는 것이 아니기 때문이다.

★ 이 글이 우리에게 알려주는 것은:

A 기회가 오기를 기다려라

B 자발적으로 교류해라

C 열심히 준비해라

D 스스로 기회를 찾아라

단어 机会 jīhuì 몡 기회 | 留 liú 툉 머무르다 | ★准备 zhǔnbèi 툉 준비하다 | 够 gòu 툉 (필요한 수량·기준에) 만족시키다 | 主动 zhǔdòng 혱 자발적인

79

해설 및 정답 消失는 '사라지다'라는 의미로, 꿈이 사라졌다는 표현으로 꿈을 잊었다는 것을 나타냈다.

어릴 적 우린 모두 아름다운 꿈이 있었지만, 시간이 흐르면서 <u>그 아름다운 꿈들도 점차 사라졌다.</u>

★ 시간이 흐른 뒤에:

A 꿈이 변했다

B 꿈을 잊어버렸다

C 꿈이 아름답지 않아졌다

D 꿈은 아직도 변하지 않았다

단어 美丽 měilì 형 아름답다 | 梦想 mèngxiǎng 명 꿈 | 随着 suízhe 개 ~에 따라서 | 流逝 liúshì 유수와 같다 | ★渐渐 jiànjiàn 부 점점 | 消失 xiāoshī 사라지다 | 变变 biàn 동 변화하다 | ★忘记 wàngjì 동 잊어버리다

[80-81]

> 80만약 일을 하다 어려움을 만나면, 동료와 소통하세요. 그 동료가 해결해 줄 수도 있어요. 친구와 불쾌한 일이 생겼다면, 화를 내지 말고 친구와 소통하세요. 그것이 오해였다는 것을 알게 될 수도 있으니까요. 81만약 우리가 자주 소통한다면, 우리는 더욱 행복하게 지낼 수 있을 것입니다.

단어 遇到 yùdào 동 만나다 | 同事 tóngshì 명 동료 | ★交流 jiāoliú 동 서로 소통하다, 교류하다 | ★解决 jiějué 동 해결하다 | ★发生 fāshēng 동 생기다, 발생하다 | 发脾气 fā píqi 동 화내다 | ★发现 fāxiàn 동 알아차리다 | ★误会 wùhuì 동 오해 | 生活 shēnghuó 명 생활 | ★幸福 xìngfú 형 행복하다

80

해설 및 정답 질문에서 핵심 어휘를 찾을 수 없을 때는 먼저 보기를 파악한 후 단문에서 일치하는 내용을 찾는다. 서론 내용이 어려운 일과 부딪혔을 때 교류하면 可能会帮你解决(해결해 줄 수도 있다)이므로 정답은 C이다.

★ 본문에 근거하여, 다음 중 옳은 것은?

A 소통할 필요 없다

B 이미 행복하다

C 소통은 문제를 해결할 수 있다

D 소통은 오해를 만들 수 있다

단어 需要 xūyào 동 필요하다 | 产生 chǎnshēng 동 생기다

81

해설 및 정답 주요 내용은 서론이나 결론에서 찾는다. 如果我们经常交流, 我们的生活会过得很幸福(만약 우리가 자주 소통한다면, 우리는 더욱 행복하게 지낼 수 있다)는 내용으로 소통의 작용에 관한 이야기임을 알 수 있다.

★ 본문에서 주로 이야기하는 것은?

A 소통의 단점   B 소통의 방법

C 소통의 작용   D 소통의 기교

단어 ★缺点 quēdiǎn 명 단점 | 方法 fāngfǎ 명 방법 | 作用 zuòyòng 명 작용 | 技巧 jìqiǎo 명 기교

[82-83]

> 독서에는 많은 장점이 있다. 당신의 지식을 더욱 풍부하게 해주고, 82문제 해결 능력까지 길러 준다. 83독서를 하나의 습관으로 만들자. 독서는 당신을 외롭게 하지도 않으며, 많은 즐거움을 느낄 수 있게 해 줄 것이고, 당신의 생활도 이로 인해 더욱 멋질 것이다.

단어 阅读 yuèdú 동 열독하다 | ★好处 hǎochù 장점, 좋은 점 | 知识 zhīshi 명 지식 | ★丰富 fēngfù 형 풍부하다 | ★解决 jiějué 동 해결하다 | 问题 wèntí 명 문제 | 办法 bànfǎ 명 방법 | ★习惯 xíguàn 명 습관 | 孤单 gūdān 형 외롭다 | ★精彩 jīngcǎi 형 멋지다, 근사하다

82

해설 및 정답 사역동사 使를 사용하여 질문했기 때문에 단문에서도 사역동사를 찾는다. 让你找到解决问题的办法(문제 해결 방법을 찾게 해준다)는 문장에서 정답이 D임을 알 수 있다.

★ 본문에 근거하면, 독서는 사람을 어떻게 만드는가?

A 성격을 바꾸게   B 외롭게
C 습관을 기르게   **D 문제를 해결하게**

단어 改变 gǎibiàn 동 변하다 | ★性格 xìnggé 명 성격 | ★养成 yǎngchéng 동 습관이 되다, 기르다

83

해설 및 정답 결론의 내용은 독서로 인한 긍정적인 효과들이므로 정답은 D이다.

★ 본문에서 주로 독서의 무엇에 대해 이야기하는가:

A 방식   B 습관
C 속도   **D 장점**

🔵단어 方式 fāngshì 몡 방식 | ★速度 sùdù 몡 속도 | ★优点
yōudiǎn 몡 장점

[84–85]

> 각종 원인으로 환경오염 문제는 갈수록 심각해지
> 고 있다. 그러나 많은 사람들은 환경 보호를 의식하
> 지 않고, 이것을 국가의 일로 여긴다. 이것은 우리 생
> 활 속 환경을 점점 나쁘게 만든다. ⁸⁴사실 환경을 보
> 호하는 일은 매우 간단하다. 모든 사람들이 조금만
> 노력하면, 환경은 매우 크게 변할 것이다. ⁸⁵예를 들
> 어 사용하지 않는 가전의 전원을 꺼버리거나, 세탁기
> 를 한 번 덜 쓰는 것 등이 있다.

🔵단어 各种 gèzhǒng 혱 각종의 | 原因 yuányīn 몡 원인 |
★环境 huánjìng 몡 환경 | ★污染 wūrǎn 됭 오염시키다
| ★问题 wèntí 몡 문제 | ★严重 yánzhòng 혱 심각하다
| ★保护 bǎohù 됭 보호하다 | 意识 yìshí 몡 의식 | 国家
guójiā 몡 국가 | 事情 shìqing 몡 일 | 造成 zàochéng 됭
형성하다 | 生活 shēnghuó 몡 생활 | 其实 qíshí 뷔 사실
| ★简单 jiǎndān 혱 간단하다 | ★改变 gǎibiàn 됭 변하다
| 家电 jiādiàn 몡 가전 | 洗衣机 xǐyījī 몡 세탁기

84

🟦해설 및 정답 只要每个人做出一点儿努力(모든 사람들이
조금만 노력한다면)이라는 문장으로 환경 보호에 대한 화자의
견해를 알 수 있다.

★ 환경 보호는:

A 매우 하기 어렵다
B 조급해할 필요가 없다
C 국가의 일이다
D 모든 사람들이 노력해야 한다

🔵단어 ★着急 zháojí 됭 조급해하다

85

🟦해설 및 정답 화자는 마지막 결론 부분에 예시를 들어 환경
을 보호하는 구체적인 방법들을 제시하고 있다. 사용하지 않
는 가전을 끄거나 세탁기 사용을 줄이는 등의 작은 일들을 실
천할 것을 제안하고 있으므로 정답은 C이다.

★ 작가는 우리더러 어떻게 하라고 하는가?

A 걱정하지 말라고
B 청소를 깨끗하게 하라고
C 작은 것부터 시작하라고
D 세탁기를 사용하지 말라고

🔵단어 ★担心 dānxīn 됭 걱정하다 | ★打扫 dǎsǎo 됭 청소하다
| ★干净 gānjìng 혱 깨끗하다

|||||||||||||||||||||||||||||||||||||||| 쓰기 ||||||||||||||||||||||||||||||||||||||||

86

🟦해설 및 정답 被는 개사이기 때문에 [부사→개사] 순으로 나
열해야 하며, 被 뒤에는 동작자가 위치해야 하지만 주어진 어
휘 중 동작자가 없는 경우에는 생략할 수 있다.

Step 1. 的+명사
▶ 他的+考试资格

Step 2. 부사+개사
▶ 突然+被

Step 3. 주어+부사어+술어
▶ 他的考试资格+突然被+取消了

🟩정답 他的考试资格突然被取消了。
그의 시험 자격이 갑자기 취소됐다.

🔵단어 ★考试 kǎoshì 몡 시험 | 资格 zīgé 몡 자격 | 突然 tūrán
뷔 갑자기 | 取消 qǔxiāo 됭 취소하다

해설 및 정답 관형어의 의미 파악을 요구하는 문제이다. 우선 술어를 찾게 되면 酒后开车是行为라는 주술목 구조의 문장을 만들 수 있다. 그다음에 남아 있는 개사구와 술어를 연결하여 목적어의 관형어를 만든다.

Step 1. 的+명사

▶ 不负责任的+行为

Step 2. 개사구 완성

▶ 对生命+不负责任的行为

Step 3. 주어+술어+관형어+목적어

▶ 酒后开车+是+对生命不负责任的+行为

정답 **酒后开车是对生命不负责任的行为。**
음주 운전은 생명에 대해 책임을 지지 않는 행동이다.

단어 酒后开车 jiǔhòu kāichē 명 음주 운전 | 对 duì 개 ~에 대해 | 生命 shēngmìng 명 생명 | ★责任 zérèn 명 책임 | 行动 xíngdòng 명 행동

해설 및 정답 장소명사와 동태조사가 함께 나열되어 있다면 존현문일 확률이 높다.

Step 1. 的+명사

▶ 黄色的+词典

Step 2. 관형어 순서 완성

▶ 一本+黄色的词典

Step 3. 주어+술어+목적어

▶ 桌子上+有+一本黄色的词典

정답 **桌子上有一本黄色的词典。**
책상 위에 노란색 사전이 한 권 있다.

단어 桌子 zhuōzi 명 책상 | 黄色 huángsè 명 노란색 | 词典 cídiǎn 명 사전

해설 및 정답 부사어의 순서인 [부사→조동사] 순으로 나열한 후, 주어와 술어 사이에 위치시킨다.

Step 1. 부사+조동사

▶ 肯定+能

Step 2. 주어+부사어+술어

▶ 你+肯定能+适应

Step 3. 주어+부사어+술어+목적어

▶ 你+肯定能+适应+这儿的环境

정답 **你肯定能适应这儿的环境。**
당신은 틀림없이 이곳 환경에 적응할 수 있다.

단어 肯定 kěndìng 부 틀림없이 | ★适应 shìyìng 동 적응하다 | ★环境 huánjìng 명 환경

해설 및 정답 겸어문 어순에 따라 나열한다. 정도부사는 반드시 뒤에 형용사 혹은 감정동사를 가진다는 것을 기억한다.

Step 1. 주어+사역동사

▶ 大雨能+使

Step 2. 사역동사+겸어

▶ 使+空气

Step 3. 주어+부사어+사역동사+겸어+정도부사+술어

▶ 大雨+能+使+空气+更加+新鲜

정답 **大雨能使空气更加新鲜。**
큰비는 공기를 더욱 신선하게 할 수 있다.

단어 空气 kōngqì 명 공기 | 更加 gèngjiā 부 더욱 | ★新鲜 xīnxiān 형 신선하다

91

해설 및 정답 비교문을 만드는 比는 개사이기 때문에 명사와 연결해야 한다. 주어진 두 개의 명사구 중 정체가 분명한 春天은 주어 역할을 담당해야 하기 때문에 我们那儿이 比와 함께 개사구가 된다. 更은 정도부사이므로 술어 바로 앞에 위치시킨다.

Step 1. 개사+명사

▶ 比+我们那儿

Step 2. 주어+개사구

▶ 这儿的春天+比我们那儿

Step 3. 주어+개사구+정도부사+술어

▶ 这儿的春天+比我们那儿+更+暖和

(정답) **这儿的春天比我们那儿更暖和。**
이곳의 봄은 우리 그곳보다 더 따뜻하다.

(단어) 春天 chūntiān 몡 봄 | ★暖和 nuǎnhuo 혱 따뜻하다

92

해설 및 정답 술어를 알면 주어와 목적어를 찾기가 수월해지기 때문에 술어인 符合를 찾고 주어와 목적어의 의미를 파악한다. 부사는 주어와 술어 사이에 배치한다.

Step 1. 的+명사

▶ 这家公司的+产品

Step 2. 주어+부사

▶ 这家公司的产品+确实

Step 3. 주어+부사어+술어+목적어

▶ 这家公司的产品+确实+符合+我们的标准

(정답) **这家公司的产品确实符合我们的标准。**
이 회사의 상품은 확실히 우리 기준에 부합한다.

(단어) 公司 gōngsī 몡 회사 | 产品 chǎnpǐn 몡 제품 | ★确实 quèshí 뮈 확실히 | ★符合 fúhé 통 부합하다 | ★标准 biāozhǔn 몡 기준

93

해설 및 정답 把자문의 주어는 언제나 동작자가 담당한다. 또한 把는 개사이기 때문에 명사와 함께 나열해야 하며 [조동사→개사구]의 순으로 배열해야 한다.

Step 1. 개사+명사

▶ 把+原因

Step 2. 조동사+개사구

▶ 应该+把原因

Step 3. 주어+부사어+술어+기타성분

▶ 你们+应该把原因+说+清楚

(정답) **你们应该把原因说清楚。**
너희는 원인을 명확히 말해야 한다.

(단어) 原因 yuányīn 몡 원인 | ★清楚 qīngchu 혱 뚜렷하다, 명확하다

94

해설 및 정답 千万 뒤에는 부정부사가 위치한다.

Step 1. 부사+개사구

▶ 千万别+跟妈妈

Step 2. 주어+부사어

▶ 你+千万别跟妈妈

Step 3. 주어+부사어+술어+목적어

▶ 你+千万别跟妈妈+说+这件事

(정답) **你千万别跟妈妈说这件事。**
너는 이 일을 절대 엄마에게 말하지 마라.

(단어) 千万 qiānwàn 뮈 절대

95 ◀

해설 및 정답 목적절의 의미 파악을 요구하는 문제이다. 的와 对는 모두 뒤에 명사나 명사구가 위치해야 하므로 의미 연결이 가능한 명사들을 찾아야 한다.

Step 1. 的+명사
▶ 这件事的+看法

Step 2. 개사+명사
▶ 他对+这件事的

Step 3. 주어+술어+목적절+어기조사
▶ 你能+同意+他对这件事的看法+吗

정답 你能同意他对这件事的看法吗?
너는 이 일에 대한 그의 견해에 동의할 수 있니?

단어 ★同意 tóngyì 동 동의하다 | ★看法 kànfǎ 명 견해

96 ◀

해설 및 정답 그림에는 관중들만 묘사되어 있기 때문에 구체적인 경기의 내용을 지정하여 문장의 내용을 풍부하게 만들 수 있다.

Step 1. **연상 단어**
观众(관중) | 足球, 篮球(축구, 농구) | 比赛(경기)

Step 2. **기본 문장**
很多观众在看足球比赛。
많은 관중들이 축구 경기를 보고 있다.

Step 3. **확장 문장**
最近足球赛踢得非常精彩，因此很受广大观众的欢迎。
요즘 축구 경기가 굉장히 멋지다. 그래서 많은 관중들의 환영을 받는다.

단어 观众 guānzhòng 명 관중 | 足球 zúqiú 명 축구 | 篮球 lánqiú 명 농구 | 比赛 bǐsài 명 시합, 경기 | 足球赛 zúqiúsài 명 축구 경기 | 踢 tī 동 차다 | ★精彩 jīngcǎi 형 멋지다, 근사하다 | 广大 guǎngdà 형 많다 | 受欢迎 shòu huānyíng 환영을 받다, 인기 있다

97 ◀

해설 및 정답 把자문은 특수 문형에 속하기 때문에 활용 시 좋은 점수를 받을 수 있다.

Step 1. **연상 단어**
打扫(청소하다) | 房间(방) | 干净(깨끗하다)

Step 2. **기본 문장**
我姐姐把房间打扫得很干净。
우리 언니는 방을 매우 깨끗하게 청소했다.

Step 3. **확장 문장**
我姐姐是很勤劳的人，每天把房间打扫得干干净净。
우리 언니는 매우 부지런한 사람이어서, 매일 방을 아주 깨끗하게 청소한다.

단어 打扫 dǎsǎo 동 청소하다 | 房间 fángjiān 명 방 | ★干净 gānjìng 형 깨끗하다 | 勤劳 qínláo 형 부지런하다

98 ◀

해설 및 정답 감정 관련 어휘가 출제된 경우 정도보어를 사용하여 감정의 정도를 구체적으로 표현할 수 있다.

Step 1. **연상 단어**
伤心(상심하다) | 她(그녀) | 哭(울다)

Step 2. **기본 문장**
她伤心得哭了。
그녀는 상심해서 울었다.

Step 3. **확장 문장**
不知道是什么原因，她从早到现在一直很伤心。
무슨 이유인지 모르겠다. 그녀는 아침부터 지금까지 계속 상심해 있다.

단어 ★伤心 shāngxīn 형 상심하다 | 哭 kū 동 울다 | 原因 yuányīn 명 원인 | 一直 yìzhí 부 줄곧

해설 및 정답 동사가 출제된 경우 호응하는 목적어와 함께 서술하고, 목적어에 관형어를 추가한다면 좀 더 높은 점수를 받을 수 있다.

Step 1. **연상 단어**

拍(찍다) | 她(그녀) | 风景(풍경)

Step 2. **기본 문장**

她在拍美丽的风景。

그녀는 아름다운 풍경을 찍고 있다.

Step 3. **확장 문장**

她用照相机拍了很多美丽的风景。

그녀는 사진기로 아름다운 풍경을 아주 많이 찍었다.

단어 拍 pāi 동 찍다, 촬영하다 | ★风景 fēngjǐng 명 풍경 | 美丽 měilì 형 아름답다 | ★照相机 zhàoxiàngjī 명 사진기

해설 및 정답 弄은 '~하다'라는 의미의 동사로 진행 상황을 설명할 수 없거나 설명이 불필요한 경우에 사용한다.

Step 1. **연상 단어**

乱(어지럽다) | 玩具(장난감)

Step 2. **기본 문장**

弟弟又弄乱了刚整理好的玩具。

남동생이 방금 정리한 장난감을 또 어질러 놓았다.

Step 3. **확장 문장**

房间又被弟弟弄乱了，到处都是他的玩具。

방을 남동생이 또 어질러 놓았다. 도처가 다 그의 장난 감이다.

단어 乱 luàn 형 어지럽다, 무질서하다 | 玩具 wánjù 명 장난감 | 弄 nòng 동 하다 | 刚 gāng 부 막, 방금 | ★整理 zhěnglǐ 동 정리하다 | 房间 fángjiān 명 방 | ★到处 dàochù 명 도처

정답

듣기

1. √	2. X	3. X	4. √	5. X	6. X	7. √	8. √	9. X	10. X
11. D	12. B	13. D	14. B	15. B	16. A	17. D	18. B	19. C	20. A
21. C	22. A	23. C	24. D	25. C	26. C	27. C	28. D	29. D	30. C
31. B	32. A	33. C	34. B	35. D	36. B	37. A	38. D	39. C	40. D
41. B	42. C	43. C	44. D	45. C					

독해

46. E	47. B	48. F	49. C	50. A	51. E	52. D	53. F	54. A	55. B
56. BAC		57. ABC		58. BCA		59. BAC		60. BAC	
61. CBA		62. CBA		63. ACB		64. BAC		65. ABC	
66. A	67. C	68. C	69. C	70. B	71. D	72. A	73. D	74. B	75. A
76. B	77. A	78. C	79. B	80. C	81. D	82. C	83. D	84. B	85. C

쓰기

86. 他是个经验丰富的警察。

87. 比赛进行得很顺利。

88. 她偶尔会锻炼身体。

89. 我从小开始学习弹钢琴。

90. 张老师对我们的要求很严格。

91. 杯子被妈妈打破了。

92. 今天的天气不适合出去运动。

93. 你把我刚买的饼干放在哪儿了?

94. 这场表演受到了大家的欢迎。

95. 他肯定不会接受我的道歉。

96. 我租了干净的房子。/ 我这次租了一套又大又干净的房子。

97. 我觉得这两只狗没什么区别。/ 我觉得养一只狗和养两只狗的区别很大。

98. 我每天写一篇日记。/ 老师要求我们每天写一篇日记。

99. 他们在商量很重要的事情。/ 为了解决问题, 他们已经商量了一个小时了。

100. 桌椅摆得很整齐。/ 这家餐厅的桌椅摆得非常整齐。

diànyǐng 명 영화 | 茶馆 cháguǎn 명 찻집 | ★聊 liáo 동 이야기하다 | 刚 gāng 부 막, 방금

---

1   Test **2-1**

해설 및 정답 보기에 不错와 녹음에 好는 모두 '잘 하다, 좋다'의 의미를 가진 어휘로 동일한 내용이다.

> 小李，我们办公室你乒乓球打得最好，所以这次公司的乒乓球比赛，你一定要参加，我们都支持你。
>
> ★ 小李乒乓球打得很不错。（ √ ）

> 샤오리, 우리 사무실에서 네가 탁구를 제일 잘 쳐, 그래서 이번 회사의 탁구 시합에는 네가 꼭 참가해야 해, 우리 모두 너를 응원해.
>
> ★ 샤오리는 탁구를 매우 잘 친다. （ √ ）

단어 办公室 bàngōngshì 명 사무실 | 乒乓球 pīngpāngqiú 명 탁구 | 公司 gōngsī 명 회사 | 比赛 bǐsài 명 시합, 경기 | ★参加 cānjiā 동 참가하다 | ★支持 zhīchí 동 응원하다 | 不错 búcuò 형 좋다, 괜찮다

---

2   Test **2-2**

해설 및 정답 녹음에서는 不工作的时候(일을 하지 않을 때)라고 했으므로 보기에 每天(매일)과 시제가 일치하지 않는다.

> 不工作的时候，我喜欢跟我爱人一起去电影院看电影，看完以后再去茶馆喝茶，一边喝一边聊我们刚看的电影。
>
> ★ 他每天看电影。（ X ）

> 일을 하지 않을 때, 나는 내 아내와 함께 영화관에 가서 영화 보는 것을 좋아한다. 보고 나서 찻집에 가 차를 마시는데, 마시면서 우리가 방금 본 영화에 대해 이야기한다.
>
> ★ 그는 매일 영화를 본다. （ X ）

단어 喜欢 xǐhuan 동 좋아하다 | 爱人 àiren 명 배우자[남편 혹은 아내] | 电影院 diànyǐngyuàn 명 영화관 | 电影

---

3   Test **2-3**

해설 및 정답 녹음에 一点儿은 '약간'이라는 의미로 보기에 很多(매우 많다)와 일치하지 않는다.

> 我也知道早饭很重要，可是我早上想多睡一会儿，所以我平时只吃一点儿饼干。我知道这样对身体不好，但已经养成这个习惯了。
>
> ★ 他早饭吃得很多。（ X ）

> 나도 아침밥이 중요하다는 건 알아, 하지만 나는 아침에 좀 더 많이 자고 싶어, 그래서 난 평소에 비스킷만 조금 먹어. 이러면 몸에 좋지 않다는 걸 나도 알지만 이미 이렇게 습관이 되었어.
>
> ★ 그는 아침밥을 매우 많이 먹는다. （ X ）

단어 知道 zhīdào 동 알다 | 早饭 zǎofàn 명 아침밥 | 重要 zhòngyào 형 중요하다 | 睡 shuì 동 자다 | 平时 píngshí 명 평소 | ★饼干 bǐnggān 명 비스킷 | 养成 yǎngchéng 동 양성하다, 기르다 | ★习惯 xíguàn 명 습관

---

4   Test **2-4**

해설 및 정답 녹음에서는 이번 주가 만기라며 책을 돌려줄 것을 요구하고 있기 때문에 보기와 내용이 일치한다.

> 上次我借给你的小说看完了吗？那本书是我从图书馆借来的，这个星期五就到期了，明天能还给我吗？
>
> ★ 那本书快到期了。（ √ ）

> 지난번 내가 너에게 빌려 준 소설은 다 봤니? 그 책은 내가 도서관에서 빌려 온 건데, 이번 주 금요일이 만기야, 내일 나에게 돌려줄 수 있겠니?
>
> ★ 그 책은 곧 기한이 된다. （ √ ）

단어 借 jiè 동 빌리다 | ★小说 xiǎoshuō 명 소설 | 图书馆 túshūguǎn 명 도서관 | 到期 dàoqī 동 기한이 되다 | 还

huán 등 돌려주다

사람을 부르는 경칭 | ★修理 xiūlǐ 등 수리하다 | 电脑 diànnǎo 명 컴퓨터 | 打不通 dǎbutōng (전화가) 연결되지 않다 | ★联系 liánxì 등 연락하다

---

5 ▷ Test **2-5**

(해설 및 정답) 보기에 关键은 '관건'이라는 의미의 어휘로 重要(중요하다)와 유사한 의미다. 녹음에서는 품질이 가장 중요하다고 했기 때문에 보기의 내용과는 일치하지 않는다.

> 这种冰箱比较便宜，但卖得不好。因为质量太差了。<u>我觉得质量是最重要的，如果质量上不去，就不可能受欢迎。</u>
>
> ★ 他认为价格是关键。（ X ）
>
> 이런 종류의 냉장고는 비교적 저렴하지만 잘 팔리지 않는다. 품질이 너무 떨어지기 때문이다. <u>내 생각에는 품질이 가장 중요하다. 만약 품질을 높이지 않으면 환영 받는 것은 불가능하다.</u>
>
> ★ 그는 가격이 관건이라고 여긴다. （ X ）

(단어) ★冰箱 bīngxiāng 명 냉장고 | 便宜 piányi 형 싸다, 저렴하다 | 质量 zhìliàng 명 품질 | 差 chà 형 떨어지다 | 重要 zhòngyào 형 중요하다 | 受欢迎 shòu huānyíng 환영을 받다, 인기가 많다 | 认为 rènwéi 등 ～라 여기다 | ★价格 jiàgé 명 가격 | 关键 guānjiàn 명 관건

---

6 ▷ Test **2-6**

(해설 및 정답) 녹음에서는 想找王师傅来修理(왕 기사님에게 수리해 달라고 하고 싶다)라고 언급하였으므로 컴퓨터를 수리하기 전이다.

> 你知道王师傅在哪儿吗？<u>我想找王师傅来修理一下我的电脑</u>，但他的电话一直打不通，我联系不上他。
>
> ★ 电脑已经修好了。（ X ）
>
> 너는 왕 기사님이 어디 계신 줄 알아? <u>나 왕 기사님에게 내 컴퓨터 좀 수리해 달라고 하고 싶은데</u>, 전화가 계속 연결이 안 돼서 연락을 못했어.
>
> ★ 컴퓨터는 이미 잘 수리되었다. （ X ）

(단어) 知道 zhīdào 등 알다 | 师傅 shīfu 명 어떠한 일에 숙달된

---

7 ▷ Test **2-7**

(해설 및 정답) 녹음에 没有时间见(만날 시간이 없다)라는 내용으로 그들은 만날 수 없음을 유추할 수 있다.

> 我今天到上海，明天就回北京，日程安排得很紧，<u>可能没有时间见你</u>，下个月你来北京的时候见面吧。
>
> ★ 他们这次不能见面。（ ✓ ）
>
> 나 오늘 상하이에 도착인데, 내일 바로 베이징으로 돌아가, 일정이 아주 빡빡하게 짜여져서 <u>아마도 널 만날 시간이 없을 것 같아</u>, 다음 달에 네가 베이징에 올 때 만나자.
>
> ★ 그들은 이번에는 만나지 못한다. （ ✓ ）

(단어) 日程 rìchéng 명 일정 | ★安排 ānpái 등 배정하다, 안배하다 | 紧 jǐn 형 빡빡하다, 타이트하다 | 可能 kěnéng 부 아마도

---

8 ▷ Test **2-8**

(해설 및 정답) 이중부정 문형이다. 이중부정은 긍정을 나타내기 때문에 보기에 不会不帮忙은 결국 도와준다는 의미이므로 녹음에서 언급한 마지막 문장과 일치한다.

> 我们都是好朋友，互相帮助是应该的。如果有什么困难就说出来，只要是我们能帮助解决的，<u>我们当然都会帮你。</u>
>
> ★ 他们不会不帮忙。（ ✓ ）
>
> 우리는 모두 좋은 친구야, 서로 돕는 건 당연한 거지. 만약 무슨 어려움이 있다면 말해 줘, 우리가 해결하는 걸 도울 수 있는 일이라면 <u>당연히 널 도울 거야.</u>
>
> ★ 그들은 안 돕지 않을 것이다. （ ✓ ）

(단어) 互相 hùxiāng 부 서로 | ★帮助 bāngzhù 등 돕다 | 困难 kùnnan 명 어려움 | ★解决 jiějué 등 해결하다

2회 해설

해설 및 정답 보기에는 교통 체증이 更严重了(더 심각해졌다)고 제시되어 있지만 녹음에서는 不那么严重(그렇게 심각하지 않다)라고 언급했으므로 일치하지 않는다.

这个地方以前堵车堵得很厉害，但是有了地铁以后，交通情况好多了，<u>现在堵车不那么严重了</u>。

★ 那个地方堵车更严重了。(X)

이곳은 예전에 차가 매우 심하게 밀렸다. 하지만 지하철이 생긴 후로는 교통 상황이 많이 좋아졌다. <u>지금은 교통 체증이 그렇게 심하지 않다</u>.

★ 그곳의 교통 체증이 더 심각해졌다. (X)

단어 地方 dìfang 몡 장소, 곳｜堵车 dǔchē 동 차가 밀리다｜★厉害 lìhai 혱 심하다｜地铁 dìtiě 몡 지하철｜交通 jiāotōng 몡 교통｜★情况 qíngkuàng 몡 상황｜★严重 yánzhòng 혱 심각하다

해설 및 정답 녹음에서는 만리장성에 사람이 많으니 我们就别去了(우린 가지 말자)라고 언급하고 있으므로 보기의 내용과는 일치하지 않는다.

我知道你很想去爬长城，但现在是放假期间，所以每天都有很多人去爬长城，<u>我们就别去了</u>，等假期过后再去吧。

★ 他们准备明天去爬长城。(X)

네가 만리장성에 오르고 싶어 한다는 것을 알지만 지금은 방학 기간이야. 그래서 매일 만리장성에 오르는 사람들이 아주 많으니, <u>우린 가지 말자</u>. 휴가 기간이 끝난 후에 가자.

★ 그들은 내일 만리장성에 오를 준비를 한다. (X)

단어 知道 zhīdào 동 알다｜爬 pá 동 오르다｜长城 Chángchéng 고유 만리장성｜放假 fàngjià 동 방학하다, 휴가로 쉬다｜期间 qījiān 몡 기간｜假期 jiàqī 몡 휴가 기간｜★准备 zhǔnbèi 동 준비하다

해설 및 정답 제시된 보기로 장소 관련 문제임을 추측할 수 있다. 남녀의 대화 중에 언급된 校长이나 老师라는 호칭으로 현재 그들은 교무실에 있음을 알 수 있다.

男：小张，帮我把这些材料传真给<u>李校长</u>。
女：好。<u>老师</u>，他的传真号码是多少？

问：对话最可能发生在哪儿？

A 银行　　　　　　　　B 邮局
C 商店　　　　　　　　**D 办公室**

남: 샤오장, 이 자료들을 이 교장에게 팩스로 보내 주세요.
여: 네. 선생님, 그의 팩스 번호가 뭐죠?

질문: 대화는 어디에서 일어날 가능성이 큰가?

A 은행　　　　　　　　B 우체국
C 상점　　　　　　　　**D 교무실**

단어 帮 bāng 동 돕다｜★材料 cáiliào 몡 자료, 재료｜传真 chuánzhēn 몡 팩스 동 팩스를 보내다｜校长 xiàozhǎng 몡 교장, 총장｜号码 hàomǎ 몡 번호｜★发生 fāshēng 동 발생하다, 일어나다｜银行 yínháng 몡 은행｜邮局 yóujú 몡 우체국｜商店 shāngdiàn 몡 상점｜办公室 bàngōngshì 몡 사무실, 교무실

해설 및 정답 제시된 보기로 시간 관련 문제임을 알 수 있다. 后天能交(모레 제출할 수 있다)는 남자의 마지막 말로 모레면 결과가 나온다는 것을 유추할 수 있다.

女：调查结果什么时候出来？还需要多长时间？
男：按原来的计划大概要一个星期，但估计可以提前完成，<u>可能后天能交给您</u>。

问：结果什么时候出来？

A 明天　　　　　　　**B 后天**
C 一个星期后　　　　D 两个星期后

여: 조사 결과는 언제 나오죠? 시간이 얼마나 더 필요한가요?

남: 원래 계획대로면 일주일 소요됩니다. 하지만 앞당겨 완성할 수 있을 것으로 짐작되어 아마도 모레면 제출할 수 있을 것 같습니다.

질문: 결과는 언제 나오는가?

A 내일　　　　　　　**B 모레**
C 일주일 후　　　　　D 이주일 후

단어　调查 diàochá 图 조사하다 | ★结果 jiéguǒ 図 결과 | 需要 xūyào 图 필요하다 | 按 àn 团 ~에 따라서 | 原来 yuánlái 図 원래 | ★计划 jìhuà 図 계획 | ★大概 dàgài 團 대략 | ★估计 gūjì 图 예측하다, 짐작하다 | 提前 tíqián 앞당기다 | 完成 wánchéng 图 완성하다 | 可能 kěnéng 團 아마도 | 交 jiāo 图 제출하다

---

13 ▶　　　　　　　　　　　　Test **2-13**

해설 및 정답　差不多는 '거의 다 됐다'는 의미의 형용사로 어떠한 일이 마무리에 가까워졌음을 뜻하기 때문에 정답은 D가 된다.

男：下个星期就要考试了，你复习得怎么样？

女：差不多了，再把重点内容看一遍就可以了。

问：女的是什么意思？

A 没复习　　　　　　B 不考试
C 没有重点　　　　　**D 复习得不错**

남: 다음 주면 시험인데, 너 복습은 어떻게 됐어?

여: 거의 다 했어, 중점 내용만 다시 한 번 더 보면 돼.

질문: 여자의 말뜻은?

A 복습을 하지 않았다　　B 시험을 보지 않는다
C 중점이 없다　　　　　**D 복습을 잘했다**

단어　★考试 kǎoshì 图 시험을 치다 | 复习 fùxí 图 복습하다 | 差不多 chàbuduō 图 대충 되다, 그럭저럭 하다 | ★重点 zhòngdiǎn 図 중점 | 内容 nèiróng 図 내용

---

14 ▶　　　　　　　　　　　　Test **2-14**

해설 및 정답　제시된 보기들로 왜 그런가를 묻는 질문임을 유추할 수 있으며 녹음에서 언급된 胳膊疼(팔이 아프다)라는 문장으로 바로 정답을 알 수 있다.

女：我上午打了会儿网球，现在胳膊疼得都抬不起来了。

男：你平时不运动，突然打网球当然会受不了了。

问：女的怎么了？

A 生气了　　　　　　**B 胳膊疼**
C 肚子疼　　　　　　D 想休息

여: 나 오전에 테니스를 잠깐 쳤는데, 지금 팔이 아파서 들리지도 않아.

남: 너 평소에 운동을 안 하다가, 갑자기 테니스를 치니까 못 견디지.

질문: 여자는 왜 그러는가?

A 화가 났다　　　　　**B 팔이 아프다**
C 배가 아프다　　　　D 쉬고 싶다

단어　网球 wǎngqiú 図 테니스 | 胳膊 gēbo 図 팔 | 疼 téng 图 아프다 | 抬 tái 图 들다 | 运动 yùndòng 図图 운동(하다) | 突然 tūrán 图 갑자기 | 受不了 shòubuliǎo 图 견딜 수 없다 | 生气 shēngqì 图 화내다 | 肚子 dùzi 図 배 | 休息 xiūxi 图 쉬다

---

15 ▶　　　　　　　　　　　　Test **2-15**

해설 및 정답　여자가 언급한 继续는 '계속하다'라는 의미로 앞으로의 동작을 설명할 때 쓰이며, 질문에서 언급된 接下来 역시 '다음으로'라는 의미로 앞으로의 동작을 설명하기 위해 쓰이는 어휘이므로 여자의 다음 동작은 영어 숙제를 쓰는 것이다.

男: 我们一起去公园散散步, 怎么样?

女: 我不能去, 我要继续写英语作业, 明天就要交了。

问: 女的接下来要做什么?

A 散步　　　　　　　**B 写作业**
C 去学校　　　　　　D 去公园

남: 우리 같이 공원에 산책하러 가자, 어때?

여: 난 못 가, 나는 계속 영어 숙제를 써야 돼, 내일 제출해야 하거든.

질문: 여자는 이어서 무엇을 할 것인가?

A 산책한다　　　　　**B 숙제를 쓴다**
C 학교에 간다　　　　D 공원에 간다

단어 公园 gōngyuán 몡 공원 | ★散步 sànbù 통 산책하다 | ★继续 jìxù 통 계속하다 | 作业 zuòyè 몡 숙제 | 交 jiāo 통 제출하다 | 接下来 jiē xiàlai 다음은, 다음으로

Test **2-16**

16

해설 및 정답 보기를 통해 장소를 묻는 질문임을 알 수 있다. 남녀의 대화 내용 중 航班(항공편), 飞机(비행기), 起飞(이륙하다) 등의 어휘로 장소가 공항임을 유추할 수 있다.

女: 喂, 你到了吗? 几点的航班?

男: 到了, 九点的, 但是外面还在下雨, 而且下得很大, 飞机恐怕不能按时起飞了。

问: 男的现在在哪儿?

A 机场　　　　　　B 教室
C 客厅　　　　　　　D 厨房

여: 여보세요? 도착했어? 몇 시 항공편이야?

남: 도착했어, 9시 거야, 하지만 밖에 아직도 비가 오고 게다가 많이 와서, 비행기가 아무래도 제때 이륙하지 못할 것 같아.

질문: 남자는 지금 어디에 있는가?

A 공항　　　　　　B 교실
C 거실　　　　　　　D 주방

단어 ★航班 hángbān 몡 항공편 | 外面 wàimiàn 몡 밖 | ★恐怕 kǒngpà 뿐 아마도 | ★按时 ànshí 뿐 제때 | ★起飞 qǐfēi 통 이륙하다 | 机场 jīchǎng 몡 공항 | 教室 jiàoshì 몡 교실 | 客厅 kètīng 몡 거실 | 厨房 chúfáng 몡 주방

Test **2-17**

17

해설 및 정답 남자가 언급한 您尝尝我们的新产品(저희 새 상품을 맛 좀 보세요)라는 문장으로 남자의 직업이 판매원이라는 것을 유추할 수 있다.

男: 您尝尝我们的新产品, 真的非常好吃, 肯定不会后悔的!

女: 是吗? 那我就买一个吧。

问: 男的是做什么的?

A 律师　　　　　　　B 记者
C 医生　　　　　　　**D 售货员**

남: 저희 새 상품을 맛 좀 보세요. 정말 굉장히 맛있습니다. 틀림없이 후회하지 않으실 거예요.

여: 그래요? 그럼 하나 살게요.

질문: 남자는 무엇을 하는 사람인가?

A 변호사　　　　　　B 기자
C 의사　　　　　　　**D 판매원**

단어 ★尝 cháng 통 맛보다 | 产品 chǎnpǐn 몡 상품 | 肯定 kěndìng 뿐 틀림없이 | ★后悔 hòuhuǐ 통 후회하다 | 律师 lǜshī 몡 변호사 | 记者 jìzhě 몡 기자 | 医生 yīshēng 몡 의사 | ★售货员 shòuhuòyuán 몡 판매원

해설 및 정답 错过는 '놓쳤다'는 의미로 没看(보지 못했다)와 일치한다.

女：你带孩子去动物园了？好玩儿吗？
男：很好玩儿，就是我们去晚了，错过了
　　动物表演，有点儿可惜。

问：男的为什么觉得可惜？

A 动物太少　　　　　　**B 没看表演**
C 没带地图　　　　　　D 天气不好

여：아이를 데리고 동물원에 갔다며? 재미있었어?
남：재미있었어, 다만 우리가 늦게 가서 동물 공연을 놓
　　쳐서, 좀 아쉬워.

질문: 남자는 왜 아쉽다고 느끼는가?

A 동물이 너무 적어서　　**B 공연을 못 봐서**
C 지도를 안 가져와서　　D 날씨가 안 좋아서

단어 孩子 háizi 몡 아이 | 动物园 dòngwùyuán 몡 동물원 | 好玩儿 hǎowánr 톙 재미있다 | 错过 cuòguò 통 놓치다 | ★表演 biǎoyǎn 몡 공연 | ★可惜 kěxī 톙 아깝다, 아쉽다 | 地图 dìtú 몡 지도 | 天气 tiānqì 몡 날씨

해설 및 정답 무엇을 타고 갈지를 두고 이야기하다가 마지막에 여자가 坐地铁比较快(전철을 타는 게 비교적 빠르다)고 했으므로 전철을 탈 가능성이 가장 크다.

男：天太热了，我们别骑车了，坐公交车
　　去吧。
女：现在是下班时间，肯定会堵车，我觉
　　得坐地铁比较快。

问：他们可能怎么去？

A 骑车　　　　　　　　B 走路
C 坐地铁　　　　　　D 坐飞机

남：날이 너무 더운데, 우리 자전거 타지 말고 버스 타
　　고 가자.
여：지금은 퇴근 시간이라서 틀림없이 차가 밀릴 거야.
　　내 생각에는 전철을 타는 게 비교적 빨라.

질문: 그들은 아마도 어떻게 가는가?

A 자전거를 타고　　　　B 걸어서
C 전철을 타고　　　　D 비행기를 타고

단어 骑车 qí chē 통 자전거를 타다 | 公交车 gōngjiāochē 몡 버스 | 现在 xiànzài 몡 지금, 현재 | 下班 xiàbān 통 퇴근하다 | 时间 shíjiān 몡 시간 | 肯定 kěndìng 틧 틀림없이 | ★堵车 dǔchē 통 차가 밀리다 | 地铁 dìtiě 몡 전철 | 飞机 fēijī 몡 비행기

해설 및 정답 여자의 希望像你(너처럼 되고 싶다)라는 말로 여자가 남자를 부러워하고 있음을 알 수 있다.

女：你唱歌唱得怎么这么好？我真希望像
　　你这么厉害。
男：多练习你也可以唱得很好。

问：女的是什么态度？

A 羡慕　　　　　　　B 担心
C 安慰　　　　　　　　D 批评

여：너는 노래를 어떻게 이렇게 잘 하니? 나도 너처럼
　　이렇게 대단했으면 정말 좋겠다.
남：많이 연습하면 너도 잘 부를 수 있어.

질문: 여자는 어떤 태도인가?

A 부러워하다　　　　B 걱정하다
C 위로하다　　　　　　D 비판하다

단어 ★希望 xīwàng 통 희망하다, 바라다 | 像 xiàng 통 마치 ~와 같다 | ★厉害 lìhai 톙 대단하다 | ★练习 liànxí 통 연습하다 | ★态度 tàidu 몡 태도 | ★羡慕 xiànmù 통 부러워하다 | ★担心 dānxīn 통 걱정하다 | 安慰 ānwèi 통 위로하다 | 批评 pīpíng 통 비판하다

2회 해설

해설 및 정답 '连…都…'는 '~조차 ~하다'의 의미를 나타내는 접속사로 现在连空气都不好了(지금은 공기조차 안 좋아졌다)라는 남자의 말로 지금 이곳의 오염이 매우 심각하다는 것을 알 수 있다.

男: 以前这个地方风景挺美的，但**现在连空气都不好了**。

女: 是啊，以前来这儿旅游的人也挺多的，现在几乎没有了。

问: 那个地方现在怎么样？

A 风景美丽   B 空气新鲜

C 污染严重   D 环境不错

남: 예전에 이곳은 풍경이 아주 아름다웠는데, 지금은 공기마저 안 좋아졌어.

여: 맞아, 예전에는 이곳에 여행 오는 사람도 많았었는데, 지금은 거의 없어졌어.

질문: 그곳은 현재 어떠한가?

A 풍경이 아름답다   B 공기가 신선하다

C 오염이 심각하다   D 환경이 좋다

단어 地方 dìfang 몡 곳, 장소 | ★风景 fēngjǐng 몡 풍경 | 挺 tǐng 틘 매우 | 现在 xiànzài 몡 현재, 지금 | 空气 kōngqì 몡 공기 | ★旅游 lǚyóu 통 여행하다 | 几乎 jīhū 틘 거의 | 美丽 měilì 혱 아름답다 | ★新鲜 xīnxiān 혱 신선하다 | 污染 wūrǎn 몡 오염 | ★严重 yánzhòng 혱 심각하다 | ★环境 huánjìng 몡 환경 | 不错 búcuò 혱 좋다, 괜찮다

해설 및 정답 남자가 언급한 平时(평소)와 질문에서 언급된 一般(일반적으로)는 모두 보통은 어떠한가를 설명할 때 사용되는 어휘이므로 정답은 A이다.

女: 已经八点半了，书店恐怕早就关门了。

男: **平时是八点关门**。今天是星期六，书店好像开到九点。

问: 书店一般几点关门？

A 八点   B 九点

C 八点半   D 九点半

여: 이미 8시 반이야, 서점은 아무래도 진작에 문을 닫았을 거야.

남: 평소에는 8시에 닫는데, 오늘은 토요일이라 서점이 9시까지 하는 것 같아.

질문: 서점은 일반적으로 몇 시에 문을 닫는가?

A 8시   B 9시

C 8시 반   D 9시 반

단어 书店 shūdiàn 몡 서점 | ★恐怕 kǒngpà 틘 아마도 | 早就 zǎojiù 틘 일찍이, 진작에 | 关门 guānmén 통 문을 닫다 | 平时 píngshí 몡 평소 | ★好像 hǎoxiàng 틘 마치 ~와 같다 | 开 kāi 통 열다 | 一般 yìbān 혱 일반적이다

해설 및 정답 '虽然…但…'은 '비록 ~이긴 하지만 ~하다'라는 의미의 접속사로 듣기 영역에서는 대체로 但 뒤에 정답이 숨어 있는 경우가 많으니 주의해서 들어야 한다.

男: 王明长得一点儿也不帅，我真不知道为什么那么多人都喜欢他。

女: 他虽然不帅，但**说话很幽默**，给大家带来了很多欢乐。

问: 大家为什么都喜欢王明？

A 长得帅   B 性格好

C 很幽默   D 有耐心

남: 왕밍은 조금도 잘생기지 않았어, 나는 그렇게 많은 사람들이 왜 그를 좋아하는지 정말 모르겠어.

여: 그는 비록 잘생기진 않았지만 말을 아주 유머러스하게 해서 모두들에게 많은 즐거움을 가져다줘.

질문: 모두들 왜 왕밍을 좋아하는가?

A 잘생겨서   B 성격이 좋아서

C 유머러스 해서   D 인내심이 있어서

단어 长 zhǎng ⑧ 생기다 | 帅 shuài ⑱ 멋지다 | 知道 zhīdào ⑧ 알다 | 喜欢 xǐhuan ⑧ 좋아하다 | ★幽默 yōumò ⑱ 익살맞다, 유머러스 하다 | 欢乐 huānlè ⑱ 즐거움 ⑱ 즐겁다 | ★性格 xìnggé ⑲ 성격 | ★耐心 nàixīn ⑲ 인내심

---

24   Test **2-24**

해설 및 정답 觉得는 '~라고 생각한다'는 의미로 의견이나 견해를 설명한다. 我觉得这件衣服不适合你(내 생각에 이 옷은 너한테 안 어울린다)라는 남자의 말로 이 옷을 사지 말라는 의미임을 유추할 수 있다.

女: 你看这件衣服，今年特别流行这样的。
男: 流行的不一定好，适合自己的才是最好的。我觉得这件衣服不适合你。

问: 男的是什么意思？

A 衣服很漂亮　　　　B 女的买多了
C 不知道好不好　　**D 别买那件衣服**

여: 너 이 옷 좀 봐, 올해는 이런 게 아주 유행이야.
남: 유행하는 게 꼭 좋은 건 아니지, 자신한테 어울리는 것이 가장 좋은 거지. 내 생각에 이 옷은 너한테 안 어울려.

질문: 남자는 무슨 뜻인가?

A 옷이 매우 예쁘다　　　B 여자는 많이 샀다
C 좋은지 모르겠다　　　**D 그 옷을 사지 마라**

단어 特别 tèbié ⑲ 특히, 아주 | ★流行 liúxíng ⑧ 유행하다 | ★适合 shìhé ⑧ 어울리다 | 自己 zìjǐ ⑲ 자기, 자신

---

25   Test **2-25**

해설 및 정답 '不+술어+了' 구문에서 了는 대체로 변화를 의미한다. 여자가 언급한 不减了라는 문장 역시 다이어트를 계획했었으나 현재는 빠지지 않기로 변화된 상태를 설명하고 있으므로 정답은 C이다.

男: 你不是说要减肥吗？怎么买来了这么多饼干和巧克力？
女: 减了一个星期都没有瘦下来，不减了！

问: 女的是什么意思？

A 不想吃饭　　　　B 想吃饼干
C 放弃减肥　　　D 继续努力

남: 너 다이어트 한다고 하지 않았니? 과자랑 초콜릿을 왜 이렇게 많이 사왔어?
여: 일주일이나 했는데도 안 빠졌어, 안 뺄래!

질문: 여자는 무슨 의미인가?

A 밥 먹고 싶지 않다　　B 비스킷이 먹고 싶다
C 다이어트를 포기한다　D 계속 노력한다

단어 ★减肥 jiǎnféi ⑧ 다이어트 하다 | ★饼干 bǐnggān ⑲ 비스킷 | ★巧克力 qiǎokèlì ⑲ 초콜릿 | 瘦 shòu ⑱ 마르다 | ★放弃 fàngqì ⑧ 포기하다 | ★继续 jìxù ⑧ 계속하다 | 努力 nǔlì ⑧ 노력하다

---

26   Test **2-26**

해설 및 정답 보기에서 제시된 어휘 중 过期(기한을 넘기다)나 新鲜(신선하다)와 같은 주요 어휘에 주의한다. 여자가 언급한 내용 중 牛奶已经过期了(우유는 이미 유통기한이 지났다)에서 C가 정답임을 알 수 있다.

女: 冰箱里的牛奶怎么没了？
男: 刚才小王喝了。
女: 哎呀，牛奶已经过期了，要准备扔的，小王现在在哪儿？
男: 他已经上班去了。

问: 关于小王，可以知道什么？

A 喝了酒
B 没喝东西
C 喝了过期的牛奶
D 喝了新鲜的牛奶

여: 냉장고 안에 우유가 왜 없어졌니?

남: 방금 샤오왕이 마셨어.

여: 어머, 우유가 이미 유통기한이 지나서 버리려고 했던 건데, 샤오왕은 지금 어디 있어?

남: 이미 출근했어.

질문: 샤오왕에 대해 무엇을 알 수 있나?

A 술을 마셨다

B 아무 것도 마시지 않았다

C 유통기한이 지난 우유를 마셨다

D 신선한 우유를 마셨다

단어) ★冰箱 bīngxiāng 몡 냉장고 | 牛奶 niúnǎi 몡 우유 | 刚才 gāngcái 몡 방금 | 过期 guòqī 툉 기한을 넘기다 | ★准备 zhǔnbèi 툉 준비하다 | ★扔 rēng 툉 내버리다 | 上班 shàngbān 툉 출근하다 | ★新鲜 xīnxiān 혱 신선하다

---

27 ▶ Test **2-27**

해설 및 정답) 남자의 马上就会送到您的房间(바로 방으로 가져다드리겠습니다)라는 말로 남자가 호텔에서 근무하고 있음을 알 수 있으므로 정답은 C이다.

男: 这是您的房卡，请拿好。

女: 谢谢！我的行李箱在哪儿取呢？

男: 我们马上就会送到您的房间。

女: 太好了！谢谢！麻烦你们了。

问: 男的最可能是做什么的？

A 护士　　　　　　B 作者

C 服务员　　　　D 理发师

남: 이것은 당신의 룸 카드 키입니다, 잘 가지고 계세요.

여: 고맙습니다. 제 트렁크는 어디에서 찾죠?

남: 저희가 바로 방으로 가져다드리겠습니다.

여: 너무 좋네요. 감사합니다. 번거롭게 했네요.

질문: 남자는 무엇을 하는 사람일 가능성이 가장 큰가?

A 간호사　　　　　　B 작가

C 종업원　　　　　D 이발사

단어) 房卡 fángkǎ 몡 룸 카드 키 | 行李箱 xínglixiāng 몡 트렁크 | 取 qǔ 툉 찾다, 가지다 | 房间 fángjiān 몡 방 | ★麻烦 máfan 혱 번거롭다 | 护士 hùshi 몡 간호사 | 作者 zuòzhě 몡 작가 | 服务员 fúwùyuán 몡 종업원 | 理发师 lǐfàshī 몡 이발사

---

28 ▶ Test **2-28**

해설 및 정답) 보기를 먼저 잘 파악하고 녹음을 들으면 바로 풀 수 있는 문제이다. 여자의 现在还能报名吗?(지금도 등록할 수 있나요?)라는 질문으로 정답이 D임을 알 수 있다.

女: 打扰一下，请问张老师在吗？

男: 他还没上班，你找他有什么事？

女: 我想问学校招学生记者的事，现在还能报名吗？

男: 可以！今天是报名最后一天。

问: 女的为什么找张老师？

A 请假　　　　　　B 交作业

C 送材料　　　　　**D 想报名**

여: 실례 좀 하겠습니다, 장 선생님 계신가요?

남: 그는 아직 출근하지 않았어요, 무슨 일로 그를 찾으시나요?

여: 학교의 학생 기자 모집에 대해 묻고 싶은데요, 지금도 등록할 수 있나요?

남: 되죠! 오늘이 등록 마지막 날이에요.

질문: 여자는 왜 장 선생님을 찾는가?

A 휴가를 신청하려고　　B 숙제를 제출하려고

C 자료를 보내려고　　　**D 등록을 하고 싶어서**

단어) ★打扰 dǎrǎo 툉 방해하다 | 上班 shàngbān 툉 출근하다 | 招 zhāo 툉 모집하다 | ★记者 jìzhě 몡 기자 | ★报名 bàomíng 툉 등록하다 | 请假 qǐngjià 툉 휴가를 신청하다 | 交 jiāo 툉 제출하다 | ★材料 cáiliào 몡 자료, 재료

해설 및 정답 饭馆附近有几个学校(식당 근처에 학교가 몇 개 있다)는 여자의 말로 식당은 학교 근처에 있다는 것을 알 수 있다.

男：听说你在郊区开了家饭馆。
女：是的！郊区租金便宜，所以开在那儿了。
男：生意怎么样？客人多吗？
女：饭馆附近有几个学校，很多学生都来吃饭。

问：那个饭馆在哪儿?

A 医院后边　　　　　　B 车站右边
C 公园对面　　　　　　**D 学校附近**

남 : 듣자니 너 교외에 식당을 차렸다며.
여 : 맞아, 교외가 임대료가 싸서 거기에 차렸어.
남 : 장사는 어때? 손님은 많아?
여 : 식당 근처에 학교가 몇 개 있어서, 학생들이 밥 먹으러 많이 와.

질문: 그 식당은 어디에 있는가?

A 병원 뒤　　　　　　B 정류장 오른편
C 공원 맞은편　　　　**D 학교 근처**

단어 ★郊区 jiāoqū 명 교외 | 饭馆 fànguǎn 명 식당 | 租金 zūjīn 명 임대료, 월세 | 便宜 piányi 형 저렴하다, 싸다 | 生意 shēngyi 명 장사 | 客人 kèrén 명 손님 | 附近 fùjìn 명 근처, 부근 | 医院 yīyuàn 명 병원 | 车站 chēzhàn 명 정류장 | 公园 gōngyuán 명 공원

해설 및 정답 여자의 눈이 왜 그런지에 대한 질문에 늦게까지 야근을 했다고 답하고 있으므로 정답은 C이다.

女：你眼睛怎么了？怎么那么红？
男：我昨天加班加到十一点多才回家。
女：你太辛苦了！工作那么多吗？
男：有一份计划书今天一定要交给经理。

问：男的眼睛为什么红?

A 哭了　　　　　　　　B 得病了
C 加班了　　　　　　D 受伤了

여 : 너 눈이 왜 그래? 왜 그렇게 빨개?
남 : 나 어제 11시 넘어서까지 야근하고 집에 갔어.
여 : 너 너무 고생한다! 일이 그렇게 많아?
남 : 오늘 사장님께 꼭 제출해야 할 계획서가 하나 있거든.

질문: 남자의 눈은 왜 빨간가?

A 울어서　　　　　　　B 병에 걸려서
C 야근해서　　　　　D 다쳐서

단어 眼睛 yǎnjing 명 눈 | ★加班 jiābān 동 야근하다 | 辛苦 xīnkǔ 형 고생스럽다 | 计划书 jìhuàshū 명 계획서 | 交 jiāo 동 제출하다 | 受伤 shòushāng 동 상처를 입다, 부상당하다

해설 및 정답 보기를 통해 시간을 묻는 문제임을 알 수 있다. 남자는 영화가 八点有一场(8시에 한 차례 있다)고 언급하고 있으므로 정답은 B이다.

男：晚上我们去看电影怎么样？
女：晚上有什么电影？查过吗？
男：八点有一场《红茶》。七点出发就可以。
女：那我们快点吃饭吧。

问：他们打算看几点的电影?

A 七点　　　　　　　　**B 八点**
C 九点　　　　　　　　D 十点

남 : 밤에 우리 영화 보러 가는 거 어때?
여 : 밤에 무슨 영화가 있지? 검색해 봤어?
남 : 8시에 『홍차』가 있어. 7시에 출발하면 돼.
여 : 그럼 우리 빨리 밥 먹자.

질문: 그들은 몇 시 영화를 볼 계획인가?

A 7시   **B 8시**
C 9시   D 10시

단어 电影 diànyǐng 명 영화 | 查 chá 동 검색하다 | 红茶
hóngchá 명 홍차 | 出发 chūfā 동 출발하다 | ★打算
dǎsuan 동 계획하다

해설 및 정답 여자의 对不起, 不好意思라는 언급 내용을
통해 지금 여자는 사과하고 있음을 알 수 있다.

女: 对不起, 我刚才不小心把你的杯子打
　　破了。
男: 我正觉得奇怪呢, 好好的杯子怎么破
　　了。
女: 真不好意思, 我不是故意的。
男: 没关系, 下次要小心点儿。

问: 女的正在做什么?

A 道歉   B 发表
C 聊天   D 擦杯子

여: 미안해, 내가 방금 실수로 네 컵을 부쉈어.
남: 이상하다 싶었어, 잘 있던 컵이 왜 부숴졌나 했네.
여: 정말 미안해, 일부러 그런 건 아니야.
남: 괜찮아, 다음부터는 좀 조심해.

질문: 여자는 지금 무엇을 하고 있는가?

A 사과   B 발표
C 잡담   D 컵 닦기

단어 刚才 gāngcái 명 방금, 막 | 不小心 bù xiǎoxīn 부주의
해서, 실수로 | 杯子 bēizi 명 컵 | 打破 dǎpò 동 부수다
| ★奇怪 qíguài 형 이상하다 | 故意 gùyì 부 일부러 |
★道歉 dàoqiàn 동 사과하다 | 发表 fābiǎo 동 발표하다 |
★聊天 liáotiān 동 잡담하다 | ★擦 cā 동 닦다

해설 및 정답 '快…了'는 '곧 ~할 것이다'라는 의미의 임박형
문형으로 很快就好了와 快准备好了는 '준비가 곧 끝난다'
는 같은 의미의 문장이다.

男: 快点儿! 已经六点了, 再不快点儿晚会
　　就开始了。
女: 我还没换衣服, 你觉得哪件好看?
男: 你打扮两个小时了, 衣服都还没穿吗?
女: 我很快就好了, 你先把车停到门口。

问: 女的是什么意思?

A 时间还很早
B 外边在堵车
C 快准备好了
D 不想参加晚会

남: 빨리! 벌써 6시야, 더 서두르지 않으면 파티가 시작
　　하겠어.
여: 나 아직 옷을 안 갈아입었어, 네가 보기에 어떤 옷
　　이 예뻐?
남: 너 두 시간 동안 치장했는데, 옷도 아직 안 갈아입
　　었어?
여: 난 금방 끝나. 넌 우선 차를 입구에 세워 둬.

질문: 여자는 무슨 의미인가?

A 시간이 아직 이르다

B 밖에 차가 밀린다

C 준비가 곧 끝난다

D 파티에 참석하고 싶지 않다

단어 晚会 wǎnhuì 명 저녁 파티 | 开始 kāishǐ 동 시작하다 |
换 huàn 동 바꾸다 | ★打扮 dǎban 동 치장하다 | 停 tíng
동 멈추다 | 门口 ménkǒu 명 입구 | 时间 shíjiān 명 시간
| 外边 wàibian 명 바깥 | ★堵车 dǔchē 동 차가 밀리다 |
★准备 zhǔnbèi 동 준비하다 | ★参加 cānjiā 동 참가하다

解説 및 정답 남자는 여자에게 거리를 구경하러 가자고 제안했으며 TV는 보지 않아도 된다고 대답했으므로 정답은 B이다.

女：写了半天的文章，真累！心情不好。
男：咱们出去逛逛街吧，去外面逛逛心情会好。
女：一会儿你最喜欢看的电视节目就开始了。
男：不看也没关系。你的心情更重要。

问：他们可能要做什么？

A 旅行　　　　　　　　B 逛街
C 看电视　　　　　　　D 写文章

여: 한나절 동안 글을 썼더니, 정말 힘들다! 기분이 안 좋아.
남: 우리 나가서 거리 구경하자! 밖에 나가서 구경하면 기분이 좋아질 거야.
여: 조금 있으면 네가 제일 좋아하는 TV프로그램이 시작해.
남: 안 봐도 괜찮아, 네 기분이 더 중요해.

질문: 그들은 아마도 무엇을 하겠는가?

A 여행하다　　　　　　B 거리를 구경하다
C 텔레비전을 보다　　　D 문장을 쓰다

단어 半天 bàntiān 몡 한나절 | 文章 wénzhāng 몡 글, 문장 | 心情 xīnqíng 몡 기분 | ★逛街 guàngjiē 동 거리를 구경하다, 쇼핑하다 | 外面 wàimiàn 몡 바깥 | 喜欢 xǐhuan 동 좋아하다 | 电视 diànshì 몡 텔레비전 | 节目 jiémù 몡 프로그램 | 开始 kāishǐ 동 시작하다 | ★重要 zhòngyào 형 중요하다

解説 및 정답 질문은 불필요한 것을 묻고 있기 때문에 보기 중 녹음에서 언급하지 않은 내용을 선택해야 하므로 정답은 D이다.

男：晚上我们出去吃饭吧，前几天对面开了一家餐厅，听说味道很不错。
女：我也想去，不过这一大堆家务活儿，谁来做啊？
男：洗碗让洗碗机洗，地板让吸尘器吸，衣服让洗衣机洗吧！
女：想得可真美，总得有人在家里操作这些机器吧！

问：他们家有哪项家务活儿不需要做？

A 洗碗　　　　　　　　B 擦地板
C 洗衣服　　　　　　　D 擦窗户

남: 저녁에 우리 나가서 밥 먹자, 며칠 전에 건너편에 식당이 하나 생겼는데, 듣자니 맛이 괜찮대.
여: 나도 가고 싶어, 하지만 쌓여 있는 가사일은 누가 하지?
남: 설거지는 식기 세척기한테 시키고, 바닥은 청소기에게 시키고, 빨래는 세탁기한테 시키자!
여: 생각하는 것 하고는, 누군가는 집에서 이 기계들을 작동해야 하지 않겠니!

질문: 그들의 집에서 할 필요가 없는 가사일은?

A 설거지　　　　　　　B 바닥 닦기
C 빨래　　　　　　　　D 창문 닦기

단어 对面 duìmiàn 몡 맞은편 | ★餐厅 cāntīng 몡 식당 | ★味道 wèidao 몡 맛 | 不错 búcuò 형 좋다, 괜찮다 | 一大堆 yídàduī 산처럼 쌓인 것 | 家务活儿 jiāwùhuór 몡 가사일 | 洗碗机 xǐwǎnjī 식기 세척기 | 地板 dìbǎn 몡 바닥 | 吸尘器 xīchénqì 청소기 | 吸 xī 동 흡입하다 | 操作 cāozuò 동 작동하다, 조작하다 | 机器 jīqì 몡 기계 | 需要 xūyào 동 필요하다 | ★擦 cā 동 닦다 | 窗户 chuānghu 몡 창문

2회 해설

第36到37题是根据下面一段话:

　　我爸爸非常喜欢唱京剧，³⁶每晚都会和朋友一起去公园练习唱京剧。虽然他们并不专业，但是唱得真的很不错，每次都有很多人观看他们的表演，甚至还有人想跟着他们学习。³⁷最近，他们正商量教课的事情。

36~37번 문제는 다음 내용에 근거한다.

　　우리 아버지는 경극 부르는 것을 매우 좋아한다. ³⁶매일 밤 친구와 함께 공원에 가서 경극을 연습한다. 비록 그들은 결코 전문적이지 않지만 정말 아주 잘 부른다. 매번 많은 사람들이 그들의 공연을 관람한다. 심지어 그들을 따라 배우고 싶어 하는 사람도 있다. ³⁷요즘 그들은 수업하는 일을 상의하고 있다.

단어　喜欢 xǐhuan 图 좋아하다 | 京剧 jīngjù 图 경극 | 公园 gōngyuán 图 공원 | ★练习 liànxí 图 연습하다 | 专业 zhuānyè 图 전문적이다 | 不错 búcuò 좋다, 괜찮다 | 观看 guānkàn 图 관람하다 | ★表演 biǎoyǎn 图 공연 | ★甚至 shènzhì 图 심지어 | 最近 zuìjìn 图 요즘, 최근 | ★商量 shāngliang 图 상의하다 | 教课 jiāokè 图 수업하다 | 事情 shìqing 图 일

해설 및 정답　시간과 장소를 주의해서 들어야 하는 문제이다. 每晚…去公园…唱京剧(매일 밤…공원에 가서…경극을 부른다)라는 문장을 통해 정답이 B임을 알 수 있다.

爸爸每晚去公园做什么?

A 喝酒 　　　　　　**B 唱京剧**
C 看表演 　　　　　D 打羽毛球

아버지는 매일 밤 공원에 가서 무엇을 하는가?

A 술을 마신다 　　　**B 경극을 부른다**
C 공연을 본다 　　　 D 배드민턴을 친다

단어　羽毛球 yǔmáoqiú 图 배드민턴

해설 및 정답　결론에 最近，他们正商量教课的事情(요즘 그들은 수업하는 일을 상의하고 있다)라고 언급하고 있으므로 정답은 A이다.

他们最近商量什么事情?

A 教课 　　　　　 B 旅游
C 演出 　　　　　　 D 买房子

그들은 최근 어떤 일을 상의하고 있는가?

A 수업 　　　　　 B 여행
C 공연 　　　　　　 D 집 사기

단어　★旅游 lǚyóu 图 여행하다 | ★演出 yǎnchū 图 공연하다 | 房子 fángzi 图 집

第38到39题是根据下面一段话:

　　³⁸只要养成阅读的习惯，我们就能获得很多新的知识。然而这还不够，³⁹我们还要学会正确的阅读方法，例如，提高阅读速度、扩大阅读范围、把握重点等，这样才能使我们的知识更丰富。

38~39번 문제는 다음 내용에 근거한다.

　　³⁸독서하는 습관을 기르면, 우리는 새로운 지식을 많이 얻을 수 있다. 그러나 이것으로는 부족하고, ³⁹우리는 정확한 독서 방법을 배워야 한다. 예를 들어, 독서하는 속도를 높이고 독서의 범위를 넓히고 중점을 파악하는 것 등이다. 이렇게 해야만 우리의 지식이 더욱 풍요로워질 수 있다.

단어　★养成 yǎngchéng 图 습관이 되다 | 阅读 yuèdú 图 열독하다 | ★习惯 xíguàn 图 습관 | ★获得 huòdé 图 얻다 | 知识 zhīshi 图 지식 | ★正确 zhèngquè 图 정확하다 | 方法 fāngfǎ 图 방법 | ★提高 tígāo 图 향상시키다 | ★速度 sùdù 图 속도 | 扩大 kuòdà 图 넓히다 | ★范围 fànwéi 图 범위 | 把握 bǎwò 图 파악하다

| 重点 zhòngdiǎn 圀 중점 | ★丰富 fēngfù 휑 풍부하다

---

38 ─────────────── Test **2-40**

(해설 및 정답) '只要…就…'는 '~하기만 하면 ~하다'는 내용의 접속사로 독서하는 습관만 기르면 우리는 많은 지식을 얻을 수 있다는 내용이 서론 부분에 언급되었기 때문에 정답은 D이다.

我们为什么要阅读?

A 提高速度   B 扩大范围
C 养成习惯   **D 获得知识**

우리는 왜 독서를 해야 하는가?

A 속도를 높이기 위해   B 범위를 넓히기 위해
C 습관을 기르기 위해   **D 지식을 얻기 위해**

(단어) ★计划 jìhuà 图 계획하다

---

39 ─────────────── Test **2-41**

(해설 및 정답) 例如는 '예를 들면'이라는 의미로 뒤에 예시들이 나열되어 있으므로 그것이 무엇에 관한 예시인지는 例如 앞 문장을 파악해야 알 수 있다. 要学会正确的阅读方法(정확한 독서 방법을 배워야 한다)는 내용과 그에 관한 예시가 언급된 내용이기 때문에 이 단문이 주요하게 이야기하고 있는 것은 C이다.

这段话主要谈什么?

A 交朋友
B 提高水平
C 怎样阅读
D 运动的重要性

이 단문이 주요하게 이야기하는 것은?

A 친구를 사귀는 것
B 수준을 높이는 것
C 어떻게 독서를 할 것인가
D 운동의 중요성

(단어) 水平 shuǐpíng 圀 수준

[40-41] ─────────────── Test **2-42**

第40到41题是根据下面一段话:

我丈夫非常喜欢抽烟,⁴¹但我很讨厌抽烟。⁴⁰像我一样不抽烟的人一般都受不了烟味儿,甚至见到有人在抽烟就马上走开。不过,⁴⁰我丈夫好像觉得烟味儿比什么味儿都好,他常常说,可以一天不吃饭,但不能一天不抽烟。

40~41번 문제는 다음 내용에 근거한다.

내 남편은 흡연을 굉장히 좋아한다. ⁴¹하지만 나는 흡연을 매우 싫어한다. ⁴⁰나처럼 비흡연자인 사람들은 일반적으로 담배 냄새를 참지 못한다. 심지어 담배 피우는 사람이 있으면 바로 피한다. 하지만, ⁴⁰내 남편은 담배 냄새를 그 어떤 냄새보다도 좋아하는 것 같다. 그는 자주 말한다. 밥을 하루 안 먹을 수 있지만 담배는 하루라도 안 피울 수 없다고.

(단어) 丈夫 zhàngfu 圀 남편 | 喜欢 xǐhuan 图 좋아하다 | ★抽烟 chōuyān 图 흡연하다 | ★讨厌 tǎoyàn 图 싫어하다 | ★像…一样 xiàng…yíyàng 마치 ~와 같다 | 一般 yìbān 휑 일반적이다 | ★受不了 shòubuliǎo 图 견딜 수 없다 | 味儿 wèir 圀 냄새 | ★甚至 shènzhì 凰 심지어 | 走开 zǒukāi 图 피하다, 비키다 | ★好像 hǎoxiàng 凰 마치 ~와 같다

---

40 ─────────────── Test **2-43**

(해설 및 정답) 단문은 흡연자인 남편과 비흡연자인 화자의 담배에 대한 관점을 서술했다. 不抽烟的人…受不了烟味儿(비흡연자는…담배 냄새를 참지 못한다), 我丈夫好像觉得烟味儿比什么味儿都好(내 남편은 담배 냄새를 그 어떤 냄새보다도 좋아하는 것 같다) 등의 내용을 통해 정답이 D임을 알 수 있다.

这段话主要说什么?

A 抽烟的好处
B 抽烟的坏处
C 烟味儿很香
D 烟味儿, 有人爱有人厌

2회 해설

이 단문이 주요하게 이야기하는 것은?

A 흡연의 장점

B 흡연의 단점

C 담배 냄새는 매우 좋다

D 담배 냄새는 좋아하는 사람도 있고 싫어하는 사람도 있다

🔊 好处 hǎochù 圕 장점 | ★坏处 huàichù 圕 단점 | 香 xiāng 圕 향기롭다

Test 2-44

41

(해설 및 정답) 화자는 我很讨厌抽烟(나는 흡연을 매우 싫어한다)고 언급하고 있으므로 정답은 B이다.

说话人对抽烟是什么态度?

A 喜欢   **B 讨厌**

C 支持   D 理解

화자는 흡연에 대해 어떤 태도인가?

A 좋아한다   **B 싫어한다**

C 지지한다   D 이해한다

🔊 ★态度 tàidu 圕 태도 | ★支持 zhīchí 圖 지지하다, 응원하다 | ★理解 lǐjiě 圖 이해하다

[42-43]

Test 2-45

第42到43题是根据下面一段话:

⁴²很多时候,对于不太熟悉的人,我们一般会根据周围人对他的看法来判断这个人。然而这样不一定正确。要想真正了解一个人,我们不能只听别人的看法来判断。⁴³要多和他沟通交流,这样才能正确地了解一个人。

42~43번 문제는 다음 내용에 근거한다.

⁴²우리는 자주, 익숙하지 않은 사람을 대할 때 주변인들의 견해로 그 사람을 판단하고는 한다. 그러나 이것이 반드시 정확한 것은 아니다. 진정으로 한 사람을 알고 싶다면, 우리는 타인의 견해만을 듣고 판단해서는 안 된다. ⁴³그와 많이 소통하고 교류해야만 정확히 한 사람을 이해할 수 있다.

🔊 ★熟悉 shúxī 혱 잘 알다 | 一般 yìbān 혱 일반적이다 | 根据 gēnjù 圖 근거하다 꽤 ~에 근거하여 | 周围 zhōuwéi 圕 주위 | ★看法 kànfǎ 圕 견해 | ★判断 pànduàn 圖 판단하다 | ★正确 zhèngquè 혱 정확하다 | 真正 zhēnzhèng 진정한 | 了解 liǎojiě 圖 이해하다 | ★沟通 gōutōng 圖 소통하다 | ★交流 jiāoliú 圖 교류하다

42

Test 2-46

(해설 및 정답) 익숙하지 않은 사람을 周围人对他的看法来判断(주변인들의 견해로 판단한다)는 내용이 언급되어 있다.

人们往往怎么判断不熟悉的人?

A 随便判断

B 通过交流

C 通过别人的看法

D 根据自己的经验

사람들은 익숙하지 않은 사람을 자주 어떻게 판단하는가?

A 마음대로 판단한다

B 교류를 통해서

C 다른 이들의 견해를 통해서

D 자신의 경험에 근거해서

🔊 ★随便 suíbiàn 閈 마음대로 | ★经验 jīngyàn 圕 경험

43

Test 2-47

(해설 및 정답) 결론 부분에 要多和他沟通交流(그와 많이 소통하고 교류해야 한다)는 내용이 언급되는데, 이는 보기 C와 일치한다.

想了解一个人要怎么做?

A 仔细观察
B 多和他吃饭
C 多和他交流
D 听别人的看法

한 사람을 알고 싶을 때 어떻게 해야 하는가?

A 자세히 관찰한다
B 그와 밥을 자주 먹는다
C 그와 자주 교류한다
D 다른 사람들의 견해를 듣는다

(단어) ★仔细 zǐxì 혱 자세하다 | 观察 guānchá 동 관찰하다

[44-45]

Test **2-48**

第44到45题是根据下面一段话:

　　老师能使用表扬与批评的手段来鼓励学生主动学习，这是教师的责任，更是教学艺术。一般情况下，表扬要在人多的时候；而 [44]批评最好在没有其他人的情况下进行，这样可能更容易让人接受。当对一个人既有表扬又有批评时，[45]最好先表扬后批评，效果可能会更好。

44~45번 문제는 다음 내용에 근거한다.

　선생님은 칭찬과 비판이라는 수단을 사용하여 학생이 주동적으로 학습할 수 있게 격려할 수 있다. 이것은 교사의 책임이며, 더우이 가르침의 예술이다. 일반적인 상황에서 칭찬은 사람이 많을 때 해야 하며, [44]비판은 다른 사람이 없는 상황에서 진행하는 것이 가장 좋다. 이렇게 해야 더 쉽게 받아들이기 때문이다. 한 사람에게 칭찬도 해야 하고 비판도 해야 할 때에는 [45]우선 칭찬을 하고 나서 비판하는 것이 더욱 효과적이다.

(단어) ★使用 shǐyòng 동 사용하다 | ★表扬 biǎoyáng 동 칭찬하다 | ★批评 pīpíng 동 비판하다 | 手段 shǒuduàn 명 수단 | ★鼓励 gǔlì 동 격려하다 | 主动 zhǔdòng 혱

주동적이다 | 教师 jiàoshī 명 교사 | ★责任 zérèn 명 책임 | 教学 jiàoxué 명 교수, 교육 | 艺术 yìshù 명 예술 | 一般 yìbān 혱 일반적이다 | ★情况 qíngkuàng 명 상황 | ★进行 jìnxíng 동 진행하다 | ★接受 jiēshòu 동 받아들이다 | ★效果 xiàoguǒ 명 효과

44　　　　　　　　　　　　Test **2-49**

(해설 및 정답) 没有其他人的情况下进行(다른 사람이 없는 상황에서 진행한다)라는 문장으로 사람들이 많은 곳에서는 비판해서는 안 된다는 것을 알 수 있다.

批评别人时要注意什么?

A 不能看眼睛
B 不能太随便
C 不能太大声
D 不能在很多人面前

타인을 비판할 때 무엇에 주의해야 하는가?

A 눈을 보면 안 된다
B 너무 멋대로 하면 안 된다
C 너무 큰 소리로 해선 안 된다
D 많은 사람들 앞에서 하면 안 된다

(단어) 眼睛 yǎnjing 명 눈 | 随便 suíbiàn 부 멋대로 | 面前 miànqián 명 앞, 면전

45　　　　　　　　　　　　Test **2-50**

(해설 및 정답) 마지막 부분에 最好先表扬后批评(우선 칭찬을 하고 나서 비판하는 것이 가장 좋다)라고 언급했으므로 정답은 C이다.

既要表扬又要批评时，应该怎么做?

A 声音要大
B 提前通知
C 先表扬后批评
D 先批评后表扬

칭찬도 해야 하고 비판도 해야 할 때는 어떻게 해야 하는가?

A 목소리가 커야 한다
B 미리 알린다
C 우선 칭찬하고 후에 비판한다
D 우선 비판하고 후에 칭찬한다

단어 声音 shēngyīn 몡 소리, 목소리 | 提前 tíqián 동 앞당기다
| ★通知 tōngzhī 동 통지하다, 알리다

IIIIIIIIIIIIIIIIIIIIIIIIIIIII **독해** IIIIIIIIIIIIIIIIIIIIIIIIIIIIIII

[46-50]

A 增加 zēngjiā 동 증가하다
B 公里 gōnglǐ 양 킬로미터
C 粗心 cūxīn 형 덜렁대다
D 坚持 jiānchí 동 고수하다
E 消息 xiāoxi 명 소식
F 相信 xiāngxìn 동 믿다

46

해설 및 정답 양사 뒤에는 명사만 위치할 수 있다. 술어 突
然(갑작스럽다)과 호응 가능한 명사를 선택한다.

이 (**E 소식**)은 정말 너무 갑작스러워서, 우리는 모두
받아들이기가 매우 힘들다.

단어 实在 shízài 부 정말, 참으로 | ★突然 tūrán 형 갑작스럽다
| ★接受 jiēshòu 동 받아들이다

47

해설 및 정답 [수사+多+양사]는 어림수를 나타내는 문형이
다. 따라서 괄호 안에는 양사가 위치해야 한다.

힘들지? 금방 도착해. 우리 목적지까지 겨우 10여 (**B
킬로미터**) 남았어.

단어 离 lí 개 ~에서부터 | 目的地 mùdìdì 명 목적지

48

해설 및 정답 괄호가 있는 문장에 술어가 없다. 부사 뒤에는
술어가 될 수 있는 동사나 형용사가 위치해야 한다.

나 오전에 계속 교무실에서 선생님께서 문서 정리하는
것을 도왔어. 너 못 (**F 믿는다**)면, 가서 왕 선생님께
여쭤 봐.

단어 一直 yìzhí 부 계속, 줄곧 | ★整理 zhěnglǐ 동 정리하다 |
文件 wénjiàn 명 문서

49

해설 및 정답 정도부사 뒤에는 반드시 형용사 혹은 감정동사
만 위치할 수 있다. 앞 문장에 马虎(대충하다)와 유사한 어휘
를 선택한다.

무슨 일을 하든 관계없이, 모두 성실하고 자세하게 해
야 한다. 너무 대충하고 너무 (**C 덜렁대면**) 안 된다.

단어 无论 wúlùn 접 ~에 관계없이 | 事情 shìqing 명 일 |
认真 rènzhēn 형 성실하다, 진지하다 | ★仔细 zǐxì 형
자세하다 | 马虎 mǎhu 형 대충하다, 건성건성 하다

50

해설 및 정답 동태조사 앞에는 반드시 동사만 위치할 수 있
다. 목적어인 信心(자신감)과 어울리는 동사를 찾는다.

이번 활동을 통해서, 나는 매우 많은 것들을 배웠다. 중
국어에 대한 나의 자신감이 크게 (**A 증가했다**).

단어 通过 tōngguò 개 ~을 통해서 | 活动 huódòng 명 행사,
활동 | ★信心 xìnxīn 명 자신감, 믿음

[51-55]

```
A 打扰 dǎrǎo 图 방해하다
B 恐怕 kǒngpà 图 아무래도
C 温度 wēndù 图 온도
D 复杂 fùzá 图 복잡하다
E 得 děi 조동 ~해야 한다
F 重点 zhòngdiǎn 图 중점
```

51

해설 및 정답 주어와 개사구 사이에는 부사나 조동사가 위치한다. 의미상 '그에게 보내야 한다'로 해석해야 하기 때문에 '~해야 한다'라는 의미를 가진 得가 들어가야 한다.

A: 당신 어디 가요? 오늘 쉬는 게 아니에요?

B: 아들이 여권을 깜박하고 놓고 가서, 나는 그에게 가져다줘(**E 야 해요**).

단어 休息 xiūxi 图 쉬다, 휴식하다 | 儿子 érzi 图 아들 | 忘 wàng 图 잊다 | ★护照 hùzhào 图 여권 | 送 sòng 图 보내다

52

해설 및 정답 정도부사 뒤에는 형용사나 감정동사만 위치할 수 있다. 명사 问题(문제)와 호응 가능한 형용사를 찾는다.

A: 그 컴퓨터의 문제는 해결됐어?

B: 문제가 너무 (**D 복잡해**), 한나절이나 시도했는데도 성공하지 못했어.

단어 电脑 diànnǎo 图 컴퓨터 | ★问题 wèntí 图 문제 | ★解决 jiějué 图 해결하다 | 挺 tǐng 图 매우, 너무 | ★试 shì 图 시도하다 | 半天 bàntiān 图 한나절, 한참 | ★成功 chénggōng 图 성공하다

53

해설 및 정답 술어 뒤에는 목적어가 올 수 있으며 목적어는 대체로 명사이기 때문에 缺少(부족하다)와 어울리는 의미의 명사를 찾아야 한다.

A: 왕 사장님, 제가 새 계획서를 당신의 책상 위에 두었는데요, 보셨는지요?

B: 봤어요. 그런데 내 생각에는 내용이 너무 간단하고 충분히 상세하지 못하네요. (**F 중점**)이 부족해요.

단어 计划书 jìhuàshū 图 계획서 | 桌子 zhuōzi 图 책상, 테이블 | 内容 nèiróng 图 내용 | ★简单 jiǎndān 图 간단하다 | ★详细 xiángxì 图 상세하다 | ★缺少 quēshǎo 图 부족하다

54

해설 및 정답 술어와 목적어 사이에는 보어 혹은 목적절에 쓰일 동사가 위치할 수 있다. '나는 그를 ~할까 걱정이다'라는 의미의 문장이므로 打扰(방해하다)가 가장 잘 어울린다.

A: 이 일은 그와 잘 상의했어?

B: 아직 못했어, 그는 요즘 논문 쓰느라 바빠, 그를 (**A 방해할**)까 염려돼.

단어 ★商量 shāngliang 图 상의하다 | 最近 zuìjìn 图 요즘, 최근 | ★论文 lùnwén 图 논문 | 怕 pà 图 염려하다, 걱정하다

55

해설 및 정답 주어와 동사 사이에는 부사어만 위치할 수 있으므로 부사어로 사용 가능한 부사나 조동사가 위치해야 한다. 의미상 부정적인 내용이므로 부정적인 추측과 함께 사용되는 恐怕(아무래도)가 적합하다.

A: 오늘 저녁에 우리 같이 경극 보러 가자, 어때?

B: 미안해, 오늘 저녁에는 내가 (**B 아무래도**) 시간이 안 될 것 같아.

단어 京剧 jīngjù 图 경극 | 时间 shíjiān 图 시간

56

해설 및 정답 접속사 而且(게다가)와 因此(따라서)는 첫 문장으로 사용할 수 없으므로 B문장이 주어 역할을 담당한다. 而且는 의미를 심화시키는 역할을 하며, 因此는 결론을 도출하는 역할을 하기 때문에 순차적으로 나열한다.

정답 B云南四季的风景都很美丽，A而且环境保护得也非常好。C因此很多游客去那儿

旅游。

B윈난은 사계절의 풍경이 모두 아름답다. **A**게다가 환경도 굉장히 잘 보호하고 있다. **C**그래서 많은 여행객들이 그곳으로 여행을 간다.

단어 四季 sìjì 몡 사계절 | 风景 fēngjǐng 몡 풍경 | 美丽 měilì 톙 아름답다 | ★环境 huánjìng 몡 환경 | ★保护 bǎohù 동 보호하다 | 游客 yóukè 몡 여행객 | ★旅游 lǚyóu 동 여행하다

57

해설 및 정답 정체가 분명한 대상이 주어가 되므로 字(글자)보다 구체적인 의미의 汉字(한자)를 주어로 선택해야 한다. 나머지 내용은 설명 부분으로 [两个部分(두 부분)→一部分…一部分…(한 부분~한 부분~)] 순으로 나열한다.

정답 **A**有些汉字很特别，**B**每个字可分为两个部分，**C**一部分表示字的读音，一部分表示字的意思。

A어떤 한자는 매우 특별하다. **B**모든 글자를 두 부분으로 나눌 수 있는데, **C**한 부분은 글자의 독음을 뜻하고, 한 부분은 글자의 의미를 뜻한다.

단어 汉字 Hànzì 몡 한자 | ★特别 tèbié 톙 특별하다 | 分为 fēnwéi 동 ~로 나누다 | ★部分 bùfen 몡 부분 | 表示 biǎoshì 동 표시하다, 나타내다 | 读音 dúyīn 몡 독음, 글자의 발음 | 意思 yìsi 몡 의미, 뜻

58

해설 및 정답 주어가 成绩(성적)이기 때문에 성적과 관련된 어휘 考试(시험)을 연결한다.

정답 **B**他的成绩一直很优秀。**C**但这次考试竟然考了五十分，**A**这让我感到很吃惊。

B그의 성적은 줄곧 매우 우수했다. **C**하지만 이번 시험에서 뜻밖에도 50점을 받았다. **A**이 일은 나를 매우 놀라게 했다.

단어 ★成绩 chéngjì 몡 성적 | ★一直 yìzhí 본 계속 | ★优秀 yōuxiù 톙 우수하다 | ★考试 kǎoshì 몡동 시험(을 치다) | 竟然 jìngrán 본 뜻밖에도 | ★吃惊 chījīng 동 놀라다

59

해설 및 정답 시간사구는 대체로 첫 문장으로 사용된다. '先…然后…'는 '우선 ~하고 나서 ~하다'라는 시간 순서에 따른 호응 구조이다.

정답 **B**大学毕业后，**A**我想先去各国旅游，**C**然后再找适合我的工作。

B대학을 졸업한 후, **A**나는 우선 각국에 여행을 가고 **C**그러고 나서 나에게 적합한 일을 찾고 싶다.

단어 毕业 bìyè 동 졸업하다 | 各国 gèguó 몡 각국, 여러 나라 | ★旅游 lǚyóu 동 여행하다 | ★适合 shìhé 동 적합하다

60

해설 및 정답 '既然…就…'는 '기왕에 ~했으니 ~하다'라는 의미의 접속사 호응 구조이다. 순서대로 나열한 뒤 남아 있는 B문장의 주어 여부를 판단한다.

정답 **B**她已经二十岁了，**A**既然她已经长大成人，**C**我们就尊重她的决定吧。

B그녀는 이미 스무 살이다. **A**기왕에 그녀가 이미 성인이 되었으니, **C**우리는 그녀의 결정을 존중하자.

단어 长大 zhǎngdà 동 자라다 | 成人 chéngrén 몡 성인 | 尊重 zūnzhòng 동 존중하다 | ★决定 juédìng 동 결정하다

61

해설 및 정답 주어 역할을 할 수 있는 어휘는 体育馆(체육관)뿐이므로 C문장을 첫 문장으로 선택하고, 결과를 나타내는 所以(그래서)를 마지막에 나열한다.

정답 **C**体育馆今天晚上有乒乓球比赛，**B**晚了就恐怕没有座位了，**A**所以要早点儿出发。

C체육관에서 오늘 저녁에 탁구 시합이 있어. **B**늦으면 아마도 좌석이 없을 거야, **A**그래서 조금 일찍 출발해야 돼.

단어 体育馆 tǐyùguǎn 몡 체육관 | 乒乓球 pīngpāngqiú 몡 탁구 | 比赛 bǐsài 몡 시합, 경기 | ★恐怕 kǒngpà 본 아마도 | ★座位 zuòwèi 몡 자리, 좌석 | 出发 chūfā 동 출발하다

62

해설 및 정답 시간사구는 첫 문장으로 선택하고, '不是A就是B(A 아니면 B이다)' 접속사 호응 구조 순서에 따라 나열한다.

정답 **C**他休息的时候，**B**不是在图书馆看书，**A**就是在健身房锻炼身体。

C그는 쉴 때, **B**도서관에서 책 보는 것이 아니면, **A**헬스클럽에서 신체를 단련한다.

단어 休息 xiūxi 图 쉬다, 휴식하다 | 图书馆 túshūguǎn
图 도서관 | 健身房 jiànshēnfáng 图 헬스클럽 | 锻炼
duànliàn 图 단련하다

63

해설 및 정답 A문장의 他(그)가 주어 역할을 담당하기 때문에 첫 문장이 된다. 因此(따라서, 그래서)는 결론을 이끄는 접속사이므로 마지막 문장이 될 가능성이 높다.

정답 A他平时说话声音很小，C也不太喜欢和别人交流，B因此，他给人留下了非常不自信的印象。

A그는 평소 목소리가 매우 작고, C또한 다른 사람과 교류하는 것을 별로 좋아하지 않는다. B그래서 그는 사람들에게 굉장히 자신감 없는 인상을 남긴다.

단어 ★平时 píngshí 图 평소 | 声音 shēngyīn 图 소리, 목소리 | 喜欢 xǐhuan 图 좋아하다 | ★交流 jiāoliú 图 교류하다 | 留下 liúxià 图 남기다 | 自信 zìxìn 图 자신감 | ★印象 yìnxiàng 图 인상

64

해설 및 정답 지시대명사는 특정명사가 있는 경우 주어가 될 수 없으므로 특정명사인 这本书(이 책)이 있는 B문장을 첫 문장으로 선택해야 하며, '既…又…'는 '~하면서 ~하다'라는 의미의 접속사 호응 구조이므로 순서대로 나열한다.

정답 B这本书是我今年看过的最好的一本书，A它既能让人增长见识，C又能给人带来快乐。

B이 책은 내가 올해 본 가장 좋은 책이다. A그것은 사람의 식견을 넓혀 주기도 하고, C또 사람에게 즐거움을 가져다주기도 한다.

단어 增长 zēngzhǎng 图 늘어나다, 증가하다 | 见识 jiànshi 图 견문, 식견

65

해설 및 정답 '不管…都…'는 '~와 상관없이 모두 ~하다'라는 의미의 접속사 호응 구조이므로 순서대로 나열하고, 所以(그래서)는 결론을 이끄는 접속사이므로 마지막 문장으로 선택한다.

정답 A不管刮风还是下雨，B我每天都是第一个来到教室，C所以常常受到老师的表扬。

A바람이 불든 아니면 비가 오든, B나는 매일 첫 번

째로 교실에 도착한다. C그래서 자주 선생님의 칭찬을 받는다.

단어 刮风 guāfēng 图 바람이 불다 | 教室 jiàoshì 图 교실 | 受到 shòudào 图 받다 | ★表扬 biǎoyáng 图 칭찬

66

해설 및 정답 질문에 为什么(왜)는 원인을 묻고 있으므로 원인을 이끄는 접속사 因为(때문에) 뒤에 정답이 숨어 있음을 알 수 있다.

이번 여름방학에, 나는 가족과 함께 상하이에 여행을 가고 싶다. 내 친한 친구가 상하이에 살고 있기 때문에 나는 그를 너무 만나고 싶다. 하지만 엄마가 동의하지 않는다. 그녀는 상하이가 너무 멀고, 게다가 여름에 너무 덥기 때문에 여행하기에 적합하지 않다고 생각한다.

★ 그는 왜 상하이에 가고 싶은가?

A 친구를 만나고 싶어서
B 여행하기 적합해서
C 날씨가 매우 좋아서
D 거리가 매우 가까워서

단어 暑假 shǔjià 图 여름방학 | 家人 jiārén 图 가족 | ★旅游 lǚyóu 图 여행하다 | ★同意 tóngyì 图 동의하다 | ★适合 shìhé 图 적합하다 | 天气 tiānqì 图 날씨 | ★距离 jùlí 图 거리

67

해설 및 정답 随着는 '~에 따라서'라는 의미의 개사로 전제를 이끄는 어휘이다. 따라서 과학의 발전이라는 전제 하에 이루어진 내용들을 서술한 문장이므로 정답은 C이다.

과학의 빠른 발전에 따라, 사람 사이의 교류 방식이 갈수록 많아졌다. 전화, 휴대폰, 인터넷 등은 사람들의 거리를 좁혔을 뿐만 아니라, 사람들의 생활을 더욱 편리하게 만들었다.

★ 이 단문이 주요하게 이야기하는 것은:

A 거리　　　　　　　B 생활
C 과학　　　　　　D 교통

단어 随着 suízhe 개 ~에 따라 | ★科学 kēxué 명 과학 | ★发展 fāzhǎn 발전 | 之间 zhījiān 명 사이 | ★交流 jiāoliú 동 교류하다 | 方式 fāngshì 명 방식 | 互联网 hùliánwǎng 명 인터넷 | 拉近 lājìn 가까이 끌어당기다 | ★距离 jùlí 거리 | ★方便 fāngbiàn 형 편리하다 동 편리하게 하다 | 生活 shēnghuó 명 생활 | ★交通 jiāotōng 명 교통

68

해설 및 정답 因此(따라서)는 결론을 이끄는 문장으로 대체로 '원인, 因此+결과'의 구조로 구성된다. 문제는 왜인지를 묻고 있기 때문에 원인이 제시된 因此 앞에 문장을 확인해야 한다.

현대인들은 매우 바쁘다. 쇼핑할 시간조차 없다. 따라서 인터넷 쇼핑이 갈수록 유행하고 있다. 인터넷 쇼핑은 장점이 매우 많다. 예를 들면 편리하고 저렴하다. 하지만 그것은 단점도 있다. 단지 사진만 볼 수 있기 때문에 상품이 좋은지 나쁜지를 알 수가 없다.

★ 인터넷 쇼핑은 왜 갈수록 유행하는가?

A 매우 저렴해서
B 매우 편리해서
C 사람들이 시간이 없어서
D 사람들이 쇼핑을 좋아하지 않아서

단어 现代人 xiàndàirén 명 현대인 | ★逛街 guàngjiē 동 거리를 구경하다, 쇼핑하다 | 时间 shíjiān 명 시간 | 网上购物 wǎngshàng gòuwù 명 인터넷 쇼핑 | ★流行 liúxíng 동 유행하다 | ★优点 yōudiǎn 명 장점 | ★方便 fāngbiàn 형 편리하다 | 便宜 piányi 형 저렴하다 | ★缺点 quēdiǎn 명 단점 | 照片 zhàopiàn 명 사진 | 商品 shāngpǐn 명 상품 | 喜欢 xǐhuan 동 좋아하다

69

해설 및 정답 유종원이라는 이름을 시작으로 그에 대한 소개가 간략하게 서술되었으므로 정답은 C이다.

유종원, 자는 자후, 하동 사람, 당송팔대가 중 하나, 그는 중국 당(唐)나라의 문학가이자, 산문 작가, 사상가이다. 그의 작품은 600여 편에 달하며, 중국 산문의 발전에 매우 큰 영향을 미쳤다.

★ 이 단문이 주요하게 이야기하는 것은:

A 역사 설명
B 당송팔대가
C 유종원 소개
D 산문의 발전

단어 唐宋八大家 Táng-Sòng bādàjiā 명 당송팔대가[당·송 시기의 8대 문장가] | 文学家 wénxuéjiā 명 문학가 | 散文家 sǎnwénjiā 명 산문 작가 | 思想家 sīxiǎngjiā 명 사상가 | 作品 zuòpǐn 명 작품 | 达 dá 이르다, 달하다 | 散文 sǎnwén 명 산문 | ★发展 fāzhǎn 명 발전 | ★影响 yǐngxiǎng 명 영향 | ★解释 jiěshì 동 설명하다, 해석하다 | 历史 lìshǐ 명 역사 | ★介绍 jièshào 동 소개하다

70

해설 및 정답 怕는 '염려하다'라는 의미의 동사로 怕打扰는 不想打扰(방해하고 싶지 않다)와 유사한 의미이다.

그 일을 상의하기 위해서, 나는 방금 그를 찾아갔었다. 그는 방에서 책을 보고 있었고, 오후에 시험이 있다고 말했다. 나는 그의 공부를 방해할까 염려되어서 그 일을 그에게 말하지 못했다.

★ 내가 그와 상의하지 못한 것은:

A 그가 상의하고 싶어 하지 않아서
B 그를 방해하고 싶지 않아서
C 그와 공부하고 싶어서
D 그는 시간이 없어서

단어 ★商量 shāngliang 동 상의하다 | 刚 gāng 부 방금, 막 | 房间 fángjiān 명 방 | 考试 kǎoshì 명동 시험(을 치다) | 怕 pà 동 걱정하다, 염려하다 | ★打扰 dǎrǎo 동 방해하다 | 时间 shíjiān 명 시간

71

해설 및 정답 '受…欢迎'은 '~에게 환영을 받다' 또는 '~에게 인기가 있다'는 의미로 受大家欢迎(모두에게 인기가 있다)는 문장과 在我们班很受欢迎(우리 반에서 인기가 있다)는 유사한 내용임을 알 수 있다.

그는 웃기는 것을 매우 좋아하는 사람이다. 말하는 것도 매우 유머러스하고, 우리 반에서 아주 인기가 많다. 하지만 때로는 목소리가 좀 커서 자주 선생님께 야단을 맞는다.

★ 단문에 근거하면, 그는:

A 성적이 매우 우수하다
B 재미없게 말한다
C 사람들이 싫어한다
D 모두에게 인기가 많다

喜欢 xǐhuan 통 좋아하다 | 开玩笑 kāi wánxiào 농담을 하다, 웃기다 | 幽默 yōumò 형 유머러스한 | 受欢迎 shòu huānyíng 환영을 받다, 인기 있다 | 声音 shēngyīn 명 소리, 목소리 | ★批评 pīpíng 통 비판하다 | ★成绩 chéngjì 명 성적 | ★优秀 yōuxiù 형 우수하다 | ★有趣 yǒuqù 형 재미있다 | ★讨厌 tǎoyàn 통 싫어하다

72

해설 및 정답 现在(현재)를 묻는 질문이므로 단문에서 같은 시간을 찾는다. 现在真的瘦了(지금은 정말 말랐다)라는 문장을 통해 정답이 A임을 알 수 있다.

그는 지금 다이어트 중이다. 그래서 요즘은 매 끼니를 아주 조금만 먹는다. 그는 이렇게 3개월을 고수했고, 지금은 정말로 살이 많이 빠졌다. 나는 어제저녁 그를 보고는 하마터면 못 알아볼 뻔했다.

★ 그는 지금:

A 보기에 매우 말랐다
B 자주 운동을 하러 간다
C 식사를 좋아하지 않는다
D 다이어트를 실패했다

★减肥 jiǎnféi 통 다이어트 하다 | 最近 zuìjìn 명 최근, 요즘 | 顿 dùn 명 끼니 | ★坚持 jiānchí 통 고수하다 | 瘦 shòu 형 마르다 | 差点儿 chàdiǎnr 부 하마터면 | 现在 xiànzài 명 현재, 지금 | 锻炼 duànliàn 통 단련하다 | 喜欢 xǐhuan 통 좋아하다 | ★失败 shībài 통 실패하다

73

해설 및 정답 단문에 花很多钱(돈을 많이 써야 한다)는 문장과 보기 D에 需要不少钱(적지 않은 돈이 필요하다)는 내용이 일치함을 알 수 있다.

비록 나는 예술에 흥미가 있지만 이 전공을 선택하면 돈을 많이 써야 할 뿐만 아니라 졸업 후에 일자리를 찾기도 매우 힘들다. 그래서 나는 어쩔 수 없이 배우고 싶은 전공을 포기했다.

★ 이 전공은:

A 학생이 많다   B 인기가 매우 많다
C 졸업하기 어렵다   **D 돈이 많이 필요하다**

艺术 yìshù 명 예술 | ★感兴趣 gǎn xìngqù 흥미를 느끼다 | ★选择 xuǎnzé 통 선택하다 | 专业 zhuānyè 명 전공 | ★毕业 bìyè 통 졸업하다 | 不得不 bùdébù 부 어쩔 수 없이, 할 수 없이 | ★放弃 fàngqì 통 포기하다 | 受欢迎 shòu huānyíng 환영을 받다, 인기 있다 | 需要 xūyào 통 필요하다

74

해설 및 정답 整天…学习(온종일…공부한다)는 내용으로 아들이 공부를 매우 열심히 한다는 것을 알 수 있다.

다음 달에 내 아들이 대학원 시험을 친다. 그래서 그는 요즘 텔레비전도 안 보고, 친구도 만나지 않는다. 때로는 밥조차도 먹지 않는다. 온종일 책상 앞에 앉아 공부한다.

★ 단문에 근거하면, 아들은:

A 자주 텔레비전을 본다
B 공부를 매우 열심히 한다
C 공부를 좋아하지 않는다
D 친구가 매우 많다

★考 kǎo 통 시험을 치다 | 研究生 yánjiūshēng 명 대학원생 | 最近 zuìjìn 명 요즘, 최근 | 整天 zhěngtiān 명 온종일 | 书桌 shūzhuō 명 책상

75

해설 및 정답 보기 A의 내용과 단문에 마지막 지문이 일치한다.

생활 수준이 향상됨에 따라, 차를 사는 사람이 갈수록 많아진다. 비록 교통 체증 문제가 매우 심각하긴 하지만 많은 사람들이 차가 있으면 여러 장소를 여행할 수 있어서 생활이 더욱 풍성해진다고 생각한다.

★ 사람들이 느끼기에 차를 사면:

A 생활을 더 풍성하게 한다
B 외국어 수준이 향상된다
C 교통 체증 문제를 해결한다
D 돈이 많아 보인다

단어 随着 suízhe 개 ~에 따라 | 生活 shēnghuó 명 생활 | 水平 shuǐpíng 명 수준 | ★提高 tígāo 동 향상시키다 | ★堵车 dǔchē 동 차가 밀리다 | ★问题 wèntí 명 문제 | 严重 yánzhòng 형 심각하다 | 开车 kāichē 동 운전하다 | 地方 dìfang 명 곳, 장소 | 旅游 lǚyóu 동 여행하다 | 更加 gèngjiā 부 더욱 | ★丰富 fēngfù 형 풍부하다 | 外语 wàiyǔ 명 외국어 | ★解决 jiějué 동 해결하다

해설 및 정답 북방 사람은 爱吃饺子、面条(교자나 국수를 좋아한다)는 문장을 통해 정답이 B임을 알 수 있다.

중국은 면적이 크다. 따라서 남방과 북방의 기후가 다르고, 식습관도 다르다. 남방 사람은 쌀밥을 좋아하고, 북방 사람은 교자와 국수 등의 식품을 좋아한다. 그래서 중국에서 여행하면 여러 가지 맛있는 음식을 맛볼 수 있다.

★ 단문에 근거하면 북방 사람은:

A 쌀밥을 좋아한다   **B 국수를 좋아한다**
C 성격이 매우 좋다   D 여행을 좋아한다

단어 ★面积 miànjī 명 면적 | ★气候 qìhòu 명 기후 | 不同 bùtóng 형 다르다 | 饮食习惯 yǐnshí xíguàn 명 식습관 | 喜欢 xǐhuan 동 좋아하다 | ★饺子 jiǎozi 명 교자, 물만두 | 面条 miàntiáo 명 국수 | 食品 shípǐn 명 식품 | ★旅游

lǚyóu 동 여행하다 | ★尝 cháng 동 맛보다 | 美食 měishí 명 맛있는 음식 | ★性格 xìnggé 명 성격

해설 및 정답 不管去什么地方, 他总会带着照相机(어디를 가든지, 그는 항상 카메라를 가지고 있었다)는 내용으로 아빠가 사진 촬영을 좋아한다는 것을 유추할 수 있다.

어렸을 때, 우리 아빠는 나를 데리고 여행 가는 것을 굉장히 좋아했다. 어디를 가든지, 아빠는 항상 카메라를 가지고 있었다. 아빠는 비록 아름다운 풍경은 가져갈 수 없지만 카메라가 있으면 사진과 추억은 가져갈 수 있다고 말했다.

★ 아빠는 여행할 때:

A 사진 찍는 것을 좋아한다
B 카메라 가져오는 것을 잊었다
C 돈을 많이 가져간다
D 자주 길을 잃어버린다

단어 喜欢 xǐhuan 동 좋아하다 | ★旅行 lǚxíng 동 여행하다 | 地方 dìfang 명 장소, 곳 | ★照相机 zhàoxiàngjī 명 카메라 | 美丽 měilì 형 아름답다 | 风景 fēngjǐng 명 풍경 | 照片 zhàopiàn 명 사진 | ★回忆 huíyì 명 추억 | 照相 zhàoxiàng 동 사진을 찍다 | 忘 wàng 동 잊다 | 迷路 mílù 동 길을 잃다

해설 및 정답 단문에 今年最流行(올해 가장 유행한다)라는 문장과 보기 C의 내용이 유사함을 알 수 있다.

선생님, 이 신발은 어떠세요? 저희가 매달 8일에 행사를 해서 50% 할인해 드려요, 평소보다 절반이나 저렴한 가격이에요. 이 신발은 올해 가장 유행하는 스타일이고 색깔도 세 종류라, 굉장히 잘 팔려요.

★ 이 신발은:

A 할인하지 않는다   B 색깔이 두 종류다
C 올해 매우 유행한다   D 잘 팔리지 않는다

단어 鞋 xié 명 신발 | 活动 huódòng 명 활동, 행사 | ★打折 dǎzhé 동 할인하다 | 平时 píngshí 명 평소 | 便宜 piányi

형 저렴하다 | 价钱 jiàqian 명 가격 | ★流行 liúxíng 동
유행하다 | 款式 kuǎnshì 명 스타일 | 颜色 yánsè 명 색깔

79

해설 및 정답 姐姐却相反，她很内向(언니는 정반대다, 그
녀는 매우 내성적이다)라는 문장을 통해 동생은 외향적인 성격
이라는 것을 유추할 수 있다.

> 나와 우리 언니는 성격이 완전히 다르다. 나는 성
> 격이 매우 활발하고 희로애락이 전부 얼굴에 쓰여 있
> 는데, 언니는 정반대다. 그녀는 매우 내성적이며 감정
> 변화를 명확하게 표현하지 않는다.

★ 언니와 비교했을 때, 그녀는:

A 성숙하지 않다　　　　**B 매우 외향적이다**
C 매우 침착하다　　　　D 예쁘지 않다

단어 ★性格 xìnggé 명 성격 | 完全 wánquán 부 완전히 |
★活泼 huópo 형 활발하다 | 喜怒哀乐 xǐ nù āi lè 성
희로애락 | 却 què 부 오히려 | 相反 xiāngfǎn 동 상반되다
| 内向 nèixiàng 형 내성적이다 | 感情 gǎnqíng 명 감정
| ★变化 biànhuà 명 변화 | 表现 biǎoxiàn 동 표현하다
| 明显 míngxiǎn 형 명확하다 | ★成熟 chéngshú 형
성숙하다 | 外向 wàixiàng 형 외향적이다 | 冷静 lěngjìng
형 침착하다, 조용하다 | 漂亮 piàoliang 형 예쁘다

[80-81]

> 나는 이 영화를 매우 좋아한다. 이 영화는 나를 매
> 료시켰을 뿐만 아니라, ⁸⁰많은 관중들을 매료시켰다.
> 영화의 화면이 굉장히 아름답고, ⁸¹내용은 더욱이나
> 감동적이다. 나는 영화를 볼 때 눈물을 흘렸다. 나는
> 심지어 이 영화를 반복해서 여러 번 보았고, 게다가
> 매번 아주 재미있다고 느꼈다.

단어 特别 tèbié 부 특히, 매우 | 喜欢 xǐhuan 동 좋아하다 |
吸引 xīyǐn 동 끌다. 매료시키다 | ★观众 guānzhòng 명
관중 | 画面 huàmiàn 명 화면 | 漂亮 piàoliang 형 예쁘다
| 内容 nèiróng 명 내용 | ★感动 gǎndòng 동 감동하다 |
流 liú 동 흐르다 | 眼泪 yǎnlèi 명 눈물 | ★甚至 shènzhì
부 심지어 | 反复 fǎnfù 동 반복하다 | 有意思 yǒu yìsi 형
재미있다

80

해설 및 정답 吸引了很多观众(많은 관중을 매료시켰다)는
내용을 통해 환영 받는 작품임을 알 수 있다.

★ 이 영화는:

A 내용이 복잡하다　　　　B 배우가 우수하다
C 인기가 많다　　　　　D 재미없다

단어 ★复杂 fùzá 형 복잡하다 | ★演员 yǎnyuán 명 배우 |
★优秀 yōuxiù 형 우수하다 | 受欢迎 shòu huānyíng
환영을 받다. 인기 있다 | 没有意思 méiyǒu yìsi 재미없다.
무료하다

81

해설 및 정답 内容…感动(내용이…감동적이다)라는 문장 뒤
에 눈물을 흘렸다는 내용이 제시되어 있으므로 정답은 D이
다.

★ 그는 왜 눈물을 흘렸는가?

A 내용이 너무 간단해서
B 화면이 예쁘지 않아서
C 내용을 이해할 수 없어서
D 내용이 아주 감동적이어서

단어 ★简单 jiǎndān 형 간단하다

[82-83]

> ⁸³광둥 사람은 아침에 찻집에 가서 차 마시는 것을
> 좋아한다. 특히 노년층은 출근할 필요가 없기 때문에
> 아침에 일어난 후, 친한 친구 한둘과 약속을 해서, 찻
> 집에 가 차를 마시며 한담을 나눈다. 그들은 일반적
> 으로 열 시까지 앉아 있다가 ⁸²거리로 나가 산책을 하
> 고 먹을 것을 좀 사서 집으로 돌아간다. 지금, 이러한
> 차 문화는 천천히 중국의 다른 지역에서도 유행하기
> 시작했다.

단어 喜欢 xǐhuan 동 좋아하다 | 茶楼 chálóu 명 찻집 | 尤其
yóuqí 부 특히 | 老年人 lǎoniánrén 명 노년층 | ★上班
shàngbān 동 출근하다 | 起床 qǐchuáng 동 기상하다.
일어나다 | 约 yuē 동 약속하다 | ★聊天 liáotiān 동

잡담하다 | 一般 yìbān 웹 일반적이다 | 街 jiē 몡 거리 | ★散步 sànbù 통 산책하다 | 文化 wénhuà 몡 문화 | 其他 qítā 떼 기타, 그 외 | 地方 dìfang 몡 장소, 곳 | ★流行 liúxíng 통 유행하다

★重要 zhòngyào 웹 중요하다 | ★其实 qíshí 閏 사실 | ★积累 jīlěi 통 쌓다, 축적하다 | ★经验 jīngyàn 몡 경험 | 同事 tóngshì 몡 동료 | ★交流 jiāoliú 통 교류하다 | ★优秀 yōuxiù 웹 우수하다

82

해설 및 정답 노인들은 일반적으로 차를 마신 뒤, 到街上散散步(거리로 나가 산책을 한다)고 서술되어 있으므로 정답은 C이다.

★ 차를 마신 후, 노인은:

A 출근한다   B 집에 간다
C 산책한다   D 친구를 만난다

83

해설 및 정답 주요 내용은 대체로 서론이나 결론에서 찾을 수 있다. 서론에는 광둥 사람들이 아침에 차 마시는 것을 좋아한다는 내용이 서술되어 있으며, 뒤에는 아침의 차 문화에 대한 구체적인 내용이 묘사되어 있으므로 정답은 D이다.

★ 본문에서 주로 이야기하는 것은:

A 차를 마시는 것의 장점
B 차를 마시는 것의 단점
C 찻집의 특징
D 광둥의 아침 차 문화

단어 ★优点 yōudiǎn 몡 장점 | ★缺点 quēdiǎn 몡 단점 | 特点 tèdiǎn 몡 특징

84

해설 및 정답 最重要的是积累工作经验(가장 중요한 것은 업무 경험을 쌓는 것이다)라는 내용을 통해 '경험'이 가장 중요하다는 것을 알 수 있다.

★ 단문을 근거로, 더 중요한 것은 무엇인가?

A 급여   **B 경험**
C 친구   D 노력

85

해설 및 정답 要나 应该(~해야 한다) 등의 조동사를 사용한 질문이라면 단문에서도 유사한 조동사를 찾아 정답을 확인할 수 있다. 要多和同事交流(동료들과 많이 교류해야 한다)는 보기 C와 내용이 일치한다.

★ 단문에 근거하면, 일을 할 때는:

A 인내심이 있어야 한다
B 급여를 중시해야 한다
C 동료와 많이 교류해야 한다
D 동료와 다투지 않아야 한다

단어 ★耐心 nàixīn 몡 인내심 | 重视 zhòngshì 통 중시하다 | 吵架 chǎojià 통 다투다

[84-85]

대학 졸업생이 직업을 찾을 때는 급여가 얼마인지 중시해서는 안 된다. 일을 막 시작할 때는 돈이 결코 중요한 것이 아니기 때문이다. 사실 ⁸⁴가장 중요한 것은 업무 경험을 쌓고, ⁸⁵동료들과 많이 교류하고, 우수한 동료에게 배우는 것이다. 이러한 경험들이 돈보다 훨씬 중요하다.

단어 毕业生 bìyèshēng 몡 졸업생 | 看重 kànzhòng 통 중시하다 | 工资 gōngzī 몡 급여 | 刚 gāng 閏 방금, 막 | 开始 kāishǐ 통 시작하다 | 金钱 jīnqián 몡 금전, 돈 |

쓰기

86

해설 및 정답 经验丰富는 호응 구조이기 때문에 한 덩어리로 만든 뒤, 的 뒤에 명사를 연결하여 목적어를 완성한다.

Step 1. 호응 구조 연결
- ▶ 经验+丰富的

Step 2. 的+명사
- ▶ 经验丰富的+警察

Step 3. 주어+술어+관형어+목적어
- ▶ 他+是+个经验丰富的+警察

정답 他是个经验丰富的警察。
그는 경험이 풍부한 경찰이다.

단어 ★经验 jīngyàn 몡 경험 | ★丰富 fēngfù 혱 풍부하다 | 警察 jǐngchá 몡 경찰

87

해설 및 정답 구조조사 得로 정도보어 문제임을 알 수 있다. 보어는 술어 뒤에 놓이며, 정도부사 뒤에는 반드시 형용사나 감정동사를 배열해야 한다.

Step 1. 정도부사+형용사
- ▶ 得很+顺利

Step 2. 술어+보어
- ▶ 进行+得很顺利

Step 3. 주어+술어+보어
- ▶ 比赛+进行得+很顺利

정답 比赛进行得很顺利。
경기는 매우 순조롭게 진행됐다.

단어 比赛 bǐsài 몡 경기, 시합 | ★进行 jìnxíng 동 진행하다 | ★顺利 shùnlì 혱 순조롭다

88

해설 및 정답 우선 술어를 찾아 목적어와 주어를 판단한 후, 부사어의 순서인 [부사→조동사→~地→개사구]에 주의하여 어휘를 나열한다.

Step 1. 술어+목적어
- ▶ 锻炼+身体

Step 2. 부사+조동사
- ▶ 偶尔+会

Step 3. 주어+부사어+술어+목적어
- ▶ 她+偶尔会+锻炼+身体

정답 她偶尔会锻炼身体。
그녀는 가끔 신체를 단련할 것이다.

단어 ★偶尔 ǒu'ěr 뵘 가끔 | 锻炼 duànliàn 동 단련하다 | 身体 shēntǐ 몡 신체

89

해설 및 정답 开始는 대체로 뒤에 동사를 수반한다. 언뜻 보면 연동문처럼 보이지만 의미상 목적절 관련 문제이므로 어순뿐만 아니라 문장의 의미를 제대로 파악해야 한다.

Step 1. 开始+동사
- ▶ 开始+学习

Step 2. 술어+목적절
- ▶ 开始学习+弹钢琴

Step 3. 주어+부사어+술어+목적절
- ▶ 我+从小+开始+学习弹钢琴

정답 我从小开始学习弹钢琴。
나는 어려서부터 피아노 치는 것을 배우기 시작했다.

단어 开始 kāishǐ 동 시작하다 | ★弹 tán 동 치다 | ★钢琴 gāngqín 몡 피아노

해설 및 정답 개사는 뒤에 명사 혹은 명사구와 함께 쓰여 개사구를 이루고, 정도부사는 반드시 뒤에 형용사 혹은 감정동사를 가진다는 것을 기억한다.

Step 1. 정도부사+형용사

▶ 很+严格

Step 2. 개사+명사

▶ 对+我们的要求

Step 3. 주어+부사어+술어

▶ 张老师+对我们的要求很+严格

정답 张老师对我们的要求很严格。
장 선생님은 우리에 대한 요구가 매우 엄격하다.

단어 要求 yāoqiú 몡 요구 | ★严格 yángé 혱 엄격하다

해설 및 정답 피동문을 만드는 개사 被는 뒤에 동작자가 위치하므로 주어진 명사 중 동작이 가능한 대상과 함께 배열해야 한다.

Step 1. 개사+명사

▶ 被+妈妈

Step 2. 주어+개사구

▶ 杯子+被妈妈

Step 3. 주어+개사구+술어+어기조사

▶ 杯子+被妈妈+打破+了

정답 杯子被妈妈打破了。
컵을 엄마가 부쉈다.

단어 杯子 bēizi 몡 컵 | 打破 dǎpò 동 부수다

해설 및 정답 동작이 하나 이상 등장하는 연동문은 동작의 시간 순서에 따라 배열해야 하므로 [出去(나가서)→运动(운동하다)]로 나열해야 한다. 문장의 의미상 술어는 适合이므로 연동문 구조의 문장(出去运动)은 목적절로 사용된다.

Step 1. 的+명사

▶ 今天的+天气

Step 2. 동사1+동사2

▶ 出去+运动

Step 3. 주어+부사어+술어+목적절

▶ 今天的天气+不+适合+出去运动

정답 今天的天气不适合出去运动。
오늘의 날씨는 나가서 운동하기에 부적합하다.

단어 天气 tiānqì 몡 날씨 | ★适合 shìhé 동 적합하다 | 运动 yùndòng 동 운동하다

해설 및 정답 把자문의 주어는 언제나 동작자가 담당하며 把는 개사이기 때문에 명사 혹은 명사구와 함께 나열해야 한다. 在는 뒤에 대체로 장소가 위치한다는 것도 힌트가 될 수 있다.

Step 1. 的+명사

▶ 把我刚买的+饼干

Step 2. 술어+목적어

▶ 放在+哪儿了

Step 3. 주어+부사어+술어+기타성분

▶ 你+把我刚买的饼干+放在+哪儿了

정답 你把我刚买的饼干放在哪儿了？
너는 방금 내가 산 비스킷을 어디에 두었니?

단어 刚 gāng 튀 방금 | ★饼干 bǐnggān 몡 비스킷

해설 및 정답 양사 场의 의미를 알고 있다면 쉽게 풀 수 있다. 공연 장면 등을 세는 场은 表演과 나열하고, 的 뒤에 남아 있는 명사를 연결한 뒤 주술목 순으로 완성한다.

Step 1. 양사+명사

▶ 这场+表演

Step 2. 的+명사

▶ 大家的+欢迎

Step 3. 관형어+주어+술어+관형어+목적어

▶ 这场+表演+受到了+大家的+欢迎

정답 这场表演受到了大家的欢迎。
이 공연은 모두의 환영을 받았다.

단어 场 chǎng 양 번, 차례[무대·공연 장면 등을 세는 단위] | ★表演 biǎoyǎn 명 공연 | 受到 shòudào 통 받다 | 欢迎 huānyíng 명 환영 | 受欢迎 shòu huānyíng 환영을 받다. 인기 있다

95

해설 및 정답 부사어는 [부사→조동사→개사구] 순으로 배열한다. 또한 道歉은 동사이지만 接受와 호응을 이루어 사용될 때에는 명사처럼 활용된다. 따라서 的 뒤에 위치할 수 있다.

Step 1. 부사어 순서

▶ 肯定+不会

Step 2. 술어+목적어

▶ 接受+道歉

Step 3. 주어+부사어+술어+관형어+목적어

▶ 他+肯定不会+接受+我的+道歉

정답 他肯定不会接受我的道歉。
그는 틀림없이 나의 사과를 받지 않을 것이다.

단어 肯定 kěndìng 부 틀림없이 | ★接受 jiēshòu 통 받아들이다 | ★道歉 dàoqiàn 통 사과하다

96

해설 및 정답 동사가 출제된 경우에는 목적어를 사용할 수 있기 때문에 목적어의 수식(관형어)을 풍부하게 표현하는 것이 좋다.

Step 1. **연상 단어**

租(임대하다) | 房子(방) | 干净(깨끗하다)

Step 2. **기본 문장**

我租了干净的房子。
나는 깨끗한 집을 임대했다.

Step 3. **확장 문장**

我这次租了一套又大又干净的房子。
나는 이번에 크고 깨끗한 집을 임대했다.

단어 租 zū 통 임대하다 | ★干净 gānjìng 형 깨끗하다 | 房子 fángzi 명 방

97

해설 및 정답 觉得나 认为를 사용하여 자신의 견해를 피력할 수 있다. 觉得, 认为는 모두 목적절을 갖는 동사이기 때문에 목적어 안에 술어가 있어야 한다.

Step 1. **연상 단어**

区别(차이) | 两只狗(개 두 마리)

Step 2. **기본 문장**

我觉得这两只狗没什么区别。
나는 이 개 두 마리에 별다른 차이가 없다고 생각한다.

Step 3. **확장 문장**

我觉得养一只狗和养两只狗的区别很大。
나는 개 한 마리를 기르는 것과 개 두 마리를 기르는 것에는 아주 큰 차이가 있다고 생각한다.

단어 区别 qūbié 명 차이, 구별 | 只 zhī 양 마리 | 狗 gǒu 개 | 觉得 juéde 통 ~라고 생각하다 | ★养 yǎng 통 기르다

해설 및 정답 평소 겸어문을 사용하여 문장을 만드는 연습을 해두면 쓰기 영역에서 유용하게 사용할 수 있다.

Step 1. 연상 단어

日记(일기) | 写(쓰다)

Step 2. 기본 문장

我每天写一篇日记。
나는 매일 일기를 한 편 쓴다.

Step 3. 확장 문장

老师要求我们每天写一篇日记。
선생님은 우리에게 매일 일기 한 편을 쓸 것을 요구하셨다.

단어 日记 rìjì 몡 일기 | 篇 piān 얭 편[문장을 세는 단위] | ★要求 yāoqiú 동 요구하다

해설 및 정답 [개사구, 주어…] 형식은 고득점을 기대할 수 있는 구문이다. 주어 앞에서 전제 상황으로 사용할 수 있는 개사는 随着, 按照, 通过, 经过 등이 있다.

Step 1. 연상 단어

他们(그들) | 商量(상의하다) | 重要(중요하다)

Step 2. 기본 문장

他们在商量很重要的事情。
그들은 매우 중요한 일을 상의하고 있다.

Step 3. 확장 문장

为了解决问题, 他们已经商量了一个小时了。
문제를 해결하기 위해서, 그들은 이미 한 시간째 상의하고 있다.

단어 商量 shāngliang 동 상의하다 | ★重要 zhòngyào 형 중요하다 | 事情 shìqing 몡 일 | ★解决 jiějué 동 해결하다 | ★问题 wèntí 몡 문제 | 已经 yǐjīng 뮈 이미

해설 및 정답 형용사가 출제된 경우, 형용사를 술어로 사용하는 것이 보편적이지만 정도보어나 관형어 등 다른 성분으로 활용할 수도 있으니 사용 범위를 제한하지 않도록 한다.

Step 1. 연상 단어

整齐(가지런하다) | 桌椅(테이블과 의자)

Step 2. 기본 문장

桌椅摆得很整齐。
식탁과 의자가 매우 가지런히 놓여 있다.

Step 3. 확장 문장

这家餐厅的桌椅摆得非常整齐。
이 식당의 식탁과 의자는 매우 가지런히 놓여 있다.

단어 整齐 zhěngqí 형 가지런하다 | 桌椅 zhuōyǐ 몡 테이블과 의자 | 摆 bǎi 동 놓다 | ★餐厅 cāntīng 몡 식당

정답

듣기

1. √	2. X	3. X	4. X	5. X	6. X	7. X	8. √	9. X	10. X
11. A	12. D	13. A	14. B	15. B	16. B	17. A	18. B	19. A	20. D
21. C	22. B	23. C	24. C	25. B	26. D	27. C	28. C	29. B	30. A
31. B	32. A	33. C	34. A	35. A	36. D	37. A	38. B	39. D	40. A
41. A	42. B	43. C	44. C	45. B					

독해

46. B	47. F	48. C	49. A	50. E	51. B	52. F	53. A	54. E	55. D
56. ACB		57. CAB		58. BCA		59. CAB		60. ACB	
61. ACB		62. BAC		63. CAB		64. BCA		65. CAB	
66. C	67. B	68. A	69. A	70. B	71. C	72. D	73. C	74. C	75. A
76. D	77. A	78. C	79. B	80. D	81. A	82. D	83. D	84. D	85. C

쓰기

86. 能帮我去厨房拿一个勺子吗?

87. 那条新闻并没有引起大家的重视。

88. 那个演员激动得睡不着觉。

89. 方向比速度更重要。

90. 盒子里面有一块儿手表。

91. 老师把这些数字的顺序打乱了。

92. 观众对比赛的结果十分失望。

93. 难道你当时不吃惊吗?

94. 巧克力都被孙子吃光了。

95. 这场羽毛球赛快要结束了。

96. 我仔细找过了, 可是没找到。 / 材料都在这里, 你再仔细找一找。

97. 他把衣服挂得很整齐。 / 妈妈把我的衣服挂起来了。

98. 妻子做的汤稍微有点儿咸。 / 这碗汤有点儿咸, 不过挺好喝的。

99. 我今天大概要迟到了。 / 从这儿到公司大概还有十分钟。

100. 这辆车需要修理一下。 / 我的车坏了, 他正在帮我修理。

1

해설 및 정답 이 셔츠는 예쁘기는 한데 조금 두꺼워서 봄과 가을에 입으면 좋을 것 같다라고 말하고 있으므로, 이 셔츠는 봄에 입기에 적합하다는 제시된 문장은 녹음 내용과 일치한다.

这件衬衫好看是好看，就是稍微有点儿厚。春天和秋天穿正好。现在穿会比较热啊。

★ 这件衬衫适合春天穿。(√)

이 셔츠는 예쁘기는 한데, 조금 두꺼워서, 봄과 가을에 입으면 좋을 것 같아. 지금 입으면 비교적 더울 거야.

★ 이 셔츠는 봄에 입기에 적합하다. (√)

단어 衬衫 chènshān 몡 셔츠, 블라우스 | ★稍微 shāowēi 뷔 조금, 약간 | 厚 hòu 혱 두껍다 | 春天 chūntiān 몡 봄 | 秋天 qiūtiān 몡 가을 | ★正好 zhènghǎo 혱 딱 맞다, 꼭 맞다 | 适合 shìhé 통 적합하다

2

해설 및 정답 나는 그와 같은 대학을 졸업했으며 당시에는 별로 친하게 지내지 않았다고 했으므로, 두 사람은 어릴 때부터 아는 사이라는 제시된 문장은 녹음 내용과 일치하지 않는다.

我和他是同一所大学毕业的，虽然当时没怎么交流，但他给我留下了很深的印象。后来我们进了同一家公司才慢慢熟悉起来。

★ 他们俩从小就认识。(X)

나는 그와 같은 대학을 졸업했다. 비록 당시에는 별로 친하게 지내지 않았지만, 그는 나에게 깊은 인상을 남겼다. 나중에 우리는 같은 회사에 들어가게 되면서 점점 친해졌다.

★ 두 사람은 어릴 때부터 아는 사이다. (X)

단어 所 suǒ 양 개, 하나[학교·병원을 세는 단위] | 毕业 bìyè 통 졸업하다 | ★虽然 suīrán 접 비록 ~하지만 | 交流 jiāoliú 통 교류하다 | 留下 liúxià 통 남기다

3

해설 및 정답 '당신의 병은 별로 심각하지 않습니다'라는 말을 통해 이 선생의 병이 심각하지 않다는 것을 알 수 있다.

李先生，您的病问题不大，除了吃药外，心情愉快也很重要。心情好，病就好得快。所以要少发脾气，每天都要有一个好心情。

★ 李先生病得很严重。(X)

이 선생, 당신의 병은 별로 심각하지 않습니다. 약을 복용하는 것 외에 기분을 즐겁게 하는 것이 중요합니다. 기분이 좋으면 병도 빨리 좋아질 겁니다. 그러니 화를 덜 내고 매일 좋은 기분을 갖도록 하세요.

★ 이 선생은 심각한 병에 걸렸다. (X)

단어 问题 wèntí 몡 문제 | 药 yào 몡 약 | ★心情 xīnqíng 몡 심정, 감정 | 愉快 yúkuài 혱 기쁘다, 즐겁다 | ★重要 zhòngyào 혱 중요하다 | ★发脾气 fā píqì 화내다

4

해설 및 정답 '곧 이륙합니다'라는 내용으로 보기와 일치하지 않음을 알 수 있다.

去往北京的旅客请注意，您乘坐的南方航空CZ3101航班马上就要起飞了，请您拿好登机牌到23号登机口登机。

★ 飞机就要降落了。(X)

베이징으로 가시는 여행객 분들은 주의해 주세요. 탑승하실 남방 항공 CZ3101편이 곧 이륙합니다. 탑승권을 가지고 23번 탑승구에서 탑승해 주시기 바랍니다.

★ 비행기는 곧 착륙한다. (X)

단어 ★旅客 lǚkè 몡 여행객 | 注意 zhùyì 동 주의하다 | 乘坐 chéngzuò 동 탑승하다 | 航班 hángbān 몡 항공편 | ★起飞 qǐfēi 동 이륙하다 | 登机牌 dēngjīpái 몡 탑승권 | 登机 dēngjī 동 (비행기에) 탑승하다 | ★降落 jiàngluò 동 착륙하다

---

5   Test **3-5**

해설 및 정답 마 사장은 현재 상하이로 출장을 갔다고 했으므로, 마 사장이 상하이에 없다는 보기 내용과 일치하지 않는다.

马经理这几天去上海出差了，现在不在公司。你如果有什么紧急的事情找他，就打他的手机。

★ 马经理不在上海。(X)

마 사장님은 며칠 상하이로 출장을 가서, 지금 회사에 안 계십니다. 만일 사장님께 무슨 급한 용무가 있으시다면, 핸드폰으로 연락해 보세요.

★ 마 사장님은 상하이에 없다. (X)

단어 ★出差 chūchāi 동 출장 가다 | 紧急 jǐnjí 혱 긴급하다

---

6   Test **3-6**

해설 및 정답 녹음에서 행사가 취소되었다는 말이 없으므로 보기와 일치하지 않는다.

这次活动本来是由小李负责的，但是他突然生病住院了，所以经理让我负责这次活动。

★ 那个活动被取消了。(X)

이번 행사는 원래 샤오리가 담당하는 것이었지만, 갑자기 아파서 입원을 하게 됐어요. 그래서 사장님이 나더러 이번 행사를 담당하라고 하셨습니다.

★ 그 행사는 취소되었다. (X)

단어 ★活动 huódòng 몡 활동, 행사 | 本来 běnlái 뷔 원래 | ★负责 fùzé 동 책임지다 | 突然 tūrán 뷔 갑자기 | 住院 zhùyuàn 동 입원하다 | 经理 jīnglǐ 사장님, 매니저

---

7   Test **3-7**

해설 및 정답 광저우 사람들이 대부분 몸이 마른 주요 원인은 그들이 차를 즐겨 마시는 습관에 있다고 말하고 있으므로, 차를 마시는 것과 다이어트는 무관하다는 보기와 일치하지 않는다.

在广州无论男女几乎个个都瘦。专家说，主要的原因在于他们爱喝茶的习惯，在广州随时随处都可见到喝茶的人。

★ 喝茶跟减肥没有任何关系。(X)

광저우에서는 남녀를 불문하고 거의 모두 몸이 말랐다. 전문가들은 주요 원인이 그들이 차를 즐겨 마시는 습관에 있다고 말한다. 광저우에서는 언제 어디서든 차를 마시는 사람들을 볼 수 있다.

★ 차를 마시는 것은 다이어트와 아무 관계가 없다. (X)

단어 ★无论 wúlùn 접 막론하고, 상관없이 | 瘦 shòu 혱 (몸이) 마르다 | 随时 suíshí 뷔 아무때나 | 随处 suíchù 뷔 어디서나

---

8   Test **3-8**

해설 및 정답 '내 가장 큰 꿈은 어머니와 같은 그런 선생님이 되는 것'이라는 말을 통해 보기와 일치함을 알 수 있다.

我母亲是教师，父亲是警察，我的性格很像我母亲，我最大的理想就是成为母亲那样的教师。

★ 在他心里母亲是一位优秀的教师。(√)

우리 어머니는 교사이고, 아버지는 경찰이다. 내 성격은 어머니를 많이 닮았는데, 내 가장 큰 꿈은 어머니와 같은 그런 선생님이 되는 것이다.

★ 그의 마음속에 어머니는 훌륭한 선생님이다. (√)

단어 教师 jiàoshī 몡 교사 | 警察 jǐngchá 몡 경찰 | ★性格

xìnggé 圀 성격 | ★像 xiàng 圄 닮다

9

해설 및 정답 처음 이곳에 왔을 때 적응하기 힘들고 외로웠 지만 차츰 적응했다고 말하고 있으므로 보기와 일치하지 않 는다.

> 我刚来这儿的时候很不适应，觉得很 寂寞。后来逐渐习惯了，也交到了很多新 朋友。我越来越喜欢这里的生活了。

★ 他还不习惯这里的生活。（ **X** ）

나는 처음 이곳에 왔을 때 적응하기가 힘들었으며 몹시 외로웠다. 이후 차츰 적응했고, 새 친구도 많이 사귀었다. 나는 이곳의 생활을 점점 좋아하게 되었다.

★ 그는 이곳의 생활에 아직 적응하지 못했다.（ **X** ）

단어 ★适应 shìyìng 圄 적응하다 | 寂寞 jìmò 圀 외롭다, 쓸쓸하다 | ★逐渐 zhújiàn 圄 점점, 점차 | ★习惯 xíguàn 圄 적응하다 | 越来越 yuè lái yuè 圄 더욱더, 점점 | 生活 shēnghuó 圀 생활

10

해설 및 정답 화자는 '难道…吗'를 이용하여 반어적으로 묻 고 있다. 즉, '그녀는 진짜로 초등학교 때 동창이다'라는 의미 이므로, 보기와 일치하지 않는다.

> 我好像在哪儿见过她，这么面熟！ 难道她真是我小学时的同学吗？变化真大 啊！比以前漂亮多了！

★ 他们俩以前是同事。（ **X** ）

어디선가 그녀를 본 적이 있는 것처럼 그렇게 낯이 익을 수가 없어! 설마 그녀가 진짜 내 초등학교 동창이 야? 정말 많이 변했어! 예전보다 많이 예뻐졌구나!

★ 그 두 사람은 예전에 동료였다.（ **X** ）

단어 ★好像 hǎoxiàng 圄 마치 ~과 같다 | 面熟 miànshú 圄 낯익다 | 难道 nándào 圄 설마 ~란 말인가? | 变化 biànhuà 圀 변화 | 以前 yǐqián 圀 이전

11

해설 및 정답 남자의 물음에 여자는 6시 영화는 자리가 다 차서 할 수 없이 그냥 왔다고 답하고 있다. 여자의 말을 통해 서 영화를 보지 못하고 돌아왔음을 알 수 있으므로 정답은 A 이다.

> 男：你不是去看电影了吗？怎么这么早就 回来了？
> 女：六点那场没座位了，只好回来了。
>
> 问：关于女的，可以知道什么？
>
> **A 没看成电影**
> B 电影没意思
> C 去看演出了
> D 提前下班了

남: 너 영화 보러 간 거 아니었어? 왜 이렇게 일찍 돌아 왔어?
여: 6시 영화는 자리가 다 차서, 할 수 없이 그냥 왔어.

질문: 여자에 관해 알 수 있는 것은?

A 영화를 보지 못했다
B 영화가 재미없었다
C 공연을 보러 갔다
D 미리 퇴근했다

단어 座位 zuòwèi 圀 좌석 | ★只好 zhǐhǎo 圄 부득이, 할 수 없이 | 没意思 méi yìsi 재미가 없다

12

해설 및 정답 남자는 여자의 말에 현재 속도도 이미 가장 빠 르다고 답하고 있으므로, 더 빨리 갈 수 없음을 알 수 있다. 따 라서 정답은 D이다.

> 女：师傅，您能开快点儿吗？我赶时间。
> 男：对不起，这条路规定最高时速是60公 里，现在的速度已经是最快的了。
>
> 问：男的主要是什么意思？

A 方向错了
B 前边堵车
C 不能按时到
D 无法再快了

여: 기사님, 좀 빨리 달릴 수 없을까요? 제가 시간이 촉박해서요.

남: 미안합니다만, 이 도로는 최고 시속을 60km로 제한하고 있습니다. 현재 속도도 이미 가장 빠른 걸요.

질문: 남자의 말은 무슨 의미인가?

A 방향이 틀렸다
B 앞에 차가 밀린다
C 제때 도착할 수 없다
D 더 빨리 갈 수 없다

단어 师傅 shīfu 명 기사님 | ★赶时间 gǎn shíjiān 시간을 재촉하다 | 规定 guīdìng 통 규정하다, 정하다 | 时速 shísù 명 시속 | 公里 gōnglǐ 양 킬로미터(km) | 速度 sùdù 명 속도 | 方向 fāngxiàng 명 방향 | ★无法 wúfǎ 통 방법이 없다. ~할 수 없다

---

13 ▶   Test **3-13**

해설 및 정답) 이 프린터는 오전에 수리를 못할 것 같다는 여자의 말을 통해서 프린터가 고장 났음을 알 수 있으므로 정답은 A이다.

女: 这台打印机上午恐怕是修不好了。
男: 那怎么办？会议马上就开始了。材料还没打印呢。

问: 根据对话，下面哪个正确？

A 打印机坏了
B 会议结束了
C 经理很生气
D 材料找不到了

여: 이 프린터는 오전에 수리를 못할 것 같아요.
남: 그럼 어쩌죠? 회의가 곧 시작되는데, 자료를 아직도 출력하지 못했잖아요.

질문: 대화를 근거로 다음 중 옳은 것은?

A 프린터가 고장 났다
B 회의가 끝났다
C 사장님이 화가 났다
D 자료를 찾을 수 없다

단어 ★台 tái 양 대[기계·차량·설비 등을 세는 단위] | 打印机 dǎyìnjī 프린터 | ★恐怕 kǒngpà 부 아마 ~일 것이다 | 会议 huìyì 명 회의 | 马上 mǎshàng 부 곧, 즉시 | ★材料 cáiliào 명 자료

---

14 ▶   Test **3-14**

해설 및 정답) 우리 사무실의 왕 교수를 봤다며 인사 좀 나누고 오겠다는 여자의 말을 통해서 정답이 B임을 알 수 있다.

女: 我看见我们办公室的王教授了。我过去打声招呼。
男: 好。我在这儿等你。

问: 女的要跟谁打招呼？

A 售货员
B 王教授
C 王秘书
D 办公室经理

여: 우리 사무실의 왕 교수를 봤어요. 가서 인사 좀 나누고 올게요.
남: 알았어요. 여기서 기다리고 있을게요.

질문: 여자는 누구와 인사를 나누려고 하는가?

A 판매원
B 왕 교수
C 왕 비서
D 사무실 매니저

단어 教授 jiàoshòu 명 교수 | 打招呼 dǎ zhāohu 통 인사하다

| 秘书 mìshū 명 비서

15

(해설 및 정답) 아침에 인사를 했는데 못 보셨냐는 남자의 말에 여자는 아침에 깜박하고 안경을 두고 와서 잘 안 보였다고 말하고 있으므로 정답은 B이다.

男: 黄老师，我早上跟您打招呼，您没看见？

女: 真是对不起，我不是故意的。<u>今天忘戴眼镜了，看不清楚。</u>

问: 女的为什么没和男的打招呼？

A 不认识

B 没看清

C 没睡醒

D 很生气

남: 황 선생님, 제가 아침에 인사를 했는데, 못 보셨죠?

여: 정말 미안해요. 고의가 아니에요. 오늘 깜박하고 안경을 두고 와서 잘 안 보였어요.

질문: 여자는 왜 남자와 인사를 하지 않았는가?

A 모르는 사람이라서

B 잘 안 보여서

C 잠이 깨지 않아서

D 화가 나서

(단어) 打招呼 dǎ zhāohu 동 (말이나 행동으로) 인사하다 | 故意 gùyì 부 고의로, 일부러 | ★戴 dài 동 착용하다, 쓰다 | ★眼镜 yǎnjìng 명 안경 | 睡醒 shuìxǐng 잠에서 깨다

16

(해설 및 정답) '일도 매우 열심히 하지'라는 내용을 통해 정답이 B임을 알 수 있다.

男: 这件事让小刘负责怎么样？

女: 我觉得挺好的，他的工作能力不错，做事也很认真。

问: 女的觉得小刘怎么样？

A 不太努力

B 办事认真

C 有责任心

D 能力太差

남: 이 일을 샤오류에게 맡기는 것이 어때？

여: 나는 매우 좋다고 생각해. 그는 업무 능력이 훌륭하고 일도 매우 열심히 하지.

질문: 여자는 샤오류가 어떻다고 생각하는가？

A 별로 노력하지 않는다

B 일을 열심히 한다

C 책임감이 있다

D 능력이 떨어진다

(단어) 负责 fùzé 동 책임지다 | 能力 nénglì 명 능력 | 认真 rènzhēn 형 착실하다

17

(해설 및 정답) 장차 변호사가 되고 싶냐는 남자의 질문에 여자는 교육에 더 관심이 있다며 아마 교수가 될 것이라고 말하고 있으므로 정답은 A이다.

男: 你是法律专业的？将来想当律师吗？

女: 我原来是这样想的，<u>不过后来我才发现自己对教育更感兴趣。也许我会成为一名教授。</u>

问: 关于女的，下列哪个正确？

A 想做教授

B 写错答案了

C 大学刚毕业

D 以前是律师

남: 너는 법률을 전공했니？ 장차 변호사가 되고 싶어？

여: 원래는 그럴 생각이었어. 그런데 나중에 내가 교육에 더 관심이 있다는 걸 알게 되었어. 아마 교수가 될 것 같아.

질문: 여자에 관해 다음 중 옳은 것은？

A 교수가 되고 싶다

B 답안을 틀리게 썼다

C 대학을 갓 졸업했다

D 예전에 변호사였다

(단어) 法律 fǎlǜ 명 법률 | ★专业 zhuānyè 명 전공 | 律师 lǜshī 명 변호사 | 教育 jiàoyù 명 교육 | ★感兴趣 gǎn xìngqù 관심이 있다, 흥미가 있다 | ★成为 chéngwéi 동 ~이 되다 | 答案 dá'àn 명 답안, 답

---

18 ◀   Test **3-18**

(해설 및 정답) 여자친구를 소개해 준다며 남자에게 원하는 조건이 무엇인지 묻는 여자의 말에 남자는 활발하고 귀여운 여자가 좋다고 말하고 있다.

女 : 小李，我给你介绍个女朋友吧，说说
　　你有什么要求？

男 : 我……我喜欢活泼可爱的女孩子。

问 : 男的觉得哪种女孩子比较好？

A 聪明

B 活泼

C 内向

D 漂亮

여 : 샤오리, 너한테 여자친구를 한 명 소개해 줄 테니까 원하는 조건을 말해봐.

남 : 난…난 활발하고 귀여운 여자가 좋아.

질문 : 남자는 어떤 여자가 비교적 좋다고 생각하는가?

A 똑똑한

B 활발한

C 내성적인

D 예쁜

(단어) 要求 yāoqiú 명 조건 | ★活泼 huópo 형 활발하다 | 可爱 kě'ài 형 귀엽다

---

19   Test **3-19**

(해설 및 정답) 여자의 '곧 이륙할 것 같은데'라는 말을 통해 정답이 A임을 알 수 있다.

女 : 真让人急死了，怎么到现在还不来？
　　眼看就要起飞了。

男 : 别着急，还有半个小时呢。哦，你
　　看，他来了。

问 : 对话最可能发生在什么地方？

A 机场

B 体育馆

C 火车站

D 电影院

여 : 정말 초조해 죽겠네. 어째서 아직까지도 안 오는 거야? 곧 이륙할 것 같은데.

남 : 걱정 마, 아직 30분이나 남았어. 어, 봐봐, 왔잖아.

질문 : 대화는 어디에서 발생했을 가능성이 큰가?

A 공항

B 체육관

C 기차역

D 극장

(단어) 眼看 yǎnkàn 부 즉시, 바로 | ★起飞 qǐfēi 동 이륙하다 | ★着急 zháojí 동 초조하다, 걱정하다

---

20 ◀   Test **3-20**

(해설 및 정답) 보기를 통해서 인물의 행동을 묻는 문제임을 알 수 있다. 행동을 나타내는 어휘 '看这些照片'과 '你看这张'을 통해서 남녀는 사진을 보고 있음을 알 수 있으므로 정답은 D이다.

男 : 看这些照片是不是回忆起了很多大学
　　时的情景？

女 : 是啊。你看这张，当时咱班得了排球
　　比赛第一名，大家笑得多开心啊！

问 : 他们正在做什么？

A 扔垃圾
B 填表格
C 打排球
D 看照片

남: 이 사진들을 보면 대학 때의 많은 추억이 떠오르지
않니?
여: 맞아. 이 사진 좀 봐. 당시 우리 반이 배구 시합에
서 1등을 해서, 다들 즐겁게 웃고 있어.

질문: 그들은 지금 무엇을 하고 있는가?

A 쓰레기를 버리고 있다
B 양식을 작성하고 있다
C 배구를 하고 있다
D 사진을 보고 있다

단어 照片 zhàopiàn 명 사진 | ★回忆 huíyì 동 추억하다 |
★情景 qíngjǐng 명 (구체적인) 광경, 장면 | 当时 dāngshí
명 당시, 그때 | 班 bān 명 반 | ★排球 páiqiú 명 배구 |
第一名 dì-yī míng 명 제1위, 일등 | 笑 xiào 동 웃다 | 开
心 kāixīn 형 즐겁다 | ★扔 rēng 동 버리다 | 垃圾 lājī 명
쓰레기 | ★填 tián 동 기입하다, 써 넣다 | 表格 biǎogé 명
표, 양식

---

21   Test **3-21**

(해설 및 정답) 여자의 말에서 남자가 다리를 다쳤다는 것을
알 수 있으므로, 정답은 C이다.

女: 你的腿怎么出血了？我送你去医院
吧！
男: 没关系。刚才打篮球不小心碰破了
皮，不疼。

问: 男的怎么了？

A 去医院了
B 在踢足球
C 腿受伤了
D 跑得太快

여: 네 다리에 왜 피가 나니? 내가 병원에 데려다 줄게!
남: 괜찮아. 방금 전에 농구하다가 실수로 (부딪혀서)
피부가 벗겨졌어. 아프지 않아.

질문: 남자는 왜 그러는가?

A 병원에 갔다
B 축구를 하고 있었다
C 다리를 다쳤다
D 너무 빨리 달렸다

단어 腿 tuǐ 명 다리 | 出血 chūxiě 동 피가 나다 | 碰破 pèng
pò 부딪혀 벗겨지다

---

22   Test **3-22**

(해설 및 정답) '몇 시간 동안 참관하며'라는 여자의 질문을 통
해 정답이 B임을 알 수 있다.

男: 去故宫玩儿的同学们，请明天到学校
正门口集合，八点出发。
女: 明天我们参观多长时间？几点左右能
回来？

问: 女的关心什么？

A 见面地点
B 参观时间
C 交通工具
D 报名人数

남: 고궁에 놀러 갈 학우들은 내일 학교 정문 입구에서
집합해 주세요. 8시에 출발합니다.
여: 내일 몇 시간 동안 참관하며, 몇 시쯤 돌아올 수 있
나요?

질문: 여자는 무엇에 관심이 있나?

A 만남 장소
B 참관 시간
C 교통수단
D 신청인 수

단어 集合 jíhé 동 집합하다 | 出发 chūfā 동 출발하다 | 报

名 bàomíng 图 신청하다, 등록하다 | ★参观 cānguān 图
견학하다

해설 및 정답 왜 아직 손자를 데리러 가지 않냐는 남자의 물
음에 여자는 오늘 아이가 말하기 대회에 참가해서 5시 반이
돼야 끝난다고 답하고 있다. 여자의 말을 통해서 C가 정답임
을 알 수 있다.

男: 都四点一刻了，你怎么还不去接孙子？
女: 孩子今天参加演讲比赛，五点半才结
束。

问: 女的是什么意思？

A 钟不准
B 马上出发
C 没到时间
D 今天不上班

남: 벌써 4시 15분인데, 왜 아직 손자를 마중 가지 않나
요?
여: 오늘 아이가 말하기 대회에 참가해서, 5시 반이 돼
야 끝나요.

질문: 여자는 무슨 의미인가?

A 시계가 정확하지 않다
B 바로 출발한다
C 시간이 안 되었다
D 오늘 출근하지 않는다

단어 一刻 yí kè 명 15분 | ★接 jiē 图 마중하다 | 孙子 sūnzi
명 손자 | 演讲比赛 yǎnjiǎng bǐsài 강연 시합 | ★结束
jiéshù 图 끝나다 | ★出发 chūfā 图 출발하다

해설 및 정답 여자가 그전에는 거실에서 햇빛을 못 봐서 누렇
게 변했었나 보다고 말하고 있으므로 정답은 C이다.

男: 妈，你看这鲜花放在外面才一天， 叶
子就全变绿了。
女: 是啊。估计是之前在客厅里见不到阳
光才发黄的。

问: 女的认为叶子为什么会发黄？

A 空气湿润
B 放阳台上
C 没有阳光
D 降雨减少

남: 어머니, 이 꽃을 밖에 하루 놓아두었을 뿐인데, 잎
이 모두 녹색으로 변했어요.
여: 그렇네. 그전에는 거실에서 햇빛을 못 봐서 누렇게
변했었나 보구나.

질문: 여자는 잎이 왜 누렇게 변했다고 생각하는가?

A 공기가 습해서
B 베란다에 두어서
C 햇빛이 없어서
D 강우량이 줄어서

단어 鲜花 xiānhuā 명 생화, 꽃 | 叶子 yèzi 명 잎 | 绿 lǜ 형
푸르다 | ★估计 gūjì 图 추측하다, 예측하다 | 客厅 kètīng
명 객실 | 阳光 yángguāng 명 햇빛 | 发黄 fāhuáng 图
누렇게 되다 | 空气 kōngqi 명 공기 | ★湿润 shīrùn 형
축축하다, 습윤하다 | ★减少 jiǎnshǎo 图 감소하다 |
★降雨 jiàngyǔ 图 비가 내리다

해설 및 정답 环境也不错라는 여자의 말 중 不错는 '좋다'
라는 의미와 같으므로 정답은 B이다.

男: 听说你搬到郊区住了？
女: 是啊，那边空气新鲜，环境也不错。
挺适合生活的。

3회 해설

问：女的觉得郊区怎么样？

A 交通方便
B 环境很好
C 风景很美
D 空气不新鲜

남: 너 교외 지역으로 이사했다면서?

여: 그래, 그쪽은 공기가 맑고 환경도 좋아서, 생활하기에 아주 적합해.

질문: 여자는 교외 지역이 어떻다고 느끼는가?

A 교통이 편리하다
B 환경이 매우 좋다
C 풍경이 아름답다
D 공기가 신선하지 않다

단어 听说 tīngshuō 통 듣자 하니, 듣건대 | 郊区 jiāoqū 명 (도시의) 변두리 | 空气 kōngqì 명 공기 | ★新鲜 xīnxiān 형 신선하다 | 环境 huánjìng 명 환경 | 挺 tǐng 부 대단히, 아주 | ★适合 shìhé 통 적합하다, 알맞다 | 交通 jiāotōng 명 교통 | ★方便 fāngbiàn 형 편리하다 | 风景 fēngjǐng 명 풍경, 경치

---

26 ◁ —————— Test 3-26

해설 및 정답 남자의 不高兴了이라는 말을 통해 정답이 D임을 바로 알 수 있다.

男：女儿怎么了？
女：周末她过生日，我们本来不是说好陪她去游乐园吗？
男：我说她怎么一听我要出差就不高兴了。
女：你能把出差的时间往后推推吗？

问：女儿现在的心情怎么样？

A 不后悔
B 很吃惊
C 非常兴奋
D 不太高兴

남: 딸아이가 왜 저러지？

여: 주말에 딸아이 생일인데, 원래 우리가 놀이공원에 데리고 가겠다고 약속하지 않았나요？

남: 내가 출장 갈 거라는 말을 듣자마자 어쩜 저렇게 기분 나빠하지？

여: 당신 출장을 뒤로 미룰 수는 없을까요？

질문: 딸의 현재 심정은 어떠한가？

A 후회하지 않는다
B 몹시 놀랐다
C 몹시 흥분했다
D 별로 기쁘지 않다

단어 本来 běnlái 부 본래, 원래 | ★游乐园 yóulèyuán 명 놀이공원 | 出差 chūchāi 통 출장 가다 | ★推 tuī 통 연기하다, 늦추다 | 后悔 hòuhuǐ 통 후회하다, 뉘우치다 | ★吃惊 chījīng 통 놀라다 | ★兴奋 xīngfèn 통 흥분하다

---

27 ◁ —————— Test 3-27

해설 및 정답 但是 뒤에 약이 효과가 없다고 언급했으므로 정답은 C이다.

男：你怎么咳嗽得这么严重？吃药了吗？
女：吃了，但是好像没什么效果。
男：去医院打一针吧。这样好得快些。
女：先等等吧。要是明天还不好再去。

问：女的觉得那些药怎么样？

A 太苦
B 价格便宜
C 效果不好
D 让人变困

남: 기침을 왜 이렇게 심하게 하니? 약은 먹었어?

여: 먹었어. 하지만 별로 효과가 없는 것 같아.

남: 병원에 가서 주사를 맞아. 그럼 빨리 나을 거야.

여: 일단 기다려보고, 내일도 여전히 안 좋으면 그때 가볼래.

질문: 여자는 그 약이 어떻다고 생각하는가?

A 너무 쓰다
B 값이 싸다
C 효과가 좋지 않다
D 졸리게 한다

단어 咳嗽 késou 图 기침하다 | ★严重 yánzhòng 혱 심각하다 | 药 yào 명 약 | 好像 hǎoxiàng 뿐 마치 ~과 같다 | ★效果 xiàoguǒ 명 효과 | ★打针 dǎzhēn 동 주사를 맞다 | 要是 yàoshi 젭 만약 ~이라면 | 苦 kǔ 혱 쓰다 | 价格 jiàgé 명 가격

A 대사관
B 공항
C 우체국
D 주유소

단어 ★开会 kāihuì 图 회의를 하다 | ★寄 jì 图 부치다, 보내다 | 资料 zīliào 명 자료 | ★趟 tàng 양 차례, 번 | 邮局 yóujú 명 우체국 | 地址 dìzhǐ 명 주소 | 清楚 qīngchu 혱 명확하다 | 大使馆 dàshǐguǎn 명 대사관 | 机场 jīchǎng 명 공항 | 银行 yínháng 명 은행

28 ◀   Test **3-28**

해설 및 정답 보기를 통해서 장소를 묻는 문제임을 알 수 있다. 자료를 하나 부쳐줄 수 있냐는 여자의 부탁에 남자는 잠시 후에 우체국에 가려던 참이었다고 답하고 있다. 남자의 말을 통해서 C가 정답임을 알 수 있다.

女: 我要去开会，你能帮我寄一下资料吗？
男: 没问题。正好我一会儿也要去趟邮局。
女: 谢谢。地址我写在这张纸上了。
男: 这几个字不清楚，是文二路吗？

问: 男的一会儿要去哪儿？

A 大使馆
B 机场
C 邮局
D 加油站

여: 제가 회의에 가려고 하는데, 자료 하나 부치는 것을 도와줄 수 있나요?
남: 문제없어요. 마침 제가 잠시 후에 우체국에 가려던 참이거든요.
여: 고마워요. 주소는 이 종이에 적어 놓았어요.
남: 여기 몇 글자가 명확하지 않네요. 원얼로인가요?

질문: 남자가 잠시 후에 갈 곳은?

29 ◀   Test **3-29**

해설 및 정답 다른 건 다 괜찮은데 주차를 잘 못하겠다는 여자의 말에 남자는 평소에 연습을 많이 하면 된다고 말하고 있으므로 정답은 B이다.

男: 听说你最近在学车，学得怎么样？
女: 别的都还行，就是不太会停车。
男: 平时多练练就行。
女: 好。对了，你是老司机，有空教教我吧。

问: 男的建议女的怎么做？

A 重新学
B 多练习
C 查资料
D 问老师

남: 너 요즘 운전 배운다던데, 배우는 건 어때?
여: 다른 건 다 괜찮은데, 주차를 잘 못하겠어.
남: 평소에 연습을 많이 하면 돼.
여: 알았어. 참! 너 운전 경력이 많으니, 시간 나면 나 좀 가르쳐 줘.

질문: 남자는 여자에게 어떻게 하라고 제안하는가?

A 다시 배우라고
B 연습을 많이 하라고
C 자료를 검색하라고
D 선생님께 물어보라고

听说 tīngshuō 圄 듣자 하니 | ★停车 tíngchē 圄
주차하다 | 平时 píngshí 圀 평소, 평상시 | ★练 liàn 圄
연습하다 | 司机 sījī 圀 운전기사 | ★重新 chóngxīn 圄
다시, 재차

30

이웃집의 등은 모두 켜져 있다는 여자의 말에
남자는 등이 고장 난 거라고 말하고 있으므로 정답은 A이다.

女: 怎么回事？你怎么不开灯？
男: 我也是刚进门，刚发现灯不亮。是不
　　是停电了？
女: 应该不会。邻居家的灯都亮着呢。
男: 那就是灯坏了。

问: 根据对话，下列哪个正确？

A 灯坏了
B 停电了
C 男的要睡觉
D 邻居不在家

여: 어떻게 된 거지? 왜 불을 켜지 않았어?
남: 나도 이제 들어왔어. 불이 안 켜지는 것도 지금 알
　　았어. 정전된 거 아니야?
여: 그럴 리 없어. 이웃집의 등은 모두 켜져 있는걸.
남: 그럼 등이 고장 난 거네.

질문: 대화를 근거로 다음 중 옳은 것은?

A 등이 고장 났다
B 정전되었다
C 남자는 자려고 한다
D 이웃이 집에 없다

灯 dēng 圀 등 | ★发现 fāxiàn 圄 발견하다, 알아차리다 |
亮 liàng 圀 밝다, 빛나다 | ★停电 tíngdiàn 圄 정전되다

31

내일 오전에 학교에서 채용 설명회가 열리는데
갈 거냐는 남자의 물음에 여자는 내일 아침에 수업이 있어서
제시간에 못 맞출 것 같다고 말하고 있으므로 정답은 B이다.

男: 明天上午学校有个招聘会，你去不去？
女: 我明早有一节课，估计赶不上。
男: 招聘会9点半开始，你几点下课？
女: 9点。那我还来得及。

问: 关于女的，下列哪个正确？

A 是博士
B 早上有课
C 9点半下课
D 找到工作了

남: 내일 오전에 학교에서 채용 설명회가 열리는데, 너
　　갈 거니?
여: 나 내일 아침에 수업이 있어서, 제시간에 못 맞출
　　것 같아.
남: 채용 설명회는 9시 30분에 시작해. 너 몇 시에 수
　　업 끝나니?
여: 9시. 그렇다면 시간에 맞게 갈 수 있겠다.

질문: 여자에 관해 다음 중 옳은 것은?

A 박사다
B 아침에 수업이 있다
C 9시 30분에 수업이 끝난다
D 직업을 구했다

招聘会 zhāopìnhuì 圀 채용 설명회 | ★节 jié 圀 여러
개로 나누어진 것을 세는 단위, 수업·교시를 셈 | ★估计
gūjì 圄 추측하다, 예측하다 | ★赶不上 gǎnbushàng 圄
제시간에 댈 수 없다 | ★来得及 láidejí 圄 늦지 않다 | 博
士 bóshì 圀 박사

해설 및 정답 보기를 통해서 인물의 행동을 묻는 문제임을 알 수 있다. 다른 주의 사항이 있냐는 남자의 물음에 여자는 너무 무리하지 말고 될 수 있으면 휴식을 많이 취하라고 답하고 있으므로 정답은 A이다.

女 : 你的感冒不是很严重，我先给你打一针，然后再开点儿药。

男 : 好，还有其他要注意的吗？

女 : 你得好好儿休息，别总熬夜。

男 : 好的。谢谢您，大夫。

问 : 医生建议男的怎么做？

A 多休息

B 别抽烟

C 少喝酒

D 多喝水

여 : 당신의 감기는 심하지 않습니다. 우선 주사 한 대 놔드리고, 그러고 나서 약을 처방해 드리겠습니다.

남 : 알겠습니다. 다른 주의 사항이 있나요?

여 : 잘 쉬셔야 합니다. 항상 밤새지 마시고요.

남 : 알겠습니다. 의사 선생님, 고맙습니다.

질문 : 의사는 남자에게 어떻게 하라고 했는가?

A 휴식을 많이 취하라고

B 담배를 피우지 말라고

C 술을 적게 마시라고

D 물을 많이 마시라고

단어 感冒 gǎnmào 몡 감기 | ★严重 yánzhòng 톙 심각하다 | 打针 dǎzhēn 통 주사를 맞다 | 开药 kāiyào 통 약을 처방하다 | 注意 zhùyì 통 주의하다 | 休息 xiūxi 통 휴식을 취하다 | ★抽烟 chōuyān 통 담배를 피우다, 흡연하다

해설 및 정답 '방금 매니저가 업무 총결 보고서를 쓰라고 해서'라는 말을 통해서 정답이 A임을 알 수 있다.

女 : 今天话怎么这么少呀？

男 : 经理让我写篇总结，正考虑怎么写呢。

女 : 总结？关于哪方面的？

男 : 营销方面的。

问 : 经理让男的做什么？

A 写总结

B 交报告

C 开会讨论

D 整理材料

여 : 오늘 웬일로 이렇게 말이 없지？

남 : 방금 매니저가 업무 총결 보고서를 쓰라고 해서, 어떻게 쓸까 생각 중이야.

여 : 총결 보고서? 어느 방면에 대한 거지?

남 : 마케팅 방면이야.

질문 : 매니저가 남자에게 무엇을 하라고 했나?

A 총결 보고서를 작성하라고

B 보고서를 제출하라고

C 회의를 열어 토론하자고

D 자료를 정리하라고

단어 总结 zǒngjié 몡 총결산, 최종 평가 | 考虑 kǎolǜ 통 고려하다 | 营销 yíngxiāo 통 마케팅하다

3회 해설

해설 및 정답 '우리 반'이라는 내용을 통해 그들이 반 친구임을 알 수 있으므로 정답은 A이다.

女：你一个人对着电脑笑什么？
男：我刚才看了一个笑话，你看看，笑得我肚子都疼了。
女：这么好笑吗？我也看看。
男：你也觉得很好笑的话，就给咱班每个同学都发一下。

问：他们可能是什么关系？

A 同学
B 同事
C 亲戚
D 家人

여: 너 혼자 컴퓨터 보면서 뭘 웃고 있는 거야?
남: 방금 전에 우스운 이야기를 하나 봤어. 너도 봐봐. 너무 웃겨서 배가 다 아프다.
여: 그렇게 재미있어? 나도 좀 보자.
남: 너도 재미있으면 우리 반 친구들에게도 보내주자.

질문: 그들은 무슨 관계인가?

A 동창
B 동료
C 친척
D 가족

단어 刚才 gāngcái 몡 방금 | 肚子 dùzi 몡 배

해설 및 정답 보기를 통해 음식에 대한 평가를 묻는 문제임을 알 수 있다. 내가 빚은 만두 맛이 어떠냐는 여자의 물음에 남자는 맛있는데 약간 짜다고 말하고 있으므로 정답은 A이다.

女：我包的饺子味道怎么样？
男：很香。就是有点儿咸，盐放多了。
女：是吗？那我给你倒杯水吧。
男：好的。

问：男的觉得饺子怎么样？

A 有些咸
B 很特别
C 不太好吃
D 马马虎虎

여: 내가 빚은 만두 맛이 어때?
남: 맛있어. 다만 약간 짜다. 소금을 많이 넣었네.
여: 그래? 그럼 물을 좀 부을게.
남: 알았어.

질문: 남자는 만두가 어떻다고 느끼는가?

A 약간 짜다
B 아주 특별하다
C 맛이 별로 없다
D 그저 그렇다

단어 包饺子 bāo jiǎozi 만두를 빚다 | ★味道 wèidao 몡 맛 | 盐 yán 몡 소금 | 马马虎虎 mǎmǎ hūhū 혱 그저 그렇다

[36-37]   Test **3-36**

第36到37题是根据下面一段话：

　　丽水家园小区有一个两室一厅的³⁶房子出租，³⁷高层电梯，老人上下楼也很方便。小区门口就是公交站，距地铁站不到十分钟，交通十分便利。周围有超市、医院，租金低，有意者请电话联系。

36~37번 문제는 다음 내용에 근거한다.

리쉐이 정원 단지에 방 두 개에 거실 하나인 ³⁶집을 세 놓습니다. ³⁷고층 엘리베이터가 있어 노인들이 오르내리기에도 아주 편리합니다. 단지 입구가 바로 버스 정류장이고, 지하철역까지 10분 이내에 위치해 교통이 매우 편리합니다. 주변에 슈퍼마켓, 병원이 있고 임대료가 낮으니, 관심 있는 분은 전화로 연락하시기 바랍니다.

🗣 小区 xiǎoqū 몡 단지 | 出租 chūzū 툉 세를 놓다 | 电梯 diàntī 몡 엘리베이터 | 方便 fāngbiàn 혱 편리하다 | 公交站 gōngjiāozhàn 몡 버스 정류장 | 交通 jiāotōng 몡 교통 | 便利 biànlì 혱 편리하다 | 租金 zūjīn 몡 임대료 | 联系 liánxì 툉 연락하다

36 ◀ _____ Test **3-37**

해설 및 정답 '집을 세 놓습니다'라는 내용으로 임대 사이트에서 볼 수 있는 부동산 임대 광고임을 유추할 수 있다.

这段话最可能出现在哪儿?

A 银行短信　　　　B 医院广告
C 公司通知　　　　**D 租房网站**

이 단문은 어디에서 볼 수 있는가?

A 은행 문자 메시지　　B 병원 광고
C 회사 통지　　　　　**D 임대 사이트**

🗣 广告 guǎnggào 몡 광고 | 通知 tōngzhī 몡 통지, 알림 | 网站 wǎngzhàn 몡 사이트

37 ◀ _____ Test **3-38**

해설 및 정답 '고층 엘리베이터'라는 내용을 통해 집에 엘리베이터가 있음을 알 수 있다

关于那个房子, 可以知道什么?

A 有电梯　　　　B 租金高
C 离公司近　　　　D 不准养狗

그 집에 관해 알 수 있는 것은?

A 엘리베이터가 있다　　B 임대료가 높다
C 회사에서 가깝다　　　D 개를 기를 수 없다

🗣 准 zhǔn 툉 허용하다 | 养 yǎng 툉 기르다, 키우다

[38-39] Test **3-39**

第38到39题是根据下面一段话:

你知道吗? 这个世界上不只人有自己的语言, ³⁹大自然也有它们的语言, 而且到处都有。你只要仔细观察, 就会发现。例如, 鱼儿跳出水面, 是在提醒我们要下雨了; ³⁸而白云高高在上, 说明明天是晴天。

38~39번 문제는 다음 내용에 근거한다.

당신은 알고 있나요? 이 세상에는 단지 사람에게만 언어가 있는 것이 아니라, ³⁹대자연 역시 그들만의 언어가 있습니다. 게다가 어디에나 있습니다. 당신이 자세히 관찰하기만 한다면, 바로 발견할 수 있습니다. 예를 들어, 물고기가 수면 위로 뛰어오르면, 우리에게 곧 비가 올 것임을 알려 주는 것이고, ³⁸흰 구름이 높이 떠 있으면, 내일은 맑은 날씨임을 뜻합니다.

🗣 语言 yǔyán 몡 언어 | 大自然 dàzìrán 몡 대자연 | 到处 dàochù 몡 도처 | ★观察 guānchá 툉 관찰하다 | ★发现 fāxiàn 툉 발견하다 | 水面 shuǐmiàn 몡 수면 | 提醒 tíxǐng 툉 일깨우다 | 云 yún 몡 구름

38 ◀ _____ Test **3-40**

해설 및 정답 '흰 구름이 높이 떠 있으면, 내일은 맑은 날씨임을 뜻합니다'라는 문장을 통해 정답이 B임을 알 수 있다.

白云高高在上说明什么?

A 有雨　　　　　　**B 天气晴**
C 很凉快　　　　　D 天要黑了

흰 구름이 높이 떠 있는 것은 무엇을 설명하는가?

A 비가 온다   **B 날씨가 맑다**
C 매우 선선하다   D 날이 곧 어두워진다

凉快 liángkuai 혱 선선하다, 시원하다

---

39   Test **3-41**

해설 및 정답 '대자연 역시 그들만의 언어가 있습니다'라는 내용 뒤에 관련 예시를 언급하고 있으므로 정답은 D이다.

这段话主要谈的是什么?

A 鱼的世界   B 季节的变化
C 动物怎么交流   **D 大自然的语言**

단문에서 주요하게 이야기하는 것은?

A 물고기의 세계
B 계절의 변화
C 동물은 어떻게 교류하는가
D 대자연의 언어

단어 季节 jìjié 몡 계절 | 变化 biànhuà 몡 변화

[40-41]   Test **3-42**

> 第40到41题是根据下面一段话:
>
> 　　现在建立一个网站变得非常容易。⁴⁰不光许多公司有网站,而且很多人都有自己的网站,访问各种各样的网站已经成为人们生活的一部分,⁴¹网站极大地丰富了现代人的精神生活。

40~41번 문제는 다음 내용에 근거한다.

　　요즘은 홈페이지 만들기가 매우 쉬워졌다. ⁴⁰많은 회사가 홈페이지를 보유하고 있을 뿐 아니라, 많은 사람들이 자신의 홈페이지를 갖고 있다. 다양한 홈페이지를 방문하는 것은 이미 사람들의 생활의 일부가 되었으며, ⁴¹홈페이지는 현대인의 정신 생활을 대단히 풍부하게 만들었다.

단어 建立 jiànlì 통 이루다, 만들다 | 网站 wǎngzhàn 몡 웹사이트 | 容易 róngyì 혱 쉽다 | 访问 fǎngwèn 통 방문하다 | ★成为 chéngwéi 통 ~이 되다 | 极大 jídà 閔 더할 수 없이 크게 | 丰富 fēngfù 통 풍부하게 하다 | 精神 jīngshén 몡 정신

---

40   Test **3-43**

해설 및 정답 '많은 회사가 홈페이지를 보유하고 있을 뿐 아니라, 많은 사람들이 자신의 홈페이지를 갖고 있다'를 통해 홈페이지가 현대 생활에서 보편화되었음을 알 수 있다.

关于网站, 下列哪个正确?

A 十分普遍   B 不太安全
C 需要密码   D 不容易建

홈페이지에 관해 다음 중 옳은 것은?

A 매우 보편화되었다   B 별로 안전하지 않다
C 비밀번호가 필요하다   D 만들기 쉽지 않다

---

41   Test **3-44**

해설 및 정답 '홈페이지는 현대인의 정신 생활을 대단히 풍부하게 만들었다'에서 화자는 홈페이지가 현대인에게 좋은 영향을 미친다고 생각하고 있으므로 지지하는 태도를 가지고 있음을 알 수 있다.

说话人对网站是什么态度?

A 支持   B 反对
C 怀疑   D 担心

화자는 홈페이지에 대해 어떤 태도인가?

A 지지한다   B 반대한다
C 의심한다   D 걱정한다

第42到43题是根据下面一段话：

　　⁴²生活是什么？不同的人有不同的看法。有人说生活是一杯美式咖啡，越喝越香；有人说，生活是一块巧克力，甜中有苦；有人说，生活是一块圆面包，⁴³最中间的部分是最好吃的，然而并不是每个人都能吃到。生活到底是什么？可能我们每个人都有自己的答案。

42~43번 문제는 다음 내용에 근거한다.

　　⁴²삶은 무엇인가? 사람마다 다양한 생각이 있다. 어떤 사람은 삶이 아메리카노처럼 마실수록 향긋하다고 말한다. 어떤 사람은 삶이 초콜릿처럼 달면서도 쓰다고 말한다. 어떤 사람은 삶이 동그란 빵이어서 ⁴³가장 가운데 부분이 제일 맛있지만, 모든 사람이 다 먹을 수 있는 것은 아니라고 말한다. 삶은 과연 무엇인지, 우리 모두 저마다 자기의 답이 있을 것이다.

단어 生活 shēnghuó 명 생활, 삶 | ★看法 kànfǎ 견해 | 香 xiāng 형 (음식이) 맛있다, 맛이 좋다 | 巧克力 qiǎokèlì 명 초콜릿 | 然而 rán'ér 접 그러나 | 到底 dàodǐ 부 도대체 | 答案 dá'àn 명 답안

해설 및 정답 도입 부분에서 '삶은 무엇인가'라는 질문으로 시작하고 있으므로, 이 글에서 주요하게 말하고자 하는 것은 바로 삶이다.

这段话谈的是什么？

A 咖啡   **B 生活**
C 巧克力   D 圆面包

단문에서 말하는 것은 무엇인가?

A 커피   **B 삶**
C 초콜릿   D 동그란 빵

해설 및 정답 이 글에서 삶은 아메리카노, 초콜릿, 동그란 빵으로 비유되고 있다. '삶이 동그란 빵이어서 가장 가운데 부분이 제일 맛있지만'이라는 문장을 통해서 동그란 빵의 특징을 알 수 있다.

圆面包有什么特点？

A 苦中有甜   B 越吃越香
C 中间最好吃   D 需要慢慢品尝

동그란 빵은 어떤 특징이 있나?

A 쓰면서도 달다

B 먹을수록 향긋하다

C 가운데가 가장 맛있다

D 천천히 맛 볼 필요가 있다

第44到45题是根据下面一段话：

　　当一个人在听一只小鸟的叫声时，⁴⁴会觉得很好听，尽管他完全听不懂小鸟在唱的是什么。当一个人在看一件艺术品时，可能他看来看去都看不懂表达的是什么，但是还是觉得好看。⁴⁵其实在人们不懂什么是美时，美一直都在，美不会因为人们的不懂而改变。

44~45번 문제는 다음 내용에 근거한다.

　　사람이 작은 새의 지저귀는 소리를 들으면 ⁴⁴비록 새가 노래하는 것이 무엇인지 완전히 알아듣지는 못해도 매우 듣기 좋다고 느낀다. 사람이 예술품을 볼 때 아무리 봐도 그것이 표현하는 것이 무엇인지 몰라도 아름답다고 느낀다. ⁴⁵사실 사람들이 어떤 것이 아름다운 것인지 모를 때도 아름다움은 계속 있어 왔다. 아름다움은 사람들의 무지로 인해 변하지는 않는다.

단어 鸟 niǎo 명 새 | 尽管 jǐnguǎn 접 비록 ~이라 하더라도 | 完全 wánquán 부 완전히 | 唱 chàng 동 노래하다 | 艺术

品 yìshùpǐn 圆 예술품 | 表达 biǎodá 동 표현하다 | 改变 gǎibiàn 동 변하다

44 ──────────────── Test **3-49**

해설 및 정답 '비록 새가 노래하는 것이 무엇인지 완전히 알아듣지는 못해도 매우 듣기 좋다고 느낀다'를 통해 새가 지저귀는 소리가 매우 듣기 좋다는 것을 알 수 있다.

关于小鸟，可以知道什么？

A 长得好看　　　　B 喜爱跳舞
C 叫声好听　　　　D 站着睡觉

새에 대해 알 수 있는 것은?

A 예쁘게 생겼다
B 춤추는 것을 좋아한다
C 새가 지저귀는 소리가 매우 듣기 좋다
D 서서 잔다

45 ──────────────── Test **3-50**

해설 및 정답 '사실 사람들이 어떤 것이 아름다운 것인지 모를 때도 아름다움은 계속 있어 왔다'라는 문장을 통해서, 정답이 B임을 알 수 있다.

美有什么特点？

A 看不见　　　　　**B 一直都在**
C 不好理解　　　　D 离生活很远

아름다움은 어떤 특징이 있는가?

A 보이지 않는다　　　**B 줄곧 있어 왔다**
C 이해하기 어렵다　　D 삶과 매우 멀다

[46-50]

A 精彩 jīngcǎi 형 멋지다, 훌륭하다
B 及时 jíshí 부 곧바로, 즉시
C 个子 gèzi 명 키, 신장
D 坚持 jiānchí 동 고수하다
E 出生 chūshēng 동 태어나다
F 礼貌 lǐmào 명 예의

46 ────────────────

해설 및 정답 이번 임무는 굉장히 중요한 것이므로, 만일 무슨 일이 발생하면 재빨리 연락해야 한다는 것이 의미상 자연스럽다. 또한 及时는 부사로써 전치사 跟 앞에 놓인다.

이번 임무는 굉장히 중요합니다. 만일 무슨 문제가 생기면, (**B 즉시**) 나에게 연락하세요.

단어 任务 rènwu 명 임무 | ★联系 liánxi 동 연락하다

47 ────────────────

해설 및 정답 동사 懂은 '알다, 이해하다'라는 의미로써 앞에 정도부사 很/非常 등의 수식을 받을 수 있다. 懂은 懂事(철이 들다), 懂礼貌(예의 바르다)라는 의미로 많이 활용된다.

그의 딸은 귀여울 뿐 아니라 아주 (**F 예의**)가 발라서, 모든 손님들이 그녀를 좋아한다.

단어 懂 dǒng 동 알다 | 所有 suǒyǒu 형 모든, 일체의

48 ────────────────

해설 및 정답 비교문 'A没有B술어(A는 B만큼 ~하지 않다)', 'A比B술어(A는 B만큼 ~하다)' 용법을 이해하고 있는지를 묻는 문제이다. 술어가 高이므로 비교 대상은 个子임을 알 수 있다.

라오류를 좀 봐. 비록 (**C 키**)는 너만큼 크지 않지만, 힘은 더 세잖아.

단어 力气 lìqi 명 힘, 역량

해설 및 정답 형용사는 단독으로 술어가 될 수 없어 정도부사 很과 함께 짝을 이룬다. 따라서 빈칸에는 형용사가 와야 한다. 精彩는 시합, 공연, 강연 등이 멋지거나 훌륭할 때 쓰는 형용사이므로 정답은 A이다.

오늘 공연은 매우 (**A 훌륭했어요**). 모두 수고했으니, 일찍 돌아가서 쉬세요.

단어 演出 yǎnchū 명 공연 | 辛苦 xīnkǔ 형 수고롭다, 고생스럽다

해설 및 정답 주어 小猫와 시량보어 没几天 사이에는 동사가 위치해야 하며, 의미상 出生没几天이 적합하므로 정답은 E이다.

이 새끼 고양이는 (**E 태어난 지**) 며칠 되지 않아 우리 집으로 보내졌다. 그래서 우리와의 애정이 아주 깊다.

단어 因此 yīncǐ 접 그래서, 따라서 | 深 shēn 형 깊다

[51-55]

A 保护 bǎohù 동 보호하다
B 符合 fúhé 동 부합하다
C 温度 wēndù 명 온도
D 继续 jìxù 명동 계속하다
E 印象 yìnxiàng 명 인상
F 困难 kùnnan 형 어렵다

해설 및 정답 부정부사인 不와 명사 习惯 사이에는 동사가 위치해야 하며, '符合+习惯'이 호응 구조이므로 정답은 B이다.

A: 왜 중국인들은 '二个人'이라고 하지 않고 '两个人'이라고 할까?

B: 비록 중국인들은 '二个人'의 의미를 이해하지만, 그것이 우리의 언어 습관에는 (**B 부합**)하지 않아.

단어 习惯 xíguàn 명 습관

해설 및 정답 有点儿은 '조금, 약간'이라는 의미를 나타내는 정도부사로, '有点儿+형용사' 형태로 불만이나 부정적인 의미를 나타낸다. 의미상 규정 시간 내에 임무를 완성하기가 약간 어려울 것 같다는 것이므로 정답은 F이다.

A: 샤오류, 무슨 의견이 있습니까?

B: 현재 속도로는 규정 시간 내에 임무를 완성하기가 약간 (**F 어려울**) 것 같습니다.

단어 意见 yìjiàn 명 견해, 의견 | ★按照 ànzhào 개 ~에 의해, ~에 따라 | 速度 sùdù 명 속도 | 规定 guīdìng 명 규정, 규칙

해설 및 정답 부사어 有效地와 명사 眼睛 사이에는 동사가 위치해야 하며, 의미상 保护가 적합하다.

A: 너 뭐하고 있어?

B: 이건 눈 체조인데, 효과적으로 눈을 (**A 보호할**) 수 있어.

단어 眼保健操 yǎnbǎo jiàncāo 명 눈 체조 | 有效 yǒuxiào 형 효과적이다

해설 및 정답 的 뒤에는 명사가 위치해야 하며, 그런대로 괜찮다는 대답으로 보아 '인상'이 어떤지를 묻는 것이 가장 적합하므로 정답은 E이다.

A: 너는 샤오리우에 대한 (**E 인상**)이 어때?

B: 그런대로 괜찮아. 나는 그처럼 성격이 활발한 젊은이를 좋아해.

단어 不错 búcuò 형 괜찮다 | ★性格 xìnggé 명 성격 | ★活泼 huópo 형 활발하다 | 年轻人 niánqīngrén 명 젊은이

3회 해설

회사의 직원이 되었다.

단어 记者 jìzhě 명 기자 | 面包师 miànbāoshī 명 제빵사 | 贸易公司 màoyì gōngsī 명 무역회사 | 职员 zhíyuán 명 직원

55

해설 및 정답 빈칸은 동사 努力를 꾸며 줄 수 있는 어휘가 와야 한다. 의미상 계속 노력을 하겠다는 것이므로 정답은 D이다.

> A: 자네가 쓴 보고서가 아주 상세하더군, 아주 만족스럽네.
>
> B: 사장님, 감사합니다. 저는 (**D 계속**) 노력하겠습니다.

단어 报告 bàogào 명 보고서 | 经理 jīnglǐ 명 매니저, 사장 | 努力 nǔlì 동 노력하다, 힘쓰다

56

해설 및 정답 '옷차림과 몸단장은 한 사람의 살아 있는 광고로 인식된다'가 대전제가 되므로 A가 문장 맨 앞에 위치한다. C는 옷차림과 몸단장이 한 사람의 살아 있는 광고로 인식되는 이유에 대해 설명을 하고 있으므로 A→C가 되며, B는 C에 대한 보충 설명이므로 C→B가 된다.

정답 A穿着打扮被认为是一个人的"活广告"。C因为我们可以从中获得很多信息。B比如他的职业、文化水平、生活习惯等。

A옷차림과 몸단장은 한 사람의 '살아 있는 광고'로 인식된다. C따라서 우리는 이를 통해 많은 정보를 얻을 수 있다. B예를 들어, 그의 직업, 문화 수준, 생활 습관 등을 알 수 있다.

단어 ★穿着 chuānzhuó 명 옷차림 | ★打扮 dǎban 동 단장하다, 꾸미다 | 认为 rènwéi 동 여기다, 생각하다 | 广告 guǎnggào 명 광고, 선전 | ★获得 huòdé 동 얻다, 취득하다 | 信息 xìnxī 명 정보 | ★比如 bǐrú 접 예를 들어, 예를 들면 | ★职业 zhíyè 명 직업 | 文化水平 wénhuà shuǐpíng 문화 수준 | 习惯 xíguàn 명 버릇, 습관

57

해설 및 정답 시간 순서에 따라 '어린 시절→조금 자란 후→지금' 순으로 배열한다.

정답 C我小时候很想当记者，A长大一点儿的时候又想当面包师 B现在，我成为了一家贸易公司的职员。

C나는 어린 시절 기자가 되고 싶었고 A조금 자란 후에는 제빵사가 되고 싶었는데, B지금, 나는 한 무역

58

해설 및 정답 '不但…, 而且…'는 '~뿐만 아니라 ~도'라는 의미로 점층관계를 나타내는 접속사이다. 즉, C→A의 순서가 성립된다. C는 지시대사 它가 구체적으로 의미하는 것이 무엇인지 알 수 없으므로 문장 맨 앞에 위치할 수 없다. 따라서 B가 문장 맨 앞에 위치한다.

정답 B"地球一小时"活动开始于2007年。C它不但是为了让人们节约用电，A而且还想引起人们对气候变暖问题的关注。

B'지구촌 불 끄기' 행사는 2007년에 시작되었다. C이 행사는 사람들에게 전기 절약뿐 아니라, A지구 온난화 문제에 대한 사람들의 관심을 이끌어내기 위한 목적도 있다.

단어 地球 dìqiú 명 지구 | 活动 huódòng 명 활동, 행사 | 节约 jiéyuē 동 절약하다 | ★引起 yǐnqǐ 동 (주의를) 끌다 | 气候 qìhòu 명 기후 | 关注 guānzhù 명 관심을 가지다

59

해설 및 정답 所以와 否则는 의미상 첫 문장이 될 수 없으므로, C를 첫 문장으로 선택한다. 否则는 앞 문장의 내용을 진행하지 않았을 경우에 대한 가설을 나타내는 접속사로, 대체로 마지막 문장이 된다.

정답 C我们明天要学的内容有点儿难。A所以最好提前预习一下。B否则可能不知道老师在讲什么。

C우리가 내일 배워야 할 내용은 조금 어렵다. A그래서 미리 예습을 하는 것이 가장 좋다. B그렇지 않으면 선생님이 무슨 말씀을 하는지 모를 수도 있다.

단어 内容 nèiróng 명 내용 | 提前 tíqián 동 앞당기다 | 预习 yùxí 동 예습하다

60

해설 및 정답 B와 C문장에는 주어가 없으므로 명사 주어로 시작하는 A를 문장 맨 앞에 위치시킨다. 할인 행사를 제시한 뒤 구체적인 할인의 범위를 이야기해야 하므로 C→B가 된다.

정답 A这种牙膏效果非常不错。C正好现在还有打折活动。B购买满30元还免费送一

个，非常合适。

A이런 종류의 치약은 효과가 굉장히 좋아요. **C**마침 지금 할인 행사도 하고 있어요. **B**30위안 이상 구매하시면 무료로 하나를 더 드리니, 아주 적당합니다.

단어 打折 dǎzhé 통 할인하다 | 购买 gòumǎi 통 구매하다 | 合适 héshì 형 적합하다

해설 및 정답 '本来…, 结果…竟然…'은 의외의 결과를 나타낼 때 주로 함께 사용되므로 C→B가 된다. 그에게 추가 근무가 있다고 속인 것이 원인이므로, A를 가장 앞에 배치한다.

정답 **A**我故意骗他说上个周日加班。**C**本来只是想开个玩笑，结果，**B**他那天早上竟然真的去公司了。

A나는 고의로 지난 일요일에 그에게 추가 근무가 있다고 속였다. **C**원래는 단지 장난을 치고 싶었던 것인데, 결과적으로, **B**그는 그날 아침 뜻밖에도 진짜 회사에 갔다.

단어 故意 gùyì 부 고의로, 일부러 | 骗 piàn 통 속이다 | 本来 běnlái 부 원래

해설 및 정답 '一来…, 二来…'는 '첫 번째는 ~하고, 두 번째는 ~하기 위함이다'라는 의미의 병렬 관계를 나타내는 접속사이다. B와 A는 병렬 관계로 이루어져 있으므로 B→A의 순서가 성립된다. 결과를 나타내는 所以가 있는 C는 맨 마지막에 위치해야 한다.

정답 **B**一来小城四季的风景都很美。**A**二来环境保护得也很好。**C**所以每年都吸引着成千上万的游客去那儿旅游。

B첫째는 소도시는 사계절의 풍경이 모두 아름답다. **A**둘째는 환경 보호가 잘 되어 있다. **C**그래서 매년 수많은 관광객을 그곳으로 관광 오도록 모은다.

단어 风景 fēngjǐng 명 풍경 | 保护 bǎohù 통 보호하다 | 成千上万 chéng qiān shàng wàn 성 수천수만, 대단히 많다 | 游客 yóukè 명 여행객, 관광객

해설 및 정답 虽然은 但是와 호응하여 '비록 ~하지만, 그러나 ~하다'라는 의미를 나타내므로 C→A가 되고, 샤오류가 중국어 교육을 잘 받아서 중국어를 매우 유창하게 잘하는 것이므로 A→B가 된다.

정답 **C**虽然小刘在国外出生长大 **A**但是她受到了很好的中文教育 **B**汉语说得非常流利。

C샤오류는 비록 외국에서 태어나고 자랐지만 **A**그러나 중국어 교육을 잘 받아서 **B**중국어로 매우 유창하게 말한다.

단어 国外 guówài 명 국외, 외국 | ★出生 chūshēng 통 태어나다 | 长大 zhǎngdà 통 성장하다, 자라다 | 受 shòu 통 받다 | 流利 liúlì 형 유창하다

해설 및 정답 인칭대사인 他가 주어임을 바로 확인할 수 있으므로, B를 맨 앞에 위치시킨다. '哪怕…也…'는 접속사 호응 구조로, C→A의 순서가 성립된다.

정답 **B**他是一个很有幽默感的人。**C**哪怕是很普通的经历 **A**从他嘴里说出来也会变得非常有趣。

B그는 유머 감각이 뛰어난 사람이다. **C**설사 매우 평범한 경험일지라도 **A**그의 입을 통해 나오면 매우 재미있게 변하곤 한다.

단어 幽默感 yōumògǎn 명 유머감(각) | 哪怕…, 也… nǎpà…, yě… 설사 ~라고 하더라도 ~하겠다 | 普通 pǔtōng 형 평범하다 | 经历 jīnglì 명 경험 | 有趣 yǒuqù 형 재미있다

해설 및 정답 后来는 어떤 일이 있은 후를 나타내므로 B는 문장 맨 앞에 올 수 없으며 원인 및 이유를 나타내는 접속사 由于는 결과를 나타내는 문장과 함께 호응하여 '~로 인해서 ~하다'라는 의미를 나타내므로 A→B가 되며, C는 자연스럽게 문장 맨 앞에 위치한다.

정답 **C**这次招聘会本来是由王主任负责的, **A**由于他生病住院了 **B**后来就交给我来做了。

C이번 채용 박람회는 원래 왕 주임님이 담당하기로 했는데, **A**그가 병이 나서 입원했기 때문에 **B**그 후에는 내가 맡아서 하게 되었다.

단어 招聘会 zhāopìnhuì 명 채용 박람회 | ★由 yóu 개 ~이, ~가 | 负责 fùzé 통 책임지다 | ★由于 yóuyú 개

~때문에, ~으로 인하여 | 住院 zhùyuàn 图 입원하다 |
★后来 hòulái 图 그 후

66

<u>해설 및 정답</u> '그러나 사실은 ~'이라는 전환의 의미를 내포하고 있는 其实가 이끄는 핵심 문장을 통해 번역을 자연스럽고 정확하게 하려면 많은 공을 들여야 한다고 했으므로 C가 정답이다.

번역 업무는 간단한 것처럼 보인다. 한 언어를 다른 언어로 번역만 하면 되기 때문이다. <u>사실 번역을 자연스럽고 정확하게 하려면 많은 공을 들여야 한다.</u> 언어를 공부해야 할 뿐만 아니라 대상 국가의 문화도 이해해야 한다.

★ 화자는 번역 업무가 어떻다고 느끼는가:

A 역사가 매우 짧다　　　　B 하나의 예술이다
C 결코 간단한 일이 아니다 D 시간이 필요하다

<u>단어</u> 翻译 fānyì 图图 번역(하다) | ★简单 jiǎndān 图 간단하다 | 另 lìng 데 다른, 그 밖의 | 自然 zìrán 图 자연스럽다 | 必须 bìxū 图 반드시 ~해야 한다 | ★下功夫 xià gōngfu 공을 들이다 | 文化 wénhuà 图 문화

67

<u>해설 및 정답</u> '저명한 피아니스트가 되었다'라는 문장에서 정답이 B임을 알 수 있다.

어릴 적 나의 친한 친구는 <u>현재 이미 저명한 피아니스트가 되었다.</u> 자주 세계 각지로 가서 연주를 한다. 우리는 매년 춘절에 만나서 예전 일과 지금의 생활을 이야기한다.

★ 화자의 친한 친구는 현재:

A 매우 오만하다　　　　**B 굉장히 유명하다**
C 가수다　　　　　　　　D 외국에 산다

<u>단어</u> ★成为 chéngwéi 图 ~이 되다 | 著名 zhùmíng 图 저명하다 | 钢琴家 gāngqínjiā 图 피아니스트 | 各地 gèdì 图 각지 | 演出 yǎnchū 图 공연하다 | 骄傲 jiāo'ào 图 오만하다

68

<u>해설 및 정답</u> '휴대 전화를 택시에 두고 내렸다… 차는 이미 멀리 간 후였다'라는 문장을 통해 휴대 전화를 찾기 위해 전화한 것임을 알 수 있으므로 정답은 A이다.

오늘 택시에서 내릴 때, 시간에 쫓기는 바람에 <u>나는 실수로 휴대 전화를 택시에 두고 내렸다. 내가 알았을 때 차는 이미 멀리 간 후였다.</u> 나는 할 수 없이 택시 회사에 전화를 걸었다.

★ 화자가 전화를 건 목적은:

A 휴대 전화를 찾으려고
B 차에서 잘못 내려서
C 짐을 달라고 하려고
D 기사에게 돈을 돌려주려고

<u>단어</u> 着急 zháojí 图 조급해하다, 안달하다 | ★赶时间 gǎn shíjiān 시간을 재촉하다 | 行李 xíngli 图 짐 | 还 huán 图 돌려주다 | 司机 sījī 图 기사, 운전사

69

<u>해설 및 정답</u> '이것은 제가 처방해 드리는 약입니다'라는 내용으로 화자가 의사임을 판단할 수 있다. 정답은 A이다.

당신의 건강에는 큰 문제가 없으니, 걱정하지 마세요. <u>이것은 제가 처방해 드리는 약입니다.</u> 잠시 뒤에 약국에 가서 찾으세요. 집으로 돌아가시면 푹 쉬시고, 제때 약을 드세요. 일주일 뒤에 검사하러 다시 오셔야 합니다.

★ 화자는 어떤 일을 하는 사람인가?

A 의사　　　　　　　　B 변호사
C 경찰　　　　　　　　　D 가이드

<u>단어</u> ★担心 dānxīn 图 걱정하다 | 开药 kāiyào 약을 처방하다 | 药房 yàofáng 图 약국 | ★按时 ànshí 图 제때 | 大夫 dàifu 图 의사 | 警察 jīngchá 图 경찰

해설 및 정답 万里无云이 이끄는 문장을 통해 날씨가 무척 좋은 맑은 날을 의미함을 알 수 있으므로 정답은 B이다.

중국인들은 '만 리에 구름이 없다'라고 하여 **날씨가 무척 좋은 맑은 날을 표현했다.** 여기서 '만 리'는 실제로 1만 리가 아니라, 사람들이 볼 수 있는 곳을 가리킨다.

★ '만 리에 구름이 없다'가 형용하는 것은:

A 흐리고 비 오는 날씨   **B 좋은 날씨**
C 장소가 매우 크다   D 안개가 많이 낀 날씨

단어 ★万里无云 wàn lǐ wú yún 구름 한 점 없다 | ★表示 biǎoshì 통 나타내다 | 指 zhǐ 통 가리키다, 나타내다 | 阴雨天 yīn yǔ tiān 명 흐리고 비 오는 날씨

해설 및 정답 '우리로 하여금 책을 보며 생각하는 습관을 기를 수 없게 하고'라는 내용을 통해, 좋은 독서 방법은 보면서 생각하는 것임을 알 수 있으므로 정답은 C이다.

독서에 좋지 않은 방법 두 가지가 있는데, 우리가 주목할 만한 가치가 있다. 첫째는 보는 대로 믿는 것이고, 둘째는 믿는 대로 보는 것이다. 첫 번째 방법은 **우리로 하여금 책을 보며 생각하는 습관을 기를 수 없게 하고,** 두 번째 방법은 사람들의 지식을 편협하게 만든다.

★ 윗글을 근거로 독서는 어떻게 해야 하는가?

A 보면서 쓴다   B 책을 믿는다
C 보면서 생각한다   D 독서 속도를 높인다

단어 值得 zhídé 통 ~할 가치가 있다 | 关注 guānzhù 통 관심을 갖다 | 养成 yǎngchéng 통 양성하다, 기르다 | 窄 zhǎi 형 좁다

해설 및 정답 아이 스스로 좋아하는 컵과 칫솔, 치약을 선택하게 하면 아이가 양치에 흥미를 느낄 수 있다고 했으므로 정답은 D이다.

일반적으로 3세 전후의 아이는 스스로 양치하는 것을 배울 수 있다. 아이에게 양치를 정식으로 가르치기 전에 부모는 **아이 스스로 좋아하는 컵과 칫솔, 치약을 선택하게 해 줄 수 있다. 이렇게 하면 아이가 양치에 흥미를 느낄 수 있다.**

★ 아이에게 칫솔을 선택하게 하면, 아이가:

A 절약하는 법을 알 수 있다
B 좋은 습관을 기를 수 있다
C 양치하는 방법을 배울 수 있다
D 양치에 대한 흥미를 느낄 수 있다

단어 一般 yìbān 형 일반적이다 | 左右 zuǒyòu 명 전후, 가량 | 刷牙 shuāyá 통 이를 닦다 | 教 jiāo 통 가르치다 | ★选择 xuǎnzé 통 고르다, 선택하다 | 牙膏 yágāo 명 치약 | 懂得 dǒngde 통 알다, 이해하다 | ★节约 jiéyuē 통 절약하다

해설 및 정답 광고를 올린 지 한참이 지나도 연락하는 사람이 하나도 없는 이유가 알고 보니 광고상의 전화번호가 한 자릿수 모자란 것이었으므로, 정답은 C이다.

새 집을 산 이후 나는 원래의 집을 팔기로 했다. 하지만 이상하게도 오랜 시간이 지났지만, 나에게 집을 사겠다고 전화를 거는 사람이 없었다. **나중에서야 광고에 전화번호의 한 자리가 빠졌다는 것을 알게 되었다.**

★ 집을 사겠다는 사람이 아무도 없었던 이유는 무엇인가?

A 집값이 너무 비싸서   B 조건이 안 좋아서
C 전화번호가 틀려서   D 교통이 불편해서

단어 广告 guǎnggào 명 광고

해설 및 정답 '과정도 훨씬 재미있다'라는 마지막 문장을 통해 정답이 C임을 알 수 있다.

많은 사람들이 만두를 좋아하지만, 만두를 빚는 것은 너무 번거롭다고 생각한다. 혼자 만두를 빚으면 확실히 지루하지만, 만약 여러 사람이 함께 빚으면 달라진다. 빨리 빚을 수 있을 뿐만 아니라 <u>과정도 훨씬 재미있다.</u>

★ 모두 함께 만두를 빚으면:

A 맛이 좋다   B 속도가 느리다
C 매우 재미있다   D 애정이 커진다

단어 饺子 jiǎozi 몡 물만두, 교자 | 包 bāo 툉 빚다 | ★无聊 wúliáo 휑 지루하다, 무료하다 | 过程 guòchéng 몡 과정 | 有趣 yǒuqù 휑 재미있다 | ★味道 wèidao 몡 맛 | 感情 gǎnqíng 몡 감정, 애정

해설 및 정답 '나의 인생에서 가장 행복한 일은 바로 건강한 신체에, 자기를 사랑하고 자기가 사랑하는 사람이 있는 것, 귀여운 아이가 있고 한 무리의 친구가 있는 것이다'라는 내용을 통해서 금전은 행복에 포함되어 있지 않다는 것을 알 수 있다.

나의 인생에서 가장 행복한 일은 바로 <u>건강한 신체에 자기를 사랑하고 자기가 사랑하는 사람이 있는 것, 귀여운 아이가 있고 한 무리의 친구가 있는 것이다.</u> 지금 나는 이것들을 모두 가졌다.

★ 화자의 행복에 포함되어 있지 않은 것은:

A 사랑   B 가정
C 건강   **D 금전**

단어 拥有 yōngyǒu 툉 보유하다, 소유하다

해설 및 정답 '할아버지는 매일 밤 9시에 잠자리에 들고 아침 5시에 일어나신다'를 통해서 할아버지는 일찍 자고 일찍 일어난다는 것을 알 수 있다.

<u>할아버지는 매일 밤 9시에 잠자리에 들고 아침 5시에 일어나신다.</u> 먼저 차 한 잔을 마신 다음, 공원에 가서 30분 동안 태극권을 연마하신다. 집에 돌아오는 길에는 아침밥을 사 오신다.

★ 할아버지의 생활 습관은:

A 일찍 자고 일찍 일어난다
B 술을 거의 마시지 않는다
C 매일 슈퍼마켓을 구경한다
D 적게 먹고 운동은 많이 한다

단어 太极拳 tàijíquán 몡 태극권 | 顺便 shùnbiàn 빈 ~하는 김에

해설 및 정답 '말을 타는 것과 몽고 전통 춤을 가르쳐주었다'라는 말을 통해 정답이 A임을 알 수 있다.

그곳에는 많은 몽고족 사람들이 있다. 그들은 사람들에게 친절하고 우호적이다. 우리에게 전통 몽고 음식을 대접해 주었을 뿐만 아니라, <u>말을 타는 것과 몽고 전통 춤을 가르쳐주었다.</u> 우리는 모두 굉장히 즐겁게 보냈다.

★ 그들은 그곳에서 무엇을 했는가?

A 말 타기를 배웠다   B 몽고 노래를 불렀다
C 민족 언어를 배웠다   D 많은 친구를 사귀었다

단어 蒙古族 Měnggǔzú 몡 몽고족 | 传统 chuántǒng 몡 전통 | 骑 qí 툉 타다 | 舞蹈 wǔdǎo 몡 춤

78

(해설 및 정답) 화자가 지금 샤오마가 소개해 준 방법으로 다이어트 중임을 알 수 있으므로 정답은 C이다.

> 너 아직도 굶는 다이어트를 하니? 샤오마가 나에게 소개해 준 다이어트 방법의 효과가 매우 좋아. 나 꾸준히 한 지 2주도 안 됐는데, 살이 많이 빠졌다는 게 느껴져. 너도 한번 시도해 봐.

★ 화자에 관해 알 수 있는 것은?

A 적게 먹는다　　　　　B 결혼할 계획이다
C 다이어트 중이다　　D 피아노를 칠 수 있다

(단어) 节食 jiéshí 통 절식하다 | ★减肥 jiǎnféi 통 다이어트하다 | 方法 fāngfǎ 명 방법 | ★效果 xiàoguǒ 명 효과 | 瘦 shòu 형 마르다, 살이 빠지다 | 试 shì 통 시도하다 | 打算 dǎsuan 통 ～할 생각이다, 계획하다

79

(해설 및 정답) '기입한 전화번호가 틀려서'라는 문장을 통해 정답이 B임을 알 수 있다.

> 왕샤오위가 신청서에 기입한 전화번호가 틀려서, 선생님이 지금 그녀에게 연락을 못 하고 계셔. 만약 그녀를 본 학생이 있다면, 선생님이 교무실로 오라고 했다고 전해 줘.

★ 선생님이 왕샤오위에게 연락을 못 하는 원인은:

A 주소가 잘못돼서　　　**B 번호가 틀려서**
C 통화 중이어서　　　　D 휴대폰이 꺼져 있어서

(단어) 申请表 shēnqǐngbiǎo 명 신청서 | 填 tián 통 기입하다 | 号码 hàomǎ 명 번호

[80-81]

> [80]추억은 살아가면서 없어서는 안 될 부분이다. 그러나 우리는 과거의 추억 속에서만 살 수 없다. 특히 슬픈 추억은 더욱 그렇다. 과거에 발생한 일은 바꿀 수 없으며, 중요한 것은 현재이다. 따라서 우리는 [81]추억을 접어두고 눈앞의 일을 열심히 해야만 앞으로 잘 살아갈 수 있다.

(단어) ★回忆 huíyì 명 회상, 추억 | ★不可缺少 bù kě quēshǎo 없어서는 안 되다 | ★难过 nánguò 형 고통스럽다, 괴롭다 | 过去 guòqù 명 과거 | 收起 shōuqǐ 통 중지하다, 그만두다 | ★认真 rènzhēn 형 진지하다, 착실하다 | 眼前 yǎnqián 명 눈앞

80

(해설 및 정답) 첫 번째 문장을 통해서 추억은 살아가면서 없어서는 안 되는 일부분임을 알 수 있으므로 정답은 D이다.

★ 추억에 관해 다음 중 옳은 것은?

A 아름다운 것이다　　　B 슬픈 것이다
C 바꿀 수 있다　　　　　**D 삶의 일부분이다**

81

(해설 및 정답) 눈앞의 일을 열심히 해야 한다는 문장을 통해서 현재를 중시해야 함을 알 수 있으므로 정답은 A이다.

★ 단문을 근거로 우리는 어떻게 해야 하는가:

A 현재를 중시해야 한다
B 좋은 습관을 길러야 한다
C 과거를 많이 추억해야 한다
D 경험을 많이 총정리해야 한다

(단어) 总结 zǒngjié 통 총정리하다

[82-83]

사회에서 사람과 사람의 관계는 매우 중요하다. 당신이 선택한 친구는 당신의 생활에 영향을 미칠 수 있다. ⁸²만약 당신의 친구가 긍정적인 사람이라면, 당신의 성격 역시 낙관적이게 될 것이다. 만약 당신의 친구가 자주 남을 비난하고 생활에 대한 원망만 일삼는다면, 시간이 지나면서 당신도 똑같이 영향을 받게 될 것이다. 따라서, ⁸³우리는 어떤 사람과 친구가 될지 주의해서 선택해야 한다.

단어 社会 shèhuì 명 사회 | ★选择 xuǎnzé 통 선택하다 | ★影响 yǐngxiǎng 통 영향을 주다 | 积极 jījí 형 긍정적이다. 적극적이다 | ★性格 xìnggé 명 성격 | 阳光 yángguāng 형 (성격이) 명랑하다. 낙천적이다 | 批评 pīpíng 통 비판하다. 지적하다 | 抱怨 bàoyuàn 통 (불만을 품고) 원망하다

82

해설 및 정답 '당신의 친구가 긍정적인 사람이라면, 당신의 성격 역시 낙관적이게 될 것이다'라는 내용을 통해 정답이 D임을 알 수 있다.

★ 윗글을 근거로, 긍정적인 친구는:

A 친구가 많다
B 오만하지 않다
C 항상 다른 사람을 비난한다
D 사람을 낙관적이게 한다

83

해설 및 정답 '우리는 어떤 사람과 친구가 될지 주의해서 선택해야 한다'라는 마지막 문장을 통해 정답이 D임을 알 수 있다.

★ 윗글에서 주요하게 이야기하는 것은:

A 다른 사람을 방해하지 말아라
B 예의를 갖춰 사람을 대하는 법을 배워라
C 사람과 사회의 관계
D 친구를 선택하는 것은 매우 중요하다

[84-85]

어느 날, ⁸⁵아빠는 이전과 똑같이 늦게 퇴근하셨다. 집에 돌아왔을 때, 7살 된 딸이 현관에 서 있었다. 딸은 아빠에게 물었다. "아빠, 아빠는 1시간에 얼마나 버세요?" "20위안." 아빠는 대답했다. "그럼 저에게 10위안만 주실 수 있나요?" 아빠는 10위안을 꺼내 딸에게 주었다. 이때 ⁸⁴딸은 호주머니에서 10위안짜리 한 장을 꺼내며 아빠에게 말했다. "저에게 20위안이 있는데, 저에게 1시간을 파실 수 있나요? 내일 일찍 집에 오셔서 저랑 같이 저녁 먹어요. 어떠세요?"

84

해설 및 정답 '딸은 호주머니에서 10위안짜리 한 장을 꺼내며'라는 문장을 통해 딸에게 원래 10위안이 있었음을 알 수 있으므로 정답은 D이다.

★ 윗글을 근거로 딸은:

A 매우 친절하다   B 케이크를 좋아한다
C 초등학교에 진학한다   **D 원래 10위안이 있었다**

85

해설 및 정답 '아빠는 이전과 똑같이 늦게 퇴근하셨다'라고 시작하고, 딸이 아빠에게 20위안을 드린 이유는 아빠와 함께 저녁 식사를 하고 싶어서이므로, 아빠는 평소 일이 많아 바쁘다는 것을 알 수 있다.

★ 아빠에 관해서 알 수 있는 것은?

A 즐겁다   B 그다지 피곤하지 않다
C 일이 바쁘다   D 자주 출장 간다

쓰기

86

해설 및 정답 帮, 去, 拿가 술어가 될 수 있다. 일부 동사는 목적어와 함께 결합하고 있으므로 帮我와 去厨房拿를 중심으로 문장을 전개한다. 또한 동사 술어가 두 개 이상 존재하므로 연동문을 묻는 문제임을 알 수 있다.

Step 1. 동작의 시간 순서에 따라 배열

▶ 帮我 + 去厨房拿

Step 2. 부사 + 술어

▶ 能 + 帮我

Step 3. 부사 + 술어1 + 술어2 + 목적어 + 어기조사

▶ 能 + 帮我 + 去厨房拿 + 一个勺子 + 吗

정답 能帮我去厨房拿一个勺子吗?
주방에 가서 숟가락을 하나 가져다 줄 수 있나요?

단어 厨房 chúfáng 명 주방, 부엌 | 拿 ná 동 쥐다, 가지다 | ★勺子 sháozi 명 숟가락

87

해설 및 정답 并은 [并+不/没] 형태로 부정부사 앞에 쓰여 부정의 어투를 강조하므로, '并+没有+引起+大家的重视'가 된다.

Step 1. 并 + 부정부사

▶ 并 + 没有

Step 2. 부사어 + 술어

▶ 并没有 + 引起

Step 3. 주어 + 부사어 + 술어 + 목적어

▶ 那条新闻 + 并没有 + 引起 + 大家的重视

정답 那条新闻并没有引起大家的重视。
그 뉴스는 결코 모두의 중시를 불러일으키지 못했다.

단어 新闻 xīnwén 명 뉴스 | 并 bìng 부 결코, 전혀 | 引起 yǐnqǐ 동 야기하다, 불러일으키다 | 重视 zhòngshì 동 중시하다, 중요시하다

88

해설 및 정답 감격한 정도가 어땠는지를 나타내는 睡不着觉는 구조 조사 得 뒤에 위치시켜 정도보어를 만들어야 한다.

Step 1. 술어 + 得

▶ 激动 + 得

Step 2. 술어 + 得 + 정도보어

▶ 激动 + 得 + 睡不着觉

Step 3. 주어 + 술어 + 得 + 정도보어

▶ 那个演员 + 激动 + 得 + 睡不着觉

정답 那个演员激动得睡不着觉。
그 배우는 감격해서 잠을 이루지 못했다.

단어 激动 jīdòng 동 설레다, 감격하다

89

해설 및 정답 개사구는 술어를 수식하므로 '比速度+重要'가 되며, 형용사 술어를 강조하는 정도부사 更은 형용사 앞에 와야 하므로 '比速度+更+重要'가 된다.

Step 1. 정도부사 + 술어

▶ 更 + 重要

Step 2. 개사구 + 정도부사 + 술어

▶ 比速度 + 更 + 重要

Step 3. 주어 + 개사구 + 정도부사 + 술어

▶ 方向 + 比速度 + 更 + 重要

정답 方向比速度更重要。
방향은 속도보다 더 중요하다.

단어 方向 fāngxiàng 명 방향 | 速度 sùdù 명 속도

90

[해설 및 정답] 일반명사는 방위사와 결합하여 장소를 나타내므로 '盒子+里面'이 되며, 块는 시계를 셀 수 있는 양사이므로, [수사+양사+명사]의 어순에 따라 '一块儿+手表'가 된다.

Step 1. 일반명사+방위사

▶ 盒子+里面

Step 2. 수량사+명사

▶ 一块儿+手表

Step 3. 주어(명사+방위사)+술어+목적어(수량사+명사)

▶ 盒子+里面+有+一块儿+手表

[정답] 盒子里面有一块儿手表。
상자 안에 시계가 하나 있다.

[단어] 盒子 hézi 몡 상자

91

[해설 및 정답] 把자문: [주어+把+목적어(명사)+술어+기타성분] 형식에 따라 '老师把+···+打乱了'의 순서임을 알 수 있다.

Step 1. 的+명사

▶ 这些数字的+顺序

Step 2. 把+명사(구)

▶ 老师把+这些数字的+顺序

Step 3. 주어+개사구+술어+기타성분

▶ 老师+把这些数字的顺序+打乱+了

[정답] 老师把这些数字的顺序打乱了。
선생님은 이 숫자들의 순서를 교란시켰다.

[단어] 数字 shùzì 몡 숫자 | 顺序 shùnxù 몡 순서 | 打乱 dǎluàn 동 교란시키다

92

[해설 및 정답] 对는 개사로 단독으로 쓰일 수 없어 대상을 나타내는 명사와 함께 개사구를 만들어야 하므로 의미상 '对+比赛的结果'가 되며, 심리동사는 정도를 강화시켜주는 정도부사와 친하므로 '十分+失望'이 된다.

Step 1. 对+명사

▶ 对+比赛的结果

Step 2. 개사구+정도부사+술어

▶ 对比赛的结果+十分+失望

Step 3. 주어+개사구+정도부사+술어

▶ 观众+对比赛的结果+十分+失望

[정답] 观众对比赛的结果十分失望。
관중들은 경기 결과에 크게 실망했다.

[단어] 观众 guānzhòng 몡 관중, 시청자

93

[해설 및 정답] 难道···吗: [难道+문장+吗]의 형식으로 반어문 구조를 만든다.

Step 1. 부사어+술어

▶ 当时不+吃惊

Step 2. 주어+부사어+술어

▶ 你+当时不+吃惊

Step 3. 难道+문장+吗

▶ 难道+你当时不吃惊+吗

[정답] 难道你当时不吃惊吗?
설마 너는 당시에 놀라지 않은 거니?

[단어] 难道 nándào 뷔 설마 ~하겠는가?

94

[해설 및 정답] 被는 개사로 동작을 행하는 주체(목적어)와 함께 개사구를 만들어야 한다. 따라서 '都被+孙子'가 된다.

Step 1. 개사+명사

▶ 都被+孙子

Step 2. 부사어+술어+어기조사

▶ 都被孙子+吃光+了

Step 3. 주어+부사어+술어+어기조사

▶ 巧克力+都被孙子+吃光+了

[정답] 巧克力都被孙子吃光了。
초콜릿을 손자가 다 먹었다.

단어 巧克力 qiǎokèlì 명 초콜릿

95

해설 및 정답 这场은 관형어로써 羽毛球赛 앞에 위치하며 快要는 끝에 了와 호응이 되어 임박태를 완성시킨다.

Step 1. 관형어+주어
▶ 这场+羽毛球赛

Step 2. 快要+술어+了
▶ 快要+结束+了

Step 3. 주어+부사어+술어+어기조사
▶ 这场羽毛球赛+快要+结束+了

정답 这场羽毛球赛快要结束了。
이 배드민턴 경기는 곧 끝난다.

단어 羽毛球赛 yǔmáoqiúsài 배드민턴 경기 | 结束 jiéshù 동 끝나다

96

해설 및 정답 형용사 仔细는 의미상 술어보다는 주로 부사어 역할을 맡는다는 것에 주의한다.

Step 1. 연상 단어
材料(자료) | 仔细(자세하다) | 找(찾다)

Step 2. 기본 문장
我仔细找过了，可是没找到。
나는 자세히 찾아 봤지만, 찾지 못했다.

Step 3. 확장 문장
材料都在这里，你再仔细找一找。
자료는 다 여기에 있으니, 당신은 자세히 찾아 보세요.

단어 仔细 zǐxì 형 자세하다 | 材料 명 cáiliào 자료

97

해설 및 정답 동사 같은 경우에는 술어로 활용이 가능하므로 보이나 부사어를 적극 활용하여 내용을 풍부하게 만든다.

Step 1. 연상 단어
衣服(옷) | 挂(걸다) | 整齐(가지런하다)

Step 2. 기본 문장
他把衣服挂得很整齐。
그가 옷을 매우 가지런히 걸어 놓았다.

Step 3. 확장 문장
妈妈把我的衣服挂起来了。
엄마가 나의 옷을 걸어 놓았다.

단어 挂 guà 동 걸다 | 整齐 zhěngqí 형 정돈되다, 가지런하다

98

해설 및 정답 맛에 관한 단어이므로 사진 속 음식과 관련된 어휘를 사용한다.

Step 1. 연상 단어
汤(국, 탕) | 咸(짜다) | 好喝(맛있다)

Step 2. 기본 문장
妻子做的汤稍微有点儿咸。
아내가 만든 국이 조금 짜다.

Step 3. 확장 문장
这碗汤有点儿咸，不过挺好喝的。
이 찌개는 조금 짜지만, 매우 맛있다.

단어 汤 tāng 명 국, 탕, 찌개 | 碗 wǎn 양 그릇

99

해설 및 정답 사진 속 남자가 시계를 보며 달리고 있으므로 지각과 관련된 문장을 만든다. 구체적인 시간을 제시하면 좀 더 높은 점수를 기대할 수 있다.

Step 1. 연상 단어
大概(대략) | 迟到(지각하다) | 公司(회사)

Step 2. 기본 문장
我今天大概要迟到了。
나 오늘 아마도 지각할 것 같아.

Step 3. 확장 문장
从这儿到公司大概还有十分钟。
여기에서 회사까지는 대략 10분이 더 남았다.

단어 大概 dàgài 부 대략, 아마도 | 迟到 chídào 동 지각하다

해설 및 정답 修理(수리하다)같은 어휘는 사진에 제시된 망가진 물건이 무엇인지 기술하는 것이 중요하다.

Step 1. **연상 단어**

车(자동차) | 修理(수리하다) | 坏(고장나다)

Step 2. **기본 문장**

这辆车需要修理一下。

이 자동차는 수리를 할 필요가 있다.

Step 3. **확장 문장**

我的车坏了, 他正在帮我修理。

내 차가 고장 나서, 그가 지금 수리를 돕는 중이다.

단어 需要 xūyào 동 필요로 하다 | 坏 huài 형 고장나다

■ 汉语水平考试 ＨＳＫ（四级）答题卡 ■

一、听力

1. [√] [×]
2. [√] [×]
3. [√] [×]
4. [√] [×]
5. [√] [×]

6. [√] [×]
7. [√] [×]
8. [√] [×]
9. [√] [×]
10. [√] [×]

11. [A] [B] [C] [D]
12. [A] [B] [C] [D]
13. [A] [B] [C] [D]
14. [A] [B] [C] [D]
15. [A] [B] [C] [D]

16. [A] [B] [C] [D]
17. [A] [B] [C] [D]
18. [A] [B] [C] [D]
19. [A] [B] [C] [D]
20. [A] [B] [C] [D]

21. [A] [B] [C] [D]
22. [A] [B] [C] [D]
23. [A] [B] [C] [D]
24. [A] [B] [C] [D]
25. [A] [B] [C] [D]

26. [A] [B] [C] [D]
27. [A] [B] [C] [D]
28. [A] [B] [C] [D]
29. [A] [B] [C] [D]
30. [A] [B] [C] [D]

31. [A] [B] [C] [D]
32. [A] [B] [C] [D]
33. [A] [B] [C] [D]
34. [A] [B] [C] [D]
35. [A] [B] [C] [D]

36. [A] [B] [C] [D]
37. [A] [B] [C] [D]
38. [A] [B] [C] [D]
39. [A] [B] [C] [D]
40. [A] [B] [C] [D]

41. [A] [B] [C] [D]
42. [A] [B] [C] [D]
43. [A] [B] [C] [D]
44. [A] [B] [C] [D]
45. [A] [B] [C] [D]

二、阅读

46. [A] [B] [C] [D] [E] [F]
47. [A] [B] [C] [D] [E] [F]
48. [A] [B] [C] [D] [E] [F]
49. [A] [B] [C] [D] [E] [F]
50. [A] [B] [C] [D] [E] [F]

51. [A] [B] [C] [D] [E] [F]
52. [A] [B] [C] [D] [E] [F]
53. [A] [B] [C] [D] [E] [F]
54. [A] [B] [C] [D] [E] [F]
55. [A] [B] [C] [D] [E] [F]

56. —
57. —
58. —
59. —
60. —
61. —
62. —
63. —
64. —
65. —

66. [A] [B] [C] [D]
67. [A] [B] [C] [D]
68. [A] [B] [C] [D]
69. [A] [B] [C] [D]
70. [A] [B] [C] [D]

71. [A] [B] [C] [D]
72. [A] [B] [C] [D]
73. [A] [B] [C] [D]
74. [A] [B] [C] [D]
75. [A] [B] [C] [D]

76. [A] [B] [C] [D]
77. [A] [B] [C] [D]
78. [A] [B] [C] [D]
79. [A] [B] [C] [D]
80. [A] [B] [C] [D]

81. [A] [B] [C] [D]
82. [A] [B] [C] [D]
83. [A] [B] [C] [D]
84. [A] [B] [C] [D]
85. [A] [B] [C] [D]

汉 语 水 平 考 试 HSK（四级）答题卡

86.
___

87.
___

88.
___

89.
___

90.
___

91.
___

92.
___

93.
___

94.
___

95.
___

96.
___

97.
___

98.
___

99.
___

100.
___

汉语水平考试 HSK（四级）答题卡 ■

──请填写考生信息── ──请填写考点信息──

按照考试证件上的姓名填写：

姓名	

如果有中文姓名，请填写：

中文姓名	

考生序号	[0] [1] [2] [3] [4] [5] [6] [7] [8] [9]
	[0] [1] [2] [3] [4] [5] [6] [7] [8] [9]
	[0] [1] [2] [3] [4] [5] [6] [7] [8] [9]
	[0] [1] [2] [3] [4] [5] [6] [7] [8] [9]
	[0] [1] [2] [3] [4] [5] [6] [7] [8] [9]

考点代码	[0] [1] [2] [3] [4] [5] [6] [7] [8] [9]
	[0] [1] [2] [3] [4] [5] [6] [7] [8] [9]
	[0] [1] [2] [3] [4] [5] [6] [7] [8] [9]
	[0] [1] [2] [3] [4] [5] [6] [7] [8] [9]
	[0] [1] [2] [3] [4] [5] [6] [7] [8] [9]
	[0] [1] [2] [3] [4] [5] [6] [7] [8] [9]
	[0] [1] [2] [3] [4] [5] [6] [7] [8] [9]

国籍	[0] [1] [2] [3] [4] [5] [6] [7] [8] [9]
	[0] [1] [2] [3] [4] [5] [6] [7] [8] [9]
	[0] [1] [2] [3] [4] [5] [6] [7] [8] [9]

年龄	[0] [1] [2] [3] [4] [5] [6] [7] [8] [9]
	[0] [1] [2] [3] [4] [5] [6] [7] [8] [9]

性别	男 [1] 女 [2]

注意	请用2B铅笔这样写： ■

一、听力

1. [√] [×]   6. [√] [×]   11. [A] [B] [C] [D]   16. [A] [B] [C] [D]   21. [A] [B] [C] [D]
2. [√] [×]   7. [√] [×]   12. [A] [B] [C] [D]   17. [A] [B] [C] [D]   22. [A] [B] [C] [D]
3. [√] [×]   8. [√] [×]   13. [A] [B] [C] [D]   18. [A] [B] [C] [D]   23. [A] [B] [C] [D]
4. [√] [×]   9. [√] [×]   14. [A] [B] [C] [D]   19. [A] [B] [C] [D]   24. [A] [B] [C] [D]
5. [√] [×]   10. [√] [×]   15. [A] [B] [C] [D]   20. [A] [B] [C] [D]   25. [A] [B] [C] [D]

26. [A] [B] [C] [D]   31. [A] [B] [C] [D]   36. [A] [B] [C] [D]   41. [A] [B] [C] [D]
27. [A] [B] [C] [D]   32. [A] [B] [C] [D]   37. [A] [B] [C] [D]   42. [A] [B] [C] [D]
28. [A] [B] [C] [D]   33. [A] [B] [C] [D]   38. [A] [B] [C] [D]   43. [A] [B] [C] [D]
29. [A] [B] [C] [D]   34. [A] [B] [C] [D]   39. [A] [B] [C] [D]   44. [A] [B] [C] [D]
30. [A] [B] [C] [D]   35. [A] [B] [C] [D]   40. [A] [B] [C] [D]   45. [A] [B] [C] [D]

二、阅读

46. [A] [B] [C] [D] [E] [F]   51. [A] [B] [C] [D] [E] [F]
47. [A] [B] [C] [D] [E] [F]   52. [A] [B] [C] [D] [E] [F]
48. [A] [B] [C] [D] [E] [F]   53. [A] [B] [C] [D] [E] [F]
49. [A] [B] [C] [D] [E] [F]   54. [A] [B] [C] [D] [E] [F]
50. [A] [B] [C] [D] [E] [F]   55. [A] [B] [C] [D] [E] [F]

56.   58.   60.   62.   64.

57.   59.   61.   63.   65.

66. [A] [B] [C] [D]   71. [A] [B] [C] [D]   76. [A] [B] [C] [D]   81. [A] [B] [C] [D]
67. [A] [B] [C] [D]   72. [A] [B] [C] [D]   77. [A] [B] [C] [D]   82. [A] [B] [C] [D]
68. [A] [B] [C] [D]   73. [A] [B] [C] [D]   78. [A] [B] [C] [D]   83. [A] [B] [C] [D]
69. [A] [B] [C] [D]   74. [A] [B] [C] [D]   79. [A] [B] [C] [D]   84. [A] [B] [C] [D]
70. [A] [B] [C] [D]   75. [A] [B] [C] [D]   80. [A] [B] [C] [D]   85. [A] [B] [C] [D]

86-100题接背面

汉语水平考试 HSK（四级）答题卡 ■

86.
___

87.
___

88.
___

89.
___

90.
___

91.
___

92.
___

93.
___

94.
___

95.
___

96.
___

97.
___

98.
___

99.
___

100.
___

不要写到框线以外！

■ 汉 语 水 平 考 试 HSK（四级）答题卡 ■

一、听力

1. [√] [×]　　6. [√] [×]　　11. [A] [B] [C] [D]　　16. [A] [B] [C] [D]　　21. [A] [B] [C] [D]
2. [√] [×]　　7. [√] [×]　　12. [A] [B] [C] [D]　　17. [A] [B] [C] [D]　　22. [A] [B] [C] [D]
3. [√] [×]　　8. [√] [×]　　13. [A] [B] [C] [D]　　18. [A] [B] [C] [D]　　23. [A] [B] [C] [D]
4. [√] [×]　　9. [√] [×]　　14. [A] [B] [C] [D]　　19. [A] [B] [C] [D]　　24. [A] [B] [C] [D]
5. [√] [×]　　10. [√] [×]　　15. [A] [B] [C] [D]　　20. [A] [B] [C] [D]　　25. [A] [B] [C] [D]

26. [A] [B] [C] [D]　　31. [A] [B] [C] [D]　　36. [A] [B] [C] [D]　　41. [A] [B] [C] [D]
27. [A] [B] [C] [D]　　32. [A] [B] [C] [D]　　37. [A] [B] [C] [D]　　42. [A] [B] [C] [D]
28. [A] [B] [C] [D]　　33. [A] [B] [C] [D]　　38. [A] [B] [C] [D]　　43. [A] [B] [C] [D]
29. [A] [B] [C] [D]　　34. [A] [B] [C] [D]　　39. [A] [B] [C] [D]　　44. [A] [B] [C] [D]
30. [A] [B] [C] [D]　　35. [A] [B] [C] [D]　　40. [A] [B] [C] [D]　　45. [A] [B] [C] [D]

二、阅读

46. [A] [B] [C] [D] [E] [F]　　51. [A] [B] [C] [D] [E] [F]
47. [A] [B] [C] [D] [E] [F]　　52. [A] [B] [C] [D] [E] [F]
48. [A] [B] [C] [D] [E] [F]　　53. [A] [B] [C] [D] [E] [F]
49. [A] [B] [C] [D] [E] [F]　　54. [A] [B] [C] [D] [E] [F]
50. [A] [B] [C] [D] [E] [F]　　55. [A] [B] [C] [D] [E] [F]

56.　　58.　　60.　　62.　　64.

57.　　59.　　61.　　63.　　65.

66. [A] [B] [C] [D]　　71. [A] [B] [C] [D]　　76. [A] [B] [C] [D]　　81. [A] [B] [C] [D]
67. [A] [B] [C] [D]　　72. [A] [B] [C] [D]　　77. [A] [B] [C] [D]　　82. [A] [B] [C] [D]
68. [A] [B] [C] [D]　　73. [A] [B] [C] [D]　　78. [A] [B] [C] [D]　　83. [A] [B] [C] [D]
69. [A] [B] [C] [D]　　74. [A] [B] [C] [D]　　79. [A] [B] [C] [D]　　84. [A] [B] [C] [D]
70. [A] [B] [C] [D]　　75. [A] [B] [C] [D]　　80. [A] [B] [C] [D]　　85. [A] [B] [C] [D]

汉 语 水 平 考 试 HSK（四级）答 题 卡

三、书写

86.
___

87.
___

88.
___

89.
___

90.
___

91.
___

92.
___

93.
___

94.
___

95.
___

96.
___

97.
___

98.
___

99.
___

100.
___

MEMO

MEMO

맛있는 중국어 新HSK

新 HSK

4급

해설집

JRC 중국어연구소 기획 / **왕수인** 저

4급 **해설집**

기획	JRC 중국어연구소
저자	왕수인
발행인	김효정
발행처	맛있는books
등록번호	제2006-000273호

주소	서울시 서초구 명달로 54 JRC빌딩 7층
전화	구입문의 02·567·3861	02·567·3837
	내용문의 02·567·3860
팩스	02·567·2471
홈페이지	www.booksJRC.com

Copyright ⓒ 2017 왕수인

저자와 출판사의 허락 없이 이 책의 일부 또는 전부를 무단 복사·전재·발췌할 수 없습니다.
잘못된 책은 구입처에서 바꿔 드립니다.

차 례

1 일치 표현

| *실전* 트레이닝 1 | 기본서 22쪽

정답
1. X   2. X   3. √   4. √   5. X

1

Track **05-1**

해설 및 정답ㅣ **문제 분석▼** 녹음에서 이번 주말(这周末)에는 푹 자고 싶다고 했지만, 보기에는 오늘(今天)이라고 제시되어 있기 때문에 내용이 일치하지 않는다.

这几天工作非常忙，一天到晚总是很累，想好好儿休息一下，<u>希望这周末我能睡到下午</u>。	요 며칠 일이 너무 바빠서, 하루 종일 피곤하다. 푹 좀 쉬고 싶은데, <u>이번 주말에는 오후까지 잠을 잤으면 좋겠다</u>.
★ 今天他打算睡到下午。(**X**)	★ 오늘 그는 오후까지 잘 예정이다. (**X**)

단어 这几天 zhè jǐ tiān 圆 요 며칠 | 总是 zǒngshì 皇 항상 | 累 lèi 휑 피곤하다 | ★希望 xīwàng 图 희망하다, 바라다 | 周末 zhōumò 圆 주말 | 睡 shuì 图 자다 | 下午 xiàwǔ 圆 오후 | ★打算 dǎsuan 图 ~할 예정이다, 계획하다

2

Track **05-2**

해설 및 정답ㅣ **문제 분석▼** 녹음과 보기 내용이 일치하는 것 같지만 부정부사의 유무로 내용은 완전히 달라진다. 녹음에서는 이해할 수 없다(不能理解)고 했지만 보기에서는 이해할 수 있다(能理解)고 했으므로 내용이 일치하지 않는다.

她长得漂亮。性格也好，而且很会做菜。<u>我们真的不能理解她为什么还没有男朋友</u>。	그녀는 예쁘다. 성격도 좋고 요리까지 잘한다. <u>우리는 왜 그녀에게 아직도 남자친구가 없는지 이해할 수 없다</u>.
★ 他们能理解她为什么没有男朋友。(**X**)	★ 그들은 왜 그녀에게 남자친구가 없는지 이해할 수 있다. (**X**)

단어 长 zhǎng 图 생기다 | ★性格 xìnggé 圆 성격 | 而且 érqiě 젭 게다가 | 做菜 zuò cài 요리를 하다 | 真的 zhēnde 皇 정말로 | ★理解 lǐjiě 图 알다, 이해하다 | 为什么 wèishénme 떼 왜 | 男朋友 nánpéngyou 圆 남자친구

해설 및 정답 **문제 분석▼** 녹음의 첫 문장 这就是有名的长城(이곳이 바로 그 유명한 만리장성이다)에서 만리장성을 소개하고 있는 내용임을 알 수 있다.

这就是有名的长城，从这里不但能看到美丽的风景，而且还可以感受到古代人的聪明才智，长城是我们中国人的骄傲。 ★ 他在介绍长城。（ √ ）	이곳이 바로 그 유명한 만리장성이다. 여기서 아름다운 경치를 볼 수 있을 뿐만 아니라 옛날 사람들의 총명함과 지혜도 느낄 수 있다. 만리장성은 우리 중국인들의 자랑이다. ★ 그는 만리장성을 소개하고 있다. （ √ ）

단어 ★有名 yǒumíng 휑 유명하다 | 长城 Chángchéng 고유 만리장성 | 从 cóng 개 ~에서 | 不但…而且… búdàn…érqiě… 접 ~뿐만 아니라 게다가 ~하다 | 美丽 měilì 휑 아름답다 | ★风景 fēngjǐng 몡 풍경, 경치 | 感受 gǎnshòu 통 (영향을) 받다, 느끼다 | 古代人 gǔdàirén 몡 고대인, 옛날 사람 | 聪明 cōngming 휑 똑똑하다, 총명하다 | 才智 cáizhì 몡 재능과 지혜, 기지 | 骄傲 jiāo'ào 휑 자랑스럽다, 스스로 자부심을 느끼다 | ★介绍 jièshào 통 소개하다

해설 및 정답 **문제 분석▼** 很多(매우 많이)와 不少(적지 않게)는 의미가 유사하므로 일치하는 내용임을 유추할 수 있다.

最近我吃了很多不良食品，结果得了胃病。听说牛奶也对肠胃不好，不知道以后要吃什么。 ★ 最近他吃了不少不良食品。（ √ ）	요즘 불량 식품을 많이 먹었더니 결국 위장병에 걸리고 말았다. 우유도 위장에 좋지 않다고 하던데, 앞으로는 무엇을 먹어야 할지 모르겠다. ★ 요즘 그는 적지 않은 불량 식품을 먹었다. （ √ ）

단어 最近 zuìjìn 몡 요즘 | 不良食品 bùliáng shípǐn 몡 불량 식품 | ★结果 jiéguǒ 몡 결과 | 得 dé 통 얻다 | 胃病 wèibìng 몡 위장병 | 听说 tīngshuō 통 듣자니 | 牛奶 niúnǎi 몡 우유 | 对…不好 duì…bù hǎo ~에 좋지 않다 | 肠胃 chángwèi 몡 위장 | 以后 yǐhòu 몡 이후

해설 및 정답 **문제 분석▼** 녹음에 真想放弃(정말 포기하고 싶다)와 보기에 제시된 不想放弃(포기하고 싶지 않다)는 부정부사의 유무로 내용이 일치하지 않음을 알 수 있다.

我已经工作十多年了，从来没休息过，最近觉得很累，真想放弃这份工作，想去外国留学。 ★ 他不想放弃他的工作。（ X ）	나는 이미 10년 넘게 일했는데, 여태까지 쉰 적이 없어, 요즘 매우 피곤하다. 정말 이 일을 그만두고 외국으로 유학을 가고 싶다. ★ 그는 일을 그만두고 싶어 하지 않는다. （ X ）

단어 已经 yǐjīng 튀 이미 | 多 duō 주 (수량사 뒤에 쓰여) 여, 남짓 | ★从来 cónglái 튀 지금까지, 여태껏 | 从来没 cónglái méi 지금까지 ~하지 않다 | 休息 xiūxi 통 쉬다 | 觉得 juéde 통 ~라고 생각하다 | ★放弃 fàngqì 통 포기하다 | 份 fèn 일자리를 세는 단위 | 外国 wàiguó 몡 외국 | 留学 liúxué 통 유학하다

듣기 제1부분

정답

1. X   2. X   3. √   4. X   5. X

---

1   Track **06-1**

해설 및 정답   문제 분석▼ 녹음에 没有人不知道는 이중부정 형식으로 '모르는 사람이 없다', 즉 '다 알고 있다'는 의미이며, 보기에 很多人不知道는 '많은 사람들이 모르고 있다'는 의미로 내용이 일치하지 않는다.

没有人不知道减肥方法，最好的方法当然是少吃多运动，光说不做就是失败的重要原因。	다이어트 하는 방법을 모르는 사람은 없다. 다이어트의 가장 좋은 방법은 물론 적게 먹고 운동을 많이 하는 것인데, 말만 앞세우고 행동을 하지 않는 것은 실패의 중요한 원인이다.
★ 很多人不知道减肥方法。(**X**)	★ 많은 사람들이 다이어트 방법을 모른다. (**X**)

단어   ★减肥 jiǎnféi 동 살을 빼다, 다이어트 하다 | 方法 fāngfǎ 명 방법 | 最好 zuìhǎo 부 ~하는 것이 가장 좋다 | 当然 dāngrán 형 당연하다 | 少 shǎo 형 적다 | ★运动 yùndòng 명동 운동(하다) | 光 guāng 부 단지 | ★失败 shībài 동 실패하다 | ★重要 zhòngyào 형 중요하다 | 原因 yuányīn 명 원인

---

2   Track **06-2**

해설 및 정답   문제 분석▼ 부정부사의 유무에 주의해야 하는 문제이다. 녹음에 不知道怎么跟别人交流(다른 사람과 어떻게 교류해야 하는지 모른다)는 내용과 보기에 知道与人交流的方法(사람과 교류하는 방법을 안다)는 내용은 일치하지 않는다.

他好像没有社交能力，性格也很内向，不知道怎么跟别人交流，几乎没有朋友，总是一个人。	그는 사교성이 없는 것 같다. 성격도 내성적이고, 다른 사람과 어떻게 교류해야 하는지 몰라서, 거의 친구 없이 언제나 혼자서 지낸다.
★ 他知道与人交流的方法。(**X**)	★ 그는 사람과 교류하는 방법을 안다. (**X**)

단어   ★好像 hǎoxiàng 부 마치 ~와 같다 | 社交能力 shèjiāo nénglì 명 사교성 | ★性格 xìnggé 명 성격 | 内向 nèixiàng 형 내성적이다 | ★交流 jiāoliú 동 서로 소통하다, 교류하다 | 跟…交流 gēn…jiāoliú ~와 교류하다 | 几乎 jīhū 부 거의 | 总是 zǒngshì 부 늘, 줄곧, 언제나 | 与 yǔ 개접 ~와

---

3   Track **06-3**

해설 및 정답   문제 분석▼ 从来不는 '지금까지 ~한 적이 없다'는 의미로 녹음에 从来不洗는 '지금까지 빨래를 한 적이 없다'는 내용이기 때문에 보기에 不喜欢洗(빨래하는 것을 싫어한다)와 일치하는 내용임을 유추할 수 있다.

和我住在一个宿舍的小李真讨厌，每天穿一样的衣服，从来不洗，我快受不了了。	같은 기숙사에 살고 있는 샤오리가 정말 싫다. 매일 같은 옷을 입고, 지금까지 빨래를 한 적이 없다. 나는 정말 참을 수가 없다.

★ 小李不喜欢洗衣服。（ √ ） | ★ 샤오리는 빨래하는 것을 좋아하지 않는다. （ √ ）

단어 和 hé 젭개 ~와 | 住在 zhùzài ~에 살다 | 宿舍 sùshè 몡 기숙사 | 讨厌 tǎoyàn 혱 싫다, 짜증 나다 | 每天 měi tiān 매일 | 穿 chuān 됭 입다 | 洗 xǐ 됭 세척하다, 씻다 | 快⋯了 kuài⋯le 곧 ~하려 하다 | ★受不了 shòubuliǎo 됭 견딜 수 없다, 참을 수 없다

---

4 _____ Track **06-4**

해설 및 정답 문제 분석▼ 녹음에 衣服都没地方放(옷을 둘 곳이 없다)는 말은 놓을 곳이 부족할 정도로 옷이 많다는 의미로 보기에 没有几件衣服(옷이 몇 벌 없다)는 내용과 일치하지 않는다.

我女儿每天说自己没有衣服穿，<u>但她房间里的衣服都没地方放了</u>。真是太奇怪了。	내 딸은 매일 입을 옷이 없다고 한다. <u>그런데 딸의 방에는 더 이상 옷을 둘 곳이 없다</u>. 정말 이상하다.
★ 女儿没有几件衣服。（ X ）	★ 딸은 옷이 몇 벌 없다. （ X ）

단어 自己 zìjǐ 몡 자신 | 衣服 yīfu 몡 옷 | 但 dàn 젭 하지만 | 房间 fángjiān 몡 방 | 放 fàng 됭 두다, 놓다 | 真是 zhēnshi 閂 정말 | ★奇怪 qíguài 혱 이상하다

---

5 _____ Track **06-5**

해설 및 정답 문제 분석▼ 보기에 不会는 학습한 적이 없어서 '할 줄 모른다'는 의미이고, 녹음에 不能은 조건이나 상황이 여의치 않아 '할 수 없다'는 의미이기 때문에 내용이 일치하지 않음을 유추할 수 있다.

这次考试对我非常重要，我一定要认真学习，<u>所以以后不能陪你打篮球了</u>。	이번 시험은 나에게 매우 중요해서, 나는 반드시 열심히 공부해야 해. <u>그래서 앞으로는 너와 농구를 할 수 없어</u>.
★ 他不会打篮球。（ X ）	★ 그는 농구를 할 줄 모른다. （ X ）

단어 这次 zhècì 때 이번 | ★考试 kǎoshì 몡 시험 | 对⋯重要 duì⋯zhòngyào ~에 중요하다 | 一定 yídìng 閂 반드시 | ★认真 rènzhēn 혱 진지하다, 착실하다 | 学习 xuéxí 됭 학습하다, 공부하다 | 所以 suǒyǐ 젭 그래서 | ★陪 péi 됭 동반하다 | 打 dǎ 됭 (공을) 치다 | 篮球 lánqiú 몡 농구 | 不会 bú huì ~할 줄 모른다

2 유사어

| *실전* **트레이닝 1** | 기본서 **28쪽**

정답

1. X　　2. √　　3. X　　4. √　　5. X

1

Track **13-1**

해설 및 정답 **문제 분석▼** 녹음 첫 부분에 今天又下雨(오늘 비도 온다)라는 내용은 보기 내용과 일치하지 않는다.

今天又下雨，又刮风，天气特别不好。而且气温也下降了。今天的约会改到明天吧。	오늘은 비도 오고, 바람도 불어서, 날씨가 너무 안 좋다. 게다가 기온도 떨어졌다. 오늘 약속은 내일로 변경하자.
★ 今天是晴天。(**X**)	★ 오늘은 맑은 날이다. (**X**)

단어 又 yòu 囘 또 | 下雨 xiàyǔ 图 비가 내리다 | ★刮风 guāfēng 图 바람이 불다 | 天气 tiānqì 圀 날씨 | ★特别 tèbié 囘 특히 | ★气温 qìwēn 圀 기온 | ★下降 xiàjiàng 图 떨어지다 | 约会 yuēhuì 圀 약속 | 改 gǎi 图 바꾸다 | 晴天 qíngtiān 圀 맑은 날

2

Track **13-2**

해설 및 정답 **문제 분석▼** 녹음에서는 방을 청소하다가 发现一次也没用过的东西(한 번도 사용한 적 없는 물건을 발견했다)고 했으므로, 보기에 제시된 不需要的东西(불필요한 물건)이 많다는 것을 알 수 있다.

打扫房间时，我发现有很多一次也没用过的东西，这些都是我买的。扔了吧，太可惜，留着吧，以后肯定也用不上。不知道怎么办才好。	방을 청소할 때, 나는 한 번도 사용한 적 없는 물건이 많다는 것을 발견했다. 이것들은 모두 내가 산 것이다. 버리자니 너무 아깝고, 남겨 두자니 이후에도 틀림없이 사용하지 않을 것이다. 어떻게 해야 좋을지 모르겠다.
★ 他买了很多不需要的东西。(√)	★ 그는 불필요한 물건을 많이 샀다. (√)

단어 ★打扫 dǎsǎo 图 청소하다 | 房间 fángjiān 圀 방 | 时 shí 圀 ~할 때 | ★发现 fāxiàn 图 발견하다 | 一次也没 yí cì yě méi 한 번도 ~하지 않다 | 用 yòng 图 사용하다 | 东西 dōngxi 圀 물건 | ★扔 rēng 图 버리다 | ★可惜 kěxī 혱 아깝다 | 留 liú 图 남기다 | 肯定 kěndìng 囘 틀림없이 | 用不上 yòngbushàng 사용하지 못하다 | 办 bàn 图 하다 | 才 cái 囘 비로소

3

(해설 및 정답) **문제 분석▼** 보기에는 他丢了手机(그는 휴대폰을 잃어버렸다)라는 내용이 제시되어 있지만 녹음에서는 手机掉 到沙发后面(휴대폰이 소파 뒤로 떨어졌다)고 했으므로 휴대폰의 위치를 알고 있기 때문에 잃어버린 것은 아니라는 사실을 알 수 있다.

爸! 我的手机掉到沙发后面了，来帮帮我抬一下沙发可以吗?	아빠! 내 휴대폰이 소파 뒤로 떨어졌어요, 와서 소파 드는 것 좀 도와줄 수 있어요?
★ 他丢了手机。(**X**)	★ 그는 휴대폰을 잃어버렸다. (**X**)

(단어) 手机 shǒujī 몡 휴대폰 | 掉 diào 동 떨어지다 | ★沙发 shāfā 몡 소파 | 后面 hòumiàn 몡 뒤 | 帮 bāng 동 돕다 | ★抬 tái 동 들다 | ★丢 diū 잃어버리다

4

(해설 및 정답) **문제 분석▼** 녹음에서는 网络(인터넷)이라는 어휘를 언급하며 마지막에 生活比以前方便多了(생활이 이전보다 훨씬 편리해졌다)고 했으므로 인터넷이 가져온 편리함에 대해 소개하고 있다.

现在网络的使用越来越普遍。有了网络，我们能在网上购物、查资料，也可以玩儿游戏。生活比以前方便多了。	현재 인터넷 사용이 갈수록 보편화되고 있다. 인터넷이 있어서 우리는 인터넷상에서 쇼핑도 할 수 있고, 자료도 찾을 수 있고, 게임도 할 수 있다. 생활이 이전보다 훨씬 편리해졌다.
★ 网络让生活变得更方便。(**√**)	★ 인터넷이 생활을 더욱 편리하게 변화시켰다. (**√**)

(단어) 现在 xiànzài 몡 현재 | 网络 wǎngluò 몡 인터넷 | ★使用 shǐyòng 동 사용하다 | 越来越 yuèláiyuè 부 갈수록 | ★普遍 pǔbiàn 혱 보편적이다 | 网上 wǎngshàng 인터넷상 | 购物 gòuwù 동 쇼핑하다 | 查 chá 동 검색하다 | 资料 zīliào 몡 자료 | 游戏 yóuxì 몡 게임 | 玩儿游戏 wánr yóuxì 게임을 하다 | 生活 shēnghuó 몡 생활 | 比 bǐ 개 ~보다 | ★方便 fāngbiàn 혱 편리하다 | 让 ràng 동 ~하게 하다 | 变 biàn 동 변하다 | 更 gèng 부 더욱

5

(해설 및 정답) **문제 분석▼** 녹음에서 상자 안에 옷이 不太重(별로 무겁지 않다)라고 했기 때문에 보기 내용과 일치하지 않는다.

你不用担心，这个箱子里都是衣服，不太重。而且我力气很大，自己拿得动。	걱정할 필요 없어, 이 상자 안에는 다 옷이라 별로 무겁지 않아. 게다가 난 힘이 아주 세, 혼자 들 수 있어.
★ 箱子里的东西很重。(**X**)	★ 상자 안에 물건이 매우 무겁다. (**X**)

(단어) 不用 búyòng 부 ~할 필요 없다 | ★担心 dānxīn 동 걱정하다 | 箱子 xiāngzi 몡 상자 | 不太 bú tài 별로 ~하지 않다 | 重 zhòng 혱 무겁다 | 力气 lìqi 몡 힘 | 大 dà 혱 크다. 세다 | 拿得动 nádedòng 들 수 있다

정답
1. X   2. √   3. √   4. X   5. √

1

해설 및 정답 문제 분석▼ 녹음에 今天起晚了(오늘 늦게 일어났다)는 보기에 今天起得很早(오늘 아주 일찍 일어났다)와 내용이 일치하지 않는다.

昨天我一直复习到晚上十二点多才睡的。**结果今天起晚了**。我醒来的时候，已经八点多了。	어제 나는 밤 12시 넘어서까지 계속 복습을 하고서야 잠을 잤다. **결국 오늘 늦게 일어났다.** 내가 깨어났을 때는 이미 8시가 넘어 있었다.
★ 他今天起得很早。（ **X** ）	★ 그는 오늘 아주 일찍 일어났다. (**X**)

단어 昨天 zuótiān 몡 어제 | 一直 yìzhí 뷔 줄곧 | 复习 fùxí 통 복습하다 | ★结果 jiéguǒ 몡 결과 | 起晚 qǐwǎn 늦게 일어나다 | 醒 xǐng 통 깨다 | 已经 yǐjīng 뷔 이미 | 早 zǎo 혱 이르다

2

해설 및 정답 문제 분석▼ 녹음 마지막 부분에 没有健康, 就什么都做不了(건강이 없다면 무엇도 할 수 없다)는 내용으로 보아 건강이 가장 중요하다는 것을 알 수 있다.

我以前以为钱比什么都重要。但现在发现自己错了。**没有健康，就什么都做不了**。	나는 예전에는 돈이 무엇보다도 중요하다고 여겼다. 하지만 지금은 내가 틀렸다는 것을 발견했다. **건강이 없다면 무엇도 할 수 없다.**
★ 健康是最重要的。（ √ ）	★ 건강이 가장 중요하다. (√)

단어 以前 yǐqián 몡 예전 | 以为 yǐwéi 통 ~인 줄 알다 | 钱 qián 몡 돈 | ★重要 zhòngyào 혱 중요하다 | ★发现 fāxiàn 통 발견하다 | 自己 zìjǐ 몡 자기 | 错 cuò 통 틀리다 | ★健康 jiànkāng 몡 건강 | 做不了 zuòbuliǎo 할 수 없다 | 最 zuì 뷔 가장

3

해설 및 정답 문제 분석▼ 녹음에 不管公司大不大(회사가 크든 작든 상관없이)는 보기 내용과 일치함을 알 수 있다.

找工作不可只注意公司的大小。**我觉得不管公司大不大**，有发展机会就是一家好公司。	일자리를 찾는데 회사의 크기에만 주의해서는 안 된다. **나는 회사가 크든 작든** 발전할 기회가 있다면 좋은 회사라고 생각한다.
★ 他觉得公司的大小不太重要。（ √ ）	★ 그는 회사의 크기는 별로 중요하지 않다고 생각한다. （ √ ）

단어 找工作 zhǎo gōngzuò 일자리를 찾다 | 不可 bùkě 조동 ~해서는 안 된다 | ★注意 zhùyì 통 주의하다 | 公司 gōngsī 몡 회사 | 大小 dàxiǎo 몡 크기 | 觉得 juéde 통 ~라고 생각하다 | 不管 bùguǎn 접 ~와 상관없이 | ★发展 fāzhǎn 통 발전하다 | ★机会 jīhuì

명 기회 | 家 jiā 양 가게나 기업 등을 세는 단위

4 ▶

(해설 및 정답) **문제 분석▼** 녹음에서는 탁구가 从英国发展起来的(영국에서 발전하기 시작한 것)이라고 이야기하고 있기 때문에 보기 내용과 일치하지 않는다.

在中国乒乓球是最普遍的体育运动。它是从英国发展起来的，二十世纪才进入中国。	중국에서 탁구는 가장 보편적인 스포츠 운동이다. <u>그것은 영국에서 발전하기 시작하여</u>, 20세기에서야 중국에 들어왔다.
★ 乒乓球来自中国。(**X**)	★ 탁구는 중국에서 시작됐다. (**X**)

(단어) 乒乓球 pīngpāngqiú 명 탁구 | ★普遍 pǔbiàn 형 보편적이다 | 体育 tǐyù 명 스포츠 | ★运动 yùndòng 명 운동 | 英国 Yīngguó 고유 영국 | ★发展 fāzhǎn 동 발전하다 | 世纪 shìjì 명 세기 | 进入 jìnrù 동 진입하다 | 来自 láizì 동 ~에서 오다

5 ▶

(해설 및 정답) **문제 분석▼** 녹음 마지막에 不愿意放弃休息(휴식을 포기하고 싶지 않다)라는 문장으로 보아 보기에 不想工作(일하고 싶지 않다)와 내용이 일치함을 알 수 있다.

按照法律规定，如果节假日工作，公司要给职员两倍的工资。所以节假日工作能赚很多钱，但我不愿意放弃休息。	법률 규정에 따라, 만일 공휴일에 일을 한다면, 회사에서는 직원들에게 두 배의 급여를 주어야 한다. 그래서 공휴일에 일을 하면 돈을 많이 벌 수 있다. 하지만 나는 <u>휴식을 포기하고 싶지 않다</u>.
★ 他节假日不想工作。(√)	★ 그는 공휴일에 일하고 싶지 않다. (√)

(단어) ★按照 ànzhào 개 ~에 따라서 | 法律 fǎlǜ 명 법률 | 规定 guīdìng 명 규정 | 如果 rúguǒ 접 만약 | 节假日 jiéjiàrì 명 공휴일 | 公司 gōngsī 명 회사 | 给 gěi 개 ~에게 | 职员 zhíyuán 명 직원 | 倍 bèi 양 배, 곱절 | ★工资 gōngzī 명 급여 | 所以 suǒyǐ 접 그래서 | 赚 zhuàn 동 벌다 | 赚钱 zhuàn qián 동 돈을 벌다 | 愿意 yuànyì 조동 ~하고 싶다, 원하다 | ★放弃 fàngqì 동 포기하다

| *실전* **트레이닝 1** | 기본서 **35쪽**

정답 1. X   2. X   3. √   4. X   5. X

1

해설 및 정답 **문제 분석▼** 녹음에서는 填写您的名字和电话号码(당신의 성함과 전화번호를 기입하다)라고 했으므로 주소를 기입할 필요가 없음을 알 수 있다.

先生，请先在这张表格上填写您的名字和电话号码，然后再交给人事部。	선생님, 우선 이 표에 성함과 전화번호를 기입해 주세요. 그러고 나서 인사부에 제출하세요.
★ 表格上需要填写地址。(**X**)	★ 표에 주소를 기입할 필요가 있다. (**X**)

단어 先生 xiānsheng 명 선생, 씨[성인 남성에 대한 존칭] | 请 qǐng 통 ~해 주세요 | 先 xiān 부 우선 | ★表格 biǎogé 명 표, 서식 | 填写 tiánxiě 통 기입하다 | 名字 míngzi 명 이름 | 和 hé 접 ~와 | 电话号码 diànhuà hàomǎ 명 전화번호 | 然后 ránhòu 접 그러고 나서 | 再 zài 부 또, 다시 | ★交 jiāo 통 제출하다 | 人事部 rénshìbù 명 인사부 | 需要 xūyào 통 필요하다 | ★地址 dìzhǐ 명 주소

2

해설 및 정답 **문제 분석▼** 千万은 뒤에 부정부사와 함께 사용되어 '절대 ~하지 마라'는 의미를 나타낸다. 따라서 녹음에 千万别选在夏季(절대 여름철을 선택하지 마라)는 보기의 내용과 일치하지 않는다.

如果你想去上海旅行，千万别选在夏季。上海夏天热得不得了。	만약에 당신이 상하이에 여행을 가고 싶다면, 절대 여름철을 선택하지 마세요. 상하이의 여름은 엄청나게 덥습니다.
★ 夏天适合去上海旅游。(**X**)	★ 여름에 상하이로 여행 가는 것이 적합하다. (**X**)

단어 如果 rúguǒ 접 만약 | 想 xiǎng 조동 ~하고 싶다 | 旅行 lǚxíng 통 여행하다 | 千万 qiānwàn 부 절대 | 别 bié 부 ~하지 마라 | 选 xuǎn 통 선택하다 | 夏季 xiàjì 명 여름철 | 不得了 bùdéliǎo 형 매우 심하다 | ★适合 shìhé 통 적합하다

3

해설 및 정답 **문제 분석▼** 녹음에 公司附近有一个大公园(회사 근처에 큰 공원이 하나 있다)는 내용으로 공원과 회사의 거리가 멀지 않음을 알 수 있다.

因为公司附近有一个大公园，所以我们公司职员午饭后常常在那儿散步。	회사 근처에 큰 공원이 하나 있어서, 우리 회사 직원들은 점심 식사 후에 자주 그곳에서 산책한다.
★ 公园离公司不远。(**√**)	★ 공원은 회사에서 멀지 않다. (**√**)

단어 因为 yīnwèi 접 왜냐하면 | 公司 gōngsī 명 회사 | ★附近 fùjìn 명 부근, 근처 | 公园 gōngyuán 명 공원 | 职员 zhíyuán 명 직원

午饭 wǔfàn 몡 점심밥 | 后 hòu 몡 ~후, ~뒤 | 常常 chángcháng 뫼 자주 | ★散步 sànbù 동 산책하다 | 离 lí 개 ~에서부터 | 远 yuǎn 혱 멀다

4

해설 및 정답 문제 분석▼ 녹음에서 大部分都很辣(대부분 너무 맵다)라는 표현이 있지만 咸(짜다)라는 표현은 없기 때문에
녹음과 보기의 내용은 일치하지 않는다.

四川好吃的菜很多，所以我妻子很喜欢去四川旅游。<u>但大部分都很辣</u>，我几乎都吃不了。	쓰촨에는 맛있는 음식이 매우 많다. 그래서 내 아내는 쓰촨에 여행 가는 것을 좋아한다. 하지만 대부분 너무 매워서, 나는 거의 먹지 못한다.
★ 四川菜普遍很咸。(**X**)	★ 쓰촨요리는 보편적으로 매우 짜다. (**X**)

단어 四川 Sìchuān 고유 쓰촨, 사천 | 好吃 hǎochī 혱 맛있다 | 菜 cài 몡 요리 | 妻子 qīzi 몡 아내 | 喜欢 xǐhuan 동 좋아하다 | ★旅游 lǚyóu 동 여행하다 | 大部分 dàbùfen 몡 대부분 | ★辣 là 혱 맵다 | 几乎 jīhū 뫼 거의 | 吃不了 chībuliǎo 먹을 수 없다 | ★普遍 pǔbiàn 혱 보편적이다 | ★咸 xián 혱 짜다

5

해설 및 정답 문제 분석▼ 녹음에서 打算明天带孩子去爬山(내일 아이를 데리고 등산을 갈 계획이다)라고 했기 때문에 녹음과
보기의 내용은 일치하지 않는다.

春天来了，天气预报说明天天气会更暖和，所以我打算明天带孩子去爬山。你要不要跟我们一起去?	봄이 왔어. 일기예보에서 내일은 더 따뜻할 거라고 했어. 그래서 나는 내일 아이를 데리고 등산을 갈 계획이야. 우리랑 같이 가지 않을래?
★ 他打算带孩子去动物园。(**X**)	★ 그는 아이를 데리고 동물원에 갈 계획이다. (**X**)

단어 春天 chūntiān 몡 봄 | ★天气预报 tiānqì yùbào 몡 일기예보 | 天气 tiānqì 몡 날씨 | 更 gèng 뫼 더욱 | ★暖和 nuǎnhuo 혱 따뜻하다 | ★打算 dǎsuan 동 ~할 예정이다, 계획하다 | 带 dài 동 데리고 가다 | 孩子 háizi 몡 아이 | ★爬山 páshān 동 등산하다

정답

1. X   2. √   3. X   4. √   5. √

---

1   Track **25-1**

해설 및 정답   문제 분석▼   녹음에는 그와 함께 이야기를 나누면 很愉快(매우 유쾌하다)고 표현했지만 보기에는 很无聊(매우 무료하다)고 표현되어 있기 때문에 내용이 일치하지 않는다.

我们班的小王性格很活泼，而且很幽默。跟他一起聊天儿很愉快。但是他下个月要离开这里了，我们都很舍不得。	우리 반 샤오왕은 성격이 매우 활발하다. 게다가 유머러스하다. 그와 함께 이야기를 하면 아주 유쾌하다. 하지만 그는 다음 달에 이곳을 떠나서, 우리는 모두 너무 아쉽다.
★ 跟小王聊天儿让人很无聊。(**X**)	★ 샤오왕과 이야기하면 매우 무료하다. (**X**)

단어   班 bān 몡 반 | ★性格 xìnggé 몡 성격 | ★活泼 huópo 휑 활발하다 | ★幽默 yōumò 휑 유머러스하다 | 一起 yìqǐ 閈 함께 | ★聊天儿 liáotiānr 图 잡담하다 | ★愉快 yúkuài 휑 유쾌하다 | 下个月 xià ge yuè 다음 달 | 离开 líkāi 图 떠나다 | 舍不得 shěbude 图 아쉽다 | 无聊 wúliáo 휑 무료하다

---

2   Track **25-2**

해설 및 정답   문제 분석▼   녹음에 每天下课后(매일 수업이 끝난 후)에 축구를 한다는 내용과 보기에 几乎每天(거의 매일) 축구를 한다는 내용이 일치한다.

我最近对足球很感兴趣。每天下课后跟同学们一起去踢足球，觉得很有意思。	나는 요즘 축구에 매우 흥미를 느낀다. 매일 수업이 끝난 후에 친구들과 함께 축구를 한다. 너무 재미있다.
★ 他几乎每天都去踢足球。(√)	★ 그는 거의 매일 축구를 한다. (√)

단어   最近 zuìjìn 몡 요즘 | 对…感兴趣 duì…gǎn xìngqù ～에 대해 흥미를 느끼다 | 足球 zúqiú 몡 축구 | ★兴趣 xìngqù 몡 흥미 | 下课 xiàkè 图 수업이 끝나다 | 同学 tóngxué 몡 학우 | 踢 tī 图 차다 | 有意思 yǒu yìsi 휑 재미있다

---

3   Track **25-3**

해설 및 정답   문제 분석▼   녹음 첫 문장에 幸福很简单(행복은 매우 간단하다)는 보기에 幸福并不容易(행복이 결코 쉽지 않다)와 상반되는 의미이므로 내용이 서로 일치하지 않는다.

其实幸福很简单。它就时时刻刻发生在我们身边。我觉得能做自己喜欢做的事，即使再困难，也会感到很幸福。	사실 행복은 매우 간단하다. 그것은 시시각각 우리 곁에 나타난다. 나는 자신이 좋아하는 일을 할 수 있다면, 설령 아무리 힘들어도 행복을 느낄 수 있다고 생각한다.
★ 他觉得幸福并不容易。(**X**)	★ 그는 행복이 결코 쉽지 않다고 생각한다. (**X**)

단어   ★其实 qíshí 閈 사실 | ★幸福 xìngfú 몡휑 행복(하다) | ★简单 jiǎndān 휑 간단하다 | 时时刻刻 shíshí kèkè 閈 시시각각 | ★发生 fāshēng 图 발생하다 | 身边 shēnbiān 몡 곁 | 即使 jíshǐ 젭 설령 ～하더라도 | ★困难 kùnnan 휑 어렵다, 힘들다 | 感到 gǎndào 图 느끼다 | 并不 bìngbù 결코 ～하지 않다

해설 및 정답 | **문제 분석**▼ 녹음과 보기 모두 国家禁止酒后开车(국가가 음주운전을 금지한다)는 문장이 제시되어 있으므로
내용이 서로 일치함을 알 수 있다.

酒后开车非常危险，所以<u>国家严格禁止酒后开车</u>。大家一定要记住：开车千万别喝酒，喝酒千万别开车。	음주운전은 굉장히 위험하다. 그래서 <u>국가에서는 음주운전을 엄격히 금지하고 있다</u>. 모두 반드시 기억해야 한다. 운전할 때는 절대 술을 마시면 안 되고, 술을 마셨으면 절대 운전해서는 안 된다.
★ 国家禁止酒后开车。(√)	★ 국가에서 음주운전을 금지하고 있다. (√)

단어 酒后开车 jiǔhòu kāichē 몡 음주운전 | ★危险 wēixiǎn 혱 위험하다 | 国家 guójiā 몡 국가 | ★严格 yángé 혱 엄격하다 | ★禁止
jìnzhǐ 동 금지하다 | 一定 yídìng 뷔 반드시 | 记住 jìzhù 동 기억하다 | 千万 qiānwàn 뷔 절대로 | 喝酒 hē jiǔ 술을 마시다

해설 및 정답 | **문제 분석**▼ 차를 사는 사람들이 越来越多(점점 많아진다)는 녹음 내용과 차를 가진 사람들이 逐渐增多(점차
증가한다)는 보기의 내용이 일치한다.

随着人们生活水平的提高，<u>买车的人越来越多了</u>。这带来了严重的堵车问题。为了解决这个问题，政府鼓励人们多使用公共交通工具。	사람들의 생활 수준이 높아짐에 따라, <u>차를 사는 사람이 점점 많아지고 있다</u>. 이는 심각한 교통체증 문제를 가져왔다. 이 문제를 해결하기 위해서, 정부는 사람들이 대중 교통수단을 사용할 것을 격려한다.
★ 有车的人逐渐增多。(√)	★ 차가 있는 사람이 점차 증가하고 있다. (√)

단어 随着 suízhe 개 ～에 따라 | 生活 shēnghuó 몡 생활 | 水平 shuǐpíng 몡 수준 | ★提高 tígāo 동 향상하다 | 越来越 yuèláiyuè
뷔 갈수록 | 带来 dàilai 동 가져오다 | ★严重 yánzhòng 혱 심각하다 | ★堵车 dǔchē 동 차가 막히다 | ★问题 wèntí 몡 문제 |
为了 wèile 개 ～을 위해서 | ★解决 jiějué 동 해결하다 | 政府 zhèngfǔ 몡 정부 | ★鼓励 gǔlì 동 격려하다 | ★使用 shǐyòng 동
사용하다 | 公共 gōnggòng 혱 공공의 | ★交通 jiāotōng 몡 교통 | 工具 gōngjù 몡 수단 | 逐渐 zhújiàn 뷔 점차 | 增多 zēngduō
동 증가하다

4 감정·인물

| *실전* **트레이닝 1** | 기본서 **44**쪽

정답   1. D   2. C   3. D   4. C   5. C

---

1   Track **34-1**

해설 및 정답   **문제 분석▼** 여자의 飞机马上要起飞了(비행기가 곧 이륙한다)라는 말로 여자의 직업이 스튜어디스임을 알 수 있다.

男: 请问，现在可以去洗手间吗？ 女: 不好意思，飞机马上要起飞了。请系好安全带。 问: 女的是做什么的？ A 护士 B 秘书 C 老师 **D 空姐**	남: 말씀 좀 묻겠습니다, 지금 화장실에 가도 될까요？ 여: 죄송합니다. 비행기가 곧 이륙합니다. 안전벨트를 매주세요. 질문: 여자는 무엇을 하는 사람인가？ A 간호사 B 비서 C 선생님 **D 스튜어디스**

단어   现在 xiànzài 몡 현재 | 洗手间 xǐshǒujiān 몡 화장실 | 不好意思 bù hǎoyìsi 미안하다, 곤란하다 | 飞机 fēijī 몡 비행기 | 马上 mǎshàng 囲 곧, 바로 | ★起飞 qǐfēi 동 이륙하다 | 请 qǐng 동 ~해 주세요 | 系 jì 동 매다 | ★安全带 ānquándài 몡 안전벨트 | ★护士 hùshi 몡 간호사 | ★秘书 mìshū 몡 비서 | ★空姐 kōngjiě 몡 스튜어디스

---

2   Track **34-2**

해설 및 정답   **문제 분석▼** 여자가 남자에게 你是班里最不听话的学生(네가 반에서 가장 말을 안 듣는 학생이다)라고 이야기하는 것으로 보아 두 사람은 사제지간임을 알 수 있다.

女: 那时你是班里最不听话的学生了，我还记得你做的那些坏事。 男: 是小时候的事情了，请您忘掉！ 问: 他们最可能是什么关系？ A 母亲和儿子 B 医生和病人 **C 老师和学生** D 丈夫和妻子	여: 그때 네가 반에서 가장 말을 안 듣는 학생이었지, 나는 아직도 네가 한 그 나쁜 일들을 다 기억하고 있다. 남: 어렸을 적 일이잖아요, 잊어 주세요！ 질문: 그들은 무슨 관계일 가능성이 큰가？ A 어머니와 아들 B 의사와 환자 **C 선생님과 학생** D 남편과 아내

단어   班 bān 몡 반 | 里 lǐ 몡 안 | 听话 tīnghuà 동 말을 듣다 | ★记得 jìde 동 기억하고 있다 | 坏事 huàishì 몡 나쁜 일 | 小时候

xiǎoshíhou 영 어릴 적 | ★事情 shìqing 영 일 | 忘 wàng 통 잊다 | 忘掉 wàngdiào 통 잊어버리다 | 病人 bìngrén 영 환자 | 丈夫 zhàngfu 영 남편 | 妻子 qīzi 영 아내

3

해설 및 정답 **문제 분석▼** 남자가 의자가 작다며 큰 의자를 찾고 있으므로 의자를 사려 한다는 것을 알 수 있다.

男: 这椅子太小了，有没有大一点儿的?	남: 이 의자는 너무 작아요. 좀 더 큰 건 없나요?
女: 这边巧克力色的比较大，而且现在买可以打折。	여: 이쪽에 초콜릿 색은 비교적 큽니다. 게다가 지금 사시면 할인이 가능합니다.
问: 女的最可能是做什么的?	질문: 여자는 무엇을 하는 사람일 가능성이 큰가?
A 老师　　　　　B 秘书 C 记者　　　　 **D 售货员**	A 선생님　　　　　B 비서 C 기자　　　　　 **D 판매원**

단어 ★椅子 yǐzi 영 의자 | 太…了 tài…le 너무 ~하다 | 一点儿 yìdiǎnr 수량 조금 | ★巧克力 qiǎokèlì 영 초콜릿 | 色 sè 영 색 | 比较 bǐjiào 분 비교적 | ★打折 dǎzhé 통 할인하다 | 记者 jìzhě 영 기자 | 售货员 shòuhuòyuán 영 판매원

4

해설 및 정답 **문제 분석▼** 여자가 바람이 너무 세서 비행기가 연착되었다고 했기 때문에 연착의 원인은 날씨다.

女: 因为风太大，飞往北京的航班推迟起飞了。	여: 바람이 너무 세서 베이징으로 향하는 항공편은 이륙이 연기되었는데.
男: 不就是我们的航班吗? 要推迟到什么时候?	남: 우리 항공편 아니야? 언제까지 연기된데?
问: 航班为什么推迟起飞?	질문: 항공편은 이륙이 왜 연기되었는가?
A 要加油　　　　B 飞机坏了 **C 天气原因**　　D 没有乘客	A 기름을 넣어야 해서　　B 비행기가 고장 나서 **C 날씨 원인으로**　　　D 승객이 없어서

단어 风 fēng 영 바람 | 大 dà 영 크다, 세다 | 飞往 fēiwǎng 통 ~로 비행하다 | ★航班 hángbān 영 항공편 | ★推迟 tuīchí 통 미루다, 연기하다 | ★起飞 qǐfēi 통 이륙하다 | 不就是…吗? bú jiùshì…ma? 바로 ~아닌가?, 바로 ~이다 | 什么时候 shénme shíhou 언제 | 加油 jiāyóu 통 기름을 넣다 | 天气 tiānqì 영 날씨 | 原因 yuányīn 영 원인 | ★乘客 chéngkè 영 승객

5

해설 및 정답 　**문제 분석▼** 내일 면접을 본다는 남자에게 여자는 你这么优秀, 肯定没问题(네가 이렇게 우수하니, 틀림없이 문제없다)며 응원해 주고 있다.

男: 我明天去一家公司参加面试，听说竞争很激烈。 女: 不用紧张，<u>你这么优秀，肯定没问题</u>。	남: 나 내일 회사에 면접 보러 가는데, 듣자니 경쟁이 매우 치열하대. 여: 긴장할 필요 없어, <u>네가 이렇게 우수한데, 틀림없이 문제없지.</u>
问: 女的是什么态度?	질문: 여자의 태도는 어떠한가?
A 同情 　　　　　 B 羡慕 **C 支持** 　　　　　 D 怀疑	A 동정하다 　　　　 B 부러워하다 **C 응원하다** 　　　　 D 의심하다

단어 公司 gōngsī 몡 회사 | ★参加 cānjiā 동 참가하다 | ★面试 miànshì 몡 면접 | ★竞争 jìngzhēng 몡 경쟁 | 激烈 jīliè 혱 치열하다 | 不用 búyòng 뷘 ~할 필요 없다 | ★紧张 jǐnzhāng 혱 긴장하다 | ★优秀 yōuxiù 혱 우수하다 | 肯定 kěndìng 뷘 틀림없이 | 没问题 méi wèntí 문제없다 | ★问题 wèntí 몡 문제 | 态度 tàidu 몡 태도 | 同情 tóngqíng 동 동정하다 | ★羡慕 xiànmù 동 부러워하다 | 支持 zhīchí 동 지지하다, 응원하다 | 怀疑 huáiyí 동 의심하다

| *실전* 트레이닝 2 | 기본서 **44**쪽

정답
　1. C 　　2. A 　　3. D 　　4. B 　　5. B

1

해설 및 정답 　**문제 분석▼** 남자의 질문에 여자가 새로 온 직원이라고 소개하는 부분에서 그들이 지금 신입사원에 대해 이야기하고 있음을 알 수 있다.

男: 那个个子高高的小伙子是谁? 女: <u>公司新来的职员</u>，听说是刚大学毕业的。 男: 是你们部门的? 女: 是的。我就是他的上司。	남: 저 키 큰 청년은 누구야? 여: <u>회사에 새로 온 직원이야</u>. 듣자니 막 대학을 졸업했다더군. 남: 너희 부서야? 여: 맞아, 내가 바로 그의 상사야.
问: 他们在谈谁?	질문: 그들은 누구에 대해 이야기하는가?
A 上司 　　　　　 B 学生 **C 新人** 　　　　　 D 老板	A 상사 　　　　　 B 학생 **C 신입사원** 　　　　 D 사장

단어 ★个子 gèzi 몡 키 | 小伙子 xiǎohuǒzi 몡 청년, 총각 | 公司 gōngsī 몡 회사 | 职员 zhíyuán 몡 직원 | 刚 gāng 뷘 막, 방금 | ★毕业 bìyè 동 졸업하다 | 部门 bùmén 몡 부서 | 上司 shàngsi 몡 상사 | 新人 xīnrén 몡 신입사원 | 老板 lǎobǎn 몡 사장

해설 및 정답   문제 분석▼ 녹음 마지막 부분에 남자가 여자에게 你不相信我的话吗?(너는 나의 말을 믿지 못하니?)라고 묻는 내용으로 여자가 남자를 의심하고 있음을 추측할 수 있다.

女: 我们把房间打扫一下吧。	여: 우리 방 청소 좀 하자.
男: 我现在有点儿不舒服，明天一起打扫，行吗?	남: 나 지금 몸이 좀 안 좋은데, 내일 같이 청소하는 게 어떨까?
女: 你怎么每次打扫的时候就不舒服?	여: 너는 왜 청소할 때마다 몸이 안 좋아?
男: 难道你不相信我的话吗?	남: 설마 너 내 말을 못 믿는 거니?
问: 女的是什么态度?	질문: 여자의 태도는 어떠한가?
A 怀疑 B 失望	**A 의심하다** B 실망하다
C 难过 D 鼓励	C 슬프다 D 격려하다

단어 房间 fángjiān 몡 방 | ★打扫 dǎsǎo 통 청소하다 | 有点儿 yǒudiǎnr 뷔 약간, 조금 | ★舒服 shūfu 혱 편안하다 | 行 xíng 혱 괜찮다 | 每次 měi cì 매번 | ★…的时候 …de shíhou ~할 때 | 难道 nándào 뷔 설마 | 相信 xiāngxìn 통 믿다 | 话 huà 몡 말 | 态度 tàidu 몡 태도 | 怀疑 huáiyí 통 의심하다 | 失望 shīwàng 통 실망하다 | ★难过 nánguò 혱 슬프다 | ★鼓励 gǔlì 통 격려하다

해설 및 정답   문제 분석▼ 남자가 학교에서 개최하는 채용 박람회에 함께 참가하자고 제안한 것으로 보아 두 사람이 취업을 준비하는 학생임을 알 수 있다.

男: 我明天参加学校举办的招聘会，你要不要一起去?	남: 나 내일 학교에서 개최하는 채용 박람회에 참가할 건데, 너 같이 가지 않을래?
女: 明天几点开始?	여: 내일 몇 시에 시작하는데?
男: 下午两点，明天有事吗?	남: 오후 2시, 내일 일이 있니?
女: 真可惜，明天两点要去见教授。	여: 정말 아쉽다, 내일 2시에 교수님을 뵈러 가야 해.
问: 根据对话，可以知道他们是做什么的?	질문: 대화를 근거로, 그들은 무엇을 하는 사람인가?
A 教授 B 职员	A 교수 B 직원
C 医生 **D 学生**	C 의사 **D 학생**

단어 ★参加 cānjiā 통 참가하다 | ★举办 jǔbàn 통 개최하다 | 招聘会 zhāopìnhuì 몡 채용 박람회 | 开始 kāishǐ 통 시작하다 | ★可惜 kěxī 혱 아쉽다 | 教授 jiàoshòu 몡 교수 | 职员 zhíyuán 몡 직원 | 医生 yīshēng 몡 의사

4

문제 분석▼ 여자가 남자에게 아주 늦게 집에 들어갈 것 같으니 你先跟孩子吃饭吧(먼저 아이랑 밥 먹어)라고 이야기하는 내용으로 두 사람이 부부임을 추측할 수 있다.

女：喂，你现在在家吗？ 男：是的，你还在公司吗？怎么还不回来？ 女：工作还没做完，<u>估计很晚才能回家，你先跟孩子吃饭吧</u>。 男：好的。 问：他们俩最可能是什么关系？ A 老板和职员　　**B 丈夫和妻子** C 大夫和病人　　D 老师和学生	여: 여보세요, 당신 지금 집이야？ 남: 응, 당신은 아직도 회사야？ 왜 아직 안 와？ 여: 일이 아직 안 끝났어. <u>아주 늦게나 집에 들어갈 수 있을 것 같은데, 먼저 아이랑 밥 먹어.</u> 남: 알았어. 질문: 두 사람은 어떤 관계일 가능성이 가장 큰가？ A 사장님과 직원　　**B 남편과 아내** C 의사와 환자　　D 선생님과 학생

단어 喂 wéi 감탄 여보세요[전화 통화 시 상대방을 부르는 말] | 现在 xiànzài 명 현재 | 公司 gōngsī 명 회사 | 还 hái 부 아직 | ★估计 gūjì 통 짐작하다 | 孩子 háizi 명 아이 | 老板 lǎobǎn 명 사장 | 职员 zhíyuán 명 직원 | 丈夫 zhàngfu 명 남편 | 妻子 qīzi 명 아내

5

문제 분석▼ 여자는 남자에게 공부를 잘 하고 있으며, 慢慢练习马上会有进步的(천천히 연습하면 금방 향상될 것이다)라고 격려해 주고 있다.

男：我来中国已经三年了，不过我的汉语还不太好。 女：我觉得你现在学习得很好啊。 男：但是我的发音还是不太好。 女：不用着急，慢慢练习马上会有进步的。 问：女的是什么态度？ A 开心　　**B 鼓励** C 吃惊　　D 痛苦	남: 나 중국에 온 지 벌써 3년이 됐는데, 아직도 중국어를 잘 못해. 여: 내 생각에는 너 공부 되게 잘하는데. 남: 하지만 내 발음은 아직도 별로 안 좋아. 여: 조급해할 필요 없어, 천천히 연습하면 금방 향상될 거야. 질문: 여자의 태도는 어떠한가？ A 신나다　　**B 격려하다** C 놀라다　　D 고통스럽다

단어 不过 búguò 접 그러나 | 发音 fāyīn 명 발음 | ★着急 zháojí 통 조급해하다 | 慢慢 mànmàn 부 천천히 | ★练习 liànxí 통 연습하다 | 马上 mǎshàng 부 곧, 바로 | ★进步 jìnbù 통 진보하다 | 态度 tàidu 명 태도 | 开心 kāixīn 형 신나다 | ★鼓励 gǔlì 통 격려하다 | 吃惊 chījīng 통 놀라다 | 痛苦 tòngkǔ 형 고통스럽다

| 실전 트레이닝 1 | 기본서 52쪽

정답
1. C 2. C 3. D 4. A 5. D

1

(해설 및 정답) **문제 분석▼** 여자가 可以到会议室去打印(회의실에 가서 인쇄할 수 있다)고 했기 때문에 정답은 C이다.

男: 办公室的电脑坏了，不能打印，怎么办?	남: 사무실에 컴퓨터가 고장 나서 인쇄할 수가 없어, 어떡하지?
女: 如果你着急，<u>可以到会议室去打印</u>。	여: 만약에 급하면, <u>회의실에 가서 인쇄해도 돼</u>.
问: 在哪儿可以打印?	질문: 어디에서 인쇄할 수 있는가?
A 办公室 B 大使馆	A 사무실 B 대사관
C 会议室 D 博物馆	**C 회의실** D 박물관

(단어) 办公室 bàngōngshì 몡 사무실 | 电脑 diànnǎo 몡 컴퓨터 | 坏 huài 톙 고장 나다 | ★打印 dǎyìn 동 인쇄하다, 프린트하다 | ★着急 zháojí 톙 조급해하다 | 会议室 huìyìshì 몡 회의실 | 大使馆 dàshǐguǎn 몡 대사관 | 博物馆 bówùguǎn 몡 박물관

2

(해설 및 정답) **문제 분석▼** 여자가 不睡吗?(안 자니?)라고 묻고 있기 때문에 지금은 밤이라는 것을 알 수 있다.

女: 现在都几点了! 你怎么还在看电视? <u>不睡吗?</u>	여: 지금 벌써 몇 시니! 너 왜 아직도 TV를 보고 있어? <u>안 자니?</u>
男: 妈，这个节目马上会结束的。	남: 엄마, 이 프로그램은 금방 끝나요.
问: 现在是什么时候?	질문: 지금은 언제인가?
A 早上 B 中午	A 아침 B 정오
C 晚上 D 七点	**C 밤** D 7시

(단어) 都 dōu 튀 벌써['都+수량+了' 형식인 경우 都는 '벌써 다'의 뜻임] | 电视 diànshì 몡 텔레비전 | 节目 jiémù 몡 프로그램 | 马上 mǎshàng 튀 곧, 바로 | ★结束 jiéshù 동 끝나다

3

(해설 및 정답) **문제 분석▼** 남자가 여자에게 혼자 타지에서 생활하느라 외롭지 않은지 묻고 있는 내용으로 여자에 관해 정확한 것은 D임을 알 수 있다.

男: 你离开家乡，<u>一个人在外地生活，是不是很孤单？</u> 女: 刚开始觉得很孤单，但现在已经适应了。 问: 关于女的，可以知道什么？ A 不习惯外地生活 B 总是觉得很孤单 C 没有离开过家乡 **D 现在在外地生活**	남: 너는 고향을 떠나서 혼자 타지에서 생활하기 외롭지 않니? 여: 처음에는 외로웠는데, 지금은 이미 적응됐어. 질문: 여자에 관해서 알 수 있는 것은? A 타지 생활이 익숙하지 않다 B 언제나 외롭다고 느낀다 C 고향을 떠난 적이 없다 **D 지금 타지에서 생활한다**

(단어) ★离开 líkāi 图 떠나다 | 家乡 jiāxiāng 图 고향 | 一个人 yí ge rén 한 사람, 혼자 | 外地 wàidì 图 타지 | 生活 shēnghuó 图 생활하다 | 刚 gāng 튄 막, 방금 | 开始 kāishǐ 图 시작하다 | 孤单 gūdān 图 외롭다 | ★适应 shìyìng 图 적응하다 | 关于 guānyú 게 ～에 관해서 | ★习惯 xíguàn 图 익숙하다 | 总是 zǒngshì 튄 항상

4

(해설 및 정답) **문제 분석▼** 여자는 你怎么还不来?(너 왜 아직도 안 와?)라고 묻고 있고, 남자는 미안하다고 말하고 있으므로 남자가 지각했다는 것을 알 수 있다.

女: 我已经等了一个多小时了，<u>你怎么还不来？</u> 男: 真对不起，我还在路上。没想到这个时间堵车堵得这么厉害。 问: 关于男的，可以知道什么？ **A 迟到了** B 走路来 C 还没出发 D 等了一个多小时	여: 나 벌써 한 시간 넘게 기다렸어, 너 왜 아직도 안 와? 남: 정말 미안해, 아직 가는 길이야. 이 시간에 차가 이렇게 심하게 막힐 줄 생각지도 못했어. 질문: 남자에 관해서 알 수 있는 것은? **A 지각했다** B 걸어온다 C 아직 출발하지 않았다 D 한 시간 넘게 기다렸다

(단어) 等 děng 图 기다리다 | 多 duō 중 여, 남짓 | 小时 xiǎoshí 图 시간 | 还 hái 튄 아직 | 路上 lùshang 图 도중 | 没想到 méi xiǎngdào 생각지 못하다 | ★堵车 dǔchē 图 길이 막히다 | ★厉害 lìhai 图 엄청나다, 심하다 | 迟到 chídào 图 지각하다 | 走路 zǒulù 图 걷다 | 出发 chūfā 图 출발하다

5

해설 및 정답) **문제 분석▼** 회의는 1시 반에 시작하지만 要提前十分钟到场(10분 전에 도착해야 한다)고 했기 때문에 1시 20분까지 도착해야 한다.

男：张秘书，明天的会议一点开始还是一点半开始？ 女：一点半。不过要提前十分钟到场。	남: 장 비서, 내일 회의는 1시부터 시작인가 아니면 1시 반부터 시작인가? 여: 1시 반입니다. 그러나 10분 전에 도착하셔야 합니다.
问：明天要几点到场？	질문: 내일 몇 시에 도착해야 하는가?
A 一点　　　　　　B 一点半 C 一点十分　　　**D 一点二十分**	A 1시　　　　　　　　B 1시 반 C 1시 10분　　　　**D 1시 20분**

단어) 秘书 mìshū 몡 비서 | 会议 huìyì 몡동 회의(하다) | 开始 kāishǐ 동 시작하다 | 还是 háishi 접 또는, 아니면 | 不过 búguò 접 그러나 | ★提前 tíqián 동 앞당기다 | 到场 dào chǎng 장소에 도착하다

| *실전* **트레이닝 2** | 기본서 **52쪽**

정답)
1. D　　　2. D　　　3. C　　　4. B　　　5. C

1

해설 및 정답) **문제 분석▼** 녹음 마지막 부분에 여자가 남자에게 就在你的手里(바로 네 손 안에 있어)라고 이야기하는 내용으로 휴대폰이 지금 남자 손에 들려 있다는 것을 알 수 있다.

男：你有没有看见我的手机？ 女：没有，不在房间里吗？ 男：不在，我找了半个小时还没找到。 女：你不用找了，我找到了，就在你的手里。	남: 내 휴대폰을 못 봤니？ 여: 못 봤어, 방에 없어？ 남: 없어, 30분 동안 찾았는데도 못 찾았어. 여: 찾을 필요 없어, 내가 찾았어, 네 손에 있네.
问：手机在哪儿？	질문: 휴대폰은 어디에 있는가?
A 没找到　　　　B 房间里 C 桌子上　　　**D 男的手里**	A 못 찾았다　　　　　B 방 안 C 책상 위　　　　**D 남자의 손 안**

단어) 看见 kànjiàn 동 보이다 | 手机 shǒujī 몡 휴대폰 | 房间 fángjiān 몡 방 | 半个小时 bàn ge xiǎoshí 30분 | 还 hái 뎀 아직 | 找到 zhǎodào 동 찾아내다 | ★桌子 zhuōzi 몡 책상 | 手 shǒu 몡 손

2

해설 및 정답 **문제 분석▼** 打五折는 '50% 세일'을 의미한다. 남자가 할인된 후의 가격을 물었고 여자가 150위안이라고 했기 때문에 신발의 원래 가격은 300위안이다.

女: 你看!　这双鞋现在打五折，不买太可惜了。 男: 打折后是多少钱? 女: 150块钱，这么好看的给200块也买不到。 男: 看来你今天运气好，我给你买吧! 当作你的生日礼物。 问: 这双鞋打折前是多少钱? A 150元　　　　　B 200元 C 250元　　　　　**D 300元**	여: 봐! 이 신발은 지금 50% 세일이야. 안 사긴 너무 아쉽다. 남: 할인하고 나면 얼마야? 여: 150위안, 이렇게 예쁜 건 200위안 줘도 못 사. 남: 보아하니 너 오늘 운이 좋다. 내가 사줄게. 네 생일 선물로! 질문: 이 신발은 할인 전에 얼마였나? A 150위안　　　　B 200위안 C 250위안　　　　**D 300위안**

단어 双 shuāng 양 켤레 | 鞋 xié 명 신발 | ★打折 dǎzhé 동 할인하다 | ★可惜 kěxī 형 아쉽다 | 后 hòu 명 ~후 | 好看 hǎokàn 형 예쁘다 | 买不到 mǎibudào 살 수 없다 | 看来 kànlai 부 보기에 | 运气 yùnqi 명 운수 | 当作 dàngzuò 동 ~로 삼다 | 礼物 lǐwù 명 선물 | 前 qián 명 ~전

3

해설 및 정답 **문제 분석▼** 남자는 사진을 거실에 걸고 싶어 했고 여자는 你想挂在哪儿就挂在哪儿(당신이 걸고 싶은 데다 걸어)라고 했기 때문에 정답은 C이다.

男: 你觉得我们的结婚照片挂在什么地方比较好? 女: 我想把它挂在卧室里。 男: 这么好看的照片应该挂在客厅里。 女: 你想挂在哪儿就挂在哪儿吧。 问: 照片可能会挂在哪儿? A 卧室　　　　　B 房间 **C 客厅**　　　　 D 厨房	남: 당신은 우리 결혼 사진을 어디에 거는 것이 비교적 좋을 것 같아? 여: 나는 침실에 걸고 싶어. 남: 이렇게 보기 좋은 사진은 거실에 걸어야지. 여: 당신이 걸고 싶은 데다 걸어. 질문: 사진을 어디에 걸 가능성이 큰가? A 침실　　　　　B 방 **C 거실**　　　　 D 주방

단어 ★结婚 jiéhūn 동 결혼하다 | 照片 zhàopiàn 명 사진 | 挂 guà 동 걸다 | 地方 dìfang 명 곳, 장소 | 把 bǎ 개 ~을 | 卧室 wòshì 명 침실 | 好看 hǎokàn 형 예쁘다 | 应该 yīnggāi 조동 마땅히 ~해야 한다 | 客厅 kètīng 명 거실 | 可能 kěnéng 부 아마도 | 房间 fángjiān 명 방

해설 및 정답   **문제 분석▼**   대화 중에 여자가 我在等公交车(나는 버스를 기다리고 있다)고 하는 내용으로 지금 여자가 정류장에 있다는 것을 알 수 있다.

女: 你声音再大点儿，这里太吵，我听不清楚。	여: 너 소리 좀 크게 해. 여기 너무 시끄러워서 잘 안 들려.
男: 你到底在哪儿呢？	남: 너 도대체 어디 있어?
女: <u>我在等公交车</u>。你到家了？	여: <u>나 버스를 기다리고 있어.</u> 넌 집에 도착했어?
男: 没有，我今天可能要加班了，你先吃饭。	남: 아니, 나 오늘 야근해야 할 것 같아, 먼저 밥 먹어.
问: 女的可能在哪儿？	질문: 여자는 아마도 어디에 있는가?
A 超市 **B 车站**	A 마트 **B 정류장**
C 公司 D 餐厅	C 회사 D 식당

단어 声音 shēngyīn 몡 소리, 목소리 | 吵 chǎo 혱 시끄럽다 | ★清楚 qīngchu 혱 뚜렷하다, 명확하다 | ★到底 dàodǐ 뎸 도대체 | 等 děng 통 기다리다 | 公交车 gōngjiāochē 몡 버스 | 到 dào 통 도착하다 | ★加班 jiābān 통 야근하다 | 吃饭 chīfàn 통 밥을 먹다 | 车站 chēzhàn 몡 정류장 | ★餐厅 cāntīng 식당

해설 및 정답   **문제 분석▼**   '难道…吗?'는 '설마 ~겠니?'라는 의미로 반어문을 만드는 문형이다. 여자는 难道这还不算高吗？(설마 이게 크다고 할 수 없는 거니?)라고 했기 때문에 180cm면 충분히 크다는 의미이다.

男: 我要是像姚明那样高多好啊！	남: 내가 야오밍처럼 크다면 얼마나 좋을까!
女: 你不是一米八吗？难道这还不算高吗？	여: 너 1미터 80 아니니? 설마 이게 크다고 할 수 없는 거니?
男: 可是我女朋友不这样认为啊！她喜欢个子像姚明那样高的。	남: 그렇지만 내 여자친구는 그렇게 생각하지 않아, 그녀는 야오밍처럼 큰 키를 좋아해.
女: 你女朋友的想法还真是特别。	여: 네 여자친구의 생각도 참 특이하다.
问: 女的觉得男的的个子怎么样？	질문: 여자는 남자의 키가 어떻다고 생각하는가?
A 不算高	A 크다고 할 수 없다
B 比姚明高	B 야오밍보다 크다
C 已经很高了	**C 이미 매우 크다**
D 像姚明一样高	D 야오밍만큼 크다

단어 要是 yàoshi 젭 만약 | 像 xiàng 통 마치 ~와 같다 | 高 gāo 혱 높다, (키가) 크다 | 多 duō 뎸 얼마나 | 不是…吗? bú shì…ma? ~인 것 아닌가? | ★难道 nándào 뎸 설마 | 算 suàn 통 ~인 셈이다 | 认为 rènwéi 통 ~라고 여기다 | 个子 gèzi 몡 키 | 想法 xiǎngfǎ 몡 생각 | 真是 zhēnshi 뎸 정말, 참 | ★特别 tèbié 뎸 특별히

| **실전 트레이닝 1** | 기본서 59쪽 |

정답 1. B　　2. C　　3. B　　4. C　　5. C

Track 53-1

1

해설 및 정답　문제 분석▼ 남자가 먼저 图书馆(도서관)이라는 장소를 제시했고, 여자가 那里(거기)에 가자고 했기 때문에 도서관과 연관된 어휘인 B가 정답이다.

男: 听说附近的图书馆科学书种类非常丰富。 女: 那周末我们带孩子去那里吧。	남: 듣자니 근처 도서관에 과학책 종류가 굉장히 많대. 여: 그럼 주말에 우리 아이를 데리고 거기 가자.
问: 他们周末打算做什么?	질문: 그들은 주말에 무엇을 할 계획인가?
A 散步　　　　　**B 看书** C 逛街　　　　　D 运动	A 산책하다　　　　**B 책을 보다** C 쇼핑하다　　　　D 운동하다

단어　★附近 fùjìn 몡 부근, 근처 | 图书馆 túshūguǎn 몡 도서관 | 科学 kēxué 몡 과학 | 种类 zhǒnglèi 몡 종류 | 丰富 fēngfù 혱 많다, 풍부하다 | 周末 zhōumò 몡 주말 | 带 dài 동 데리다 | ★散步 sànbù 동 산책하다 | ★逛街 guàngjiē 동 쇼핑하다 | ★运动 yùndòng 몡동 운동(하다)

Track 53-2

2

해설 및 정답　문제 분석▼ 남자가 买了新手机(새 휴대폰을 샀다)고 했기 때문에 휴대폰을 바꿨다는 것으로 해석할 수 있다.

女: 你的手机号码改了吗? 怎么说这个号码是空号? 男: 我前几天买了新手机，顺便改了号码。	여: 너 휴대폰 번호를 바꿨니? 왜 이 번호가 없는 번호라는 거야? 남: 나 며칠 전에 새 휴대폰을 샀어. 그 김에 번호를 바꿨어.
问: 男的手机怎么了?	질문: 남자의 휴대폰은 어떻게 됐나?
A 丢了　　　　　B 响了 **C 换了**　　　　　D 坏了	A 잃어버렸다　　　　B 울렸다 **C 바꿨다**　　　　　D 고장 났다

단어　手机 shǒujī 몡 휴대폰 | 号码 hàomǎ 몡 번호 | ★改 gǎi 동 고치다, 바꾸다 | 怎么 zěnme 대 어떻게, 왜 | 空号 kōnghào 몡 결번 | 前几天 qián jǐ tiān 며칠 전 | ★顺便 shùnbiàn 뮈 ~하는 김에 | ★丢 diū 동 잃어버리다 | 响 xiǎng 동 울리다

해설 및 정답　문제 분석▼ 为什么로 질문했기 때문에 원인을 알아야 하는 문제이다. 여자는 昨天加班了(어제 야근했다)고 이야기하고 있기 때문에 일이 바쁘다는 것을 알 수 있다.

男：昨天晚上的那场足球比赛是不是很精彩?	남: 어젯밤의 축구 경기는 너무 멋지지 않았니?
女：我昨天加班了，到家比赛已经结束了。	여: 나 어제 야근했어. 집에 도착하니까 경기는 벌써 끝났더라.
问：女的为什么没看比赛?	질문: 여자는 왜 경기를 보지 못했는가?
A 要去运动　　　**B 工作很忙**	A 운동을 가야 해서　　　**B 일이 매우 바빠서**
C 不感兴趣　　　D 去踢足球	C 흥미를 느끼지 못해서　　　D 축구 하러 가서

단어　场 chǎng 양 차례[경기를 세는 단위] | 足球 zúqiú 명 축구 | ★比赛 bǐsài 명 경기 | ★精彩 jīngcǎi 형 근사하다, 멋지다 | ★加班 jiābān 동 야근하다 | 到家 dàojiā 동 집에 도착하다 | ★结束 jiéshù 동 끝나다 | ★运动 yùndòng 명동 운동(하다) | ★兴趣 xìngqù 명 흥미 | 感兴趣 gǎn xìngqù 흥미를 느끼다 | 踢 tī 동 (발로) 차다

해설 및 정답　문제 분석▼ 남자의 山上的风景真是太美了(산속 풍경이 정말 너무 아름다웠다)는 말과 같은 의미인 C가 정답이다.

女：今天玩儿得怎么样? 爬山有意思吗?	여: 오늘 어땠어? 등산은 재미있었니?
男：爬山很累，不过山上的风景真是太美了，空气也很新鲜。	남: 등산 너무 힘들더라. 그런데 산속 풍경이 정말 너무 아름다웠어, 공기도 아주 신선하고.
问：根据对话，可以知道什么?	질문: 대화를 근거로 알 수 있는 것은?
A 女的喜欢爬山	A 여자는 등산을 좋아한다
B 今天空气不好	B 오늘 공기가 안 좋다
C 山上风景很美	**C 산속 풍경이 매우 아름답다**
D 打算常常爬山	D 자주 등산을 할 계획이다

단어　玩儿 wánr 동 놀다 | ★爬山 páshān 동 등산하다 | 有意思 yǒu yìsi 형 재미있다 | 累 lèi 형 피곤하다 | ★风景 fēngjǐng 명 풍경 | 美 měi 형 아름답다 | 空气 kōngqì 명 공기 | ★新鲜 xīnxiān 형 신선하다 | ★打算 dǎsuan 동 ~할 예정이다, 계획하다 | 常常 chángcháng 부 자주

5

🔵 **해설 및 정답**   **문제 분석▼** 还是는 '~하는 것이 좋겠다'는 의미의 부사로 여자의 还是坐火车去吧라는 말은 '기차를 타는 것이 좋겠다'는 뜻이다. 따라서 정답은 C이다.

男: 这次旅游我们坐飞机去吧，坐一个小时就到！ 女: 但是坐飞机不浪漫，<u>我们还是坐火车去吧</u>。 问: 女的想坐什么去旅游？ A 飞机 B 汽车 **C 火车** D 地铁	남: 이번 여행은 우리 비행기 타고 가자, 한 시간만 타면 도착이야! 여: 하지만 비행기 타는 건 낭만적이지 않아, <u>우리 기차를 타고 가는 게 좋겠어.</u> 질문: 여자는 무엇을 타고 여행하고 싶은가? A 비행기 B 자동차 **C 기차** D 전철

🔵 **단어** ★旅游 lǚyóu 통 여행하다 | 坐飞机 zuò fēijī 비행기를 타다 | 但是 dànshì 접 하지만 | 浪漫 làngmàn 형 낭만적이다 | 坐火车 zuò huǒchē 기차를 타다 | 汽车 qìchē 명 자동차

| **실전 트레이닝 2** | 기본서 **59쪽**

정답   1. A   2. B   3. D   4. C   5. B

1

🔵 **해설 및 정답**   **문제 분석▼** 擦破了点儿皮라는 표현에 주의한다. '피부가 살짝 긁혔다'는 의미로 여자가 다쳤다는 것을 알 수 있다.

男: 你的手怎么了？ 女: 刚才擦玻璃窗的时候不小心擦破了点儿皮。 男: 你也真是的！怎么这么<u>粗心</u>。<u>要不要去医院</u>？ 女: 不用，反正也不太疼。 问: 关于女的，可以知道什么？ **A 受伤了** B 没擦窗户 C 要去医院 D 常常生病	남: 너 손이 왜 그래? 여: 방금 유리창을 닦다가 실수로 살이 긁혔어. 남: 너도 참! 왜 이렇게 덜렁대니? 병원에 가야 하지 않아? 여: 됐어. 어차피 별로 아프지도 않아. 질문: 여자에 관해서 알 수 있는 것은? **A 다쳤다** B 창문을 닦지 않았다 C 병원에 가야 한다 D 자주 아프다

🔵 **단어** 怎么了 zěnme le 무슨 일인가 | 刚才 gāngcái 부 막, 방금 | ★擦 cā 통 닦다 | 玻璃窗 bōlichuāng 명 유리창 | 不小心 bù xiǎoxīn 부주의해서, 실수로 | 擦破了皮 cāpòle pí 살갗이 벗겨지다 | ★粗心 cūxīn 형 덜렁대다 | 医院 yīyuàn 명 병원 | 不用

búyòng 🔒 ~할 필요 없다 | 反正 fǎnzhèng 🔒 어차피 | 疼 téng 📦 아프다 | 关于 guānyú 🔒 ~에 관해서 | 受伤 shòushāng 📦 부상당하다 | ★窗户 chuānghu 📦 창문

2

해설 및 정답 문제 분석▼ 好(좋다)와 行(되다, 괜찮다)는 유사 어휘로, 남자의 마지막 말인 便宜的就是好的(싼 것이 좋은 것이다)와 보기 B는 같은 의미이다.

女：什么这么多呀？你到底买了几件衣服？	여: 뭐가 이렇게 많아? 너 도대체 옷을 몇 벌이나 산 거니?
男：今天太高兴了！商场的衣服打五折，买这么多衣服才花了八百块。	남: 오늘 너무 신나! 쇼핑센터에서 옷을 50% 세일하더라고, 이렇게 많은 옷을 샀는데 겨우 800위안 썼어.
女：你没听说过吗？便宜无好货，好货不便宜。	여: 너 못 들어봤니? 싼 데 좋은 물건 없고, 좋은 물건은 싸지 않대.
男：我不管什么好货不好货，<u>便宜的就是好的</u>!	남: 난 좋은 물건이든 안 좋은 물건이든 상관없어, <u>싸면 그게 바로 좋은 거야</u>.
问：男的是什么意思？	질문: 남자는 무슨 뜻인가?
A 只要好的　　　　　**B 便宜就行** C 喜欢好货　　　　　D 不知道好不好	A 좋은 것만 원한다　　**B 싸면 된다** C 좋은 물건을 좋아한다　D 좋은지 안 좋은지 모른다

단어 ★到底 dàodǐ 🔒 도대체 | 件 jiàn 🔒 벌[옷을 세는 단위] | 太…了 tài…le 너무 ~하다 | 高兴 gāoxìng 📦 신나다 | 商场 shāngchǎng 📦 쇼핑센터 | 花 huā 📦 소비하다 | 听说 tīngshuō 📦 듣자니 | 便宜 piányi 📦 싸다 | 无 wú 📦 없다 | 货 huò 📦 물품, 상품 | 不管 bùguǎn 📎 ~에 상관없이 | 只 zhǐ 🔒 단지 | 要 yào 📦 원하다 | 行 xíng 📦 괜찮다

3

해설 및 정답 문제 분석▼ 여자의 明天早上要交上去(내일 아침에 내야 한다)라는 말의 交는 '제출하다'의 의미로 여자는 지금 과제를 하고 있음을 알 수 있다.

男：都十二点了，明天再做，先去睡吧！	남: 벌써 12시야, 내일 다시 하고, 우선 자!
女：<u>不行，这些材料明天早上要交上去。</u>	여: <u>안 돼, 이 자료들 내일 아침에 내야 돼.</u>
男：读研究生真是不容易呀！	남: 대학원 다니는 거 진짜 쉽지 않네.
女：不用担心，我还不累，你先去睡吧。	여: 걱정 마, 나 아직 안 힘들어, 먼저 가서 자.
问：女的现在做什么？	질문: 여자는 지금 무엇을 하고 있는가?
A 睡觉　　　　　　　B 读书 C 复习　　　　　　　**D 写材料**	A 자고 있다　　　　　B 책을 읽고 있다 C 복습하고 있다　　　**D 자료를 쓰고 있다**

단어 都 dōu 🔒 벌써['都+수사+了' 형식에서 都는 '벌써 다'의 의미임] | 再 zài 🔒 또, 다시 | 先 xiān 🔒 우선 | ★材料 cáiliào 📦 자료 | ★交 jiāo 📦 내다, 제출하다 | 读 dú 📦 읽다, (과정을) 밟다 | 研究生 yánjiūshēng 📦 대학원생 | ★担心 dānxīn 📦 걱정하다 | ★复习 fùxí 📦 복습하다

4

해설 및 정답 **문제 분석▼** 남자는 차가 막혀서 坐地铁上班(지하철 타고 출근한다)라고 했으므로 정답은 C이다.

女：你每天怎么上班？开车去吗？还是坐 公交车？ 男：上班时间堵车，所以我坐地铁上班。 女：早上地铁里人多吧？你上班还真辛苦 啊！ 男：可不是！我每天六点就要起床。 问：男的怎么上班？ A 开车　　　　　B 走过去 **C 坐地铁**　　　D 坐公交车	여：넌 매일 어떻게 출근하니? 차 몰고 가니? 아니면 버스를 타니? 남：출근 시간에는 차가 막혀서 난 지하철 타고 출근해. 여：아침에 지하철에 사람 많지? 너 출근하는데 정말 고생한 다. 남：그러니까! 나 매일 6시면 일어나야 돼. 질문：남자는 어떻게 출근하는가? A 운전해서　　　B 걸어서 **C 지하철을 타고**　D 버스를 타고

단어 ★上班 shàngbān 통 출근하다 | 开车 kāichē 통 운전하다 | 公交车 gōngjiāochē 명 버스 | ★堵车 dǔchē 통 차가 막히다 | ★地铁 dìtiě 명 지하철 | 辛苦 xīnkǔ 형 고생스럽다 | 可不是 kěbushì 그렇다, 그렇고 말고 | 起床 qǐchuáng 통 일어나다

5

해설 및 정답 **문제 분석▼** 여자의 买个什么生日礼物好呢?(어떤 생일 선물을 사는 것이 좋을까?)라는 내용으로 보아 남자와 생일 선물을 상의하고 있음을 알 수 있으므로 정답은 B이다.

男：4月8号马上就到了。 女：是，给儿子买个什么生日礼物好呢？ 你有什么好主意？ 男：他是属羊的，给他买只小羊怎么样？ 女：好吧，我估计他肯定会喜欢的。 问：他们在商量什么事情？ A 怎么过年 **B 买什么礼物** C 儿子的爱好 D 去动物园看小羊	남：곧 4월 8일이야. 여：그러네, 아들에게 어떤 생일 선물을 사주는 게 좋을까? 넌 무슨 좋은 아이디어 있니? 남：아이가 양띠니까, 양 한 마리를 선물로 주는 게 어떨까? 여：좋아, 내 짐작에 틀림없이 좋아할 거야. 질문：그들은 어떤 일을 상의하고 있는가? A 어떻게 설을 보내는가 **B 어떤 선물을 사는가** C 아들의 취미 D 동물원에 가서 양을 보는 것

단어 给 gěi 개 ~에게 | 礼物 lǐwù 명 선물 | ★主意 zhǔyi 아이디어 | 属 shǔ 통 (사람의) ~띠이다 | 羊 yáng 명 양 | ★估计 gūjì 통 짐작하다 | 肯定 kěndìng 틀림없이 | 商量 shāngliang 통 상의하다 | 过年 guònián 통 새해를 맞다 | 爱好 àihào 명 취미 | 动物园 dòngwùyuán 명 동물원

반어문과 이중부정

| 실전 트레이닝 1 | 기본서 65쪽

1. A   2. A   3. D   4. A   5. A

1

해설 및 정답 | 문제 분석▼ '没…吗?'는 '~하지 않았나?'라는 의미의 반어문 형식이다. 여자의 你没看见大家都在安静地学习吗?(너는 다들 조용히 공부하고 있는 게 안 보이니?)라는 말로 지금 그들은 조용히 공부하는 곳, 즉 도서관에 있음을 알 수 있다.

男: 你看到通知了吗? 学校组织留学生去 外地旅行。	남: 너 통지 봤니? 학교에서 유학생들이 외지로 여행 가도록 구성했어.
女: 你声音太大了! 你没看见大家都在安 静地学习吗?	여: 너 목소리가 너무 커! 다들 조용히 공부하고 있는 게 안 보이니?
问: 他们现在可能在哪儿?	질문: 그들은 지금 아마도 어디에 있는가?

A 图书馆	B 电视台	A 도서관	B 방송국
C 体育馆	D 奶奶家	C 체육관	D 할머니 집

단어 ★通知 tōngzhī 몡동 통지(하다) | 组织 zǔzhī 동 구성하다 | 留学生 liúxuéshēng 몡 유학생 | 外地 wàidì 몡 외지 | ★旅行 lǚxíng 동 여행하다 | 声音 shēngyīn 몡 목소리 | ★安静 ānjìng 혱 조용하다 | 图书馆 túshūguǎn 몡 도서관 | 电视台 diànshìtái 몡 방송국 | 体育馆 tǐyùguǎn 몡 체육관 | 奶奶 nǎinai 몡 할머니

2

Track **61-2**

해설 및 정답 | 문제 분석▼ 突然下雨(갑자기 비가 온다)는 내용으로 날씨가 좋지 않음을 알 수 있다.

女: 你不是去见朋友了吗? 怎么又回来了?	여: 너 친구 만나러 간다고 하지 않았어? 왜 다시 돌아왔어?
男: 外边突然下雨, 我们本来今天要去爬 山的, 所以不得不取消了。	남: 밖에 갑자기 비가 와서, 우리는 원래 오늘 등산 가기로 했 는데, 취소를 안 할 수가 없었어.
问: 男的为什么又回来了?	질문: 남자는 왜 다시 돌아왔는가?

A 天气不好	B 突然头疼	A 날씨가 안 좋아서	B 갑자기 머리가 아파서
C 不想见面	D 外边很冷	C 만나고 싶지 않아서	D 밖이 매우 추워서

단어 又 yòu 뛰 또 | 回来 huílai 동 돌아오다 | 外边 wàibian 몡 바깥 | ★突然 tūrán 뛰 갑자기 | 下雨 xiàyǔ 동 비가 오다 | 本来 běnlái 뛰 원래, 본래 | ★爬山 páshān 동 등산하다 | 不得不 bùdébù ~하지 않으면 안 된다 | 取消 qǔxiāo 동 취소하다 | 为什么 wèishénme 대 왜 | 天气 tiānqì 몡 날씨 | 疼 téng 혱 아프다 | 冷 lěng 혱 춥다

듣기 **7** 반어문과 이중부정   31

3

해설 및 정답 | **문제 분석▼** 不能不는 '~하지 않을 수 없다'는 의미의 이중부정 형식으로 남자가 몸이 좋지 않아 검사를 받지 않으면 안 될 것 같다고 했기 때문에 남자는 내일 병원에 갈 가능성이 가장 크다.

男: 王经理，我最近有点儿不舒服，明天不能不去检查一下。请一天假可以吗?	남: 왕 사장님, 제가 요즘 몸이 좀 안 좋아서 내일 검사를 받지 않으면 안 될 것 같은데요, 하루 휴가를 내도 될까요?
女: 当然可以，你最近脸色真的不太好。	여: 당연히 되죠. 요즘 안색이 정말 별로 안 좋아요.
问: 男的明天可能去哪儿?	질문: 남자는 내일 아마도 어디에 가는가?
A 公司　　　　　　 B 邮局 C 机场　　　　　　 **D 医院**	A 회사　　　　　　 B 우체국 C 공항　　　　　　 **D 병원**

단어 经理 jīnglǐ 몡 사장, 매니저 | 有点儿 yǒudiǎnr 뷔 약간, 조금 | ★舒服 shūfu 톙 편안하다 | 检查 jiǎnchá 동 검사하다 | ★请假 qǐngjià 동 휴가를 신청하다 | 当然 dāngrán 톙 당연하다 | 脸色 liǎnsè 몡 안색 | 公司 gōngsī 몡 회사 | 邮局 yóujú 몡 우체국 | 机场 jīchǎng 몡 공항 | 医院 yīyuàn 몡 병원

4

해설 및 정답 | **문제 분석▼** '술어+什么?'는 '무슨 ~를 하느냐?', 즉 '~하지 마라'라는 의미의 반어문 형식으로 남자의 做什么车?(무슨 차를 타?)는 '차를 타지 말자'는 의미이기 때문에 정답은 A이다.

女: 从这儿到动物园远吗? 我们坐车去怎么样?	여: 여기에서 동물원까지 멀어? 우리 차 타고 가는 게 어때?
男: 坐什么车? 这个时间肯定会堵车的，而且不远，还是慢慢走过去吧。	남: 무슨 차를 타? 이 시간에는 분명 차가 밀릴 거야, 게다가 멀지 않아, 천천히 걸어가는 게 좋겠어.
问: 他们怎么去动物园?	질문: 그들은 동물원에 어떻게 가는가?
A 走路　　　　　 B 坐地铁 C 坐火车　　　　　 D 坐公交车	**A 걸어서**　　　　　 B 지하철을 타고 C 기차를 타고　　　　 D 버스를 타고

단어 从⋯到⋯ cóng⋯dào⋯ ~에서 ~까지 | 动物园 dòngwùyuán 몡 동물원 | 远 yuǎn 톙 멀다 | 肯定 kěndìng 뷔 틀림없이 | ★堵车 dǔchē 동 차가 막히다 | 还是 háishi 뷔 ~하는 것이 좋다 | ★地铁 dìtiě 몡 지하철 | 火车 huǒchē 몡 기차 | 公交车 gōngjiāochē 몡 버스

5

해설 및 정답 | **문제 분석▼** '非⋯不可'는 '~하지 않으면 안 된다'는 뜻으로 一定要(반드시 ~해야 한다)와 같은 의미를 나타내는 이중부정 형식이다. 남자의 我非买新手机不可라는 말은 '새 휴대폰을 사지 않으면 안 된다'는 의미이므로 정답은 A이다.

男: 我非买新手机不可，已经用了五年了。	남: 나는 반드시 새 휴대폰을 사야 해, 벌써 5년째 쓰고 있어.
女: 你的手机确实该换了，不好用吧?	여: 네 휴대폰은 확실히 바꿀 때가 됐어. 쓰기에 불편하지?

问: 关于男的, 可以知道什么?	질문: 남자에 관해서 알 수 있는 것은?
A 想换手机　　B 再想用五年 C 买了新手机　　D 想买五个手机	**A 휴대폰을 바꾸고 싶다**　　B 5년 더 쓰고 싶다 C 휴대폰을 새로 샀다　　D 휴대폰을 5개 사고 싶다

단어　手机 shǒujī 몡 휴대폰 | 用 yòng 통 사용하다 | ★确实 quèshí 명 확실히 | 该⋯了 gāi⋯le (마땅히) ~해야 한다 | 换 huàn 통 교체하다, 바꾸다 | 好用 hǎoyòng 혱 쓰기 좋다

실전 트레이닝 2 | 기본서 65쪽

정답　1. C　　2. A　　3. D　　4. C　　5. C

듣기 제2·3부분

1　　　　　　　　　　　　　　　　　　　　　　　　　　Track **62-1**

해설 및 정답　문제 분석▼　'没有⋯不⋯' 형식의 이중부정 문제이다. 여자의 没有共同的爱好就不太好(공통된 취미가 없으면 별로 좋지 않다)라는 말로 여자는 공통된 취미가 있는 남자를 선호한다는 것을 알 수 있다.

男: 很多女孩子都希望找一个长得帅的男 　朋友, 你呢? 女: 长得帅不帅没太大关系, 关键是我得 　爱他。 男: 没别的要求了? 女: 有一个。你也觉得没有共同的爱好就 　<u>不太好吧?</u>	남: 많은 여자들이 잘생긴 남자친구를 찾고 싶어 하는데, 너 　는? 여: 잘생기든 말든 크게 상관없어, 관건은 내가 그를 사랑해야 　하는 것이지. 남: 다른 요구 사항은 없고? 여: 하나 있어. <u>네 생각에도 공통된 취미가 없으면 별로 안 좋 　겠지?</u>
问: 女的希望男朋友怎么样?	질문: 여자는 남자친구가 어떻기를 바라는가?
A 喜欢自己就行 B 一定要长得帅 **C 和自己有共同爱好** D 个子一定要高高的	A 자신을 좋아하기만 하면 된다 B 반드시 잘생겨야 한다 **C 자신과 공통된 취미가 있다** D 키가 반드시 커야 한다

단어　★希望 xīwàng 통 희망하다, 바라다 | 找 zhǎo 통 찾다 | 长 zhǎng 통 생기다, 자라다 | 帅 shuài 혱 잘생기다 | 关系 guānxi 몡 관계 | 关键 guānjiàn 몡 관건 | 得 děi 조통 ~해야 한다 | 别的 biéde 몡 다른 것 | 要求 yāoqiú 몡 요구 | ★共同 gòngtóng 혱 공통의 | ★爱好 àihào 몡 취미 | 高 gāo 혱 높다, (키가) 크다

듣기　**7** 반어문과 이중부정　33

2

해설 및 정답 문제 분석▼ 남자는 두유를 마시고자 했지만 두유가 다 팔렸다고 하자 没有就不用了(없으면 됐다)고 대답했다. 따라서 정답은 A이다.

女: 先生，您要点儿什么?	여: 선생님, 무엇이 필요하십니까?
男: 一份饺子，两个鸡蛋，还要一杯豆奶。	남: 교자 1인분, 계란 두 개, 또 두유 한 컵 주세요.
女: 对不起，豆奶刚卖完了，要不给您来一杯牛奶怎么样?	여: 죄송합니다. 두유는 막 다 팔렸어요. 아니면 우유 한 잔 하시는 건 어떠세요?
男: <u>没有就不用了</u>，我一喝牛奶就肚子疼。	남: <u>없으면 됐어요</u>. 전 우유만 마시면 배가 아파서요.
问: 男的可能喝什么?	질문: 남자는 아마도 무엇을 마시는가?
A 不喝　　　　　B 豆奶 C 牛奶　　　　　D 鸡蛋汤	**A 안 마신다**　　　　B 두유 C 우유　　　　D 계란국

단어 先生 xiānsheng 몡 선생, 씨[성인 남성을 부르는 존칭] | 点 diǎn 동 주문하다 | 份 fèn 양 인분[먹을 음식의 양을 세는 단위] | ★饺子 jiǎozi 몡 교자 | 鸡蛋 jīdàn 몡 계란 | 杯 bēi 몡 컵, 잔 | 豆奶 dòunǎi 몡 두유 | 卖 mài 동 팔다 | 要不 yàobù 젭 그렇지 않으면, 아니면 | 牛奶 niúnǎi 몡 우유 | 肚子 dùzi 몡 복부, 배 | 疼 téng 혱 아프다

3

해설 및 정답 문제 분석▼ 사진을 보면서 남자가 你这个时候真好看(너 이때는 참 예뻤다)라고 말했으므로 여자는 지금 예전 만큼 예쁘지 않다는 뜻이다.

男: 这张照片里真的有你吗? 我怎么找不到你呢?	남: 이 사진 속에 진짜 네가 있어? 난 왜 못 찾겠지?
女: 王老师后面的那个长头发的不就是我吗?	여: 왕 선생님 뒤에 그 머리 긴 사람이 나잖아.
男: <u>哎呀! 你这个时候真好看!</u> 我都没有认出你来。	남: 어머! 너 이때는 참 예뻤네! 난 못 알아보겠다!
女: 你这是什么意思? 我现在不好看吗?	여: 너 그게 무슨 뜻이야? 나 지금은 못생겼니?
问: 女的现在可能怎么样?	질문: 여자는 지금 아마도 어떤가?
A 头发很长　　　　B 染头发了 C 不认识男的　　**D 没有以前好看**	A 머리카락이 매우 길다　　B 머리카락을 염색했다 C 남자를 모른다　　**D 예전만큼 예쁘지는 않다**

단어 张 zhāng 양 장[종이·침대·책상 등 넓은 표면을 가진 것을 세는 단위] | ★照片 zhàopiàn 몡 사진 | 找不到 zhǎobudào 찾을 수 없다 | 后面 hòumiàn 몡 뒤 | 长 cháng 혱 길다 | 头发 tóufa 몡 머리카락 | 不就是…吗? bú jiùshì…ma? 바로 ~아닌가?, 바로 ~이다 | 哎呀 āiyā 감탄 어머 | 认出来 rèn chūlai 알아보다 | 染 rǎn 동 염색하다 | 没有 méiyǒu 동 ~만 못하다

해설 및 정답   **문제 분석▼** '怎么会…?' 문형은 '어떻게 ~할 수 있는가?' 즉 '~하지 않다'라는 의미로, 남자는 她长得那么难看, 怎么会像我?(그녀는 저렇게 못생겼는데, 어떻게 날 닮았다는 거야?)라는 말로 동생이 못생겼다고 얘기하고 있다.

女: 她是你妹妹吧? 你们俩长得真像!	여: 그녀가 네 여동생이지? 너희 둘 정말 닮았다.
男: 不会吧! 她长得那么难看, 怎么会像我?	남: 그럴 리가! 저렇게 못생겼는데, 어떻게 날 닮았다는 거야?
女: 谁说她长得难看啊? 我觉得挺漂亮的呢!	여: 누가 못생겼대? 내가 보기엔 예쁜데.
男: 我觉得你该换眼镜了。	남: 내 생각엔 너 안경 바꿀 때가 됐어.
问: 男的是什么意思?	질문: 남자의 말뜻은?
A 要换眼镜 B 长得像妈妈	A 안경을 바꿔야 한다 B 엄마를 닮았다
C 妹妹不好看 D 很喜欢妹妹	**C 여동생이 예쁘지 않다** D 여동생을 아주 좋아한다

단어 俩 liǎ 주량 두 사람 | ★像 xiàng 통 닮다 | 难看 nánkàn 형 못생기다 | 挺 tǐng 부 매우 | 漂亮 piàoliang 형 예쁘다 | ★换 huàn 통 바꾸다 | 眼镜 yǎnjìng 명 안경

해설 및 정답   **문제 분석▼** 여자는 커피를 마시지 말라는 남자에게 我再喝三杯也能睡着(나는 세 잔을 더 마셔도 잘 수 있다)라는 말로 커피가 자신에게 아무런 영향을 미치지 않음을 말하고 있다.

男: 别再喝咖啡了, 你已经喝了三杯。晚上会睡不着的。	남: 더 이상 커피를 마시지 마, 너 벌써 세 잔 마셨어, 밤에 잠 못 자.
女: 不用担心, 我再喝三杯也能睡着。	여: 걱정할 필요 없어, 난 세 잔을 더 마셔도 잘 수 있어.
男: 喝太多对身体不好! 难道你不知道我担心你吗?	남: 너무 많이 마시면 몸에 안 좋아! 설마 넌 내가 널 걱정하는 것도 모르는 거야?
女: 知道了! 不喝了!	여: 알았어, 안 마실게!
问: 女的是什么意思?	질문: 여자의 말뜻은?
A 喜欢喝咖啡	A 커피 마시는 것을 좋아한다
B 每天喝三杯	B 매일 세 잔을 마신다
C 喝咖啡没影响	**C 커피를 마셔도 영향을 받지 않는다**
D 喝多才能睡着	D 많이 마셔야 잠을 잘 수 있다

단어 别再…了 bié zài…le 더는 ~하지 마라 | 咖啡 kāfēi 명 커피 | 睡不着 shuìbuzháo 잠이 들지 않는다 | ★担心 dānxīn 통 걱정하다 | 杯 bēi 양 잔, 컵 | 睡着 shuìzháo 잠이 들다 | 身体 shēntǐ 명 몸, 신체 | 难道…吗? nándào…ma? 설마 ~이겠는가? | ★影响 yǐngxiǎng 통 영향을 주다

8 주제 파악

| *실전* 트레이닝 1 | 기본서 74쪽

정답   1. B   2. A   3. A   4. B   5. D   6. D

[1-2]   Track 70-1

第1题到2题是根据下面一段话：	1~2번 문제는 다음 내용에 근거한다.
²两个人在森林里遇到了一只大老虎，其中一个人很快从包里拿出一双运动鞋换上，另外那个人非常着急地说：“你在干什么呢？你换了鞋也跑不过老虎啊。”第一个人冷静地说：“¹我只要跑得比你快就行。”	²두 사람이 숲속에서 호랑이 한 마리를 만났다. 그중 한 사람이 아주 빠르게 가방 속에서 운동화 한 켤레를 꺼내 갈아 신었다. 또 다른 사람이 굉장히 조급해하며 “너 지금 뭐 하는 거야? 네가 신발을 갈아 신는다고 해도 호랑이보다 빨리 달릴 수는 없어.”라고 말했다. 첫 번째 사람은 침착하게 말했다. “¹나는 너보다 빨리 달리기만 하면 돼.”

단어   森林 sēnlín 명 숲 | 遇到 yùdào 동 마주치다 | 只 zhī 양 마리 | 老虎 lǎohǔ 명 호랑이 | 其中 qízhōng 대 그중 | 快 kuài 형 빠르다 | 包 bāo 명 가방 | 拿出 náchū 꺼내다 | 运动鞋 yùndòngxié 명 운동화 | ★换 huàn 동 바꾸다 | 另外 lìngwài 대 다른 | ★着急 zháojí 동 조급해하다 | 鞋 xié 명 신발 | 跑不过 pǎobuguò 달리기로는 이길 수 없다['동사+不过' 형식은 '~로는 능가할 수 없다'라는 의미임] | 冷静 lěngjìng 형 냉정하다, 침착하다 | 只要…就行 zhǐyào…jiù xíng ~하기만 하면 된다 | 比 bǐ 개 ~보다

1   Track 70-2

해설 및 정답   **문제 분석▼** 마지막 문장에서 정답을 찾을 수 있다. 첫 번째 사람이 신발을 바꿔 신고 我只要跑得比你快就行(나는 너보다 빨리 달리기만 하면 된다)고 말했으므로 정답은 B이다.

第一个人为什么要换运动鞋？	첫 번째 사람은 왜 운동화로 갈아 신으려고 하는가?
A 脚很疼 **B 跑得比较快**	A 발이 아파서 **B 비교적 빨리 달릴 수 있어서**
C 要参加比赛 D 运动鞋舒服	C 경기에 참가하려고 D 운동화가 편해서

단어   脚 jiǎo 명 발 | ★舒服 shūfu 형 편안하다

2

해설 및 정답 │ 문제 분석▼ 两个人在森林里(두 사람이 숲속에서)로 시작되는 서론 내용으로 이 이야기가 숲에서 생긴 이야기임을 알 수 있다.

这个故事发生在什么地方?	이 이야기는 어디에서 발생했는가?
A 森林　　B 网上　　C 公园　　D 动物园	**A 숲**　　　　B 인터넷　　C 공원　　D 동물원

단어 故事 gùshi 명 이야기 | ★发生 fāshēng 동 발생하다 | 网上 wǎngshàng 인터넷상

[3-4]

第3题到4题是根据下面一段话:	3~4번 문제는 다음 내용에 근거한다.
³你的办公环境会影响你的心情，如果环境干净整齐，你每天都会感到轻松愉快，所以如果你的办公桌很乱，⁴就为你的好心情，先整理一下你的桌子吧。	³당신의 사무 환경이 당신의 기분에 영향을 미칠 수 있다. 만일 환경이 깨끗하게 정돈되어 있다면, 당신은 매일 여유로움과 유쾌함을 느낄 수 있을 것이다. 그래서 만일 당신의 책상이 어질러져 있다면, ⁴당신의 좋은 기분을 위해서 우선 당신의 책상부터 정리해야 한다.

단어 办公 bàngōng 동 근무하다 | ★环境 huánjìng 명 환경 | ★影响 yǐngxiǎng 동 영향을 주다 | 心情 xīnqíng 명 기분 | 如果 rúguǒ 접 만약 | ★干净 gānjìng 형 깨끗하다 | ★整齐 zhěngqí 형 깔끔하다 | ★轻松 qīngsōng 형 홀가분하다 | ★愉快 yúkuài 형 즐겁다 | 办公桌 bàngōngzhuō 명 사무용 테이블 | 乱 luàn 형 어지럽다 | 为 wèi 개 ~을 위해 | ★整理 zhěnglǐ 동 정리하다

3

해설 및 정답 │ 문제 분석▼ 핵심 어휘인 心情(기분)과 影响(영향을 주다)에 관한 문장을 찾는다. 시작 부분에 你的办公环境会影响你的心情(당신의 사무 환경이 당신의 기분에 영향을 미칠 수 있다)는 문장으로 정답이 A임을 알수 있다.

根据这段话，什么对心情有影响?	이 단문을 근거로, 무엇이 기분에 영향을 미치는가?
A 办公环境　　　　B 人际关系 C 环境保护　　　　D 气候变化	**A 사무 환경**　　　　B 인간관계 C 환경 보호　　　　D 기후 변화

단어 人际 rénjì 명 사람과 사람 사이 | ★保护 bǎohù 동 보호하다 | ★气候 qìhòu 명 기후 | 变化 biànhuà 명 변화

(해설 및 정답) 문제 분석▼ 질문의 핵심 어휘인 整理(정리하다)와 관련된 문장을 찾으면 된다. 결론 부분에 先整理一下你的
桌子吧(우선 당신의 책상을 정리하라)는 문장으로 정답이 B임을 알 수 있다.

说话人认为为了有一个好心情应整理什么?	화자는 좋은 기분을 위해 무엇을 정리해야 한다고 여기는가?
A 衣服 **B 桌子** C 材料 D 房间	A 옷 **B 책상** C 자료 D 방

(단어) 说话人 shuōhuàrén 몡 화자 | ★材料 cáiliào 몡 자료

第5题到6题是根据下面一段话:	5~6번 문제는 다음 내용에 근거한다.
一般来说，很多夫妻都长得很像。因为他们共同生活在一起，⁵每天吃相同的饭菜，这会让他们长得越来越像。而且很多人会对和自己长得像的人产生好感，⁶因此很可能选择跟自己比较像的人结婚。	일반적으로 많은 부부들은 매우 닮았다. 왜냐하면 그들은 공통된 환경에서 함께하며, ⁵매일 같은 음식을 먹기 때문이다. 이는 그들을 점점 더 닮아가게 할 수 있다. 게다가 많은 사람들은 자신과 닮은 사람에게 호감을 느낀다. ⁶따라서 자신과 비교적 닮은 사람과의 결혼을 선택할 가능성이 크다.

(단어) 一般来说 yìbān lái shuō 일반적으로 말하자면 | 夫妻 fūqī 몡 부부 | 因为 yīnwèi 젭 왜냐하면 | 共同 gòngtóng 囝 함께 | ★生活 shēnghuó 동 생활하다 | 相同 xiāngtóng 혱 서로 같다 | 饭菜 fàncài 몡 음식, 밥과 반찬 | 越来越 yuèláiyuè 囝 갈수록, 점점 | 而且 érqiě 젭 게다가 | 产生 chǎnshēng 동 발생하다 | 好感 hǎogǎn 몡 호감 | 因此 yīncǐ 젭 따라서 | ★选择 xuǎnzé 동 고르다, 선택하다 | ★结婚 jiéhūn 동 결혼하다

(해설 및 정답) 문제 분석▼ 왜인지를 묻는 질문이기 때문에 원인을 서술하는 因为와 같은 접속사 뒤에 정답이 있을 확률이 높다. 부부가 닮은 원인 중 每天吃相同的饭菜(매일 같은 음식을 먹는다)는 내용으로 정답이 D임을 알 수 있다.

夫妻为什么会很像?	부부는 왜 닮는가?
A 一起做家务　　B 受父母影响 C 有一样的爱好　**D 吃相同的饭菜**	A 함께 가사일을 해서　B 부모의 영향을 받아서 C 똑같은 취미가 있어서　**D 같은 음식을 먹어서**

(단어) 家务 jiāwù 몡 집안일 | 一样 yíyàng 혱 똑같다 | ★爱好 àihào 몡 취미

해설 및 정답 **문제 분석 ▼** 질문에서 핵심 어휘를 찾는다. 핵심 어휘인 选择(선택하다)와 结婚(결혼하다)에 관한 문장을 마지막 부분에서 확인할 수 있다. 选择跟自己比较像的人结婚(자신과 비교적 닮은 사람과의 결혼을 선택한다)는 내용으로 정답이 D임을 알 수 있다.

很多人会选择什么样的人结婚?	많은 사람들이 어떤 사람과의 결혼을 선택하는가?
A 身体健康的 B 有很多钱的	A 신체가 건강한 사람 B 돈이 많은 사람
C 性格开朗的 **D 长得较像的**	C 성격이 명랑한 사람 **D 비교적 닮은 사람**

단어 ★健康 jiànkāng 혱 건강하다 | ★性格 xìnggé 몡 성격 | 开朗 kāilǎng 혱 활달하다, 명랑하다 | 较 jiào 튀 비교적

실전 트레이닝 2 | 기본서 74쪽

정답 1. A   2. C   3. B   4. D

[1-2]

Track **71-1**

第1题到2题是根据下面一段话:	1~2번 문제는 다음 내용에 근거한다.
你去参加面试时，如果公司经理问"你为什么离开以前的公司"时，¹你千万不能回答"那里工作太累，收入低"，²否则你会被认为不知满足的人。比较好的回答是"这里的工作更适合我，有更好的前途"。	당신이 면접에 참가할 때, 만약 회사 사장님이 "당신은 왜 예전 회사를 떠났는가" 하고 묻는다면, ¹당신은 절대 "그곳의 업무가 너무 힘들고, 수입이 낮다"라고 대답해서는 안 된다. ²그렇지 않으면 당신은 만족할 줄 모르는 사람으로 보여질 것이다. 비교적 좋은 대답은 "이곳의 업무가 나에게 더욱 적합하고, 더욱 좋은 비전이 있다"이다.

단어 ★参加 cānjiā 동 참가하다 | ★面试 miànshì 몡 면접 | 如果 rúguǒ 접 만약 | 公司 gōngsī 몡 회사 | 经理 jīnglǐ 몡 사장, 책임자 | 问 wèn 동 묻다 | 离开 líkāi 동 떠나다 | 千万 qiānwàn 튀 절대 | ★回答 huídá 동 대답하다 | ★收入 shōurù 몡 수입 | 低 dī 혱 낮다 | 否则 fǒuzé 접 그렇지 않으면 | 认为 rènwéi 동 ~라고 여기다 | 不知 bùzhī 동 모르다 | 满足 mǎnzú 동 만족하다 | 更 gèng 튀 더욱 | ★适合 shìhé 동 적합하다 | 前途 qiántú 몡 전도, 전망

1

해설 및 정답 **문제 분석▼** '千万不能…'은 '절대 ~하지 마라'는 의미로 전 직장의 업무가 힘들고 수입이 낮다는 등의 험담을 하지 말라는 내용이므로 정답은 A가 된다.

面试时要注意什么?	면접 시에는 무엇을 주의해야 하는가?
A 不能说坏话	**A 험담을 해서는 안 된다**
B 穿着要整齐	B 옷차림이 단정해야 한다
C 不可以紧张	C 긴장해서는 안 된다
D 说话要安静	D 말을 할 때는 조용히 해야 한다

단어 注意 zhùyì 통 주의하다 | 坏话 huàihuà 명 험담 | 穿着 chuānzhuó 명 옷차림 | ★整齐 zhěngqí 형 깔끔하다 | ★紧张 jǐnzhāng 형 긴장하다 | ★安静 ānjìng 형 조용하다

2

해설 및 정답 **문제 분석▼** 1번 문제에서 전 직장의 험담을 하지 말라는 내용을 확인했다면 그 문장 뒤에 연결된 접속사 否则에 주의한다. 否则你会被认为不知满足的人(그렇지 않으면 당신은 만족할 줄 모르는 사람으로 여겨질 것이다)라는 내용으로 회사에서 선호하지 않는 사람이 어떤 사람인지 알 수 있다.

根据这段话,公司不喜欢什么样的人?	이 문단을 근거로, 회사는 어떤 사람을 좋아하지 않는가?
A 性格不好的　　　B 没有礼貌的	A 성격이 안 좋은 사람　　B 예의가 없는 사람
C 不知满足的　　D 要求很高的	**C 만족을 모르는 사람**　　D 요구가 매우 높은 사람

단어 什么样 shénmeyàng 대 어떠한 | ★性格 xìnggé 명 성격 | ★礼貌 lǐmào 명 예의 | 要求 yāoqiú 명통 요구(하다)

[3-4]

第3题到4题是根据下面一段话:	3~4번 문제는 다음 내용에 근거한다.
这个世界上有³很多人都对自己的生活不满意,但其中大部分人都不知道自己喜欢的人生到底是怎样的,⁴因此他们没有生活的目标,继续生活在一个没有意义的世界上。	이 세상에 ³많은 사람들이 자신의 생활에 대해 만족하지 못한다. 하지만 그중 대부분의 사람들은 자신이 좋아하는 인생이 대체 무엇인지도 모른다. ⁴따라서 그들은 생활의 목표 없이 의미 없는 세상 속에서 계속 살아간다.

단어 世界 shìjiè 명 세계 | ★生活 shēnghuó 명통 생활(하다) | ★满意 mǎnyì 형 만족하다 | 大部分 dàbùfen 명 대부분 | 人生 rénshēng 명 인생 | ★到底 dàodǐ 부 도대체 | 因此 yīncǐ 접 따라서 | 目标 mùbiāo 명 목표 | ★继续 jìxù 통 계속하다 | 意义 yìyì 명 의미

해설 및 정답   **문제 분석▼**   很多人(많은 사람들)이 어떠한가를 묻는 질문이기 때문에 핵심 어휘인 很多人이 있는 문장 안에 정답이 있다. 很多人都对自己的生活不满意(많은 사람들이 자신의 생활에 대해 만족하지 못한다)는 내용이기 때문에 정답은 B이다.

根据这段话，很多人怎么样？	이 문단을 근거로, 많은 사람들이 어떠한가?
A 目标很高 **B 对生活不满**	A 목표가 매우 높다 **B 생활에 불만이다**
C 不知道生活 D 态度很积极	C 생활을 모른다 D 태도가 적극적이다

단어   不满 bùmǎn 휑 불만이다

해설 및 정답   **문제 분석▼**   목적이나 목표에 관한 내용은 대체로 서론이나 결론 부분에 서술된다. 핵심 어휘인 目标(목표)를 마지막 단락에서 찾을 수 있기 때문에 결론 내용에 주의해야 한다. 목표가 없으면 의미 없는 세상 에서 사는 것이라는 내용이므로 정답은 D이다

没有生活的目标会怎么样？	생활의 목표가 없으면 어떠한가?
A 生活很困难 B 生活很有趣	A 생활이 매우 어렵다 B 생활이 재미있다
C 生活没有希望 **D 生活没有意义**	C 생활에 희망이 없다 **D 생활에 의미가 없다**

단어   ★困难 kùnnan 휑 어렵다, 곤란하다 | ★有趣 yǒuqù 휑 재미있다 | ★希望 xīwàng 뎽 희망

| 실전 트레이닝 1 | 기본서 81쪽

정답
1. C   2. A   3. B   4. C   5. B   6. C

[1-2]

Track **81-1**

第1题到2题是根据下面一段话：	1~2번 문제는 다음 내용에 근거한다.
¹最近在网上可以买到所有的产品，我们可以买衣服，买鞋，买包，还可以买电脑、沙发等，²买东西越来越方便了。但在网上买东西，我们只能看图片来选择，看不出这东西的好坏，因此买重要的东西时，还是去商店买比较好。	¹요즘은 인터넷으로 모든 상품을 살 수 있다. 우리는 옷을 살 수도, 신발을 살 수도, 가방을 살 수도, 또 컴퓨터나 소파 등을 살 수도 있다. ²물건을 사는 것이 점점 편리해졌다. 하지만 인터넷으로 물건을 사면, 우리는 단지 사진만 보고 선택해야 하기 때문에 물건이 좋은지 나쁜지를 알아보지 못할 수 있다. 따라서 중요한 물건을 살 때는 역시 상점에 가서 사는 것이 비교적 좋다.

단어 所有 suǒyǒu 휑 모든 | 产品 chǎnpǐn 명 상품 | 鞋 xié 명 신발 | 包 bāo 명 가방 | 电脑 diànnǎo 명 컴퓨터 | ★沙发 shāfā 명 소파 | 等 děng 조 등, 따위 | 越来越 yuèláiyuè 부 갈수록, 점점 | ★方便 fāngbiàn 휑 편리하다 | 只能 zhǐnéng ~할 수밖에 없다 | 图片 túpiàn 명 사진 | ★选择 xuǎnzé 동 선택하다 | 看不出 kànbuchū 알아보지 못하다 | 好坏 hǎohuài 명 장단점 | ★重要 zhòngyào 휑 중요하다 | 商店 shāngdiàn 명 상점

1

Track **81-2**

해설 및 정답   문제 분석▼ 주요하게 이야기하는 것은 서론이나 결론에 서술된다. 시작 부분에 最近在网上可以买到所有的产品(요즘은 인터넷으로 모든 상품을 살 수 있다)라는 내용으로 인터넷 쇼핑에 관한 내용임을 알 수 있다.

这段话主要谈什么？		이 문단이 주요하게 말하고 있는 것은?	
A 各种产品	B 如何购物	A 각종 상품	B 어떻게 쇼핑을 하는가
C 网上购物	D 比较产品	**C 인터넷 쇼핑**	D 상품을 비교하다

단어 各种 gèzhǒng 휑 각종의 | 如何 rúhé 대 어떻게 | 购物 gòuwù 동 쇼핑하다 | 比较 bǐjiào 동 비교하다

해설 및 정답   **문제 분석▼** 인터넷 쇼핑으로 인해 **买东西越来越方便了**(물건을 구입하는 것이 갈수록 편리해진다)고 했으므로 정답이 A임을 알 수 있다.

根据这段话，我们可以知道什么？	이 문단을 근거로, 우리가 알 수 있는 것은?
A 网上购物很方便	**A 인터넷 쇼핑은 매우 편리하다**
B 网上购物很安全	B 인터넷 쇼핑은 매우 안전하다
C 网上购物很流行	C 인터넷 쇼핑은 매우 유행한다
D 网上购物很简单	D 인터넷 쇼핑은 매우 간단하다

단어 ★安全 ānquán 휑 안전하다 | ★流行 liúxíng 휑 유행하다 | ★简单 jiǎndān 휑 간단하다

[3-4]

第3题到4题是根据下面一段话：	3~4번 문제는 다음 내용에 근거한다.
新闻报道就是对最近发生的情况的报道，它有三大特点，³首先要⁴新鲜，必须是最新消息，其次要⁴准确，必须是实际情况，最后必须要有⁴热点，必须是大家关心的问题，只有这样，新闻才有吸引力。	뉴스 보도는 최근에 발생한 상황에 대한 보도로, 그것에는 크게 세 가지 특징이 있다. ³우선은 ⁴신선해야 한다. 반드시 최신 소식이어야 한다. 그다음은 ⁴정확해야 한다. 반드시 실제 상황이어야 한다. 끝으로 반드시 ⁴주목을 끄는 것이어야 하고, 반드시 모두가 관심을 갖는 문제여야 한다. 이래야만 뉴스가 흡인력을 가질 수 있다.

단어 新闻 xīnwén 휑 뉴스 | ★报道 bàodào 휑 보도 | ★发生 fāshēng 동 발생하다 | ★情况 qíngkuàng 휑 상황 | ★特点 tèdiǎn 휑 특징 | 首先 shǒuxiān 휑 우선 | 新鲜 xīnxiān 휑 신선하다 | 必须 bìxū 휑 반드시 | ★消息 xiāoxi 휑 소식 | 其次 qícì 대 그다음 | ★准确 zhǔnquè 휑 정확하다 | 实际 shíjì 휑 실제 | 最后 zuìhòu 휑 최후, 마지막 | 热点 rèdiǎn 휑 주목을 끄는 것 | ★关心 guānxīn 휑 관심을 갖다 | ★问题 wèntí 휑 문제 | 只有…才… zhǐyǒu…cái… ~해야지만 비로소 ~하다 | 吸引力 xīyǐnlì 휑 흡인력

해설 및 정답   **문제 분석▼** 단문은 신문 보도에 관한 3대 특징을 서술하고 있다. 그중 첫 번째로 제시된 것이 가장 중요한 내용이다. 주어진 보기 중 首先要新鲜(우선은 신선해야 한다)는 내용과 가장 부합하는 것은 B이다.

新闻报道最重要的是什么？		뉴스 보도에서 가장 중요한 것은 무엇인가?	
A 轻松	**B 及时**	A 가볍다	**B 시기적절하다**
C 有趣	D 详细	C 재미있다	D 상세하다

단어 ★轻松 qīngsōng 형 가볍다 | ★及时 jíshí 형 시기적절하다 | ★有趣 yǒuqù 형 재미있다 | ★详细 xiángxì 형 상세하다

4

해설 및 정답 **문제 분석▼** 신문 보도의 특징이 아닌 것을 찾는 문제이기 때문에 나열형 문장을 만드는 어휘에 주의해야 한다. 首先(우선)→其次(그다음)→最后(마지막) 순서로 나열된 특징들을 정리해 보면 제시되지 않은 특징은 C라는 것을 알 수 있다.

不是新闻的特点的是什么?		뉴스의 특징이 아닌 것은 무엇인가?	
A 新鲜	B 准确	A 신선하다	B 정확하다
C 正式	D 热点	**C 격식 있다**	D 주목을 끈다

단어 ★正式 zhèngshì 형 정식의

[5-6]

第5题到6题是根据下面一段话:	5~6번 문제는 다음 내용에 근거한다.
语言是人们表达看法、交流感情的工具。⁶看他怎么说话，也可以比较准确地知道他是个什么样的人。⁵有的人心里怎么想，嘴上就怎么说，即使是对别人的缺点，也会直接说出来，这样的人给人感觉很诚实。有的人看到别人的缺点，却不会直接说出来，通过别的方法来提醒，这样的人让人觉得很友好。	언어는 사람들이 견해를 나타내고, 감정을 교류하는 수단이다. ⁶어떻게 말하는가를 보면 비교적 정확하게 그가 어떤 사람인지를 알 수 있다. ⁵어떤 사람은 마음속으로 생각하는 것을 그대로 입 밖으로 말한다. 설령 다른 사람의 단점을 대할 때일지라도 직접적으로 말한다. 이러한 사람은 진실한 느낌을 준다. 어떤 사람은 다른 사람의 결점을 보고 직접적으로 말하지 않고 다른 방법을 통해 일깨워 준다. 이러한 사람은 우호적인 느낌을 준다.

단어 语言 yǔyán 명 언어 | ★表达 biǎodá 동 (생각이나 감정을) 나타내다, 드러내다 | ★看法 kànfǎ 명 견해 | ★交流 jiāoliú 교류하다 | 感情 gǎnqíng 명 감정 | 工具 gōngjù 명 수단, 도구 | ★准确 zhǔnquè 형 정확하다 | 心里 xīnli 명 마음속 | 嘴 zuǐ 명 입 | 即使 jíshǐ 접 설령 | ★缺点 quēdiǎn 명 결점 | 直接 zhíjiē 형 직접적이다 | 感觉 gǎnjué 명 느낌 | ★诚实 chéngshí 형 진실하다, 성실하다 | 却 què 오히려 | 通过 tōngguò 개 ~을 통해서 | 方法 fāngfǎ 명 방법 | ★提醒 tíxǐng 동 일깨우다 | 让 ràng 동 ~하게 하다 | 觉得 juéde 동 ~라고 느끼다 | ★友好 yǒuhǎo 형 우호적이다

5

해설 및 정답 **문제 분석▼** 핵심 어휘인 说话直接(말을 직접적으로 하다)와 관련된 문장을 찾는다. 直接说出来, 这样的人给人感觉很诚实(직접적으로 말하며, 이러한 사람은 다른 이에게 진실하다는 느낌을 준다)는 내용으로 정답이 B임을 알 수 있다.

说话直接的人，让人感觉怎么样?	말을 직접적으로 하는 사람은 어떠한 느낌을 주는가?

A 友好	**B 诚实**	A 우호적이다	**B 진실하다**
C 开朗	D 幽默	C 명랑하다	D 유머러스하다

단어 开朗 kāilǎng 형 명랑하다 | ★幽默 yōumò 형 유머러스하다

6 ▶ Track **81-9**

해설 및 정답 **문제 분석▼** 전체적인 내용을 파악해야 하는 난이도 있는 문제이다. 언어로 그 사람이 어떤 사람인지 알 수 있다고 했으므로 정답은 C이다.

这段话主要谈什么?	이 문단이 주요하게 말하고 있는 것은?
A 别人的缺点	A 다른 사람의 결점
B 语言的特点	B 언어의 특징
C 说话可以反映性格	**C 말하는 것이 성격을 반영할 수 있다**
D 表达看法的重要性	D 견해를 나타내는 것의 중요성

단어 ★特点 tèdiǎn 명 특징 | 反映 fǎnyìng 동 반영하다 | ★性格 xìnggé 명 성격 | 重要性 zhòngyàoxìng 명 중요성

| *실전* 트레이닝 2 | 기본서 81쪽

정답
1. B   2. A   3. D   4. B

[1-2] ▶ Track **82-1**

第1题到2题是根据下面一段话:	1~2번 문제는 다음 내용에 근거한다.
经理的妻子准备好早饭，然后拿来报纸放在桌子上后就出门了，三个小时后，¹她回来发现自己的丈夫还在桌子前边看着报纸。²她就问："今天你休息吗？不去公司吗？"丈夫就跳起来说："你怎么不早说呢？²我还以为我现在在办公室呢。"	사장님의 아내는 아침 식사를 준비하고, 그 후 신문을 가지고 와 탁자 위에 두고 나갔다. 세 시간 후 ¹돌아온 그녀는 자신의 남편이 아직도 탁자 앞에서 신문을 보고 있는 것을 발견했다. ²그녀는 물었다. "오늘 당신 쉬어요? 회사 안 가요?" 남편이 뛰어 올라 말했다. "왜 일찍 말하지 않았어? ²난 또 내가 지금 사무실에 있는 줄 알았잖아."

단어 妻子 qīzi 명 아내 | ★准备 zhǔnbèi 동 준비하다 | 早饭 zǎofàn 명 아침 식사 | 然后 ránhòu 접 그러고 나서 | 拿 ná 동 들다 | 报纸 bàozhǐ 명 신문 | 放在 fàngzài ~에 두다 | ★桌子 zhuōzi 명 탁자 | 出门 chūmén 동 외출하다 | ★发现 fāxiàn 동 발견하다 | 丈夫 zhàngfu 명 남편 | 问 wèn 동 묻다 | 休息 xiūxi 동 쉬다 | 公司 gōngsī 명 회사 | 跳 tiào 동 뛰다, 튀어 오르다 | 早 zǎo 형 (시간이) 이르다 | 以为 yǐwéi 동 ~인 줄 알다 | 办公室 bàngōngshì 명 사무실

1

🔊 **해설 및 정답** | **문제 분석 ▼** 핵심 어휘인 发现(발견하다)가 있는 문장을 찾는다. 她回来发现自己的丈夫还在桌子前边看着报纸(그녀는 자신의 남편이 아직도 탁자 앞에서 신문을 보고 있는 것을 발견했다)는 문장으로 정답이 B임을 알 수 있다.

妻子回来后发现自己的丈夫在做什么?	아내는 돌아와 자신의 남편이 무엇을 하고 있는 것을 발견했는가?
A 还在睡觉	A 아직도 자고 있는 것
B 正在看报纸	**B 신문을 보고 있는 것**
C 正在吃早饭	C 아침밥을 먹고 있는 것
D 躺着看电视	D 누워서 TV를 보고 있는 것

🔊 **단어** 正在 zhèngzài 🕑 ~하고 있다 | ★躺 tǎng 🕑 눕다

2

🔊 **해설 및 정답** | **문제 분석 ▼** 以为는 '~인 줄 알다'는 의미의 동사로 사실은 그렇지 않은데 오해를 하고 있다는 내용의 문장을 만들 때 사용한다. 마지막 문장에 사장님이 我还以为我现在在办公室呢(난 또 내가 지금 사무실에 있는 줄 알았잖아)라고 이야기했으므로 사장님은 사무실인 줄 알았지만 사실은 회사에 가지 않았음을 알 수 있다.

关于经理,我们可以知道什么?	사장님에 관해, 우리가 알 수 있는 것은?
A 没去公司　　B 今天放假	**A 회사에 가지 않았다**　　B 오늘은 휴가이다
C 喜欢运动　　D 在办公室	C 운동을 좋아한다　　D 사무실에 있다

🔊 **단어** 放假 fàngjià 🕑 방학하다, 휴가로 쉬다

[3-4]

第3题到4题是根据下面一段话:	3~4번 문제는 다음 내용에 근거한다.
⁴目前许多父母认为孩子出国留学越早越好,因为孩子的学习能力比成年人强,学习速度也比较快。所以有些孩子很小就被送到国外留学,³但又有一些人有不同的看法。他们觉得孩子年纪太小,可能不懂照顾自己,因此不能适应国外的生活。	⁴현재 수많은 부모들이 아이의 외국 유학은 이르면 이를수록 좋은 것이라고 여긴다. 왜냐하면 아이의 학습 능력이 성인보다 뛰어나며, 학습 속도도 비교적 빠르기 때문이다. 그래서 어떤 아이들은 매우 어릴 때 외국 유학을 가게 된다. ³하지만 다른 견해를 가지고 있는 사람도 있다. 그들은 아이의 나이가 너무 어리면 자신을 보살필 줄 모르기 때문에 외국 생활에 적응할 수 없을 것이라 생각한다.

단어 目前 mùqián 명 현재 | 许多 xǔduō 형 수많은 | 父母 fùmǔ 명 부모 | 孩子 háizi 명 아이 | 出国 chūguó 동 출국하다 | 留学 liúxué 동 유학하다 | 越…越… yuè…yuè… ~하면 할수록 ~하다 | 因为 yīnwèi 접 왜냐하면 | 能力 nénglì 명 능력 | 成年人 chéngniánrén 명 성인 | 强 qiáng 형 강하다 | ★速度 sùdù 명 속도 | 有些 yǒuxiē 대 어떤 | 小 xiǎo 형 작다, (나이가) 어리다 | 送 sòng 동 보내다 | 国外 guówài 명 외국 | 不同 bùtóng 형 다르다 | ★看法 kànfǎ 명 견해 | 年纪 niánjì 명 나이 | 可能 kěnéng 부 아마도 | 懂 dǒng 동 이해하다 | ★照顾 zhàogù 동 보살피다 | ★适应 shìyìng 동 적응하다 | ★生活 shēnghuó 명 생활

---

3 Track **82 - 5**

해설 및 정답   **문제 분석▼** 첫 문장은 외국 유학이 이르면 이를수록 좋다는 내용으로 시작되지만 결론 부분은 아이의 미숙함에 따른 외국 유학의 고충에 관한 내용이므로 사람들의 견해가 다름을 알 수 있다.

关于孩子出国留学，我们可以知道什么？	아이의 외국 유학에 관해, 우리가 알 수 있는 것은?
A 不会外语 B 学习速度慢	A 외국어를 할 줄 모른다 B 학습 속도가 느리다
C 不知道生活 **D 大家看法不同**	C 생활을 모른다 **D 모두의 견해가 다르다**

---

4 Track **82 - 6**

해설 및 정답   **문제 분석▼** 주요한 내용은 서론이나 결론 부분에 서술되어 있다. 첫 부분에 父母认为孩子出国留学(부모는 아이의 외국 유학을 ~라고 생각한다)라는 문장으로 아이의 외국 유학이 주요 내용임을 알 수 있다.

这段话主要谈什么？	이 문단이 주요하게 말하고 있는 것은?
A 怎样教育孩子	A 어떻게 아이를 교육할 것인가
B 孩子出国留学	**B 아이의 외국 유학**
C 适应国外生活	C 외국 생활에 적응하는 것
D 怎样照顾自己	D 어떻게 자신을 보살필 것인가

단어 怎样 zěnyàng 대 어떻게 | ★教育 jiàoyù 동 교육하다

기본서 **84**쪽

정답									
1. √	2. √	3. √	4. X	5. √	6. X	7. √	8. B	9. A	10. A
11. D	12. B	13. B	14. A	15. B	16. C	17. B	18. A	19. C	20. A
21. B	22. A	23. B	24. C						

1   Track **85-1**

해설 및 정답   문제 분석▼ 접속사 只要에 주의해야 하는 문제다. 只要는 '~만 원한다'는 의미로 유일한 요구 사항을 뜻한다. 只要…健康成长(…건강히 자라기만을 바란다)는 내용으로 보기와 내용이 일치함을 알 수 있다.

可爱的宝宝！爸爸妈妈没有别的要求，只要你不生病、健康成长、快乐生活就够了。

★ 父母对孩子的最大要求是健康。(√)

귀여운 아가야! 아빠 엄마는 다른 것은 바라지 않아. 네가 아프지 않고 건강하게 자라서 즐겁게 생활한다면, 충분하단다.

★ 부모가 아이에게 바라는 최고의 바람은 건강이다. (√)

단어 宝宝 bǎobao 명 애기, 귀염둥이 | 要求 yāoqiú 명동 요구(하다) | 生病 shēngbìng 동 아프다, 병에 걸리다 | ★健康 jiànkāng 형 건강하다 | 成长 chéngzhǎng 동 성장하다, 자라다 | 够 gòu 형 충분하다

2   Track **85-2**

해설 및 정답   문제 분석▼ 녹음에 达到了自己的目标(자신의 목표에 도달했다)는 내용과 보기에 成功(성공하다)는 같은 내용임을 유추할 수 있다.

为了减肥，他一年没吃米饭，每天坚持运动，克服了许多困难。终于达到了自己的目标。

★ 他减肥成功了。(√)

다이어트를 위해 그는 1년간 쌀밥을 먹지 않고, 매일 열심히 운동을 하며 수많은 어려움을 극복했고, 결국 자신의 목표에 도달했다.

★ 그는 다이어트에 성공했다. (√)

단어 ★坚持 jiānchí 동 단호히 지키다, 고수하다, 유지하다 | ★克服 kèfú 동 극복하다, 이기다 | ★困难 kùnnan 명 어려움 형 곤란하다, 어렵다 | 终于 zhōngyú 부 마침내, 결국, 끝내 | 达到 dádào 동 달성하다, 도달하다 | ★目标 mùbiāo 명 목표

해설 및 정답 **문제 분석▼** 녹음에 愉快(유쾌하다)와 보기에 开心(즐겁다)는 유사 어휘로 같은 내용임을 알 수 있다.

我喜欢读书，喜欢安静的地方。我妻子喜欢运动，喜欢热闹的地方。虽然我们俩的性格完全相反，<u>但却过得很愉快</u>。	나는 독서를 좋아하고, 조용한 곳을 좋아한다. 내 아내는 운동을 좋아하고, 떠들썩한 곳을 좋아한다. 비록 우리 둘은 성격이 완전 반대지만, <u>오히려 아주 즐겁게 지내고 있다</u>.
★ 他们俩过得很开心。（ √ ）	★ 그들 둘은 아주 즐겁게 지낸다. （ √ ）

단어 ★安静 ānjìng 혱 조용하다 | 妻子 qīzi 몡 아내 | 运动 yùndòng 몡 운동 | ★热闹 rènao 혱 떠들썩하다 | ★性格 xìnggé 몡 성격 | 完全 wánquán 閉 완전히 | 相反 xiāngfǎn 혱 상반되다 | 却 què 閉 도리어 | 愉快 yúkuài 혱 유쾌하다 | 开心 kāixīn 혱 신나다

해설 및 정답 **문제 분석▼** 녹음에서 不用은 '~할 필요 없다'는 의미로 보기에 一定要(반드시 ~해야 한다)와 상반된다.

无论做什么事情，提前做好计划是很重要的。做计划时，<u>不用安排得非常仔细</u>，只要有大概的想法就可以。	무슨 일을 하든지 미리 계획을 잘 세우는 것은 매우 중요하다. <u>계획을 세울 때, 굉장히 자세하게 할 필요는 없다</u>. 대략적인 생각만 있으면 된다.
★ 做计划一定要很仔细。（ X ）	★ 계획은 반드시 매우 자세하게 세워야 한다. （ X ）

단어 事情 shìqing 몡 일 | ★提前 tíqián 통 앞당기다 | ★计划 jìhuà 몡 계획 | 重要 zhòngyào 혱 중요하다 | ★安排 ānpái 통 배정하다, (인원·시간 등을) 안배하다, 준비하다 | ★仔细 zǐxì 혱 자세하다 | ★大概 dàgài 혱 대강의 閉 대략 | 想法 xiǎngfǎ 몡 생각

해설 및 정답 **문제 분석▼** 녹음에 没看完(다 보지 못했다)는 보기에 没读完(다 읽지 못했다)는 내용과 일치함을 알 수 있다.

李先生，很抱歉。上次您借我的那篇论文本来今天要还给你的，<u>但是我没看完</u>，我这个星期六还给您，可以吗？	이 선생님, 정말 죄송합니다. 지난번에 저에게 빌려 주신 그 논문을 원래는 오늘 돌려드려야 하는데요, <u>하지만 제가 다 보지 못했어요</u>. 이번 주 토요일에 돌려드려도 될까요?
★ 他还没读完那篇论文。（ √ ）	★ 그는 그 논문을 아직 다 읽지 못했다. （ √ ）

단어 ★抱歉 bàoqiàn 통 미안하다 | 上次 shàngcì 몡 지난번 | 篇 piān 양 편[논문 같은 문장이나 글을 세는 단위] | 论文 lùnwén 몡 논문 | 还 huán 통 돌려주다

6

해설 및 정답 문제 분석▼ 녹음에 有点儿咸(약간 짜다)라는 문장과 보기에 没放盐(소금을 넣지 않았다)는 내용은 일치하지 않는다.

这都是我女儿第一次做的菜，除了鸡蛋汤做得有点儿咸，其他的都非常好吃。	이것들 모두 내 딸이 처음으로 만든 음식이야. 계란국이 조금 짠 것만 제외하면, 다른 것들은 다 엄청 맛있어.
★ 鸡蛋汤没放盐。(**X**)	★ 계란국에 소금을 넣지 않았다. (**X**)

단어 女儿 nǚ'ér 圆 딸 | 鸡蛋 jīdàn 圆 계란 | 汤 tāng 圆 탕, 국 | ★咸 xián 圆 짜다 | 其他 qítā 떼 기타 | ★盐 yán 圆 소금

7

해설 및 정답 문제 분석▼ 'A比B' 구조는 'A는 B보다 ~하다'라는 의미의 비교문이다. 녹음 첫 문장에 北方的气候比南方干燥(북방의 기후가 남방보다 건조하다)는 보기의 내용과 일치함을 알 수 있다.

北方的气候比南方干燥。但是干燥不能说是不好的，干燥也有好处，那就是天热的时候也不会出很多汗。	북방의 기후는 남방보다 건조하다. 하지만 건조한 것을 나쁘다고 말할 수는 없고, 건조함에도 장점이 있다. 날이 더울 때에도 땀이 많이 나지 않는다.
★ 北方的气候更干燥。(√)	★ 북방의 기후가 더 건조하다. (√)

단어 ★气候 qìhòu 圆 기후 | ★干燥 gānzào 圆 건조하다 | ★好处 hǎochù 圆 장점, 이점 | ★热 rè 圆 덥다 | 汗 hàn 圆 땀 | 出汗 chūhàn 圈 땀이 나다

8

해설 및 정답 문제 분석▼ 녹음에서 남자가 엄마에게 국수가 다 되었는가를 묻고 있기 때문에 주방에 있을 가능성이 크다.

男：妈，面条好了吗？我饿了。 女：马上就做好了，你先去洗洗手。	남: 엄마, 국수 다 됐어요? 저 배고파요. 여: 금방 다 돼, 먼저 손부터 씻어.
问：他们最可能在哪儿？	질문: 그들은 어디에 있을 가능성이 가장 큰가?
A 客厅 　　　　**B 厨房** C 卧室 　　　　D 饭馆	A 거실 　　　　**B 주방** C 침실 　　　　D 식당

단어 面条 miàntiáo 圆 국수 | 饿 è 圆 배고프다 | 马上 mǎshàng 图 바로 | 洗手 xǐ shǒu 손을 씻다 | 可能 kěnéng 图 아마도 | ★客厅 kètīng 圆 거실 | ★厨房 chúfáng 圆 주방 | ★卧室 wòshì 圆 침실 | 饭馆 fànguǎn 圆 식당

9

해설 및 정답 문제 분석▼ 여자가 자신의 면접 결과에 대해 묻고 있기 때문에 면접을 보았다는 것은 확실히 알 수 있다.

| 女: 请问，什么时候能知道今天的面试结果？
男: 一个星期之内会通知你的。

问: 根据对话，可以知道什么？

A 女的去面试了　B 等了一个星期
C 明天通知结果　D 面试结果出来了 | 여: 실례지만, 언제쯤 오늘의 면접 결과를 알 수 있을까요?
남: 일주일 내로 통지해 드리겠습니다.

질문: 대화를 근거로 알 수 있는 것은?

A 여자는 면접을 보러 갔다　B 일주일을 기다렸다
C 내일 결과를 통지한다　D 면접 결과가 나왔다 |

단어 面试 miànshì 몡 면접 | 通知 tōngzhī 통 통지하다 | 结果 jiéguǒ 몡 결과

10

해설 및 정답 문제 분석▼ 吧는 추측 의문문으로 이미 답을 아는 상황에서 확인을 위해 사용하는 질문 형식이다. 녹음에 开到八点吧?(8시까지 열지?)라는 문장으로 빵집이 평소 8시까지 영업한다는 것을 알 수 있다.

| 男: 我突然想吃面包，面包店开到八点吧？要不要陪我一起去？
女: 面包店周末只开到五点，早就关门了。

问: 面包店平时几点关门？

A 八点　B 一点
C 五点　D 每天不一样 | 남: 나 갑자기 빵이 먹고 싶은데, 빵집은 8시까지 열지? 나랑 같이 가지 않을래?
여: 빵집은 주말에 5시까지만 열어, 진작에 문 닫았지.

질문: 빵집은 평소 몇 시에 문을 닫는가?

A 8시　B 1시
C 5시　D 매일 다르다 |

단어 ★突然 tūrán 뷔 갑자기 | 面包 miànbāo 몡 빵 | 开 kāi 통 열다 | ★陪 péi 통 동반하다, 모시다 | 周末 zhōumò 몡 주말 | 早就 zǎojiù 뷔 진작에 | 关 guān 통 닫다 | 关门 guān mén 문을 닫다 | 平时 píngshí 몡 평소

11

해설 및 정답 문제 분석▼ 여자는 아버지를 궁금해 하며 그를 보러 들어가도 되겠냐고 묻고 있으므로 여자는 아버지를 보고 싶어 한다는 것을 알 수 있다.

| 女: 大夫，我爸怎么样？能进去看他吗？
男: 行，不过别呆太久。刚做完手术，病人需要休息。

问: 女的想做什么？ | 여: 의사 선생님, 저희 아버지는 어떠신가요? 들어가서 그를 좀 봐도 될까요?
남: 됩니다. 그러나 너무 오래 머물지는 마세요. 수술이 막 끝나서, 환자는 쉬어야 합니다.

질문: 여자는 무엇을 하고 싶은가? |

A 休息	B 看病	A 쉬고 싶다	B 진찰하고 싶다
C 做手术	**D 看爸爸**	C 수술을 하고 싶다	**D 아버지를 보고 싶다**

단어 大夫 dàifu 명 의사 | 进去 jìnqu 통 들어가다 | 行 xíng 형 좋다, 괜찮다 | 呆 dāi 통 머물다 | 久 jiǔ 형 오래되다 | ★手术 shǒushù 명 수술 | 病人 bìngrén 명 환자 | ★需要 xūyào 통 필요하다 | 休息 xiūxi 통 쉬다 | ★看病 kànbìng 통 진찰하다

12 ▶

해설 및 정답 | 문제 분석▼ '没有…不…'는 이중부정 형식으로 긍정을 의미한다.

男：妈！我们这次暑假去海外旅游，对吧？	남: 엄마! 우리 이번 여름방학에 해외 여행을 가는 거 맞죠？
女：对呀！你到底要问几次？<u>没有人不知道你想去旅游</u>。我们肯定去，别担心。	여: 맞아! 도대체 몇 번을 물어보니? <u>네가 여행 가고 싶어 하는 거 모르는 사람이 없단다</u>. 우리는 틀림없이 가니까, 걱정하지 마.
问：根据对话，可以知道什么？	질문: 대화를 근거로 알 수 있는 것은?
A 男的喜欢暑假	A 남자는 여름방학을 좋아한다
B 男的想去旅游	**B 남자는 여행을 가고 싶어 한다**
C 女的担心男的	C 여자는 남자를 걱정한다
D 女的不想去旅游	D 여자는 여행을 가고 싶지 않다

단어 ★暑假 shǔjià 명 여름방학 | 海外 hǎiwài 명 해외 | ★旅游 lǚyóu 통 여행하다 | 对 duì 형 맞다 | ★到底 dàodǐ 부 도대체 | 肯定 kěndìng 부 틀림없이 | ★担心 dānxīn 통 걱정하다

13 ▶

해설 및 정답 | 문제 분석▼ 남자는 음식을 먹고 糖放得太多了(설탕을 너무 많이 넣었다)라고 말했으므로 음식이 달다는 것을 알 수 있다.

女：这碗汤味道怎么这样？	여: 이 탕은 맛이 왜 이러지?
男：怎么了？我尝尝。<u>好像糖放得太多了</u>。	남: 왜 그러는데? 내가 맛 좀 볼게. <u>설탕을 너무 많이 넣은 것 같아</u>.
问：男的觉得菜怎么样？	질문: 남자는 음식이 어떻다고 느끼는가?
A 很辣	**B 很甜**	A 아주 맵다	**B 아주 달다**
C 很咸	D 好吃	C 아주 짜다	D 맛있다

단어 碗 wǎn 양 그릇 | 汤 tāng 명 탕, 국 | ★味道 wèidao 명 맛 | 尝 cháng 통 맛보다 | ★好像 hǎoxiàng 부 마치 ~와 같다 | 糖 táng 명 설탕 | 放 fàng 통 넣다 | 菜 cài 명 음식 | ★辣 là 형 맵다 | ★甜 tián 형 달다 | ★咸 xián 형 짜다

해설 및 정답   **문제 분석▼**   药房(약국)이라는 어휘를 안다면 쉽게 정답을 맞힐 수 있는 문제다.

男: 请问一下, 这儿附近有药房吗?	남: 말씀 좀 묻겠습니다. 이 근처에 약국이 있나요?
女: 往前走, 有一座白色的大楼, 一层就 　　有一个。	여: 앞으로 가시면 하얀색 건물이 있는데, 1층에 하나 있어요.
问: 男的最可能要买什么?	질문: 남자는 무엇을 살 가능성이 큰가?
A 药 B 车 C 花 D 房子	**A 약** B 차 C 꽃 D 집

단어 请问 qǐngwèn 동 말씀 좀 물어보겠습니다 | ★附近 fùjìn 명 근처, 부근 | 药房 yàofáng 명 약국 | 往 wǎng 개 ~쪽으로 | 座 zuò 양 동[건물을 세는 단위] | 大楼 dàlóu 명 빌딩 | 层 céng 양 층 | 药 yào 명 약

해설 및 정답   **문제 분석▼**   녹음에 高兴(신나다)와 보기에 兴奋(흥분하다, 매우 기쁘다)는 유사 어휘다.

女: 看你高兴的! 捡到钱了?	여: 너 신난 것 좀 봐! 돈이라도 주웠어?
男: 我面试通过了! 下星期开始上班。	남: 나 면접을 통과했어. 다음 주부터 출근해.
女: 太好了! 是上次你说的那家公司吗?	여: 잘 됐어! 지난번에 네가 말한 그 회사야?
男: 是的, 走吧! 今天我请客。	남: 맞아. 가자! 오늘 내가 쏠게.
问: 男的现在心情怎么样?	질문: 남자는 지금 기분이 어떠한가?
A 吃惊 **B 兴奋** C 鼓励 D 难受	A 놀라다 **B 흥분하다** C 격려하다 D 괴롭다

단어 捡 jiǎn 동 줍다 | ★面试 miànshì 명 면접 | 通过 tōngguò 동 통과하다 | 上班 shàngbān 동 출근하다 | 公司 gōngsī 명 회사 | 请客 qǐngkè 동 한턱내다 | ★心情 xīnqíng 명 기분 | ★吃惊 chījīng 동 놀라다 | ★兴奋 xīngfèn 형 흥분하다 | ★鼓励 gǔlì 동 격려하다 | ★难受 nánshòu 형 괴롭다

16

해설 및 정답   문제 분석▼   남자의 생일 파티 초대에 那当然要参加了(그럼 당연히 참석해야지)라고 한 여자의 대답과 일치하는 C가 정답이다.

男: 星期六下午五点你有安排吗?	남: 토요일 오후 5시에 일정이 있니?
女: 我去练习画画儿，怎么了?	여: 그림 연습하러 갈 건데, 무슨 일이야?
男: 我想邀请你参加我的生日晚会。	남: 너를 내 생일 파티에 참석하도록 초대하고 싶어.
女: 是吗? 那当然要参加了! 我把练习时间 改到星期天就可以。	여: <u>그래? 그럼 당연히 참석해야지! 내가 연습 시간을 일요일 로 바꾸면 돼.</u>
问: 星期六下午五点女的要做什么?	질문: 토요일 오후 5시에 여자는 무엇을 할 것인가?
A 去练习画画儿	A 그림을 연습하러 간다
B 没有别的安排	B 다른 일정이 없다
C 参加生日晚会	**C 생일 파티에 참석할 것이다**
D 举行生日晚会	D 생일 파티를 열 것이다

단어   ★安排 ānpái 명 일정, 스케줄 | ★练习 liànxí 통 연습하다 | 画 huà 통 그리다 | 画儿 huàr 명 그림 | 邀请 yāoqǐng 통 초청하다 |
★参加 cānjiā 통 참가하다, 참석하다 | 生日晚会 shēngrì wǎnhuì 명 생일 파티 | 时间 shíjiān 명 시간 | 改 gǎi 통 바꾸다 | 举行
jǔxíng 통 개최하다

17

해설 및 정답   문제 분석▼   녹음에 读硕士(석사 과정을 밟다)는 내용으로 그의 딸은 현재 学生(학생)임을 알 수 있다.

女: 你钱包里照片上那个女孩儿是谁啊?	여: 네 지갑 속 사진에 그 여자아이는 누구야?
男: 是我女儿，好看吧?	남: 내 딸이야, 예쁘지?
女: 你有这么大的女儿啊? 她是做什么的?	여: 너한테 이렇게 큰 딸이 있었어? 그녀는 뭘 하는데?
男: 她在美国读硕士。	남: 미국에서 석사 과정을 밟고 있어.
问: 他女儿是做什么的?	질문: 그의 딸은 무엇을 하는가?

A 医生		**B 学生**	A 의사
C 老师	D 律师		C 선생님

A 의사	**B 학생**
C 선생님	D 변호사

단어   钱包 qiánbāo 명 지갑 | ★照片 zhàopiàn 명 사진 | 女儿 nǚ'ér 명 딸 | 好看 hǎokàn 형 예쁘다 | 读 dú 통 읽다, (학위 과정을)
밟다 | ★硕士 shuòshì 명 석사 | 医生 yīshēng 명 의사 | ★律师 lǜshī 명 변호사

해설 및 정답   문제 분석▼ 남자의 제안에 여자는 모두 부정적인 반응으로 일관하고 있기 때문에 완곡하게 거절하고 있음을 알 수 있다.

男：明天我们一起去看电影怎么样？	남: 내일 우리 같이 영화를 보러 가는 거 어때?
女：我昨天看了电影。	여: 나 어제 영화 봤어.
男：你还没去过美术馆吧？	남: 너 아직 미술관을 안 가봤지?
女：我对美术不感兴趣。	여: 난 미술에 흥미가 없어.
问：女的是什么意思？	질문: 여자는 무슨 뜻인가?
A 哪儿也不想去	**A 어디에도 가고 싶지 않다**
B 想去公园散步	B 공원에 가서 산책하고 싶다
C 明天想去美术馆	C 내일 미술관에 가고 싶다
D 明天想去看电影	D 내일 영화를 보러 가고 싶다

단어 电影 diànyǐng 몡 영화 | 美术馆 měishùguǎn 몡 미술관 | 美术 měishù 몡 미술 | ★感兴趣 gǎn xìngqù 흥미를 느끼다 | 公园 gōngyuán 몡 공원 | ★散步 sànbù 통 산책하다

해설 및 정답   문제 분석▼ 녹음에 何必(~할 필요 있겠는가)와 보기에 不用(~할 필요 없다)는 유사 어휘로 같은 의미다.

女：我们这个周末一起去爬山，怎么样？	여: 우리 이번 주말에 같이 등산 가자, 어때?
男：要不要带小李一起去？	남: 샤오리도 데리고 같이 갈까?
女：你也知道我不喜欢他的，一定要跟他一起去吗？	여: 너도 내가 그를 안 좋아하는 거 알잖아. 꼭 그와 같이 가야 돼?
男：他上次只是跟你开玩笑的，何必那么生气？	남: 그가 지난번에 너한테 단지 농담을 한 것뿐인데, 그렇게까지 화낼 필요가 있어?
问：男的是什么意思？	질문: 남자는 무슨 뜻인가?

A 不要爬山	B 别带小李	A 등산하지 마라	B 샤오리를 데리고 가지 마라
C 不用生气	D 别开玩笑	**C 화낼 필요 없다**	D 농담하지 마라

단어 周末 zhōumò 몡 주말 | ★爬山 páshān 통 등산하다 | 带 dài 통 데리다 | 知道 zhīdào 통 알다 | 跟…一起 gēn…yìqǐ ~와 함께 | 上次 shàngcì 몡 지난번 | 开玩笑 kāi wánxiào 농담하다 | 何必 hébì 튄 ~할 필요 있겠는가 | ★生气 shēngqì 통 화내다

20

해설 및 정답 **문제 분석▼** 남자의 말 중 什么都不吃(아무것도 먹지 않는다)라는 문장에서 A가 정답임을 알 수 있다.

男：你最近身体不舒服吗？ 女：没有啊，我看起来哪儿不舒服吗？ 男：你最近每天什么都不吃，人越来越瘦。 女：我瘦了吗？太好了！减肥成功了。 问：女的为什么瘦了？	남: 너 요즘 몸이 안 좋니? 여: 아니, 나 어디가 아파 보이니? 남: 너 요즘 매일 아무것도 안 먹어서 점점 말라가. 여: 나 말랐어? 너무 잘 됐다! 다이어트 성공이네. 질문: 여자는 왜 말랐는가?
A 没吃东西　　　B 努力运动 C 身体不舒服　　D 吃了减肥药	**A 음식을 먹지 않아서**　　B 열심히 운동해서 C 몸이 아파서　　　　　　D 다이어트 약을 먹어서

단어 最近 zuìjìn 명 최근, 요즘 | ★舒服 shūfu 형 편안하다 | 看起来 kàn qǐlai 보아하니, 보기에 | 越来越 yuèláiyuè 부 갈수록, 점점 | 瘦 shòu 형 마르다 | ★减肥 jiǎnféi 동 다이어트를 하다 | ★成功 chénggōng 동 성공하다 | 东西 dōngxi 명 물건, 음식 | 努力 nǔlì 동 노력하다 | ★运动 yùndòng 동 운동하다 | 药 yào 명 약

[21-22]

第21题到22题是根据下面一段话： 　　高中的时候，他很想当一名律师，所以考大学时，²¹选择了法律专业。但是开始学习法律以后，他觉得这个专业很难，而且对法律一点儿都不感兴趣。²²因此他想申请换别的专业。可是他的父母都不同意。	21~22번 문제는 다음 내용에 근거한다. 　　고등학교 때, 그는 변호사가 되고 싶었다. 그래서 대학 시험을 볼 때, ²¹법률 전공을 선택했다. 하지만 법률을 공부하기 시작한 후에, 그는 이 전공이 매우 어렵다고 생각했고, 게다가 법률에 대해 조금의 흥미도 느끼지 못했다. ²²그래서 그는 다른 전공으로 바꾸는 신청을 하고 싶지만, 그의 부모는 모두 동의하지 않는다.

단어 高中 gāozhōng 명 고등학교 | 当 dāng 동 ~이 되다, 담당하다 | ★律师 lǜshī 명 변호사 | ★选择 xuǎnzé 동 선택하다 | 法律 fǎlǜ 명 법률 | ★专业 zhuānyè 명 전공 | 开始 kāishǐ 동 시작하다 | 觉得 juéde 동 ~라고 생각하다 | 而且 érqiě 접 게다가 | ★感兴趣 gǎn xìngqù 흥미를 느끼다 | 因此 yīncǐ 접 따라서 | ★申请 shēnqǐng 동 신청하다 | 换 huàn 동 바꾸다 | 父母 fùmǔ 명 부모 | ★同意 tóngyì 동 동의하다

21

해설 및 정답 **문제 분석▼** 专业(전공)이라는 어휘와 함께 法律(법률)이 계속 언급되고 있다.

他现在的专业是什么？	그의 현재 전공은 무엇인가？
A 中文　　**B 法律**　　C 教育　　D 经济	A 중국어　　**B 법률**　　C 교육　　D 경제

단어 现在 xiànzài 명 현재 | 中文 Zhōngwén 명 중국어 | ★教育 jiàoyù 명 교육 | ★经济 jīngjì 명 경제

22

해설 및 정답 문제 분석▼ 질문에 '바람'을 나타내는 조동사 想이 핵심 어휘. 본문에서는 변호사가 되고 싶다는 바람과 전공을 바꾸고 싶다는 바람이 제시되었으나, 현재의 바람을 묻고 있기 때문에 정답은 A이다.

他现在想做什么?	그는 지금 무엇을 하고 싶은가?
A 换专业　　　B 当律师 C 考大学　　　D 学艺术	**A 전공을 바꾸고 싶다**　　B 변호사가 되고 싶다 C 대학 시험을 치고 싶다　　D 예술을 배우고 싶다

단어 艺术 yìshù 명 예술

[23-24]

第23题到24题是根据下面一段话：	23~24번 문제는 다음 내용에 근거한다.
刚来中国的时候，²³我连一句汉语也不会说，所以去饭馆吃饭都会紧张。服务员的话也听不懂，菜单上的字也看不懂。²⁴但现在我会说流利的汉语，我知道的中国菜也多了起来。所以现在我每次都吃得又好又饱。	막 중국에 왔을 때, ²³나는 중국어를 한 마디조차 하지 못해서 식당에 밥 먹으러 갈 때마다 긴장했다. 종업원의 말도 알아듣지 못했고, 메뉴판의 글자도 알아보지 못했다. ²⁴하지만 지금 나는 유창한 중국어를 구사한다. 내가 아는 중국 음식도 많아졌다. 그래서 지금 나는 매번 배부르게 잘 먹을 수 있다.

단어 刚 gāng 부 막, 방금 | 连…也 lián…yě 접 ~조차도 | 句 jù 양 마디, 구[말이나 문장을 세는 단위] | 饭馆 fànguǎn 명 식당 | ★紧张 jǐnzhāng 형 긴장하다 | 服务员 fúwùyuán 명 종업원 | 听不懂 tīngbudǒng 알아듣지 못하다 | 菜单 càidān 명 메뉴 | 字 zì 명 글자 | 看不懂 kànbudǒng 알아보지 못하다 | 现在 xiànzài 명 현재 | ★流利 liúlì 형 유창하다 | 知道 zhīdào 동 알다 | 菜 cài 명 음식 | 饱 bǎo 형 배부르다

23

해설 및 정답 문제 분석▼ '连…也' 구문은 '~조차도'라는 의미의 접속사 형식으로 连一句汉语也不会说(중국어를 한 마디조차 하지 못한다)라고 했으므로 중국어를 전혀 못한다는 의미가 된다.

他去吃饭为什么会紧张?	그는 밥 먹으러 가면 왜 긴장하는가?
A 不会做饭　　　**B 不会汉语** C 不喜欢中国菜　　D 性格有点儿害羞	A 밥을 못해서　　　**B 중국어를 못해서** C 중국 음식을 안 좋아해서　　D 성격이 조금 수줍어서

단어 喜欢 xǐhuan 동 좋아하다 | 水平 shuǐpíng 명 수준

24

해설 및 정답 | 문제 분석▼ 어기조사 了는 변화의 의미를 나타내기도 한다. 특히 '会…了' 형식은 '~을 할 수 있게 되었다'는 변화의 의미로 화자는 처음에 중국어를 전혀 못했으나 현재는 유창하게 구사할 수 있다고 했기 때문에 정답은 C이다.

根据这段话，下列哪项正确?	이 단문을 근거로, 아래에서 정확한 것은?
A 他不会写汉字	A 그는 한자를 못 쓴다
B 他态度不太好	B 그는 태도가 별로 좋지 않다
C 他会说汉语了	**C 그는 중국어를 할 수 있게 되었다**
D 他像以前一样	D 그는 이전과 같다

단어 根据 gēnjù 통 근거하다 | ★正确 zhèngquè 형 정확하다 | 汉字 Hànzì 명 한자 | ★态度 tàidu 명 태도

맛있는 중국어 新HSK 4급

독해 제1부분

1 명사 어휘 고르기

| *실전* 트레이닝 1 | 기본서 **96**쪽

정답
1. F   2. B   3. C   4. A   5. E

[1-5]

A 广告 guǎnggào 몡 광고
B 周围 zhōuwéi 몡 주위
C 完全 wánquán 뷔 완전히
D 坚持 jiānchí 동 고수하다
E 收拾 shōushi 동 정리하다
F 看起来 kàn qǐlai 동 보아하니, 보기에

1

해설 및 정답 문제 분석▼ 看起来는 '보아하니'라는 의미로 뒤에 목적절을 갖는 술어 역할을 담당한다. 의미상 不怎么新鲜了(별로 신선하지 않다)가 看起来의 목적절임을 알 수 있다.

| 这些苹果（ **F 看起来** ）不怎么新鲜了，还是扔了吧。 | 이 사과들은（ **F 보아하니** ）신선하지 않은 것 같은데, 버리는 것이 좋겠어. |

단어 苹果 píngguǒ 몡 사과 | ★新鲜 xīnxiān 톙 신선하다 | ★扔 rēng 동 버리다

2

해설 및 정답 문제 분석▼ 주어와 부사 사이에 빈칸이 있기 때문에 주어가 완전하지 않거나 또 다른 부사가 들어갈 수 있는데, 의미상 우리 집 주변이 조용하지 않다는 내용임을 유추할 수 있다.

| 我家（ **B 周围** ）不太安静，所以要去图书馆复习。 | 우리 집（ **B 주위**)는 별로 조용하지 않다. 그래서 도서관에 가서 복습을 해야 한다. |

단어 ★安静 ānjìng 톙 조용하다 | 图书馆 túshūguǎn 몡 도서관 | 复习 fùxí 동 복습하다

3

문제 분석▼ 不一样이 형용사 술어 역할을 하고 있기 때문에 앞에 정도부사인 完全만 올 수 있다.

爸爸的体检结果跟我想的 （ **C 完全** ）不一样，真没想到爸爸的身体会这么不好。	아빠의 건강 검진 결과는 내가 생각했던 것과는 (**C 완전히**) 달랐다. 아빠의 건강이 이렇게 안 좋을 줄은 정말 생각지도 못했다.

단어 体检 tǐjiǎn 몡 건강 검진 | ★结果 jiéguǒ 몡 결과

4

해설 및 정답 문제 분석▼ 빈칸 뒤의 效果(효과)가 주어이므로 '효과'라는 의미의 어휘와 어울리는 广告를 넣어 '광고 효과'라는 주절을 완성한다.

这家的商品卖得特别好， （ **A 广告** ）效果真的很厉害。	이 집의 상품은 특히나 잘 팔린다. (**A 광고**) 효과가 정말 매우 대단하다.

단어 商品 shāngpǐn 몡 상품 | 特别 tèbié 뿐 특히 | ★效果 xiàoguǒ 몡 효과 | ★厉害 lìhai 혱 대단하다

5

해설 및 정답 문제 분석▼ 구조조사 得 앞에는 술어가 위치해야 하며 '깨끗하다'는 정도 표현으로 보아, 정답이 收拾(정리하다)임을 알 수 있다.

姐姐把房间 （ **E 收拾** ）得干干净净的。	언니는 방을 매우 깨끗하게 (**E 정리했다**).

단어 房间 fángjiān 몡 방 | ★干净 gānjìng 혱 깨끗하다

정답

1. E   2. B   3. F   4. A   5. D

[1—5]

A 工具 gōngjù 명 도구	B 照顾 zhàogù 동 보살피다
C 温度 wēndù 명 온도	D 一切 yíqiè 명 모든 것
E 推迟 tuīchí 동 연기하다	F 估计 gūjì 동 짐작하다

1

해설 및 정답 문제 분석▼ 빈칸 앞의 时间(시간)과 호응 가능한 어휘는 推迟(연기하다) 뿐이다.

A：听说比赛时间又要调整。	A: 듣자니 시합 시간을 또 조정해야 한대.
B：不会吧！比赛时间又（ **E 推迟** ）了？改到什么时候了？	B: 이럴 수가! 시합 시간이 또 (**E 연기됐어**)? 언제로 바뀌었는데?

단어 比赛 bǐsài 명 시합 | 时间 shíjiān 명 시간 | 调整 tiáozhěng 동 조정하다 | 改 gǎi 동 바꾸다

2

해설 및 정답 문제 분석▼ 부사어와 목적어 사이에는 반드시 동사 술어가 위치해야 하며 목적어의 의미상 스스로를 잘 돌보아야 한다는 내용이므로 정답은 照顾다.

A：别累坏了，要好好（ **B 照顾** ）自己。	A: 피곤해서 건강을 해치지 말고, 자기 자신을 잘 (**B 보살펴야**) 해.
B：妈，你别担心了，我已经二十岁了。	B: 엄마, 걱정하지 마, 나 벌써 스무 살이야.

단어 ★担心 dānxīn 동 걱정하다

3

해설 및 정답 문제 분석▼ 주어와 주어 사이에 빈칸이 있다는 것은 목적절을 갖는 동사를 넣어야 한다는 의미다. 반드시 목적절을 갖는 估计가 정답이다.

A：他怎么了？今天怎么那么高兴？	A: 쟤 왜 그래? 오늘 왜 저렇게 기분이 좋아?
B：我（ **F 估计** ）他这次考试考得很好。	B: 내 (**F 짐작에는**) 쟤 이번 시험을 엄청 잘 본 것 같아.

단어 ★考试 kǎoshì 명동 시험(을 치다)

해설 및 정답 　**문제 분석▼** 的 뒤에는 반드시 명사가 위치해야 한다. 제시된 명사 중 交流(교류)와 의미가 어울리는 어휘는 工具(도구)임을 알 수 있다.

A : 语言是交流的（ **A 工具** ），只练阅读是 不够的，要多听多说。	A: 언어는 교류의 （ **A 도구** ）야, 독해만 연습해서는 부족해. 많이 듣고 많이 말해야 해.
B : 你说得对，那才是有用的学习方法。	B: 네 말이 맞아, 그것이야말로 유용한 공부 방법이지.

단어 语言 yǔyán 몡 언어 | ★交流 jiāoliú 통 교류하다 | 练 liàn 통 연습하다 | 阅读 yuèdú 몡 독해 | 够 gòu 톙 충분하다 | 有用 yǒuyòng 톙 유용하다 | 方法 fāngfǎ 몡 방법

5

해설 및 정답 　**문제 분석▼** 부사 앞에 빈칸이 있기 때문에 주어로 사용 가능한 명사가 위치한다는 것을 알 수 있다. 준비가 잘 되었는지를 묻는 문장이므로, 주어로는 '모든 것'이라는 의미의 一切가 적합하다.

A : 明天就要出国留学了，（ **D 一切** ）都 准备好了吗?	A: 내일이면 외국 유학을 가야 하는데, （ **D 모든 것** ）이 잘 준비됐니?
B : 大概都准备好了，不用担心。	B: 대략 다 준비됐어, 걱정할 필요 없어.

단어 出国 chūguó 통 출국하다 | 留学 liúxué 통 유학하다 | ★准备 zhǔnbèi 통 준비하다 | ★大概 dàgài 뵈 대략 | ★担心 dānxīn 통 걱정하다

---

2 동사 어휘 고르기

| 실전 트레이닝 1 | 기본서 110쪽

정답
　1. B　　2. C　　3. E　　4. A　　5. F

[1–5]

A 暂时 zànshí 몡 잠시, 일시	B 主意 zhǔyi 몡 생각
C 导游 dǎoyóu 몡 가이드	D 坚持 jiānchí 통 고수하다
E 凉快 liángkuai 톙 시원하다	F 信用卡 xìnyòngkǎ 몡 신용카드

해설 및 정답　　문제 분석▼　목적어가 있어야 할 위치가 빈칸으로 처리되어 있으므로 술어의 의미만 알면 쉽게 풀 수 있는 문제
이다. 改变主意(생각을 바꾸다)가 호응 구조임을 알아두자.

现在才改变（ **B 主意** ）？已经来不及了，按照原来的计划进行吧。	이제서야（ **B 생각** ）을 바꾼다고? 이미 늦었지, 원래 계획대로 진행해.

단어　改变 gǎibiàn 통 변하다 | ★来不及 láibují 통 (시간이 부족하여) 돌볼 틈이 없다. 손쓸 틈이 없다 | ★按照 ànzhào 개 ~에 따라 |
原来 yuánlái 명부 원래 | ★计划 jìhuà 명 계획 | ★进行 jìnxíng 통 진행하다

해설 및 정답　　문제 분석▼　的 뒤에는 명사가 위치해야 하며, 의미상 幽默(유머러스한) 뒤에는 사람이 와야 하므로 导游(가이
드)가 정답임을 알 수 있다.

那个幽默的（ **C 导游** ）让我们的旅游变得非常愉快。	그 유머러스한（ **C 가이드** ）는 우리들의 여행을 아주 유쾌하게 했다.

단어　★幽默 yōumò 형 유머러스한 | ★旅游 lǚyóu 통 여행하다 | 变 biàn 통 변화하다 | ★愉快 yúkuài 형 기쁘다, 유쾌하다

해설 및 정답　　문제 분석▼　비교문 문제이다. '比+명사'는 개사구이기 때문에 뒤에는 반드시 술어가 위치해야 하며, 比가 있는
문장에서 술어는 대체로 형용사이기 때문에 제시된 어휘 중 유일한 형용사인 凉快가 정답이다.

天气热得我受不了了，办公室里开着空调，比外面（ **E 凉快** ）多了。	날씨가 견딜 수 없을 정도로 덥다. 사무실에는 에어컨이 켜져 있어서, 바깥보다 훨씬（ **E 시원하다** ）.

단어　★受不了 shòubuliǎo 통 견딜 수 없다 | 办公室 bàngōngshì 명 사무실 | 空调 kōngtiáo 명 에어컨

해설 및 정답　　문제 분석▼　술어가 昰이기 때문에 전체적인 문장의 내용을 파악해야 한다. '어려움은 단지 잠시뿐이다'라는 의
미가 가장 적절하므로 정답은 暂时다.

困难只是（ **A 暂时** ）的，只要坚持到底，就一定会成功的。	어려움은 단지（ **A 일시적인** ）것이라, 끝까지 견뎌 내면 반드시 성공할 것이다.

단어　★困难 kùnnan 명 어려움 | ★坚持 jiānchí 통 고수하다 | ★到底 dàodǐ 통 끝까지 ~하다 | 成功 chénggōng 통 성공하다

해설 및 정답 **문제 분석▼** 술어인 使用과 어울리는 목적어를 찾는다. '사용하다'라는 의미와 호응할 수 있는 제시어는 信用
卡뿐이다.

现代人普遍使用（ **F 信用卡** ），因为它比现金方便得多。	현대인들은 보편적으로（ **F 신용카드** ）를 사용한다. 현금보다 훨씬 편리하기 때문이다.

단어 现代人 xiàndàirén 몡 현대인 | ★普遍 pǔbiàn 톙 보편적인 | ★使用 shǐyòng 됭 사용하다 | 现金 xiànjīn 몡 현금 | ★方便 fāngbiàn 톙 편리하다

| *실전* **트레이닝 2** | 기본서 111쪽

정답
1. F   2. E   3. D   4. A   5. B

[1-5]

A 害羞 hàixiū 됭 부끄러워하다	B 打印 dǎyìn 됭 인쇄하다
C 温度 wēndù 몡 온도	D 详细 xiángxì 톙 상세하다
E 差不多 chàbuduō 튀 거의, 대체로	F 安排 ānpái 됭 안배하다, 준비하다

해설 및 정답 **문제 분석▼** '为+명사'는 개사구로 뒤에는 술어가 위치해야 한다. '우리를 위해+[술어]하다'에 어울리는 어휘는 安排(준비하다)뿐이다.

A: 希望我们的服务能让你们满意。	A: 우리의 서비스가 여러분을 만족시킬 수 있기를 바랍니다.
B: 没想到一切都为我们（ **F 安排** ）好了，真让我们感动。	B: 모든 것이 우리를 위해（ **F 준비됐을** ）줄이야, 정말 감동받았어요.

단어 ★希望 xīwàng 됭 희망하다, 바라다 | ★服务 fúwù 몡됭 서비스(하다) | ★满意 mǎnyì 톙 만족하다 | 一切 yíqiè 몡 일체, 전부 | 感动 gǎndòng 됭 감동하다

해설 및 정답) 문제 분석▼ 수량사와 자주 함께 쓰이는 어휘를 찾는다. 差不多는 술어로 쓰일 때는 '비슷하다'는 의미로 사용되지만, 부사로 쓰일 때는 '거의'라는 의미로 주로 수량사와 함께 사용된다.

A：王先生，您不是这里人吧？	A: 왕 선생님은 여기 사람이 아니죠?
B：对，我是北京人，不过（ **E 差不多** ）10年没回家乡。	B: 네, 저는 베이징 사람이에요. 그런데 (**E 거의**) 10년을 고향에 가지 않았어요.

단어 家乡 jiāxiāng 명 고향

3

해설 및 정답) 문제 분석▼ 정도부사 뒤에는 형용사가 위치한다. 기억의 정도를 표현하는 문장이기 때문에 详细(상세하다)가 정답이다.

A：我昨晚做了一个特别奇怪的梦，你听听。	A: 내가 어젯밤에 정말 이상한 꿈을 꿨는데, 한번 들어 봐.
B：一般人醒了就想不起来做了什么梦，你居然记得还挺（ **D 详细** ）的。	B: 보통 사람들은 잠에서 깨면 무슨 꿈을 꿨는지 기억을 잘 못 하는데, 너는 뜻밖에도 아주 (**D 상세하게**) 기억하고 있네.

단어 特别 tèbié 부 특별히, 유달리 | ★奇怪 qíguài 형 이상하다 | 梦 mèng 명 꿈 | 一般 yìbān 형 일반적이다 | 醒 xǐng 동 잠에서 깨다 | 居然 jūrán 부 뜻밖에 | 挺 tǐng 부 꽤, 무척

4

해설 및 정답) 문제 분석▼ 有点儿은 정도부사로 뒤에 부정적인 의미의 형용사 혹은 감정이나 상태를 의미하는 동사와 함께 쓰인다. 주어가 사람이기 때문에 사람의 감정 상태를 표현하는 동사 害羞(부끄러워하다)가 정답이다.

A：你朋友长得很漂亮，不过好像不太喜欢说话。	A: 네 친구는 아주 예쁘게 생겼는데, 이야기하는 걸 별로 좋아하지 않는 것 같아.
B：她有点儿（ **A 害羞** ），跟大家熟悉后话就会多了。	B: 걔가 좀 (**A 부끄러워해서**) 그래, 사람들하고 익숙해지면 말이 많아질 거야.

단어 好像 hǎoxiàng 부 마치 ~와 같다 | ★熟悉 shúxī 형 익숙하다, 잘 알다

5

해설 및 정답 **문제 분석▼** 개사구와 목적어 사이에 빈칸이 있기 때문에 술어가 위치해야 한다. 文件(문서)와 어울리는 어휘인 동사 打印(인쇄하다)가 정답이다.

A：帮我把这个文件（ **B 打印** ）10份，然后 拿到办公室发给同事们。 B：没问题！会议两点开始吗？	A: 이 문서를 10부 (**B 인쇄해서**), 사무실로 가지고 가서 동료들에게 나누어 주세요. B: 문제없습니다! 회의는 2시에 시작하나요?

단어 办公室 bàngōngshì 圓 사무실 | 会议 huìyì 圓 회의

3 형용사 어휘 고르기

| *실전* 트레이닝 1 | 기본서 **121쪽**

정답 1. A   2. B   3. F   4. E   5. C

[1–5]

A 打折 dǎzhé 圄 할인하다	B 逐渐 zhújiàn 凰 점차
C 范围 fànwéi 圓 범위	D 坚持 jiānchí 圄 고수하다
E 详细 xiángxì 圄 상세하다	F 成功 chénggōng 圓圄 성공(하다)

1

해설 및 정답 **문제 분석▼** 빈칸 뒤에 五千元(5천 위안)이라는 액수가 제시되어 있다. 의미상 打折(할인하다)가 빈칸에 들어가야 한다.

那台电脑（ **A 打折** ）后五千元，非常贵。	그 컴퓨터는 (**A 할인하고**) 나면 5000위안이야, 너무 비싸.

단어 电脑 diànnǎo 圓 컴퓨터

해설 및 정답 문제 분석▼ 주어와 술어 사이에는 부사어가 와야 한다. 부사인 逐渐이 어법상으로도 의미상으로도 정답이다.

| 秋天到了，天气（**B 逐渐**）变凉快了。 | 가을이 와서, 날씨가（**B 점차**）선선하게 변하고 있다. |

단어 秋天 qiūtiān 명 가을 | 天气 tiānqì 명 날씨 | 变 biàn 동 변하다 | ★凉快 liángkuai 형 시원하다

해설 및 정답 문제 분석▼ 중국 속담을 알고 있다면 매우 쉬운 문제이지만 모르더라도 失败(실패)라는 어휘로 반의어인 成功 (성공)이 위치할 확률이 높다는 것을 알 수 있다.

| 我爸爸经常说，失败是（**F 成功**）之母，不用害怕失败。 | 우리 아빠는 실패는（**F 성공**）의 어머니이니, 실패를 두려워할 필요가 없다고 자주 말씀하신다. |

단어 经常 jīngcháng 부 자주 | 失败 shībài 명동 실패(하다) | ★害怕 hàipà 동 두려워하다

해설 및 정답 문제 분석▼ 详细说明(상세히 설명하다)는 대표적인 호응 구조이므로 반드시 암기하도록 한다.

| 为了得到大家的同意，班长向大家（**E 详细**）说明了好几遍。 | 모두의 동의를 얻기 위해서, 반장은 모두에게 여러 번（**E 상세히**）설명했다. |

단어 ★同意 tóngyì 동 동의하다 | 班长 bānzhǎng 명 반장 | 说明 shuōmíng 동 설명하다

해설 및 정답 문제 분석▼ 양사 뒤에는 명사가 위치한다. 제시어 중 유일한 명사인 范围(범위)가 정답이다.

| 一般情况下，人的体温在36.5度左右，超出这个（**C 范围**）就会发烧。 | 일반적인 상황에서, 사람의 체온은 36.5도 정도로, 이（**C 범위**）를 초과하면 열이 날 수 있다. |

단어 一般 yìbān 형 일반적이다 | ★情况 qíngkuàng 명 상황 | 体温 tǐwēn 명 체온 | 超出 chāochū 동 초과하다 | 发烧 fāshāo 동 열이 나다

정답

1. B   2. D   3. F   4. A   5. E

[1-5]

A 着急 zháojí 통 조급해하다	B 完全 wánquán 분 완전히
C 温度 wēndù 명 온도	D 提前 tíqián 통 앞당기다
E 顺便 shùnbiàn 분 ~하는 김에	F 无聊 wúliáo 형 무료하다

1

해설 및 정답   **문제 분석▼**   一样은 형용사 술어로 일반적으로 앞에 정도부사가 위치한다. 정도부사인 完全(완전히)가 정답이다.

A: 你的手机竟然跟我的（ **B 完全** ）一样，连颜色都一样。	A: 네 휴대폰은 뜻밖에도 내 것과 (**B 완전히**) 똑같아. 색깔까지 똑같네.
B: 这是我昨天才买的，你是什么时候买的?	B: 이거 난 어제서야 산 거야. 너는 언제 산 거니?

단어 手机 shǒujī 명 휴대폰 | ★竟然 jìngrán 분 뜻밖에도 | 颜色 yánsè 명 색깔

[TIP] '连…都/也'는 '~조차도, ~마저'라는 의미의 접속사 문형이다.

2

해설 및 정답   **문제 분석▼**   주어인 时间(시간)과 어울리는 술어를 찾는다. 의미상 提前(앞당기다)가 정답임을 유추할 수 있다.

A: 时间（ **D 提前** ）了，早上通知改时间了。	A: 시간이 (**D 앞당겨졌어**), 아침에 시간이 바뀌었다고 통지했어.
B: 我怎么没收到通知呢? 现在出发也已经迟到了。	B: 저는 왜 통지를 받지 못했죠? 지금 출발해도 이미 지각인데요.

단어 时间 shíjiān 명 시간 | ★通知 tōngzhī 통 통지하다 | 改 gǎi 통 바꾸다 | 出发 chūfā 통 출발하다 | 迟到 chídào 통 지각하다

3

해설 및 정답   **문제 분석▼**   정도부사 뒤에는 형용사가 위치한다. 제시어 중 유일한 형용사인 无聊(무료하다)가 정답이다.

A: 你不是明天考试吗? 怎么在看电视?	A: 너 내일 시험 아니니? 왜 텔레비전을 보고 있어?
B: 都复习好了，不过数学还没准备好，总觉得数学很（ **F 无聊** ），怎么办?	B: 벌써 다 복습했어요, 그런데 수학만 준비를 다 못했어요. 수학이 항상 아주 (**F 무료하다**)고 느껴지는데, 어떡하죠?

단어 ★考试 kǎoshì 명동 시험(을 치다) | 复习 fùxí 동 복습하다 | 数学 shùxué 명 수학 | ★准备 zhǔnbèi 동 준비하다

4

해설 및 정답 **문제 분석▼** 不用은 '~할 필요 없다'라는 의미의 부사로 뒤에 술어를 위치시켜야 한다. 뒤의 문장이 '제때 완성할 수 있다'라는 내용이므로 '조급해할 필요 없다'라는 내용을 만들어야 한다.

| A: 那篇论文明天下午要交，你都写好了吗？ | A: 그 논문은 내일 오후에 제출해야 하는데, 너는 다 쓴 거야? |
| B: 还差一点儿，不用（ **A 着急** ），我会按时完成。 | B: 아직 조금 남았는데, (**A 조급해할**) 필요 없어. 나는 제때 완성할 수 있어. |

단어 ★论文 lùnwén 명 논문 | 交 jiāo 동 제출하다 | ★按时 ànshí 부 제때 | 完成 wánchéng 동 완성하다

5

해설 및 정답 **문제 분석▼** 주어와 술어 사이 빈칸에는 부사어가 위치한다. 帮(돕다)는 일반동사이기 때문에 정도부사와는 함께 사용하지 않으므로 제시어 중 유일한 부사인 顺便(~하는 김에)가 정답이다.

| A: 你要去超市吗？那你（ **E 顺便** ）帮我买一个牙膏，可以吗？ | A: 너 마트에 가니? 그럼 너 (**E 가는 김에**) 치약 좀 사다 줄 수 있어? |
| B: 行，没问题，我一会儿就回来。 | B: 되지, 문제없어, 금방 돌아올게. |

단어 超市 chāoshì 명 마트 | 牙膏 yágāo 명 치약 | ★问题 wèntí 명 문제

| *실전* **트레이닝 1** | 기본서 **132쪽**

정답
1. A   2. F   3. B   4. E   5. C

[1-5]

A 熟悉 shúxī 웹 잘 알다	B 理发 lǐfà 웹 이발하다
C 项 xiàng 웹 항목	D 坚持 jiānchí 웹 고수하다
E 停 tíng 웹 세우다	F 千万 qiānwàn 웹 절대

1

해설 및 정답 문제 분석▼ 比가 사용된 문장은 대체로 형용사가 술어 역할을 담당한다. 따라서 제시어 중 유일한 형용사인 熟悉(잘 알다)가 정답이다.

这件事你跟张老师商量一下，这方面他肯定比我（ **A 熟悉** ）。	이 일은 장 선생님과 상의해 봐, 이 방면은 그가 틀림없이 나보다 (**A 잘 알**) 거야.

단어 事 shì 웹 일 | ★商量 shāngliang 웹 상의하다 | 方面 fāngmiàn 웹 방면 | 肯定 kěndìng 웹 틀림없이, 분명히

2

해설 및 정답 문제 분석▼ 제시어 千万의 특성을 파악해야 한다. 千万은 일반적으로 부정부사와 함께 사용되어 '절대 ~하지 마라'라는 의미로 사용된다.

明天早上8点开始举行会议，大家一定要准时到，（ **F 千万** ）别迟到。	내일 아침 8시에 회의가 시작되니, 모두들 반드시 정시에 도착하고 (**F 절대**) 지각하지 마세요.

단어 开始 kāishǐ 웹 시작되다 | ★举行 jǔxíng 웹 거행하다 | 会议 huìyì 웹 회의 | ★准时 zhǔnshí 웹 정시에 | 迟到 chídào 웹 지각하다

3

해설 및 정답 문제 분석▼ 주어가 头发(머리카락)이기 때문에 理发(이발하다)가 정답임을 쉽게 유추할 수 있다.

我的头发有点儿长了，看起来不干净，该去（ **B 理发** ）了。	내 머리카락이 좀 자라서, 보기에 깔끔하지가 않네, (**B 이발하러**) 가야겠어.

단어 头发 tóufa 명 머리카락 | ★干净 gānjìng 형 깔끔하다, 깨끗하다

4

해설 및 정답 **문제 분석▼** 빈칸이 없어도 어법상으로나 의미상으로나 문제가 없는 문장이다. 하지만 在는 개사구 역할을 담당할 뿐만 아니라 결과보어 역할도 할 수 있다는 것을 기억해야 한다. 의미상 동사 停(세우다)가 빈칸에 들어가 술어 역할을 한다.

我的车就（ **E 停** ）在图书馆右边，你到了就能看见。	내 차는 도서관 오른쪽에 （ **E 세워** ）뒀어, 네가 도착하면 바로 보일 거야.

단어 图书馆 túshūguǎn 명 도서관

5

해설 및 정답 **문제 분석▼** 지시대명사와 명사 사이에는 양사가 위치해야 하므로 제시어 중 유일한 양사인 项(항목)이 정답이다.

你们一定要按时完成这（ **C 项** ）任务。	당신들은 반드시 제때 이（ **C 항목** ）의 임무를 완성해야 한다.

단어 ★按时 ànshí 부 제때 | 完成 wánchéng 동 완성하다 | 任务 rènwu 명 임무

1. F   2. E   3. D   4. A   5. B

[1-5]

A 最好 zuìhǎo 🖫 ~하는 것이 가장 좋다	B 超过 chāoguò 🖫 초과하다
C 温度 wēndù 🖫 온도	D 重新 chóngxīn 🖫 새로, 다시
E 起来 qǐlai 🖫 일어나다	F 博士 bóshì 🖫 박사

1

해설 및 정답   **문제 분석▼** 빈칸 앞에 제시된 술어 读는 '읽다'라는 의미 외에, '공부하다'라는 의미도 가지고 있다. 또 '석사 과정이나 박사 과정을 밟다'라는 표현도 중국어에서는 读를 사용해 读硕士(shuòshì 석사), 读博士라고 표현한다.

A：小李，你下个月就要毕业了吧。毕业后打算工作吗?	A: 샤오리, 너 다음 달이면 졸업하네. 졸업한 후에 일할 계획이니?
B：不，我想去英国留学，去读（ **F 博士** ）。	B: 아니, 나는 영국으로 유학 가서 (**F 박사**) 과정을 밟고 싶어.

단어 ★毕业 bìyè 🖫🖫 졸업(하다) | ★打算 dǎsuan 🖫 ~할 예정이다, 계획하다 | 留学 liúxué 🖫 유학하다

2

해설 및 정답   **문제 분석▼** 想不起来는 '기억이 나지 않는다'는 의미의 가능보어 구문이다.

A：你真的不认识他吗? 你不是以前跟他住一个宿舍的吗?	A: 너 정말 그를 몰라? 너는 이전에 그와 같은 기숙사에서 살지 않았어?
B：奇怪，我怎么一点儿印象都没有? 想不（ **E 起来** ）。	B: 이상하네. 난 왜 조금도 인상이 없지? 기억이 (**E 나지**) 않아.

단어 认识 rènshi 🖫 알다 | 宿舍 sùshè 🖫 기숙사 | ★奇怪 qíguài 🖫 이상하다 | ★印象 yìnxiàng 🖫 인상

해설 및 정답 **문제 분석▼** 주어와 술어 사이에 있는 빈칸이므로 부사어가 위치해야 한다. 술어가 收拾(정리하다)이기 때문에 의미상 부사 重新(새로)가 적합하다.

| A: 你来看看，这些文件的顺序好像不对。 | A: 너 와서 좀 봐봐, 이 문서들의 순서가 틀린 것 같아. |
| B: 对不起，是我粗心，我（ **D 重新** ）整理以后给你。 | B: 미안해, 내가 세심하지 못했어, （ **D 새로** ）정리하고 나서 줄게. |

단어 文件 wénjiàn 몡 문서 | ★顺序 shùnxù 몡 순서 | ★粗心 cūxīn 혱 세심하지 못하다 | ★整理 zhěnglǐ 동 정리하다

해설 및 정답 **문제 분석▼** 술어 앞이 빈칸이기 때문에 주어나 부사어를 찾는다. 의미상 '아빠가 돌아오기를 기다리는 것이 좋겠다'는 문장으로 완성해야 하므로 부사 最好가 적합하다.

| A: 你帮我把这台电脑搬到客厅里，可以吗？ | A: 너 이 컴퓨터를 거실로 옮기는 것 좀 도와줄 수 있겠니? |
| B: 妈，那台电脑我们俩根本抬不动，（ **A 最好** ）等爸爸回来。 | B: 엄마, 그 컴퓨터는 우리 둘이 아예 들지도 못해요, 아빠가 돌아오시길 기다리는 것이 （ **A 가장 좋겠어요** ）. |

단어 电脑 diànnǎo 몡 컴퓨터 | ★搬 bān 동 옮기다 | 客厅 kètīng 몡 거실 | 根本 gēnběn 뷔 아예, 전혀 | 抬 tái 동 들다

해설 및 정답 **문제 분석▼** 부사와 목적어 사이에 빈칸이 있으므로 의미에 맞는 동사를 찾는다. 목적어가 有效期(유통기한)이기 때문에 超过(초과하다)가 적합하다.

| A: 这些饼干不能吃了，已经（ **B 超过** ）有效期了。 | A: 이 비스킷은 못 먹겠다. 이미 유통기한이 （ **B 초과됐어** ）. |
| B: 还是你细心，不是你我就吃了。 | B: 역시 네가 세심하구나, 네가 아니었으면 나는 먹었을 거야. |

단어 ★饼干 bǐnggān 몡 비스킷 | 有效期 yǒuxiàoqī 몡 유통기한 | ★细心 xìxīn 혱 세심하다

5 주어 및 결과 찾기

| **실전 트레이닝 1** | 기본서 143쪽

정답
1. BAC   2. ACB   3. ABC   4. ACB   5. CBA

1

A: 我记得你也打算学开车	A: 내 기억으로는 너도 운전을 배울 계획이라고 했다
B: 喂，我打算放暑假后去学开车	B: 여보세요, 나 여름방학을 한 후에 운전을 배우러 갈 계획이야
C: 要不要帮你报个名	C: 등록하는 거 도와줄까

해설 및 정답　문제 분석▼　喂는 '여보세요'라는 의미로 전화 통화할 때 도입부에 사용하는 표현이다.

| Step 1. 도입 B 喂, …开车 | → | Step 2. 의미 연결 A …开车 | → | Step 3. 결과 C 要不要… |

정답 B喂，我打算放暑假后去学开车。A我记得你也打算学开车，C要不要帮你报个名?

B여보세요, 나 여름방학을 한 후에 운전을 배우러 갈 계획인데, A내 기억으로는 너도 운전을 배울 계획이라고 했잖아. C등록하는 거 도와줄까?

단어 记得 jìde 통 기억하고 있다 | ★打算 dǎsuan 통 ~할 예정이다, 계획하다 | 开车 kāichē 통 운전하다 | 喂 wéi 감탄 여보세요 | 暑假 shǔjià 명 여름방학 | 报名 bàomíng 통 등록하다

2

A: 所有的任务都在按计划进行着	A: 모든 임무는 계획에 따라 진행되고 있다
B: 还要继续辛苦大家	B: 역시 모두들 계속 수고해 주세요
C: 没有出现任何问题，剩下的任务	C: 어떠한 문제도 생기지 않았으니, 남은 임무

해설 및 정답　문제 분석▼　'所有/任何+명사+都' 구문은 '모든/어떠한+명사'라는 의미로 일반적으로 가장 앞 문장에 위치한다.

정답 **A**所有的任务都在按计划进行着，**C**没有出现任何问题，剩下的任务**B**还要继续辛苦大家。

A모든 임무는 계획에 따라 진행되고 있고, **C**어떠한 문제도 생기지 않았으니, 남은 임무 **B**역시 모두들 계속 수고해 주세요.

단어 任务 rènwu 명 임무 | ★计划 jìhuà 명 계획 | ★进行 jìnxíng 동 진행하다 | ★继续 jìxù 동 계속하다 | 辛苦 xīnkǔ 형 고생스럽다 | 出现 chūxiàn 동 나타나다 | 任何 rènhé 대 어떠한 | ★问题 wèntí 명 문제 | 剩下 shèngxià 동 남다

3

A: 她就是你妹妹？你们长得太像了	A: 그녀가 네 여동생이라고? 너희 정말 닮았다
B: 不仔细看的话	B: 자세히 보지 않는다면
C: 就很难看出谁是谁	C: 바로 누가 누군지 알아보기 어렵겠다

해설 및 정답 **문제 분석▼** '…的话, 就…'는 '~라면 ~하다'라는 의미의 접속사 호응 구조이다.

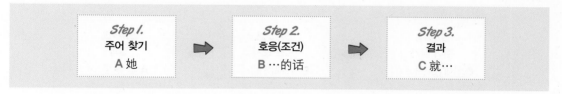

정답 **A**她就是你妹妹？你们长得太像了，**B**不仔细看的话，**C**就很难看出谁是谁。

A그녀가 네 여동생이라고? 너희 정말 닮았다. **B**자세히 보지 않는다면, **C**누가 누군지 알아보기 어렵겠어.

단어 长 zhǎng 동 생기다 | 太…了 tài…le 매우 ~하다 | 像 xiàng 동 같다, 닮다 | ★仔细 zǐxì 형 세심하다, 자세하다 | 难 nán 형 어렵다 | 看出 kànchū 알아보다

4

A: 很多人都在看你飞得高不高	A: 많은 사람들은 네가 높이 나는지를 본다
B: 这少数人，才是你真正的朋友	B: 이 소수의 사람들이야말로 너의 진정한 친구다
C: 只有少数人关心你飞得累不累	C: 소수만이 네가 지쳐 있는지에 관심을 갖는다

해설 및 정답 **문제 분석▼** 유일하게 명사로 시작되는 A문장을 첫 문장으로 선택하고, 대체로 결론을 이끌 때 쓰는 표현인 才 是가 있는 B문장을 마지막에 나열한다.

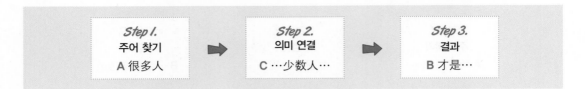

정답 **A**很多人都在看你飞得高不高，**C**只有少数人关心你飞得累不累。**B**这少数人，才是你真正的朋友。

A많은 사람들은 네가 높이 나는지를 보고 **C**소수만이 네가 지쳐 있는지에 관심을 갖는다. **B**이 소수의 사람들이야말로 너의 진정한 친구다.

단어 飞 fēi 동 날다 | 高 gāo 형 높다 | 少数 shǎoshù 명 소수 | 真正 zhēnzhèng 형 진정한 | 关心 guānxīn 동 관심을 갖다

5

A: 放学了也玩儿一会儿再回家	A: 수업이 끝나고도 잠깐 놀다 집으로 돌아간다
B: 下课时间都在玩儿	B: 쉬는 시간에 다들 논다
C: 我们班同学们很喜欢玩电子游戏	C: 우리 반 학생들은 전자 게임을 좋아한다

해설 및 정답 **문제 분석▼** 주어 찾기가 쉬운 문제이다. 주어를 찾은 후에는 시간 순서에 따라 나열한다.

정답 **C**我们班同学们很喜欢玩电子游戏。**B**下课时间都在玩儿，**A**放学了也玩儿一会儿再回家。

C우리 반 학생들은 전자 게임을 좋아한다. **B**쉬는 시간에 다들 놀고, **A**수업이 끝나고도 잠깐 놀다 집으로 돌아간다.

단어 放学 fàngxué 동 수업을 마치다, 학교가 파하다 | 玩儿 wánr 동 놀다 | 一会儿 yíhuìr 명 잠깐 | 下课 xiàkè 동 수업이 끝나다 | 喜欢 xǐhuan 동 좋아하다 | 电子 diànzǐ 명 전자 | 游戏 yóuxì 명 게임

정답
> 1. BCA   2. ABC   3. CAB   4. BAC   5. CBA

1

A: 会后记得整理他们的意见	A: 회의 후에 그들의 의견을 정리하는 것을 기억하세요
B: 请把这些文件复印30份	B: 이 문서들을 30부 복사해 주세요
C: 明天会前发给各位代表，请他们先看一下	C: 내일 회의 전에 각 대표들에게 나눠 드리고, 우선 좀 보시라고 하세요

해설 및 정답 **문제 분석▼** 请은 일반적으로 문장 앞부분에 위치한다.

정답 **B**请把这些文件复印30份。**C**明天会前发给各位代表，请他们先看一下，**A**会后记得整理他们的意见。

B이 문서들을 30부 복사해서 **C**내일 회의 전에 각 대표들에게 나눠 드리고, 우선 좀 보시라고 하고요. **A**회의 후에 그들의 의견을 정리하는 것을 기억하세요.

단어 会 huì 뗑 회의 | ★记得 jìde 뗑 기억하고 있다 | ★整理 zhěnglǐ 뗑 정리하다 | ★意见 yìjiàn 뗑 의견 | 文件 wénjiàn 뗑 문서 | ★复印 fùyìn 뗑 복사하다 | 份 fèn 양 부[문서를 세는 단위] | 发 fā 건네주다 | 各位 gèwèi 떼 여러분 | 代表 dàibiǎo 뗑 대표

2

A: 既然你已经决定了	A: 기왕에 이미 결정했으니
B: 那我就尊重你的选择	B: 그러면 나는 너의 선택을 존중한다
C: 有什么问题回来找我，我永远都会支持你	C: 무슨 문제가 있으면 날 찾아와, 나는 언제나 너를 지지할 것이다

해설 및 정답 **문제 분석▼** '既然…就…'는 '기왕에 ~했으니 ~하다'라는 의미의 접속사 호응 구조이다.

정답 **A**既然你已经决定了，**B**那我就尊重你的选择。**C**有什么问题回来找我，我永远都会支持你。

A기왕에 이미 결정했으니, **B**그러면 나는 너의 선택을 존중한다. **C**무슨 문제가 있으면 날 찾아와, 나는 언제나 너를 지

지할 거야.

단어 ★决定 juédìng 통 결정하다 | 尊重 zūnzhòng 통 존중하다 | ★选择 xuǎnzé 명 선택 | ★问题 wèntí 명 문제 | 永远 yǒngyuǎn
       분 언제나, 영원히 | ★支持 zhīchí 통 지지하다

3

A: 不要随便乱放	A: 함부로 막 두지 마라
B: 否则下次找起来会很麻烦	B: 그렇지 않으면 다음에 찾기 번거로울 것이다
C: 用完东西后放回原来的地方	C: 물건을 사용한 후에는 원래 자리에 둔다

해설 및 정답 문제 분석▼ 否则는 '그렇지 않으면'이라는 의미의 결과를 이끄는 어휘로 마지막 문장에 위치할 확률이 높다.

Step 1.
시간사구
C …后

Step 2.
제안
A 不要…

Step 3.
결과
B 否则…

정답 C用完东西后放回原来的地方。A不要随便乱放，B否则下次找起来会很麻烦。

C물건을 사용한 후에는 원래 자리에 두고, A함부로 막 두지 마라. B그렇지 않으면 다음에 찾기 번거로울 것이다.

단어 不要 búyào 조동 ~하지 마라 | ★随便 suíbiàn 분 함부로 | 乱 luàn 형 무질서하다, 어지럽다 | 放 fàng 통 놓다, 두다 | ★麻烦
       máfan 형 번거롭다 | 原来 yuánlái 형 원래의 | 地方 dìfang 명 장소

4

A: 但学艺术的小王还是拒绝了公司的邀请	A: 하지만 예술을 공부하는 샤오왕은 회사의 초청을 거절했다
B: 虽然这家公司的收入很高	B: 비록 이 회사의 수입이 높지만
C: 因为那并不是他理想的工作	C: 왜냐하면 그것은 결코 그가 이상적으로 생각하는 일이 아니기 때문이다

해설 및 정답 문제 분석▼ '虽然…但…'은 '비록 ~이긴 하지만'이라는 의미의 접속사 호응 구조이다.

Step 1.
접속사 호응
B 虽然…

Step 2.
접속사 호응
A 但…

Step 3.
결과
C 因为…

정답 B虽然这家公司的收入很高，A但学艺术的小王还是拒绝了公司的邀请。C因为那并不是他理想的工作。

B비록 이 회사의 수입이 높기는 A하지만 예술을 공부하는 샤오왕은 회사의 초청을 거절했다. C왜냐하면 그것은 결코 그가 이상적으로 생각하는 일이 아니기 때문이다.

艺术 yìshù 몡 예술 | 还是 háishi 뫼 이처럼, 그럴게도[의외라는 어감을 더욱 두드러지게 함] | ★拒绝 jùjué 통 거절하다 | 公司 gōngsī 몡 회사 | 邀请 yāoqǐng 통 초청하다 | ★收入 shōurù 몡 수입 | 理想 lǐxiǎng 혱 이상적이다, 만족스럽다 | 并不是 bìng bú shì 결코 ～이 아니다

5

A: 让他给你当导游保证没问题	A: 그가 너의 가이드를 하는 것에 문제없다는 것을 보장한다
B: 对那个地方很熟悉	B: 그 지역에 대해 매우 잘 안다
C: 老张是在四川出生、长大的	C: 라오장은 쓰촨에서 태어나고 자랐다

해설 및 정답 **문제 분석▼** 구체적인 주어 老张을 파악해야 한다.

Step 1.
주어 찾기
C 老张

Step 2.
원인
B 对…熟悉

Step 3.
결과
A …保证没问题

정답 C老张是在四川出生、长大的，B对那个地方很熟悉。A让他给你当导游保证没问题。

C라오장은 쓰촨에서 태어나고 자라서 B그 지역에 대해 매우 잘 안다. A그가 너의 가이드를 하는 것에 문제없다는 것을 보장한다.

★导游 dǎoyóu 몡 가이드 | 保证 bǎozhèng 통 보장하다 | ★问题 wèntí 몡 문제 | 地方 dìfang 몡 장소, 곳 | ★熟悉 shúxī 혱 잘 알다 | 四川 Sìchuān 고유 쓰촨[지명] | 出生 chūshēng 통 태어나다 | 长大 zhǎngdà 통 자라다

6 접속사[1]

| *실전* 트레이닝 1 | 기본서 152쪽

정답
1. CBA   2. ACB   3. CBA   4. CAB   5. CAB

1

A: 也能让他们感到很开心	A: 그들은 매우 기쁘다고 느낄 것이다
B: 即使只是陪他们聊聊天	B: 설령 단지 그들과 함께 이야기만 할지라도
C: 有时间就回家看看爸妈	C: 시간 있으면 아빠 엄마를 보러 집으로 가세요

해설 및 정답 문제 분석▼ '即使…也…'는 '설령 ~일지라도'라는 의미의 접속사 호응 구조이다.

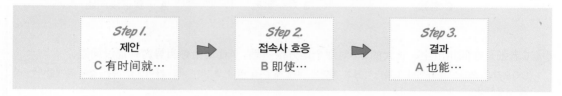

정답 C有时间就回家看看爸妈。B即使只是陪他们聊聊天，A也能让他们感到很开心。

C시간 있으면 아빠 엄마를 보러 집으로 가세요. B설령 단지 그들과 함께 이야기만 할지라도 A그들은 매우 기쁘다고 느낄 거예요.

단어 感到 gǎndào 동 느끼다 | 开心 kāixīn 형 기쁘다 | 陪 péi 동 동반하다 | ★聊天 liáotiān 동 잡담하다

2

A: 我觉得你很多方面都很优秀	A: 나는 네가 여러 방면에서 우수하다고 느낀다
B: 这一点就是你吸引我的最大原因	B: 이 점이 바로 네가 나를 매료시키는 가장 큰 원인이다
C: 首先是性格非常活泼	C: 우선 성격이 매우 활발하다

해설 및 정답 문제 분석▼ 首先은 '우선'이라는 의미로 순서상 마지막에 올 수 없다.

Step 1. 주어 찾기 A 我…	Step 2. 순서 C 首先…	Step 3. 결과 B …就是…

정답 A我觉得你很多方面都很优秀。C首先是性格非常活泼，B这一点就是你吸引我的最大原因。

A나는 네가 여러 방면에서 우수하다고 느낀다. C우선 성격이 매우 활발한데, B이 점이 바로 네가 나를 매료시키는 가장 큰 원인이다.

단어 方面 fāngmiàn 명 방면 | ★优秀 yōuxiù 형 우수하다 | 点 diǎn 명 점, 방면 | 吸引 xīyǐn 통 매료시키다 | 原因 yuányīn 명 원인 | 首先 shǒuxiān 부 우선 | ★性格 xìnggé 명 성격 | 活泼 huópo 형 활발하다

3

A: 所以今天早上才告诉你	A: 그래서 오늘 아침에서야 너에게 알려주는 것이다
B: 但昨天是星期天，怕打扰你休息	B: 하지만 어제가 일요일이라, 너 쉬는데 방해될까 걱정된다
C: 我本来想昨天就告诉你的	C: 나는 원래 어제 너에게 알려주고 싶었다

해설 및 정답 **문제 분석▼** 주어를 찾은 뒤에는 시간 순서에 따라 나열한다.

정답 **C**我本来想昨天就告诉你的。**B**但昨天是星期天，怕打扰你休息，**A**所以今天早上才告诉你。

C나는 원래 어제 너에게 알려주고 싶었는데, **B**하지만 어제가 일요일이라, 너 쉬는데 방해될까 걱정돼서, **A**그래서 오늘 아침에서야 너에게 알려주는 거야.

단어 告诉 gàosu 통 알리다 | 怕 pà 통 염려하다, 걱정하다 | ★打扰 dǎrǎo 통 방해하다 | 休息 xiūxi 통 휴식하다, 쉬다 | 本来 běnlái 부 원래

4

A: 不一定能得到他人的尊重	A: 반드시 타인의 존중을 받을 수 있는 것은 아니다
B: 因此我们也要学会拒绝	B: 따라서 우리는 거절할 줄도 알아야 한다
C: 无条件接受他人要求的人	C: 무조건 타인의 요구를 받아주는 사람

해설 및 정답 **문제 분석▼** '관형어+的+명사'로 이루어진 지문이 통째로 주어다.

정답 **C**无条件接受他人要求的人**A**不一定能得到他人的尊重，**B**因此我们也要学会拒绝。

C무조건 타인의 요구를 받아주는 사람이 **A**반드시 타인의 존중을 받을 수 있는 것은 아니다. **B**따라서 우리는 거절할 줄도 알아야 한다.

단어 不一定 bùyídìng 부 반드시 ~한 것은 아니다 | 得到 dédào 통 얻다 | 他人 tārén 명 타인 | 尊重 zūnzhòng 통 존중하다 | 因此 yīncǐ 접 따라서 | ★拒绝 jùjué 통 거절하다 | 条件 tiáojiàn 명 조건 | 无条件 wútiáojiàn 형 무조건의 | ★接受 jiēshòu 통 받다, 받아들이다 | 要求 yāoqiú 명통 요구(하다)

5

A: 但内容并不一般，特别有意思	A: 하지만 내용은 결코 일반적이지 않고, 매우 재미있다
B: 后来被翻译成十几种语言	B: 후에 10여 종의 언어로 번역되었다
C: 这本小说讲的是一般人的爱情故事	C: 이 소설은 일반인의 사랑 이야기다

해설 및 정답   **문제 분석▼**   주어가 小说(소설)이기 때문에 但(하지만) 뒤에 内容(내용)이 의미의 연결임을 알 수 있다.

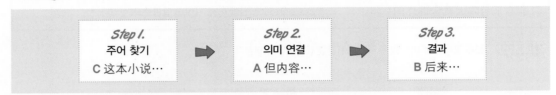

| Step 1. 주어 찾기 C 这本小说… | Step 2. 의미 연결 A 但内容… | Step 3. 결과 B 后来… |

정답   C这本小说讲的是一般人的爱情故事。A但内容并不一般，特别有意思。B后来被翻译成十几种语言。

C이 소설은 일반인의 사랑 이야기다. A하지만 내용은 결코 일반적이지 않고, 매우 재미있다. B후에 10여 종의 언어로 번역되었다.

단어   内容 nèiróng 몡 내용 | 并不 bìngbù 円 결코 ~하지 않다 | 一般 yìbān 혱 일반적이다 | 特别 tèbié 円 아주, 특히 | 有意思 yǒu yìsi 혱 재미있다 | 被 bèi 꺠 ~에게 ~을 당하다 | ★翻译 fānyì 됭 번역하다 | 种 zhǒng 양 종, 종류 | 语言 yǔyán 몡 언어 | ★小说 xiǎoshuō 몡 소설 | 讲 jiǎng 됭 이야기하다, 말하다 | 爱情 àiqíng 몡 사랑 | 故事 gùshi 몡 이야기

| 실전 트레이닝 2 | 기본서 153쪽

정답   1. ABC   2. BAC   3. BCA   4. ACB   5. BCA

1

A: 为了实现我们的梦想	A: 우리의 꿈을 실현하기 위해서
B: 绝对不能放弃	B: 절대 포기해서는 안 된다
C: 并一定要继续坚持下去	C: 그리고 반드시 계속 고수해 나가야 한다

해설 및 정답   **문제 분석▼**   为了는 '~을 위해서'라는 의미로 문장 맨 앞에 위치할 수 있는 개사이다.

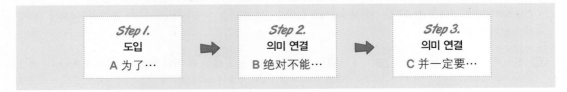

| Step 1. 도입 A 为了… | Step 2. 의미 연결 B 绝对不能… | Step 3. 의미 연결 C 并一定要… |

정답 **A**为了实现我们的梦想，**B**绝对不能放弃。**C**并一定要继续坚持下去。

A우리의 꿈을 실현하기 위해서 **B**절대 포기해서는 안 된다. **C**그리고 반드시 계속 고수해 나가야 한다.

단어 ★实现 shíxiàn 동 실현하다 | 梦想 mèngxiǎng 명 꿈 | ★绝对 juéduì 부 절대로 | 不能 bùnéng 조동 ~해서는 안 된다 | ★放弃 fàngqì 동 포기하다 | 并 bìng 접 그리고, 또 | 一定 yídìng 부 반드시 | ★继续 jìxù 동 계속하다 | ★坚持 jiānchí 동 고수하다

2

A: 连五六岁的小孩子也都戴着	A: 대여섯 살 먹은 어린아이들도 쓰고 있다
B: 我刚到这儿就发现很多人都戴着奇怪的帽子	B: 나는 이곳에 막 와서 많은 사람들이 이상한 모자를 쓰고 있는 것을 발견했다
C: 后来才知道这种帽子保暖效果非常好	C: 후에서야 그런 모자가 보온 효과가 굉장히 좋다는 것을 알았다

해설 및 정답 **문제 분석▼** 后来는 '후에는'이라는 의미로 일반적으로 마지막 문장에 사용된다.

정답 **B**我刚到这儿就发现很多人都戴着奇怪的帽子，**A**连五六岁的小孩子也都戴着。**C**后来才知道这种帽子保暖效果非常好。

B나는 이곳에 막 와서 많은 사람들이 이상한 모자를 쓰고 있는 것을 발견했다. **A**대여섯 살 먹은 어린아이들도 쓰고 있었는데, **C**후에서야 그런 모자가 보온 효과가 굉장히 좋다는 것을 알았다.

단어 连…也 lián…yě 접 ~조차도 | 孩子 háizi 명 아이 | ★戴 dài 동 쓰다, 착용하다 | ★发现 fāxiàn 동 발견하다 | ★奇怪 qíguài 형 이상하다 | 帽子 màozi 명 모자 | 保暖 bǎonuǎn 동 보온하다 | ★效果 xiàoguǒ 명 효과

3

A: 它就能很快学会很多东西	A: 그것은 아주 빠르게 많은 것들을 배울 수 있다
B: 邻居家的那只小狗很聪明	B: 이웃집 그 강아지는 매우 똑똑하다
C: 只要花一点儿时间教教它	C: 약간의 시간을 써서 가르치기만 하면

해설 및 정답 **문제 분석▼** '只要…就…'는 '~이기만 하면 ~하다'라는 의미의 접속사 호응 구조이다.

정답 B邻居家的那只小狗很聪明。C只要花一点儿时间教教它，A它就能很快学会很多东西。

B이웃집 그 강아지는 매우 똑똑하다. C약간의 시간을 써서 가르치기만 하면, A아주 빠르게 많은 것들을 배울 수 있다.

단어 学会 xuéhuì 图 습득하다. 배워서 할 수 있다 | ★邻居 línjū 阅 이웃집 | 只 zhī 偿 마리 | 小狗 xiǎogǒu 阅 강아지 | 聪明 cōngming 阅 똑똑하다 | 花 huā 图 소비하다 | 时间 shíjiān 阅 시간 | 教 jiāo 图 가르치다

4

A: 大家先听了班长的报告	A: 모두 우선 반장의 보고를 듣고
B: 最后决定每天下午打扫教室	B: 결국에는 매일 오후에 교실을 청소하기로 결정했다
C: 然后就开始进行热烈的讨论	C: 그런 후에 뜨거운 토론을 진행하기 시작했다

해설 및 정답 **문제 분석▼** 선후 관계(先…然后…)에 따라 나열한다. 最后는 '마지막, 끝으로, 결국' 등의 의미로 일반적으로 마지막 문장에 사용된다.

정답 A大家先听了班长的报告，C然后就开始进行热烈的讨论。B最后决定每天下午打扫教室。

A모두 우선 반장의 보고를 듣고 나서 C뜨거운 토론을 진행하기 시작했다. B결국에는 매일 오후에 교실을 청소하기로 결정했다.

단어 先…然后… xiān…ránhòu… 우선 ~하고 그런 후에 | 班长 bānzhǎng 阅 반장 | 报告 bàogào 阅 보고 | ★决定 juédìng 图 결정하다 | ★打扫 dǎsǎo 图 청소하다 | 教室 jiàoshì 阅 교실 | ★进行 jìnxíng 图 진행하다 | 热烈 rèliè 阅 열렬하다 | ★讨论 tǎolùn 阅图 토론(하다)

5

A: 因为红色会更好地保护皮肤	A: 왜냐하면 빨간색이 피부를 더 잘 보호해 주기 때문이다
B: 很多人都以为夏天穿白色衣服会更凉快	B: 많은 사람들이 여름에 흰옷을 입으면 더 시원하다고 여긴다
C: 但有关研究证明，其实红色的衣服效果更好	C: 하지만 관련 연구에서 증명된 바로는, 사실 빨간색 옷의 효과가 더 좋다고 한다

해설 및 정답 **문제 분석▼** 以为는 '~인 줄 알다'라는 의미로 뒤에는 사실이 아닌 오해의 의미가 내포된 문장이 와야 한다. 따라서 '~인 줄 알았다, 하지만'의 형식으로 오해한 내용을 나열한 뒤, 그것이 아니었다는 설명이 와야 한다.

Step 1. 주어 찾기 및 오해 B 很多人都以为…	Step 2. 설명 C 但…	Step 3. 원인 A 因为红色会…

(정답) **B**很多人都以为夏天穿白色衣服会更凉快。**C**但有关研究证明，其实红色的衣服效果更好，**A**因为红色会更好地保护皮肤。

B많은 사람들이 여름에 흰옷을 입으면 더 시원하다고 여긴다. **C**하지만 관련 연구에서 증명된 바로는, 사실 빨간색 옷의 효과가 더 좋다고 한다. **A**왜냐하면 빨간색이 피부를 더 잘 보호해 주기 때문이다.

(단어) 更 gèng 및 더욱 | ★保护 bǎohù 동 보호하다 | 皮肤 pífū 명 피부 | ★凉快 liángkuai 형 시원하다 | 有关 yǒuguān 동 관련이 있다 | ★研究 yánjiū 동 연구하다 | 证明 zhèngmíng 동 증명하다 | 其实 qíshí 및 사실 | ★效果 xiàoguǒ 명 효과

7 접속사[2]

| 실전 트레이닝 1 | 기본서 160쪽

(정답)
1. CBA   2. ACB   3. BAC   4. ABC   5. CAB

1

A: 然而喝多了反而会对身体不好	A: 하지만 많이 마시면 오히려 몸에 좋지 않다
B: 每天喝一杯最合适	B: 매일 한 잔씩 마시는 것이 가장 적합하다
C: 葡萄酒对身体健康有好处	C: 포도주는 신체 건강에 이점이 있다

(해설 및 정답) **문제 분석▼** 의미 연결을 잘 파악해야 하는 문제이다. 우선 주어인 葡萄酒(포도주)를 앞에 놓고 매일 한 잔은 좋다는 의미를 연결한 후 然而(하지만) 뒤에 경고 메시지로 문장의 내용을 완성한다.

Step 1. 주어 찾기 C 葡萄酒…	Step 2. 제안 B …最合适	Step 3. 경고 A …会对身体不好

(정답) **C**葡萄酒对身体健康有好处。**B**每天喝一杯最合适，**A**然而喝多了反而会对身体不好。

C포도주는 신체 건강에 이점이 있다. **B**매일 한 잔씩 마시는 것이 가장 적합하다. **A**하지만 많이 마시면 오히려 몸에 좋지 않다.

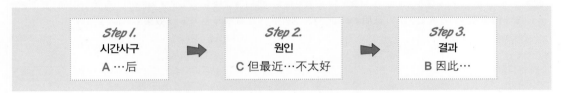

단어 然而 rán'ér 접 하지만 | 反而 fǎn'ér 분 오히려 | ★合适 héshì 형 적합하다 | 葡萄酒 pútáojiǔ 명 포도주 | ★健康 jiànkāng 명 건강 | ★好处 hǎochù 명 이점

2

A: 大学毕业后，要开始找工作了	A: 대학 졸업 후에는 일자리를 찾기 시작해야 한다
B: 因此很难找到一份适合自己的工作	B: 그래서 자신에게 맞는 직업을 찾기가 매우 어렵다
C: 但最近经济环境不太好	C: 하지만 요즘 경제 상황이 별로 좋지 않다

해설 및 정답　문제 분석▼　시간사구는 일반적으로 가장 앞에 위치한다.

Step 1. 시간사구 A …后	▶	Step 2. 원인 C 但最近…不太好	▶	Step 3. 결과 B 因此…

정답 A大学毕业后，要开始找工作了。C但最近经济环境不太好，B因此很难找到一份适合自己的工作。

A대학 졸업 후에는 일자리를 찾기 시작해야 한다. C하지만 요즘 경제 상황이 별로 좋지 않다. B그래서 자신에게 맞는 직업을 찾기가 매우 어렵다.

단어 ★毕业 bìyè 동 졸업하다 | 找到 zhǎodào 찾아내다 | 份 fèn 양 일자리를 세는 단위 | ★适合 shìhé 동 알맞다, 적합하다 | 经济 jīngjì 명 경제 | ★环境 huánjìng 명 환경, 상황

3

A: 不仅要会讲流利的外语	A: 유창한 외국어를 구사할 수 있어야 할 뿐만 아니라
B: 当一名外语导游	B: 외국어 가이드가 되려면
C: 而且还需要与人交流的能力	C: 게다가 사람과 교류하는 능력도 필요하다

해설 및 정답　문제 분석▼　'不仅…而且…'는 '~일 뿐만 아니라 게다가'라는 의미의 접속사 호응 구조이다.

Step 1. 주절 B 当一名外语导游	▶	Step 2. 접속사 호응 A 不仅…	▶	Step 3. 접속사 호응 C 而且…

정답 B当一名外语导游，A不仅要会讲流利的外语，C而且还需要与人交流的能力。

B외국어 가이드가 되려면 A유창한 외국어를 구사할 수 있어야 할 뿐만 아니라 C게다가 사람과 교류하는 능력도 필요하다.

단어 ★流利 liúlì 형 유창하다 | 外语 wàiyǔ 명 외국어 | 当 dāng 동 ~이 되다 | 名 míng 양 명[사람을 세는 단위] | ★导游 dǎoyóu 명

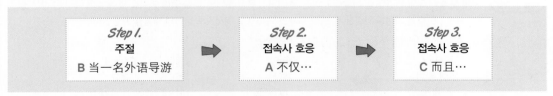

가이드 | 需要 xūyào 图 필요하다 | 与 yǔ 깨 ~와 | ★交流 jiāoliú 图 교류하다 | 能力 nénglì 圐 능력

4

A: 书法是中国的传统艺术	A: 서예는 중국의 전통 예술이다
B: 通过不同的书写方式	B: 각기 다른 서사 방식을 통해서
C: 能把汉字变成优美的艺术作品	C: 한자를 아름다운 예술 작품으로 변하게 할 수 있다

해설 및 정답   문제 분석▼   주어 찾기가 쉬운 문제이다. 유일한 명사인 书法(서예)를 앞에 놓고 방식을 설명하는 通过(~을 통해서)를 그 뒤에 나열하여 의미를 연결시킨다.

정답   A书法是中国的传统艺术。B通过不同的书写方式，C能把汉字变成优美的艺术作品。

A서예는 중국의 전통 예술이다. B각기 다른 서사 방식을 통해서 C한자를 아름다운 예술 작품으로 변하게 할 수 있다.

단어   书法 shūfǎ 圐 서예 | ★传统 chuántǒng 圐 전통 | 艺术 yìshù 圐 예술 | 通过 tōngguò 깨 ~을 통해서 | 不同 bùtóng 혱 다르다 | 书写 shūxiě 图 쓰다 | 方式 fāngshì 圐 방식 | 汉字 Hànzì 圐 한자 | 变成 biànchéng 图 ~으로 변하다 | ★优美 yōuměi 혱 아름답다 | 作品 zuòpǐn 圐 작품

5

A: 即使价格变成一千元	A: 설령 가격이 천 위안으로 변한다 해도
B: 那也买不起	B: 그래도 살 수가 없다
C: 这件衣服的价格是一万元	C: 이 옷의 가격은 만 위안이다

해설 및 정답   문제 분석▼   '即使…也…'는 '설령 ~일지라도 ~이다'라는 의미의 접속사 호응 구조이다.

정답   C这件衣服的价格是一万元。A即使价格变成一千元，B那也买不起。

C이 옷의 가격은 만 위안이다. A설령 가격이 천 위안으로 변한다 해도 B그래도 살 수가 없다.

단어   买不起 mǎibuqǐ 살 수 없다 | ★价格 jiàgé 圐 가격

정답   1. ACB   2. BAC   3. ACB   4. BAC   5. CAB

1

A: 小张刚参加工作	A: 샤오장은 이제 막 직장을 다닌다
B: 连复印机操作方法也不懂	B: 복사기 조작 방법조차도 모른다
C: 因此很多方面都还不太熟悉	C: 그래서 많은 방면에서 잘 알지 못한다

해설 및 정답   **문제 분석▼** '连…也…'는 '~조차도'라는 의미의 강조 문형으로 첫 문장으로 사용되지 않는다.

Step 1. 주어 찾기 A 小张…	⇒	Step 2. 결과 C 因此…	⇒	Step 3. 결과 강조 B 连…也…

정답   **A**小张刚参加工作。**C**因此很多方面都还不太熟悉，**B**连复印机操作方法也不懂。

    A샤오장은 이제 막 직장을 다닌다. **C**그래서 많은 방면에서 잘 알지 못한다. **B**복사기 조작 방법조차도 모른다.

단어   ★参加 cānjiā 동 참여하다, 참가하다 | 复印机 fùyìnjī 명 복사기 | 操作 cāozuò 동 조작하다 | 方法 fāngfǎ 명 방법 | 懂 dǒng 동 이해하다 | 方面 fāngmiàn 명 방면 | ★熟悉 shúxī 형 잘 알다

2

A: 不论怎么跟司机说	A: 기사에게 어떻게 말을 해도
B: 上次我打的去你家时，因为我汉语不好	B: 지난번에 택시를 타고 너희 집에 갔을 때, 내가 중국어를 　　잘 못했기 때문에
C: 他都听不懂我的话	C: 그는 내 말을 이해하지 못했다

해설 및 정답   **문제 분석▼** '不论…都…'는 '~와 상관없이 모두'라는 의미의 접속사 호응 구조이다.

Step 1. 시간사구 B 上次…	⇒	Step 2. 접속사 호응 A 不论…	⇒	Step 3. 결과 C 他都…

정답   **B**上次我打的去你家时，因为我汉语不好，**A**不论怎么跟司机说，**C**他都听不懂我的话。

    B지난번에 택시를 타고 너희 집에 갔을 때, 내가 중국어를 잘 못해서 **A**기사에게 어떻게 말을 해도 **C**그는 내 말을 이 해하지 못했다.

단어   跟 gēn 개 ~에게 | 司机 sījī 명 기사 | 上次 shàngcì 명 지난번 | 打的 dǎdī 동 택시를 타다 | 时 shí 동 ~할 때 | 听不懂

tīngbudŏng 알아듣지 못하다

3

A: 最近大公司对职员的要求很高	A: 요즘 대기업은 직원들에 대한 요구가 매우 높다
B: 必须要会说两种语言以上才行	B: 반드시 2개 국어 이상을 할 줄 알아야 한다
C: 尤其是外语方面	C: 특히 외국어 방면에서

(해설 및 정답) 문제 분석▼ 우선 주어를 찾고 의미로 연결고리를 찾아야 한다. 시간명사인 最近(요즘)은 주어보다도 먼저 올 수 있기 때문에 가장 앞자리에 배치하고, 보다 명확한 의미를 가진 外语(외국어)를 그 뒤에 놓고, 外语와 관련된 명사 语言(언어)를 마지막 자리에 놓는다.

(정답) A最近大公司对职员的要求很高。C尤其是外语方面，B必须要会说两种语言以上才行。

A요즘 대기업은 직원들에 대한 요구가 매우 높다. C특히 외국어 방면에서 B반드시 2개 국어 이상을 할 줄 알아야 한다.

(단어) 公司 gōngsī 명 회사 | 职员 zhíyuán 명 직원 | 要求 yāoqiú 명 요구 | 必须 bìxū 부 반드시 ~해야 한다 | 种 zhǒng 양 종, 종류 | 语言 yǔyán 명 언어 | 以上 yǐshàng 이상 | ★尤其 yóuqí 부 특히 | 外语 wàiyǔ 명 외국어 | 方面 fāngmiàn 명 방면

4

A: 尽管大家都知道这个道理	A: 비록 모두가 이 이치를 알고는 있지만
B: 喝酒对身体不好	B: 술을 마시는 것은 몸에 좋지 않다
C: 但喝酒的人反而越来越多	C: 하지만 술을 마시는 사람은 오히려 점점 많아지고 있다

(해설 및 정답) 문제 분석▼ '尽管…但…'은 '비록 ~이기는 하지만'이라는 의미의 접속사 호응 구조이다.

(정답) B喝酒对身体不好。A尽管大家都知道这个道理，C但喝酒的人反而越来越多。

B술을 마시는 것은 몸에 좋지 않다. A비록 모두가 이 이치를 알고는 있지만 C술을 마시는 사람은 오히려 점점 많아지고 있다.

(단어) 道理 dàolǐ 명 이치 | 身体 shēntǐ 명 몸 | 反而 fǎn'ér 부 오히려 | 越来越 yuèláiyuè 부 점점

5	
A: 要注意不能拍照	A: 사진을 찍을 수 없는 것에 주의해야 한다
B: 另外还要注意不能大声讲话	B: 그 밖에 큰 소리로 얘기할 수 없는 것에도 주의해야 한다
C: 参观美术馆的时候	C: 미술관을 참관할 때는

해설 및 정답 **문제 분석▼** 똑같은 어휘가 있는 경우 还 혹은 也가 붙어 있는 어휘를 뒤에 나열한다.

Step 1. 시간사구 C ···的时候	→	Step 2. 주의 사항① A 要注意···	→	Step 3. 주의 사항② B ···还要注意···

정답 C参观美术馆的时候，A要注意不能拍照，B另外还要注意不能大声讲话。

C미술관을 참관할 때는 A사진을 찍을 수 없는 것에 주의해야 한다. B그 밖에 큰 소리로 얘기할 수 없는 것에도 주의해야 한다.

단어 ★注意 zhùyì 图 주의하다 | 拍照 pāizhào 图 사진을 찍다 | 另外 lìngwài 图 그 밖에 | 还 hái 图 또 | 大声 dàshēng 图 큰 소리 | 讲话 jiǎnghuà 图 말하다 | ★参观 cānguān 图 참관하다 | 美术馆 měishùguǎn 图 미술관

8 시간과 개념의 흐름

│ 실전 트레이닝 1 │ 기본서 **166**쪽

정답 1. ACB   2. CAB   3. BAC   4. BAC   5. ACB

1	
A: 你先填申请表，再去办护照	A: 당신은 우선 신청서를 기입하고, 여권을 만들러 가세요
B: 最后再订飞往上海的机票	B: 마지막으로 상하이행 비행기표를 예약하세요
C: 然后去大使馆办签证	C: 그리고 나서 대사관에 가서 비자를 발급 받고

문제 분석▼ 시간의 흐름 순서에 따라 나열한다.

```
┌─────────────┐      ┌─────────────┐      ┌─────────────┐
│   Step 1.   │  ⇒   │   Step 2.   │  ⇒   │   Step 3.   │
│  시간 순서①  │      │  시간 순서②  │      │  시간 순서③  │
│  A …先…     │      │  C 然后…    │      │  B 最后…    │
└─────────────┘      └─────────────┘      └─────────────┘
```

정답 **A**你先填申请表，再去办护照，**C**然后去大使馆办签证，**B**最后再订飞往上海的机票。

A당신은 우선 신청서를 기입하고, 여권을 만들러 가세요. **C**그리고 나서 대사관에 가서 비자를 발급 받고 **B**마지막으로 상하이행 비행기표를 예약하세요.

단어 先…然后…最后 xiān…ránhòu…zuìhòu 우선 ~하고 나서 마지막으로 ~하다 | ★填 tián 통 기입하다 | 申请表 shēnqǐngbiǎo 명 신청서 | ★护照 hùzhào 명 여권 | 订 dìng 통 예약하다 | 机票 jīpiào 명 비행기표 | 大使馆 dàshǐguǎn 명 대사관 | ★签证 qiānzhèng 명 비자

2

A: 不过如果下雨的话	A: 하지만 만약 비가 온다면
B: 就要改变我们的计划	B: 우리의 계획을 바꾸어야 한다
C: 我们打算明天去爬长城	C: 우리는 내일 만리장성을 오를 계획이다

문제 분석▼ '如果…(的话), 就…'는 '만약 ~라면, ~하다'라는 의미의 접속사 호응 구조이다.

```
┌─────────────┐      ┌─────────────┐      ┌─────────────┐
│   Step 1.   │  ⇒   │   Step 2.   │  ⇒   │   Step 3.   │
│  주어 찾기   │      │  접속사 호응  │      │    결과     │
│  C 我们…    │      │  A …如果…   │      │  B 就…      │
└─────────────┘      └─────────────┘      └─────────────┘
```

정답 **C**我们打算明天去爬长城。**A**不过如果下雨的话，**B**就要改变我们的计划。

C우리는 내일 만리장성을 오를 계획이다. **A**하지만 만약 비가 온다면, **B**우리의 계획을 바꾸어야 한다.

단어 不过 búguò 접 그러나 | 改变 gǎibiàn 통 바꾸다 | ★计划 jìhuà 명 계획 | ★打算 dǎsuan 통 ~할 예정이다, 계획하다 | 爬 pá 통 오르다 | 长城 Chángchéng 고유 만리장성

3

A: 主要是为了开阔眼界	A: 주요하게는 시야를 넓히기 위해서이고
B: 这次去四川旅行	B: 이번에 쓰촨에 여행 가는 것은
C: 其次是为了尝尝正宗的四川菜	C: 그다음으로는 정통 쓰촨 요리를 맛보기 위해서이다

해설 및 정답 문제 분석▼ 시간 개념 순서 这次(이번)→其次(그다음)에 따라 배열한다.

| Step 1.
전제
B 这次去四川旅行 | Step 2.
원인①
A 主要是为了… | Step 3.
원인②
C 其次是为了… |

정답 B这次去四川旅行，A主要是为了开阔眼界，C其次是为了尝尝正宗的四川菜。

B이번에 쓰촨에 여행 가는 것은 A주요하게는 시야를 넓히기 위해서이고, C그다음으로는 정통 쓰촨 요리를 맛보기 위해서이다.

단어 主要 zhǔyào 혱 주요하다 튄 주로 | 开阔 kāikuò 통 넓히다 | 眼界 yǎnjiè 몡 시야 | ★旅行 lǚxíng 통 여행하다 | 其次 qícì 떼 그다음 | 为了 wèile 개 ~하기 위해서 | 尝 cháng 통 맛보다 | 正宗 zhèngzōng 몡혱 정통(의)

4

A: 很多人开始重视业余时间	A: 많은 사람들이 여가를 중시하기 시작했다
B: 随着人们生活水平的提高	B: 사람들의 생활 수준이 높아짐에 따라
C: 因此越来越多的人出国旅游	C: 따라서 점점 더 많은 사람들이 외국 여행을 한다

해설 및 정답 문제 분석▼ 단독 개사구(随着)는 가장 앞에 위치한다.

| Step 1.
단독 개사구
B 随着… | Step 2.
주어
A 很多人… | Step 3.
결과
C 因此… |

정답 B随着人们生活水平的提高，A很多人开始重视业余时间。C因此越来越多的人出国旅游。

B사람들의 생활 수준이 높아짐에 따라 A많은 사람들이 여가를 중시하기 시작했다. C따라서 점점 더 많은 사람들이 외국 여행을 한다.

단어 重视 zhòngshì 통 중시하다 | 业余时间 yèyú shíjiān 여가 시간 | 随着 suízhe 개 ~에 따라서 | 生活 shēnghuó 몡 생활 | 水平 shuǐpíng 몡 수준 | ★提高 tígāo 통 높이다, 향상시키다 | 出国 chūguó 통 출국하다 | ★旅游 lǚyóu 통 여행하다

5

A: 孩子个子长得很快	A: 아이의 키가 아주 빨리 자란다
B: 今年小得不能再穿了	B: 올해는 작아져서 더는 입을 수가 없다
C: 去年我给他买的好几件衣服	C: 작년에 내가 그에게 사줬던 몇 벌이나 되는 옷들이

해설 및 정답 **문제 분석▼** 시간의 흐름 순서인 去年(작년)→今年(올해) 순서에 따라 나열한다.

| Step 1. 주어 찾기 A 孩子⋯ | → | Step 2. 과거 C 去年⋯ | → | Step 3. 현재 B 今年⋯ |

정답 **A**孩子个子长得很快。**C**去年我给他买的好几件衣服，**B**今年小得不能再穿了。

A아이의 키가 아주 빨리 자란다. **C**작년에 내가 그에게 사줬던 몇 벌이나 되는 옷들이 **B**올해는 작아져서 더는 입을 수가 없다.

단어 孩子 háizi 圐 아이 | 个子 gèzi 圐 키 | 长 zhǎng 圐 자라다 | 好 hǎo 圏 (수량사 혹은 시간사 앞에 쓰여) 많거나 오래됐음을 나타냄

| 실전 트레이닝 2 | 기본서 167쪽

정답
1. CBA   2. ABC   3. CBA   4. ACB   5. BCA

1

A: 因此深受周围人的欢迎	A: 그래서 주변 사람들의 환영을 받는다
B: 而且为人友好亲切	B: 게다가 인품이 우호적이고 친절하다
C: 小明不但聪明、成绩也优秀	C: 샤오밍은 똑똑하고 성적도 우수할 뿐만 아니라

해설 및 정답 **문제 분석▼** '不但⋯而且⋯'는 '~할 뿐만 아니라 게다가'라는 의미의 접속사 호응 구조이다.

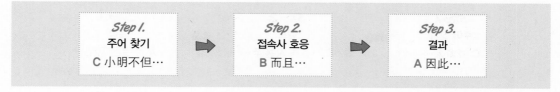

| Step 1. 주어 찾기 C 小明不但⋯ | → | Step 2. 접속사 호응 B 而且⋯ | → | Step 3. 결과 A 因此⋯ |

정답 **C**小明不但聪明、成绩也优秀，**B**而且为人友好亲切。**A**因此深受周围人的欢迎。

C샤오밍은 똑똑하고 성적도 우수할 뿐만 아니라 **B**게다가 인품이 우호적이고 친절하다. **A**그래서 주변 사람들의 환영을 받는다.

단어 深受 shēnshòu 깊이 받다 | ★周围 zhōuwéi 圐 주변 | 欢迎 huānyíng 圐 환영하다 | 为人 wéirén 圐 인품 | ★友好 yǒuhǎo 圏 우호적이다 | ★亲切 qīnqiè 圏 친절하다 | 聪明 cōngming 圏 똑똑하다 | ★成绩 chéngjì 圐 성적 | ★优秀 yōuxiù 圏 우수하다

2

A: 我们的生活中总会有一些烦恼	A: 우리의 생활 속에는 항상 고민들이 있다
B: 要是想让自己轻松、愉快	B: 만약 스스로를 편안하고 즐겁게 하고 싶다면
C: 就应该学会把烦恼扔掉	C: 고민을 던져 버릴 줄 알아야 한다

해설 및 정답　문제 분석▼ '要是…就…'는 '만약 ~라면, ~하다'라는 의미의 접속사 호응 구조이다.

Step 1. 시간사구 A 我们的生活中⋯	⇒	Step 2. 접속사 호응 B 要是⋯	⇒	Step 3. 결과 C 就⋯

정답 A我们的生活中总会有一些烦恼。B要是想让自己轻松、愉快，C就应该学会把烦恼扔掉。

A우리의 생활 속에는 항상 고민들이 있다. B만약 스스로를 편안하고 즐겁게 하고 싶다면, C고민을 던져 버릴 줄 알아야 한다.

단어 生活 shēnghuó 명 생활 | 总 zǒng 부 항상 | ★烦恼 fánnǎo 동 고민하다 | ★轻松 qīngsōng 형 가볍다, 홀가분하다 | 愉快 yúkuài 형 즐겁다 | 应该 yīnggāi 조동 마땅히 ~해야 한다 | 学会 xuéhuì 동 습득하다, 배워서 할 수 있다 | ★扔 rēng 동 내버리다, 던지다

3

A: 可惜到现在仍然没有明确的答案	A: 안타깝게도 지금까지도 여전히 명확한 답은 없다
B: 有些人甚至写过这方面的论文	B: 어떤 사람들은 심지어 이 방면의 논문을 쓴 적이 있다
C: 很多人研究过这方面的问题	C: 많은 사람들이 이 방면의 문제를 연구했었다

해설 및 정답　문제 분석▼ 개념 순서에 따라 나열한다. 명확한 의미를 가진 很多人을 주어로 선택하고, 很多人(많은 사람들) 중에 有些人(어떤 사람들)이 포함되므로 很多人→有些人 순으로 배치한다.

Step 1. 주어 찾기 C 很多人⋯	⇒	Step 2. 강조 B ⋯有些人甚至⋯	⇒	Step 3. 결과 A 可惜到现在⋯

정답 C很多人研究过这方面的问题。B有些人甚至写过这方面的论文，A可惜到现在仍然没有明确的答案。

C많은 사람들이 이 방면의 문제를 연구했었다. B어떤 사람들은 심지어 이 방면의 논문을 쓴 적이 있지만, A안타깝게도 지금까지도 여전히 명확한 답은 없다.

단어 ★可惜 kěxī 형 아쉽다 | 仍然 réngrán 부 여전히 | 明确 míngquè 형 명확하다 | 答案 dá'àn 명 답 | ★甚至 shènzhì 부 심지어 | 方面 fāngmiàn 명 방면 | ★论文 lùnwén 명 논문 | ★研究 yánjiū 동 연구하다 | ★问题 wèntí 명 문제

4	
A: 这种游戏的规则非常简单	A: 이 게임의 규칙은 굉장히 간단하다
B: 谁就赢得胜利	B: 그 사람이 승리를 거둔다
C: 谁在十分钟内接到的球最多	C: 10분 내에 공을 가장 많이 받은 사람이

해설 및 정답 문제 분석▼ 똑같은 의문대명사가 동시에 등장할 경우 의문대명사와 就가 함께 있는 문장을 뒤에 나열한다.

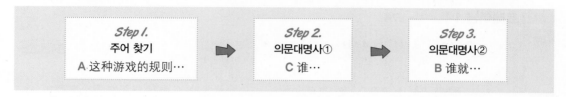

정답 A这种游戏的规则非常简单。C谁在十分钟内接到的球最多，B谁就赢得胜利。

A이 게임의 규칙은 굉장히 간단하다. C10분 내에 공을 가장 많이 받은 사람이 B승리를 거두는 것이다.

단어 游戏 yóuxì 몡 게임 | 规则 guīzé 몡 규칙 | ★简单 jiǎndān 혱 간단하다 | 赢得 yíngdé 통 얻다 | 胜利 shènglì 몡 승리 | 接 jiē 통 받다

5	
A: 最近还在上海开了分公司	A: 최근에는 상하이에 지사까지 차렸다
B: 经过我们的努力	B: 우리의 노력을 거쳐
C: 公司的生意越来越大	C: 회사의 사업이 점점 커지고 있다

해설 및 정답 문제 분석▼ 단독 개사구(经过)는 가장 앞에 위치한다.

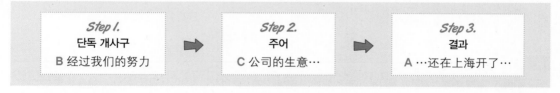

정답 B经过我们的努力，C公司的生意越来越大。A最近还在上海开了分公司。

B우리의 노력을 거쳐 C회사의 사업이 점점 커지고 있다. A최근에는 상하이에 지사까지 차렸다.

단어 开 kāi 통 열다, 차리다 | 分公司 fēngōngsī 몡 지사 | 经过 jīngguò 개 ~을 거쳐서 | 公司 gōngsī 몡 회사 | 生意 shēngyi 몡 사업

맛있는 중국어 新HSK 4급

독해 제3부분

9 문제 파악[1]

| *실전* 트레이닝 1 | 기본서 177쪽

정답

1. D   2. A   3. C   4. D

1

해설 및 정답   문제 분석▼ 질문에 打算이라는 키워드에 주의한다. 주어진 지문에서 打算을 찾아 그 뒤에 내용만 파악해도 쉽게 정답을 찾을 수 있다. 再试几次(몇 번 더 시도해 보다)라는 표현으로 D가 정답임을 알 수 있다.

这道数学题真是太难了。我已经用很多种方法试过好几次，但还是找不出答案，我打算再试几次，要是也找不出答案就去找教授。	이 수학 문제는 정말 너무 어렵다. 나는 이미 많은 종류의 방법으로 몇 번씩이나 시도했지만 여전히 답을 찾지 못했다. 나는 몇 번을 다시 시도하고 나서도 답을 찾지 못하면 교수님을 찾아갈 계획이다.
★ 他打算怎么办?	★ 그는 어떻게 할 계획인가?
A 准备考试 B 推迟几天 C 马上放弃 **D 继续尝试**	A 시험을 준비한다 B 며칠 연기한다 C 바로 포기한다 **D 계속 시도한다**

단어 数学 shùxué 몡 수학 | 方法 fāngfǎ 몡 방법 | 试 shì 됭 시험하다, 시도하다 | 答案 dá'àn 몡 답안 | ★打算 dǎsuan 됭 ~할 예정이다, 계획하다 | 教授 jiàoshòu 몡 교수

2

해설 및 정답   문제 분석▼ 질문에 제시된 小王的妈妈(샤오왕의 어머니)를 마지막 지문에서 찾을 수 있다. 她在火车站(그녀는 기차역에 있다)라는 표현으로 샤오왕의 어머니가 기차를 타고 왔음을 알 수 있다.

小王是个很粗心的人，他经常忘记要做什么。昨天他说要去机场接妈妈，我就陪他一起去。在那儿等了两个小时，然而小王的妈妈在哪里呢? 她在火车站等我们呢。	샤오왕은 아주 덜렁대는 사람이다. 그는 자주 무엇을 해야 하는지 잊어버린다. 어제는 그가 어머니를 마중하러 공항에 가야 한다고 해서 내가 그와 함께 갔다. 그곳에서 두 시간을 기다렸다. 하지만 샤오왕의 어머니가 어디에 계셨냐면, 기차역에서 우리를 기다리고 계셨다.
★ 小王的妈妈是坐什么来的?	★ 샤오왕의 어머니는 무엇을 타고 왔는가?

A 火车	B 飞机	**A** 기차	B 비행기
C 出租车	D 公共汽车	C 택시	D 버스

단어 ★粗心 cūxīn 혱 부주의하다 | 经常 jīngcháng 뮈 자주 | 忘记 wàngjì 동 잊어버리다 | 机场 jīchǎng 몡 공항 | 接 jiē 동 마중하다 | ★陪 péi 동 동반하다 | 火车站 huǒchēzhàn 몡 기차역

3

해설 및 정답 **문제 분석▼** 키워드 提醒에 주의한다. 提醒(일깨우다) 뒤에 要保护好自己的眼睛(자신의 눈을 잘 보호해야 한다)라는 지문으로 C가 정답임을 알 수 있다.

我的爸爸戴着一副眼镜，这给他的生活带来了不少麻烦。所以他常常提醒我要保护好自己的眼睛。他说眼睛是心灵的一扇窗户，窗户坏了，就很难修好。	나의 아버지는 안경을 쓰신다. 이것은 그의 생활에 많은 번거로움을 가져다주었다. 그래서 <u>그는 자주 나에게 자신의 눈을 잘 보호하라고 하신다</u>. 그는 눈은 마음의 창문인데, 창문이 망가지면 고치기 힘들다고 하셨다.
★ 爸爸提醒我：	★ 아버지는 나에게 무엇을 일깨우는가:
A 戴眼镜　　　　　B 擦窗户 **C 保护眼睛**　　　　D 修好窗户	A 안경을 써라　　　　B 창문을 닦아라 **C 눈을 보호해라**　　　D 창문을 고쳐라

단어 ★戴 dài 동 쓰다, 착용하다 | 眼镜 yǎnjìng 몡 안경 | 生活 shēnghuó 몡 생활 | ★麻烦 máfan 혱 번거롭다 | ★提醒 tíxǐng 동 일깨우다 | ★保护 bǎohù 동 보호하다 | 眼睛 yǎnjing 몡 눈 | 心灵 xīnlíng 몡 마음 | 窗户 chuānghu 몡 창문 | 修 xiū 동 수리하다, 고치다

4

해설 및 정답 **문제 분석▼** 주요한 내용은 대부분 서론이나 결론에서 찾을 수 있다. 서론 부분에 肥胖儿童越来越多(비만 아동이 점점 많아지고 있다)는 내용이 제시된 후 그것에 대한 원인이 一是(첫째), 二是(둘째) 형식으로 나열되어 있으므로 주요한 내용은 儿童肥胖问题(아동 비만 문제)임을 알 수 있다.

现在，<u>肥胖儿童越来越多</u>。<u>一是</u>吃太多高热量的食物；<u>二是</u>孩子们学习压力很大，每天坐着学习，缺少运动。肥胖是一种疾病，因此我们要重视这个问题，要找出合适的解决方法。	현재, <u>비만 아동이 점점 많아지고 있다</u>. <u>첫째는</u> 고열량의 음식을 너무 많이 먹기 때문이고, <u>둘째는</u> 아이들의 학업 스트레스가 커서, 매일 앉아서 공부하느라 운동이 부족하다. 비만은 일종의 질병이다. 따라서 우리는 이 문제를 중시해야 하며, 알맞은 해결 방법을 찾아야 한다.
★ 这段话主要说：	★ 이 단문이 주요하게 말하고 있는 것은:
A 高热量食物　　　B 运动的作用 C 儿童学习压力　　**D 儿童肥胖问题**	A 고열량 음식　　　　B 운동의 작용 C 아동 학업 스트레스　**D 아동 비만 문제**

단어 肥胖 féipàng 혱 비만하다 | 儿童 értóng 몡 아동 | 热量 rèliàng 몡 열량 | 食物 shíwù 몡 음식물 | ★压力 yālì 몡 스트레스 |

★缺少 quēshǎo 동 부족하다 | 疾病 jíbìng 명 질병 | 重视 zhòngshì 동 중시하다 | ★问题 wèntí 명 문제 | ★合适 héshì 형 알맞다 | ★解决 jiějué 동 해결하다 | 方法 fāngfǎ 명 방법

실전 **트레이닝 2** | 기본서 178쪽

정답
1. D   2. A   3. B   4. B

1

해설 및 정답   문제 분석▼ 서론에 주요 내용이 서술되어 있는 문제이다. 国家严格禁止酒后开车(국가가 음주 운전을 엄격히 금지한다)라는 내용으로 D가 정답임을 알 수 있다.

国家严格禁止酒后开车，但是竟然还有很多人喝酒开车。我们一定要记住，酒后开车不但是对自己的生命不负责任，而且会影响他人的安全。

국가가 음주 운전을 엄격히 금지하고 있다. 하지만 여전히 음주 운전을 하는 사람이 매우 많다. 음주 운전은 자신의 생명에 책임을 지지 않는 것일 뿐만 아니라 타인의 안전에도 영향을 미칠 수 있다는 것을 우리는 반드시 기억해야 한다.

★ 根据这段话，我们可以知道：

A 小心开车
B 开慢点儿
C 小心停车
D 酒后不能开车

★ 단문을 근거로, 우리가 알 수 있는 것은:

A 조심히 운전한다
B 천천히 운전한다
C 조심히 주차한다
D 음주 후에 운전하면 안 된다

단어 国家 guójiā 명 국가 | 严格 yángé 형 엄격하다 | ★禁止 jìnzhǐ 동 금지하다 | 酒后开车 jiǔhòu kāichē 명 음주 운전 | 竟然 jìngrán 부 뜻밖에 | 记住 jìzhù 동 기억하다 | 生命 shēngmìng 명 생명 | 责任 zérèn 명 책임 | ★影响 yǐngxiǎng 동 영향을 미치다 | 他人 tārén 명 타인 | ★安全 ānquán 명 안전

2

해설 및 정답   문제 분석▼ 키워드 应该에 주의한다. 应该(~해야 한다)와 같은 의미를 지닌 该, 要, 需要 등을 찾으면 쉽게 정답을 알 수 있다. 마지막 지문에 需要长时间积累(긴 시간 축적이 필요하다)는 내용에서 언어는 천천히 축적해야 할 필요가 있다는 것을 알 수 있다.

刚学汉语的时候，因为我的发音不太好，所以大家都听不懂我说的话。但我坚持学习了五年，我的发音现在很好。语言还是要多听、多说、多练，还需要长时间积累，这样才能进步。

막 중국어를 배울 때, 나는 발음이 너무 좋지 않아서 모두들 내가 하는 말을 알아듣지 못했다. 하지만 나는 꾸준히 5년을 공부했고, 지금은 발음이 매우 좋다. 언어는 역시 많이 듣고, 많이 말하고, 많이 연습해야 한다. 또한 긴 시간 축적해야 할 필요가 있다. 그래야만 향상될 수 있다.

★ 学习语言，应该：	★ 언어 학습은 마땅히:
A 慢慢积累　　 B 要说清楚 C 多背单词　　 D 要练习发音	**A 천천히 축적해야 한다**　 B 명확히 말해야 한다 C 단어를 많이 외워야 한다　 D 발음을 연습해야 한다

단어 刚 gāng 뿐 방금, 막 | 发音 fāyīn 명 발음 | 听不懂 tīngbudǒng 알아듣지 못하다 | ★坚持 jiānchí 동 고수하다 | 需要 xūyào 동 필요하다 | ★积累 jīléi 동 축적하다, 쌓다 | 进步 jìnbù 동 진보하다, 향상하다

3

해설 및 정답　**문제 분석▼** 전체적인 내용을 파악해야 하는 난이도가 다소 높은 문제이다. 他的朋友们肯定都愿意来帮他的忙(그의 친구들은 틀림없이 그를 돕기를 원한다)는 내용에서 라오리의 인간관계가 좋음을 알 수 있다.

老李很诚实，性格也好，为人友好，所以很多人都喜欢他。如果他需要帮助，他的朋友们肯定都愿意来帮他的忙，就像他平时帮助朋友们一样。	라오리는 매우 성실하다. 성격도 좋고, 인품이 우호적이다. 그래서 많은 사람들이 그를 좋아한다. 만약 그가 도움이 필요하면, 그의 친구들은 틀림없이 그를 돕기를 원할 것이다. 마치 그가 평소에 친구들을 도왔던 것처럼 말이다.
★ 根据这段话，可以知道老李：	★ 단문을 근거로, 라오리에 대해 알 수 있는 것은:
A 性格很活泼　　 **B 人际关系好** C 成绩很优秀　　 D 工作很认真	A 성격이 활발하다　　 **B 인간관계가 좋다** C 성적이 우수하다　　 D 일을 열심히 한다

단어 诚实 chéngshí 형 성실하다, 정직하다 | ★性格 xìnggé 명 성격 | 为人 wéirén 명 인품 | ★友好 yǒuhǎo 형 우호적이다 | 喜欢 xǐhuan 동 좋아하다 | 需要 xūyào 동 필요하다 | 帮助 bāngzhù 명 도움 동 돕다 | 平时 píngshí 명 평소

4

해설 및 정답　**문제 분석▼** 질문에 父母应该(부모는 ~해야 한다)를 힌트로 정답이 되는 문장을 찾을 수 있다. 父母先要从自己做起(부모가 먼저 자신부터 해야 한다)는 내용으로 부모는 스스로 먼저 잘해야 한다는 것을 알 수 있다.

大部分家长希望自己的孩子成绩优秀、懂礼貌。想让孩子成为这样的人，教育孩子时，父母先要从自己做起，如果连自己都做不到，就没有资格要求孩子这样做了。	대부분의 학부형들은 자신의 아이가 성적이 우수하고, 예의 바르기를 바란다. 아이가 이러한 사람이 되길 원한다면, 아이를 교육할 때, 부모가 먼저 자신부터 해야 한다. 만일 자신조차 하지 못한다면, 아이에게 그렇게 하라고 요구할 자격이 없다.
★ 根据这段话，可以知道父母应该：	★ 단문을 근거로, 부모는 마땅히:

A 降低标准	A 기준을 낮춰야 한다
B 自己先做好	**B 자신이 먼저 잘해야 한다**
C 让孩子决定	C 아이에게 결정하라고 해야 한다
D 让孩子努力做	D 아이에게 노력하라고 해야 한다

단어 大部分 dàbùfen 명 대부분 | 家长 jiāzhǎng 명 학부형 | ★希望 xīwàng 동 희망하다, 바라다 | 孩子 háizi 명 아이 | ★成绩 chéngjì 명 성적 | ★优秀 yōuxiù 형 우수하다 | 礼貌 lǐmào 명 예의 형 예의 바르다 | 成为 chéngwéi 동 ~이 되다 | 教育 jiàoyù 동 교육하다 | 连…都 lián…dōu 접 ~조차도 | 资格 zīgé 명 자격 | 要求 yāoqiú 동 요구하다

|*실전* 트레이닝 3| 기본서 179쪽

정답
1. B   2. C   3. D   4. A

1

해설 및 정답 **문제 분석▼** 자주 출제되는 키워드 应该에 주의한다. 마지막 지문에 发现不对要及时改正(옳지 않다는 것을 알면 바로 고쳐야 한다)는 내용으로 B가 정답임을 알 수 있다.

每个人都会有一些坏毛病，知道不对，却总是改不掉。我也有一个坏毛病，那就是抽烟。其实我也很想改掉这个坏习惯，但时间长了，已经成为习惯性动作了。<u>所以发现不对要及时改正</u>，否则就很难改了。	모든 사람들에게는 결점이 조금씩 있다. 옳지 않다는 것을 알지만 늘 고치지 못한다. 나에게도 결점이 하나 있는데, 그것은 바로 흡연이다. 사실 나도 이 나쁜 습관을 고치고 싶지만 시간이 너무 오래돼서 이미 습관성 동작이 되었다. 그래서 옳지 않다는 것을 알면 바로 고쳐야 한다. 그렇지 않으면 고치기 매우 어렵다.
★ 知道不对，应该：	★ 옳지 않다는 것을 알면 마땅히:
A 少抽烟	A 흡연을 줄여야 한다
B 马上改正	**B 바로 고쳐야 한다**
C 养成好习惯	C 좋은 습관을 길러야 한다
D 向别人学习	D 다른 사람에게 배워야 한다

단어 毛病 máobìng 명 결점 | 总是 zǒngshì 부 늘 | ★抽烟 chōuyān 동 흡연하다 | 其实 qíshí 부 사실 | ★习惯 xíguàn 명 습관 | 动作 dòngzuò 명 동작 | 发现 fāxiàn 동 발견하다, 알아차리다 | 及时 jíshí 부 곧바로, 즉시 | 改正 gǎizhèng 동 고치다

해설 및 정답 **문제 분석▼** 서론에서 화자가 누구인지를 바로 파악할 수 있는 문제이다. 乘客朋友们(승객 여러분)이라는 호칭을 사용한 것으로 보아, 화자는 司机(기사)임을 알 수 있다.

亲爱的乘客朋友们，前面是加油站，我们需要给车加油，估计大概要十五分钟，麻烦各位等一下。如果您觉得无聊，可以看看杂志，杂志就在您右边的座位上，谢谢。	친애하는 승객 여러분, 앞에는 주유소입니다. 우리는 차에 기름을 넣어야 하는데, 대략 15분 걸릴 것 같습니다. 번거로우시겠지만 잠시 기다려 주시기 바랍니다. 만약 무료하다고 느껴지면 잡지를 보실 수 있습니다. 잡지는 오른쪽 좌석에 있습니다. 감사합니다.
★ 说话人可能是谁？	★ 화자는 아마도 누구인가?
A 演员　　B 教授　　**C 司机**　　D 厨师	A 배우　　　　B 교수　　　**C 기사**　　　D 요리사

단어 亲爱 qīn'ài 혱 친애하다 | ★乘客 chéngkè 몡 승객 | 加油站 jiāyóuzhàn 몡 주유소 | 需要 xūyào 동 필요하다 | ★估计 gūjì 동 예측하다, 짐작하다 | ★大概 dàgài 뷔 아마, 대략 | 麻烦 máfan 혱 번거롭다 | 各位 gèwèi 때 여러분 | ★无聊 wúliáo 혱 무료하다, 심심하다 | ★杂志 zázhì 몡 잡지 | 座位 zuòwèi 몡 좌석

[3-4]

住在城市和农村有很大区别。城市与农村相比，生活会更热闹，交通方便，购物方便，人们的收入也比较高。但是城市没有农村那么轻松，而且住在农村，亲戚朋友们一般都住在周围，如果你有什么困难，他们就会及时帮你解决。³住在农村，你可以呼吸到清新的空气，也能享受到美丽的风景，⁴一切都对身心健康有好处。	도시에 사는 것과 농촌에 사는 것에는 아주 큰 차이가 있다. 도시는 농촌과 비교했을 때, 생활이 더 번화하다. 교통이 편리하고, 쇼핑이 편리하며, 사람들의 수입도 비교적 높다. 하지만 도시는 농촌만큼 그렇게 여유롭지 않다. 게다가 농촌에 살면, 친척이나 친구들이 일반적으로 주변에 살기 때문에 만약 당신에게 어떤 어려움이 생기면 그들이 바로 당신을 도와 해결할 것이다. ³농촌에 살면, 당신은 신선한 공기를 마실 수 있고 아름다운 풍경도 즐길 수 있어서, ⁴모든 것들이 심신의 건강에 이롭다.

단어 城市 chéngshì 몡 도시 | 农村 nóngcūn 몡 농촌 | 区别 qūbié 몡 차이 | 热闹 rènao 혱 번화하다 | ★交通 jiāotōng 몡 교통 | ★方便 fāngbiàn 혱 편리하다 | 购物 gòuwù 동 쇼핑하다 | ★收入 shōurù 몡 수입 | ★轻松 qīngsōng 혱 여유롭다, 가볍다 | 亲戚 qīnqi 몡 친척 | ★周围 zhōuwéi 몡 주위 | ★困难 kùnnan 몡 어려움 | 及时 jíshí 뷔 즉시 | ★解决 jiějué 동 해결하다 | 呼吸 hūxī 동 호흡하다 | 清新 qīngxīn 혱 신선하다 | 享受 xiǎngshòu 동 누리다 | 风景 fēngjǐng 몡 풍경 | ★好处 hǎochù 몡 장점, 이점

해설 및 정답 **문제 분석▼** 질문에 핵심 어휘 城市(도시)에만 집착하면 정답을 찾을 수 없는 매우 어려운 문제이다. 도시와 대비하여 서술한 농촌 관련 문장에 정답이 숨어 있기 때문이다. 住在农村, 你可以呼吸到清新的空气(농촌에 살면, 당신은 신선한 공기를 마실 수 있다)는 내용으로 도시의 공기가 좋지 않음을 알 수 있다.

★ 根据短文，我们可以知道城市:	★ 단문을 근거로, 도시는:
A 收入很低　　　　B 生活不热闹	A 수입이 낮다　　　　B 생활이 번화하지 않다
C 交通不方便　　　**D 空气不太好**	C 교통이 불편하다　　**D 공기가 별로 좋지 않다**

해설 및 정답 **문제 분석▼** 3번 문제와 이어지는 질문이다. 농촌의 공기가 신선하기 때문에 모든 것이 심신 건강에 좋다는 내용이므로 농촌에 살면 '건강하다'가 정답이 된다.

★ 住在农村会:	★ 농촌에 살면:
A 健康　　B 方便　　C 热闹　　D 困难	**A 건강하다**　　B 편리하다　　C 번화하다　　D 어렵다

10 문제 파악[2]

| *실전* 트레이닝 1 | 기본서 185쪽

정답

1. D   2. D   3. C   4. C

1

해설 및 정답 **문제 분석▼** 질문에 핵심 어휘 最好穿(입는 것이 가장 좋다)를 지문에서 찾는다. 最好穿深色的西装(짙은 색의 양복을 입는 것이 가장 좋다)라는 내용으로 면접 시에는 검은색 양복을 입는 것이 가장 적절하다는 것을 알 수 있다.

参加面试时，穿着当然是非常重要的。穿西装最为安全。在颜色选择方面，最好穿深色的西装，深色能给人一种成熟的感觉。	면접에 참가할 때, 옷차림은 당연히 굉장히 중요하다. 양복을 입는 것이 가장 안전하다. 색깔을 선택함에 있어서는 짙은 색의 양복이 가장 좋다. 짙은 색은 사람에게 성숙한 느낌을 줄 수 있다.
★ 面试时，最好穿:	★ 면접을 볼 때, 무엇을 입는 것이 가장 좋은가:
A 运动衣　　　　B 白色西装 C 黄色西装　　　**D 黑色西装**	A 운동복　　　　B 흰색 양복 C 노란색 양복　　**D 검은색 양복**

단어 ★参加 cānjiā 통 참가하다 | ★面试 miànshì 명 면접 | 穿着 chuānzhuó 명 옷차림 | ★重要 zhòngyào 형 중요하다 | 西装 xīzhuāng 명 양복 | ★安全 ānquán 형 안전하다 | 颜色 yánsè 명 색 | ★选择 xuǎnzé 통 선택하다 | 方面 fāngmiàn 명 방면 | ★成熟 chéngshú 형 성숙하다 | 感觉 gǎnjué 명 느낌

2

해설 및 정답 **문제 분석▼** 질문의 不能(~할 수 없다)과 지문의 无法(~할 방법이 없다)가 유사 어휘임을 숙지해야 한다. 还有一些无法明白的、解决不了的问题(여전히 이해할 수 없고, 해결할 수 없는 문제들도 있다)라는 문장으로, 과학이 모든 문제를 해결해 주는 것은 아님을 알 수 있다.

随着科学技术的不断发展，我们可以解决很多问题了。但仍然还有一些无法明白的、解决不了的问题。比如，我们为什么做梦、我们死后会发生什么等等。	과학 기술의 끊임없는 발전에 따라, 우리는 많은 문제를 해결할 수 있게 되었다. 하지만 여전히 이해할 수 없고, 해결할 수 없는 문제들도 있다. 예를 들면, 우리는 왜 꿈을 꾸는지, 우리가 죽으면 무엇이 일어날지 등등이다.
★ 根据这段话，可以知道科学不能:	★ 이 단문을 근거로, 과학이 할 수 없는 것은:
A 改变生活　　　B 找到答案 C 告诉秘密　　　**D 解决所有问题**	A 생활을 바꾸는 것　　B 답을 찾는 것 C 비밀을 알려주는 것　**D 모든 문제를 해결하는 것**

단어 随着 suízhe 개 ~에 따라 | 科学 kēxué 명 과학 | 技术 jìshù 명 기술 | ★不断 búduàn 부 끊임없이 | ★发展 fāzhǎn 통 발전하다

| ★解决 jiějué 图 해결하다 | ★问题 wèntí 圆 문제 | 仍然 réngrán 閉 여전히 | 明白 míngbai 图 이해하다 | 梦 mèng 圆 꿈 |
★发生 fāshēng 图 일어나다, 발생하다

3

(해설 및 정답) **문제 분석▼** 질문에 讨论(토론하다)와 需要(필요하다) 모두 핵심 어휘가 될 수 있다. 讨论需要学生先有自己
的看法(토론을 하려면 학생은 우선 자신의 견해가 있어야 한다)는 내용으로 '자신의 견해가 필요하다'는
것이 정답임을 알 수 있다.

讨论在学习中能起到非常积极的作用，这比只听老师讲课好得多。然而，讨论需要学生先有自己的看法，还需要与别人进行交流的能力。在交流的过程中，学生可以发现问题，并可以找出解决问题的方法。	토론은 학습에 굉장히 긍정적인 작용을 한다. 이것은 선생님의 수업만 듣는 것에 비하면 훨씬 좋다. 하지만, 토론을 하려면 학생은 우선 자신의 견해가 있어야 한다. 또한 다른 사람과 교류하는 능력도 필요하다. 교류하는 과정 속에서, 학생들은 문제를 발견할 수 있고 또한 문제를 해결하는 방법을 찾아낼 수 있다.
★ 讨论需要什么？	★ 토론에는 무엇이 필요한가?
A 提高成绩　　　B 仔细观察 **C 自己的看法**　　D 集中注意力	A 성적 향상　　　　　B 자세한 관찰 **C 자신의 견해**　　　 D 주의력 집중

(단어) ★讨论 tǎolùn 图 토론하다 | ★积极 jījí 圈 긍정적이다 | 作用 zuòyòng 圆 작용 | 需要 xūyào 图 필요하다 | 看法 kànfǎ 圆 견해
| ★进行 jìnxíng 图 진행하다 | ★交流 jiāoliú 图 교류하다 | 能力 nénglì 圆 능력 | 过程 guòchéng 圆 과정 | ★发现 fāxiàn 图
발견하다 | ★问题 wèntí 圆 문제 | ★解决 jiějué 图 해결하다 | 方法 fāngfǎ 圆 방법 | 观察 guānchá 圆 관찰하다 | 集中 jízhōng
图 집중하다 | 注意力 zhùyìlì 圆 집중력

4

(해설 및 정답) **문제 분석▼** 문장부호에 주의해야 하는 문제이다. 일반적으로 [:] 뒤에 중점이 되는 내용이 서술된다. [:] 뒤에
서술된 모든 내용이 장점이므로 정답은 C이다.

今天上午面试的时候，张勇给我们公司留下了非常好的印象：有能力、有礼貌、很幽默、性格好、很有自信、非常乐观。我们几乎没有发现他的缺点。	오늘 오전 면접 때, 장용은 우리 회사에 매우 좋은 인상을 남겼다. 능력 있고, 예의 있고, 유머감각 있고, 성격 좋고, 자신감 있고, 굉장히 낙천적이다. 우리는 그의 단점을 거의 발견하지 못했다.
★ 根据这段话，可以知道张勇：	★ 이 단문을 근거로, 장용에 대해 알 수 있는 것은:
A 长得帅　　　　B 没有自信 **C 非常优秀**　　D 没有缺点	A 잘생겼다　　　　　　B 자신감이 없다 **C 매우 우수하다**　　 D 단점이 없다

(단어) ★面试 miànshì 圆图 면접 시험(을 보다) | 公司 gōngsī 圆 회사 | 留下 liúxià 图 남기다 | ★印象 yìnxiàng 圆 인상 | 能力 nénglì
圆 능력 | 礼貌 lǐmào 圆 예의 | ★幽默 yōumò 圈 유머러스한 | ★性格 xìnggé 圆 성격 | 自信 zìxìn 圆 자신감 | 乐观 lèguān 圈
낙관적이다 | 几乎 jīhū 閉 거의 | ★发现 fāxiàn 图 발견하다 | ★缺点 quēdiǎn 圆 단점

정답
1. A   2. D   3. B   4. C

[1-2]

| 开车时，大家应该注意：¹首先，要把握好方向，要知道自己往哪儿走，才不会迷路；其次，²一定要系好安全带，无论如何安全是最重要的；最后，要注意速度，最好要慢慢开，如果开得太快，可能会发生危险情况。 | 운전할 때는 모두 주의해야 한다. ¹우선, 방향을 잘 잡아야 한다. 자신이 어디로 가고 있는지 알아야 길을 잃지 않을 수 있다. 그다음으로는, ²반드시 안전벨트를 잘 매야 한다. 어찌 됐든 안전이 가장 중요하다. 마지막으로, 속도에 주의해야 하는데, 천천히 운전하는 것이 가장 좋다. 만약 너무 빨리 몰면 위험한 상황이 발생할 수도 있다. |

단어 ★注意 zhùyì 통 주의하다 | 首先 shǒuxiān 부 우선 | 把握 bǎwò 통 잡다 | 方向 fāngxiàng 명 방향 | 迷路 mílù 통 길을 잃다 | 其次 qícì 대 그다음 | 系 jì 통 매다 | 安全带 ānquándài 명 안전벨트 | 无论如何 wúlùn rúhé 어찌됐든 | ★安全 ānquán 형 안전하다 | ★重要 zhòngyào 형 중요하다 | ★速度 sùdù 명 속도 | ★发生 fāshēng 통 발생하다 | ★危险 wēixiǎn 형 위험하다 | ★情况 qíngkuàng 명 상황

1

해설 및 정답   문제 분석▼ 질문의 第一个(첫 번째)와 지문의 首先(우선)은 모두 '첫 번째'라는 의미를 나타내는 유사 어휘다. 首先，要把握好方向(우선, 방향을 잘 잡아야 한다)라는 내용이 있기 때문에 첫 번째로 주의할 것은 方向(방향)이라는 것을 알 수 있다.

| ★ 开车时，第一个要注意的是： | ★ 운전할 때, 첫 번째로 주의해야 하는 것은: |
| A 方向   B 速度   C 安全   D 事故 | A 방향   B 속도   C 안전   D 사고 |

단어 事故 shìgù 명 사고

2

해설 및 정답   문제 분석▼ 질문에서 핵심 어휘를 찾을 수 없는 경우에는 보기를 빨리 체크한 뒤, 지문에서 보기와 일치하는 문장을 찾아야 한다. 지문의 要系好安全带(안전벨트를 잘 매야 한다)는 문장과 보기 D는 내용이 일치한다.

★ 根据短文，下列哪项正确？	★ 단문을 근거로, 아래에서 정확한 것은?
A 开车时不能抽烟	A 운전할 때 담배를 피우면 안 된다
B 开车时不可紧张	B 운전할 때 긴장하면 안 된다
C 开车时不能打电话	C 운전할 때 전화를 하면 안 된다
D 开车时要系安全带	D 운전할 때 안전벨트를 매야 한다

단어 抽烟 chōuyān 동 담배를 피우다, 흡연하다 | 紧张 jǐnzhāng 형 긴장하다

[3-4]

^{3,4}我一直认为钱不应该是人生的目的。所以我从来没有因为钱而担心。在我看来，其实幸福很简单。无论是富人还是穷人，只要能做自己想做的事情，能吃自己想吃的东西，能去自己想去的地方，那就很幸福。	^{3,4}나는 줄곧 돈은 인생의 목적이 되어서는 안 된다고 여겨 왔다. 그래서 나는 지금까지 돈 때문에 걱정한 적이 없다. 내가 볼 때, 사실 행복은 매우 간단하다. 부자든 가난한 사람이든, 자신이 하고 싶은 일을 할 수 있고, 자신이 먹고 싶은 것을 먹을 수 있고, 자신이 가고 싶은 곳에 갈 수 있다면, 그것이 바로 행복이다.

단어 人生 rénshēng 명 인생 | 目的 mùdì 명 목적 | 从来 cónglái 부 지금까지 | ★担心 dānxīn 동 걱정하다 | ★幸福 xìngfú 명 형 행복(하다) | ★简单 jiǎndān 형 간단하다 | 无论 wúlùn 접 ~든지, ~을 막론하고 | 富人 fùrén 명 부자 | 穷人 qióngrén 명 가난뱅이 | 地方 dìfang 명 곳, 장소

3

해설 및 정답 **문제 분석▼** 나의 의견을 묻는 觉得가 질문에 제시된 경우, 같은 의미를 가진 想이나 认为을 지문에서 찾는다. 서론 부분의 认为钱不应该是人生的目的(돈은 인생의 목적이 되어서는 안 된다고 여긴다)는 내용으로 나는 돈을 가장 중요하게 생각하는 것은 아니라는 사실을 알 수 있다.

★ 他觉得：		★ 그의 생각에는：	
A 穷人很多	**B 钱不重要**	A 가난한 사람이 매우 많다	**B 돈은 중요하지 않다**
C 幸福不容易	D 吃饭就幸福	C 행복은 쉽지 않다	D 밥을 먹으면 행복하다

4

해설 및 정답 **문제 분석▼** 3번 문제를 정확하게 풀었다면 쉽게 맞힐 수 있는 문제이다. 서론에서 돈을 인생의 목적으로 삼지 말라는 내용이 있었기 때문에 정확하지 않은 것은 C이다.

★ 根据短文，下列哪项不正确？	★ 단문을 근거로, 아래에서 정확하지 않은 것은？
A 幸福很简单	A 행복은 매우 간단하다
B 钱多钱少不重要	B 돈이 많고 적고는 중요하지 않다
C 钱是人生的目的	**C 돈은 인생의 목적이다**
D 富人穷人都能幸福	D 부자와 가난한 사람 모두 행복할 수 있다

정답
1. D   2. C   3. D   4. C

[1-2]

以前的我是很羡慕导游的。¹因为当时我觉得导游可以一边旅行一边赚钱。后来，²我准备导游考试时才知道当导游并不轻松。首先，导游需要了解景点的文化历史、起源等等。而且介绍景点时，要想办法引起游客的兴趣。其次，旅行中会出现意想不到的问题，导游还要具有解决问题的能力。	예전의 나는 가이드를 매우 부러워했다. ¹당시에 나는 가이드가 여행을 하면서 돈을 벌 수 있다고 생각했기 때문이다. 후에 ²나는 가이드 시험을 준비하고서야 가이드 되기가 결코 쉽지 않다는 것을 알았다. 우선, 가이드는 명소의 문화 역사, 기원 등을 알아야 하며, 게다가 명소를 소개할 때에는 여행객들의 흥미를 유발할 방법도 생각해야 한다. 다음으로, 여행 중에는 예상치 못한 문제들이 발생할 수 있는데, 가이드는 문제를 해결하는 능력도 갖추고 있어야 한다.

단어 以前 yǐqián 몡 예전 | ★羡慕 xiànmù 통 부러워하다 | 导游 dǎoyóu 몡 가이드 | 当时 dāngshí 몡 당시 | 一边…一边… yìbiān…yìbiān… 젭 ~하면서 ~하다 | ★旅行 lǚxíng 통 여행하다 | 赚 zhuàn 통 (돈을) 벌다 | ★准备 zhǔnbèi 통 준비하다 | ★考试 kǎoshì 몡통 시험(을 치다) | 轻松 qīngsōng 톙 수월하다 | 需要 xūyào 통 필요하다 | 了解 liǎojiě 통 잘 알다, 이해하다 | 景点 jǐngdiǎn 몡 명소, 명승지 | 文化 wénhuà 몡 문화 | 历史 lìshǐ 몡 역사 | 起源 qǐyuán 몡 기원 | 介绍 jièshào 통 소개하다 | 引起 yǐnqǐ 통 야기하다 | 游客 yóukè 몡 여행객 | 兴趣 xìngqù 몡 흥미 | 出现 chūxiàn 통 나타나다 | 意想不到 yìxiǎng bú dào 예상치 못하다 | ★问题 wèntí 몡 문제 | 具有 jùyǒu 통 갖추다 | ★解决 jiějué 통 해결하다 | 能力 nénglì 몡 능력

1

해설 및 정답 　**문제 분석▼** 핵심 어휘 羡慕(부러워하다)와 원인을 설명하는 因为(~때문에)를 통해 정답이 있는 지문을 찾을 수 있다. 因为当时我觉得导游可以一边旅行一边赚钱(당시에 나는 가이드가 여행을 하면서 돈을 벌 수 있다고 생각했기 때문이다)라는 내용을 근거로 D가 정답임을 알 수 있다.

★ 以前他羡慕导游是因为:	★ 예전에 그가 가이드를 부러워한 것은:
A 会吸引游客的兴趣	A 여행객의 흥미를 유발할 수 있어서
B 具有解决问题的能力	B 문제를 해결하는 능력을 갖춰서
C 能学习景点的文化历史	C 명소의 문화 역사를 배울 수 있어서
D 可以一边旅行一边赚钱	**D 여행을 하면서 돈을 벌 수 있어서**

해설 및 정답 **문제 분석▼** 질문에 핵심 어휘가 없기 때문에 보기를 먼저 파악한다. 当导游并不轻松(가이드 되기가 결코 쉽지 않다)는 내용이 보기 C와 일치한다.

★ 根据短文，下列哪项正确？	★ 단문을 근거로, 아래에서 정확한 것은?
A 导游的工资都很高	A 가이드의 급여는 매우 높다
B 导游对历史感兴趣	B 가이드는 역사에 흥미를 느낀다
C 导游工作并不轻松	**C 가이드 업무는 결코 쉽지 않다**
D 导游对游客很亲切	D 가이드는 여행객에게 매우 친절하다

단어 工资 gōngzī 몡 급여 | 亲切 qīnqiè 혱 친절하다

[3-4]

³动物园常常提醒游客不要随便给动物吃的。⁴由于人在吃东西前可以判断选择，因此知道什么东西该吃，什么东西不该吃。然而大部分动物没有这个能力。如果它们吃了不该吃的东西，例如，小狗吃巧克力，小狗有可能会生病，甚至还会有生命危险。	³동물원에서는 자주 여행객들에게 함부로 동물에게 먹이를 주지 말라고 한다. ⁴사람은 음식을 먹기 전에 판단과 선택을 할 수 있기 때문에 어떤 것이 먹어도 되는 것이고, 어떤 것이 먹어서는 안 되는 것인지를 알지만 대부분의 동물은 이러한 능력이 없다. 만일 그들이 먹어서는 안 되는 음식을 먹는다면, 예를 들면, 강아지가 초콜릿을 먹는다면, 강아지는 병에 걸릴 수도 있고, 심지어 생명에 위험이 생길 수도 있다.

단어 动物园 dòngwùyuán 몡 동물원 | ★提醒 tíxǐng 통 일깨우다 | 游客 yóukè 몡 여행객 | 随便 suíbiàn 뵈 함부로 | 动物 dòngwù 몡 동물 | 判断 pànduàn 통 판단하다 | ★选择 xuǎnzé 통 선택하다 | 大部分 dàbùfen 몡 대부분 | 能力 nénglì 몡 능력 | 小狗 xiǎogǒu 몡 강아지 | ★巧克力 qiǎokèlì 몡 초콜릿 | 生病 shēngbìng 통 병이 나다 | ★甚至 shènzhì 뵈 심지어 | 生命 shēngmìng 몡 생명 | ★危险 wēixiǎn 혱 위험하다

해설 및 정답 **문제 분석▼** 질문 내용이 서론에 그대로 제시되어 있어 어렵지 않게 정답을 찾을 수 있다. 不要随便给动物吃的(함부로 동물에게 먹이를 주지 마라)라는 지문을 통해 정답이 D임을 알 수 있다.

★ 动物园提醒游客不要做什么？	★ 동물원에서는 여행객들에게 무엇을 하지 말라고 하는가？
A 打扰动物　　　　B 乱扔垃圾	A 동물을 방해하는 것　　　B 쓰레기를 함부로 버리는 것
C 保护动物　　　**D 给动物吃的**	C 동물을 보호하는 것　　　**D 동물에게 먹이를 주는 것**

단어 打扰 dǎrǎo 통 방해하다 | 乱 luàn 뵈 함부로, 마구 | 扔 rēng 통 던지다, 내버리다 | 保护 bǎohù 통 보호하다

해설 및 정답 **문제 분석▼** 본문에 제시된 由于人在吃东西前可以判断选择…然而大部分动物没有这个能力(사람은 음식을 먹기 전에 판단과 선택을 할 수 있기 때문에…대부분의 동물은 이러한 능력이 없다)는 내용으로 정답이 C임을 알 수 있다.

★ 很多动物没有什么能力?	★ 많은 동물에게 어떤 능력이 없는가?
A 适应新环境	A 새 환경에 적응하는 것
B 让自己放松	B 스스로를 편하게 하는 것
C 判断什么能吃	**C 무엇을 먹을 수 있는지 판단하는 것**
D 寻找食物和同伴	D 음식과 동반자를 찾는 것

단어 适应 shìyìng 동 적응하다 | 环境 huánjìng 명 환경 | 放松 fàngsōng 동 느슨하게 하다 | 寻找 xúnzhǎo 동 찾다 | 食物 shíwù 명 먹이 | 同伴 tóngbàn 명 짝, 동반자

기본서 188쪽

정답						
1. B	2. E	3. A	4. D	5. A	6. F	7. B
8. ABC	9. CAB	10. BCA	11. ABC	12. ACB	13. BCA	14. CAB
15. B	16. D	17. B	18. A	19. C	20. C	

[1-3]

A 讨论 tǎolùn 통 토론하다	B 作者 zuòzhě 명 작가
C 环境 huánjìng 명 환경	D 坚持 jiānchí 통 고수하다
E 态度 tàidu 명 태도	F 估计 gūjì 통 짐작하다

1

(해설 및 정답) 문제 분석▼ 的 뒤에는 일반적으로 명사가 위치하며, 小说(소설)과 관련된 명사를 찾는다.

这本小说的 (**B 作者**) 是谁？文章写得非常好。	이 소설의 (**B 작가**)가 누구지? 글을 너무 잘 썼다.

(단어) ★小说 xiǎoshuō 명 소설 | 文章 wénzhāng 명 글, 문장

2

(해설 및 정답) 문제 분석▼ 的 뒤에는 명사 혹은 명사구가 위치해야 한다. 의미상 生活(생활)과 호응하는 어휘를 선택한다.

幽默是一种积极的生活（ **E 态度** ），幽默的人知道怎么享受生活。	유머는 일종의 긍정적인 생활 (**E 태도**)이다. 유머러스한 사람은 어떻게 생활을 즐기는지 안다.

(단어) ★幽默 yōumò 명 유머 형 유머러스한 | ★积极 jījí 형 긍정적이다 | 生活 shēnghuó 명 생활 | 享受 xiǎngshòu 통 즐기다

3

(해설 및 정답) 문제 분석▼ 开始는 뒤에 동사가 위치하는 어휘이므로 지문에 제시된 资料(자료)와 관련된 동사를 찾는다.

大家先看看桌子上的材料，等张老师到了，我们就开始（ **A 讨论** ）。	모두들 우선 탁자 위에 자료를 보시고, 장 선생님이 도착하시면, (**A 토론**)을 시작하겠습니다.

(단어) ★桌子 zhuōzi 명 탁자 | ★材料 cáiliào 명 자료, 재료 | 到 dào 통 도착하다 | 开始 kāishǐ 통 시작하다

[4-7]

A 完成 wánchéng 통 완성하다	B 恐怕 kǒngpà 분 아마도
C 温度 wēndù 명 온도	D 竞争 jìngzhēng 명 경쟁
E 爱好 àihào 명 취미	F 厉害 lìhai 형 대단하다

4

(해설 및 정답) 문제 분석▼ 激烈나 对手와 같은 고급 어휘가 제시된 다소 어려운 문제다. 的 뒤에는 명사 혹은 명사구가 위치해야 하므로 激烈(치열하다)와 호응하는 명사를 선택한다.

A：这两家公司的（ **D 竞争** ）非常激烈。	A: 이 두 회사의 (**D 경쟁**)이 매우 치열해.
B：这是一件好事，有对手才能进步。	B: 이건 좋은 일이야. 라이벌이 있어야만 진보할 수 있지.

(단어) 公司 gōngsī 명 회사 | 激烈 jīliè 형 치열하다 | 对手 duìshǒu 명 라이벌 | ★进步 jìnbù 통 진보하다

5

(해설 및 정답) 문제 분석▼ 부사어와 목적어 사이에는 반드시 동사만 위치할 수 있음에 주의하며 任务(임무)와 호응하는 어휘를 선택한다.

A：我们一定会按时（ **A 完成** ）任务，绝对不会让您失望的。	A: 우리는 반드시 제때 임무를 (**A 완성할**) 것입니다. 절대 실망시켜드리지 않겠습니다.
B：好！我相信你们。	B: 좋습니다, 당신들을 믿어요.

(단어) ★按时 ànshí 분 제때 | 任务 rènwu 명 임무 | 绝对 juéduì 분 절대로 | ★失望 shīwàng 통 실망하다 | ★相信 xiāngxìn 통 믿다

6

(해설 및 정답) 문제 분석▼ 정도보어로 형용사가 주로 사용됨에 주의하며 说(말하다)와 의미가 연결되는 어휘를 고른다.

A：他的英语说得很流利，真让人羡慕。	A: 그는 영어를 아주 유창하게 해, 정말 부러워.
B：他是在美国出生的，英语说得（ **F 厉害** ），那是当然的。	B: 그는 미국에서 태어났어, 영어를 (**F 대단히**) 잘하는 것은 당연한 거야.

(단어) ★流利 liúlì 형 유창하다 | ★羡慕 xiànmù 통 부러워하다 | 出生 chūshēng 통 태어나다 | 当然 dāngrán 형 당연하다

해설 및 정답 문제 분석▼ 주어와 조동사 사이에 들어갈 수 있는 품사는 부사뿐이다.

A: 对不起，今天的约会（ **B 恐怕** ）要取消了，我可能要加班。 B: 没关系，工作怎么那么忙，你好好儿照顾自己，别累坏了。	A: 미안해, 오늘 약속은（ **B 아무래도** ）취소해야겠어. 나 야근해야 할 것 같아. B: 괜찮아, 일이 왜 그렇게 바빠? 너 스스로 잘 돌보도록 해, 피곤해서 건강을 해치지 말고.

단어 约会 yuēhuì 명 약속 | 取消 qǔxiāo 동 취소하다 | 加班 jiābān 야근하다 | ★照顾 zhàogù 동 돌보다

[TIP] 恐怕는 '아마도'라는 의미로 일반적으로 뒤에는 부정적인 추측이 이어진다.

A: 结果并不是重要的 B: 最重要的是你要从过程中得到锻炼和提高 C: 这才是值得追求的目的	A: 결과는 결코 중요한 것이 아니다 B: 가장 중요한 것은 당신이 과정 속에서 단련하고 향상되는 것이다 C: 이것이야말로 추구할 가치가 있는 목적이다

해설 및 정답 문제 분석▼ 명사(주어)로 시작되는 문장은 结果로 시작하는 문장 하나뿐이다.

Step 1. 주어 찾기 A 结果并不是重要的	⟹	Step 2. 의미 연결 B 最重要的是	⟹	Step 3. 결과 C 这才是…

정답 A结果并不是重要的。B最重要的是你要从过程中得到锻炼和提高，C这才是值得追求的目的。
A결과는 결코 중요한 것이 아니다. B가장 중요한 것은 당신이 과정 속에서 단련하고 향상되는 것이다. C이것이야말로 추구할 가치가 있는 목적이다.

단어 ★结果 jiéguǒ 명 결과 | 并不是 bìng bú shì 결코 ~가 아니다 | 重要 zhòngyào 형 중요하다 | 从…中 cóng…zhōng ~속에서 | 过程 guòchéng 과정 | 得到 dédào 동 얻다 | ★锻炼 duànliàn 동 단련하다 | ★提高 tígāo 동 향상시키다 | 才 cái 부 비로소 | 值得 zhídé 동 ~할 만한 가치가 있다 | 追求 zhuīqiú 추구하다 | 目的 mùdì 명 목적

A: 越来越普遍 B: 它已成了我们生活的必需品 C: 随着科技的发展，手机的使用	A: 점점 보편화되다 B: 그것은 이미 우리 생활의 필수품이 되었다 C: 과학 기술의 발전에 따라, 휴대폰 사용이

해설 및 정답 문제 분석▼ 주어는 없지만 개사구(随着)를 가장 앞에 나열해야 하는 것을 알 수 있다.

정답 C随着科技的发展，手机的使用A越来越普遍，B它已成了我们生活的必需品。

C과학 기술의 발전에 따라, 휴대폰 사용이 A점점 보편화되어 B그것은 이미 우리 생활의 필수품이 되었다.

단어 越来越 yuèláiyuè 悍 점점, 갈수록 | 普遍 pǔbiàn 혱 보편적인 | 成 chéng 동 ~이 되다 | 生活 shēnghuó 명 생활 | 必需品 bìxūpǐn 명 필수품 | 随着 suízhe 개 ~에 따라 | 科技 kējì 명 과학 기술 | ★发展 fāzhǎn 동 발전하다 | 手机 shǒujī 명 휴대폰 | ★使用 shǐyòng 동 사용하다

10

A: 例如，打电话、收发电子邮件等等	A: 예를 들면, 전화를 걸거나 이메일을 주고 받는 등
B: 以前人们一般用写信来交流	B: 예전에 사람들은 일반적으로 편지를 써서 교류했다
C: 但现在沟通的方式越来越多了	C: 하지만 지금은 소통의 방식이 점점 많아졌다

해설 및 정답 문제 분석▼ 시간의 흐름 순서인 以前(이전)→现在(지금) 순서를 파악한다.

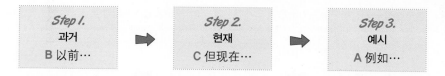

정답 B以前人们一般用写信来交流。C但现在沟通的方式越来越多了，A例如，打电话、收发电子邮件等等。

B예전에 사람들은 일반적으로 편지를 써서 교류했다. C하지만 지금은 소통의 방식이 점점 많아졌다. A예를 들면, 전화를 걸거나 이메일을 주고 받는 등의 방식이 있다.

단어 例如 lìrú 예를 들면 | 收发 shōufā 동 받고 보내다 | 电子邮件 diànzǐ yóujiàn 명 이메일 | 等等 děngděng 조 등등 | 以前 yǐqián 명 예전 | 一般 yìbān 혱 일반적이다 | 写信 xiě xìn 편지를 쓰다 | ★交流 jiāoliú 동 교류하다 | 沟通 gōutōng 동 소통하다 | 方式 fāngshì 명 방식 | 越来越 yuèláiyuè 悍 점점, 갈수록

11

A: 中国的传统节日很多	A: 중국의 전통 명절은 매우 많다
B: 其中春节是中国最大的节日	B: 그중 춘절은 중국의 가장 큰 명절이다
C: 那天很多人回家乡和家人一起过年	C: 그날은 많은 사람들이 고향으로 돌아가 가족들과 함께 새해를 맞이한다

문제 분석▼ 큰 개념에서 작은 개념 순으로 나열한다.

Step 1. 큰 개념 A …传统节日…	➡	Step 2. 중간 개념 B …春节…	➡	Step 3. 작은 개념 C 那天…

정답 A中国的传统节日很多，B其中春节是中国最大的节日。C那天很多人回家乡和家人一起过年。

A중국의 전통 명절은 매우 많다. B그중 춘절은 중국의 가장 큰 명절이다. C그날은 많은 사람들이 고향으로 돌아가 가족들과 함께 새해를 맞이한다.

단어 传统 chuántǒng 명 전통 | ★节日 jiérì 명 명절 | 其中 qízhōng 대 그중 | 春节 Chūnjié 고유 춘절 | 最 zuì 부 가장, 제일 | 那天 nàtiān 명 그날 | ★家乡 jiāxiāng 명 고향 | 家人 jiārén 명 가족 | 过年 guònián 동 새해를 맞다, 설을 쇠다

12

A: 所有人都不知道怎么办时	A: 모든 사람들이 어떻게 해야 할지 모를 때
B: 顺利地解决好了这道难题	B: 이 어려운 문제를 순조롭게 잘 해결했다
C: 他想出了一个好办法	C: 그는 좋은 방법을 생각해 냈다

문제 분석▼ 시간사 구문은 가장 앞에 오기 때문에 '…时' 구문을 앞에 나열한다.

Step 1. 시간사구 A …时	➡	Step 2. 주어 찾기 C 他…	➡	Step 3. 결과 B 顺利地…

정답 A所有人都不知道怎么办时，C他想出了一个好办法，B顺利地解决好了这道难题。

A모든 사람들이 어떻게 해야 할지 모를 때, C그는 좋은 방법을 생각해 내서, B이 어려운 문제를 순조롭게 잘 해결했다.

단어 所有 suǒyǒu 형 모든 | 知道 zhīdào 동 알다 | ★顺利 shùnlì 형 순조롭다 | ★解决 jiějué 동 해결하다 | 道 dào 양 문제를 세는 단위 | 难题 nántí 명 난제, 어려운 문제 | ★办法 bànfǎ 명 방법

13

A: 因此没有什么共同话题	A: 그래서 별다른 공통 화제가 없다
B: 虽然我们在同一个公司工作	B: 비록 우린 같은 회사에서 일하지만
C: 但我们的业务完全不同	C: 하지만 우리의 업무는 완전히 다르다

해설 및 정답 **문제 분석▼** '虽然…但…'은 '비록 ~이긴 하지만'이라는 의미의 접속사 호응 구조이다. 또한 因此는 '따라서'라는 의미로 첫 문장에 올 수 없다.

| Step 1.
접속사 호응
B 虽然… | → | Step 2.
접속사 호응
C 但… | → | Step 3.
결과
A 因此… |

정답 **B**虽然我们在同一个公司工作，**C**但我们的业务完全不同。**A**因此没有什么共同话题。

B비록 우린 같은 회사에서 일하지만, **C**우리의 업무는 완전히 다르다. **A**그래서 별다른 공통 화제가 없다.

단어 因此 yīncǐ 쩝 따라서 | 共同 gòngtóng 혱 공통의 | 话题 huàtí 몡 화제 | 虽然 suīrán 쩝 비록 ~하지만 | 公司 gōngsī 몡 회사 | 业务 yèwù 몡 업무 | ★完全 wánquán 뷔 완전히 | 不同 bùtóng 혱 다르다

14

A: 邀请了很多名人	A: 유명인을 아주 많이 초청했다
B: 其中还有我喜欢的作家呢	B: 그중에 내가 좋아하는 작가도 있다
C: 听说明天学校进行的活动	C: 듣기로는 내일 학교에서 진행하는 행사에

해설 및 정답 **문제 분석▼** 听说는 '듣자니'라는 의미로 일반적으로 첫 문장에 위치한다.

| Step 1.
도입
C 听说… | → | Step 2.
큰 개념
A …名人 | → | Step 3.
작은 개념
B …作家… |

정답 **C**听说明天学校进行的活动，**A**邀请了很多名人，**B**其中还有我喜欢的作家呢。

C듣기로는 내일 학교에서 진행하는 행사에 **A**유명인을 아주 많이 초청했다고 하는데, **B**그중에 내가 좋아하는 작가도 있다.

단어 ★邀请 yāoqǐng 동 초청하다 | 名人 míngrén 몡 유명인 | 其中 qízhōng 때 그중 | 喜欢 xǐhuan 동 좋아하다 | 作家 zuòjiā 몡 작가 | 听说 tīngshuō 동 듣자니 | ★进行 jìnxíng 동 진행하다 | 活动 huódòng 몡 활동, 행사

15

해설 및 정답 **문제 분석▼** 서론에 大家都辛苦了(모두 고생했다)라는 문장과 谢谢(감사하다)는 어휘로 화자가 지금 감사함을 표현하고 있다는 것을 유추할 수 있다.

大家都辛苦了。如果没有大家的帮助，这次活动就不能这么顺利进行，<u>谢谢大家的支持和努力</u>。来，咱们一起干一杯!

모두 다 수고했어요. 만약 여러분의 도움이 없었다면, 이번 행사는 이렇게 순조롭게 진행되지 못했을 거예요. <u>여러분의 응원과 노력에 감사 드립니다</u>. 자, 우리 함께 건배해요!

★ 说话人在：	★ 화자는：
A 表演　　　　　**B 表示感谢**	A 공연한다　　　　**B 감사를 표한다**
C 举行活动　　　D 帮助别人	C 행사를 개최한다　　D 다른 사람을 돕는다

단어 辛苦 xīnkǔ 혱 고생하다 | 如果 rúguǒ 젭 만약 | ★帮助 bāngzhù 통 도움 | 活动 huódòng 몡 활동, 행사 | ★顺利 shùnlì 혱 순조롭다 | ★进行 jìnxíng 통 진행하다 | ★支持 zhīchí 통 지지하다, 응원하다 | ★努力 nǔlì 통 노력하다 | 咱们 zánmen 떼 우리 | 一起 yìqǐ 児 함께 | ★干杯 gānbēi 통 건배하다 | ★表演 biǎoyǎn 통 공연하다 | 表示 biǎoshì 통 표시하다, 나타내다 | ★举行 jǔxíng 통 거행하다, 개최하다 | 别人 biéren 몡 다른 사람

16

해설 및 정답 **문제 분석▼** 질문은 화자가 아닌 여동생에 대해 묻고 있기 때문에 妹妹(여동생)이라는 어휘가 있는 문장부터 해석해도 정답을 찾을 수 있다.

心情不好的时候，我就去找朋友聊天，或者跟朋友一起散散步、逛逛街，这样就感觉心情好多了。<u>妹妹正好和我相反，她心情不好就自己一个人安静地待着</u>，不喜欢别人打扰自己。	기분이 좋지 않을 때, 나는 친구를 찾아가 수다를 떨거나, 친구와 함께 산책을 하거나, 거리를 구경한다. 이렇게 하면 기분이 훨씬 좋아지는 느낌이 든다. <u>내 여동생은 나와는 딱 반대로, 그녀는 기분이 좋지 않으면 혼자 조용히 있고</u>, 다른 사람이 자신을 방해하는 것을 좋아하지 않는다.
★ 妹妹心情不好会怎么样？	★ 여동생은 기분이 안 좋으면 어떻게 하는가?
A 找朋友聊天　　　B 跟朋友散步	A 친구를 찾아 수다를 떤다　　B 친구와 산책한다
C 跟朋友逛街　　　**D 安静地待着**	C 친구와 거리를 구경한다　　**D 조용히 있는다**

단어 心情 xīnqíng 몡 기분, 심정 | ★聊天 liáotiān 통 잡담하다 | ★散步 sànbù 통 산책하다 | ★逛街 guàngjiē 통 거리를 구경하다 | 感觉 gǎnjué 통 느끼다 | 正好 zhènghǎo 児 마침 | 相反 xiāngfǎn 통 상반되다 | ★安静 ānjìng 혱 조용하다 | 待 dāi 통 머무르다 | 喜欢 xǐhuan 통 좋아하다 | 别人 biéren 몡 다른 사람 | ★打扰 dǎrǎo 통 방해하다 | 自己 zìjǐ 떼 자기, 자신

17

해설 및 정답 **문제 분석▼** 질문과 서론의 내용이 일치하기 때문에 원인은 서론 바로 뒤에 있는 문장에 있을 확률이 높다. 认为新的工作会更好(새로운 일이 더 좋을 것이라 여긴다)에서 认为는 '~라 여긴다'는 의미의 어휘로 보기 B의 相信(~라 믿는다)와 유사한 의미를 갖는다.

现在很多年轻人经常换工作。他们对现在的工作不满意，<u>认为新的工作会更好</u>。但是这样不停地换工作不一定是最好的选择，在一家公司坚持做到最好也许是更聪明的选择。	현재 많은 젊은이들은 자주 직장을 바꾼다. 그들은 현재의 일에 만족하지 않고, <u>새로운 일이 더 좋을 것이라 여긴다</u>. 하지만 이렇게 계속 일자리를 바꾸는 것이 반드시 가장 좋은 선택은 아니다. 한 회사에서 가장 잘할 때까지 꾸준히 하는 것이 어쩌면 더 똑똑한 선택일 수도 있다.
★ 很多年轻人经常换工作是因为：	★ 많은 젊은이들이 자주 일자리를 바꾸는 것은：

A 非常聪明

B 相信新工作更好

C 觉得工作没意思

D 坚持不一定胜利

A 굉장히 똑똑해서

B 새로운 일이 더 좋을 것이라 믿어서

C 일이 재미없다고 여겨서

D 꾸준히 한다고 꼭 성과가 있는 것은 아니라서

단어 现在 xiànzài 몡 현재 | 年轻人 niánqīngrén 몡 젊은이 | 经常 jīngcháng 톔 자주 | ★换 huàn 툉 바꾸다 | ★满意 mǎnyì 톙 만족하다 | 认为 rènwéi 툉 ~라 여기다 | ★选择 xuǎnzé 툉 선택하다 | 公司 gōngsī 몡 회사 | ★坚持 jiānchí 툉 고수하다, 유지하다 | 也许 yěxǔ 톔 어쩌면 | 聪明 cōngming 톙 똑똑하다, 총명하다 | 相信 xiāngxìn 툉 믿다 | 没意思 méi yìsi 재미없다, 무의미하다 | 胜利 shènglì 툉 승리하다, 성과를 거두다

---

18 ▸

해설 및 정답 **문제 분석**▼ 很喜欢和别人交流(다른 사람과 교류하는 것을 좋아한다)는 내용으로 '나(我)'는 성격이 활발한 사람이라는 것을 알 수 있다.

　　我对自己现在的专业很满意。因为我对历史和文化很感兴趣。而且我很喜欢和别人交流。所以我觉得这个专业真的很适合我。

　　나는 현재 나의 전공에 매우 만족한다. 왜냐하면 나는 역사와 문화에 흥미를 느끼기 때문이다. 게다가 나는 다른 사람과 교류하는 것을 좋아한다. 그래서 나는 이 전공이 정말 나에게 적합하다고 느낀다.

★ 根据这段话，他可能是什么样的人?

A 性格活泼

B 喜欢语言

C 朋友不多

D 让人讨厌

★ 이 단문을 근거로, 그는 아마도 어떤 사람인가?

A 성격이 활발하다

B 언어를 좋아한다

C 친구가 많지 않다

D 사람들에게 미움을 받는다

단어 自己 zìjǐ 때 자기, 자신 | 现在 xiànzài 몡 현재 | 专业 zhuānyè 몡 전공 | ★满意 mǎnyì 톙 만족하다 | 历史 lìshǐ 몡 역사 | 文化 wénhuà 몡 문화 | ★感兴趣 gǎn xìngqù 흥미를 느끼다 | 而且 érqiě 젭 게다가 | 喜欢 xǐhuan 툉 좋아하다 | 别人 biéren 때 다른 사람 | ★交流 jiāoliú 툉 교류하다 | ★适合 shìhé 툉 적합하다 | 根据 gēnjù 깨 ~에 근거하여 | ★性格 xìnggé 몡 성격 | ★活泼 huópo 톙 활발하다 | 语言 yǔyán 몡 언어 | ★讨厌 tǎoyàn 툉 싫어하다

[19-20]

这个星期我很忙，事情特别多。数学课的老师和英语课的老师都给了我很多作业，¹⁹而且还要组织我们班同学们去外地旅行。作文课的老师还让我写一篇关于中国文化的文章。这周五还要参加乒乓球比赛。²⁰有这么多事情要做好，我都不知道怎么安排时间才好。

이번 주에 나는 매우 바쁘고, 일이 되게 많다. 수학 수업 선생님과 영어 수업 선생님 모두 나에게 숙제를 많이 내주셨다. ¹⁹게다가 우리 반 학생들의 외지 여행도 구성해야 한다. 작문 수업 선생님은 또 나에게 중국 문화에 관한 글을 한 편 써오라고 하셨다. 이번 주 금요일에는 탁구 시합에도 참가해야 한다. ²⁰해야 할 일들이 이렇게 많은데, 나는 시간을 어떻게 안배해야 좋을지도 모르겠다.

단어 事情 shìqing 몡 일 | ★特别 tèbié 뮈 특별히 | 数学 shùxué 몡 수학 | 课 kè 몡 수업 | 作业 zuòyè 몡 숙제 | 而且 érqiě 젭 게다가 | 组织 zǔzhī 됭 구성하다, 조직하다 | 外地 wàidì 몡 외지, 타지 | ★旅行 lǚxíng 됭 여행하다 | 作文 zuòwén 몡 작문 | 篇 piān 몡 편[글이나 문장을 세는 단위] | 关于 guānyú 개 ~에 관해서 | 文化 wénhuà 몡 문화 | 文章 wénzhāng 몡 글, 문장 | ★参加 cānjiā 됭 참가하다 | 乒乓球 pīngpāngqiú 몡 탁구 | ★比赛 bǐsài 몡 시합, 경기 | 知道 zhīdào 됭 알다 | ★安排 ānpái 됭 안배하다 | 时间 shíjiān 몡 시간

19

(해설 및 정답) 문제 분석▼ 화자는 이번 주에 해야 할 일들이 상당히 많은데, 그중에는 还要组织我们班同学们去外地旅行(우리 반 학생들의 외지 여행도 구성해야 한다)는 목록도 포함되어 있다.

★ 这周他要:		★ 이번 주에 그는:	
A 好好儿休息	B 做历史作业	A 푹 쉰다	B 역사 숙제를 한다
C 去外地旅行	D 参加足球比赛	**C 외지 여행을 간다**	D 축구 시합에 참가한다

단어 休息 xiūxi 됭 쉬다, 휴식하다 | 历史 lìshǐ 몡 역사 | 足球 zúqiú 몡 축구

20

(해설 및 정답) 문제 분석▼ 결론 부분에 많은 일들을 해야 하는데 시간 안배조차 어떻게 해야 좋을지 모른다고 했기 때문에 정답은 C가 된다.

★ 说话人为什么不知道怎么安排时间?		★ 화자는 왜 시간을 어떻게 안배해야 하는지 모르는가?	
A 不太聪明	B 不想安排	A 별로 똑똑하지 않아서	B 안배하고 싶지 않아서
C 事情太多	D 家里有事	**C 일이 너무 많아서**	D 집에 일이 있어서

맛있는 중국어 新HSK 4급

쓰기 제1부분

1 중국어의 기본 어순

|실전 트레이닝 1| 기본서 200쪽

정답
1. 你们把沙发搬到客厅右边吧。
2. 我们已经向他说明了一切。
3. 袜子是在你的房间里找到的。
4. 他们之间到底有什么误会?
5. 邻居家的小孩子害怕去医院。

1

거실 오른쪽	~해라	쇼파를	~로 옮기다	너희
客厅右边	吧	把沙发	搬到	你们
명사+명사	어기조사	개사+명사	동사+보어	대명사

해설 및 정답 **문제 분석▼** 기본 어순에 따라 주술목 순서로 배열하고, 부사어인 把자구는 주어와 술어 사이에 위치시킨다.

Step 1. 주어+부사어	你们+把沙发
Step 2. 술어+목적어	搬到+客厅右边
Step 3. 주어+부사어+술어+목적어+어기조사	你们+把沙发+搬到+客厅右边+吧

정답 你们把沙发搬到客厅右边吧。 너희는 소파를 거실 오른쪽으로 옮겨라.

단어 ★沙发 shāfā 몡 소파 | ★搬 bān 동 옮기다 | ★客厅 kètīng 몡 거실

2

모든	우리	그에게	이미	설명했다
一切	我们	向他	已经	说明了
대명사	대명사	개사+대명사	부사	동사+了

해설 및 정답 **문제 분석▼** 부사어의 순서에 주의해야 한다. [부사+조동사+개사구] 순이므로 순서에 따라 배열한다.

Step 1. 부사+개사구	已经+向他
Step 2. 주어+부사어+술어	我们+已经向他+说明了
Step 3. 주어+부사어+술어+목적어	我们+已经向他+说明了+一切

정답 我们已经向他说明了一切。 우리는 이미 그에게 모든 것을 설명했다.

★说明 shuōmíng 圄 설명하다 | 一切 yíqiè 떼 모든

3

양말은 ~이다	찾았다	~에서	~의, ~한	너의 방 안
袜子是	找到	在	的	你的房间里
명사+동사	동사+보어	개사	조사	대명사+的+명사+명사

해설 및 정답 **문제 분석▼** 동작을 의미하는 找가 있는데도 동사 是가 제시되어 있고 的도 있으므로, '是⋯的' 구문임을 알 수 있다.

Step 1. 개사+명사	在+你的房间里
Step 2. 주어+부사어+술어	袜子+在你的房间里+找到
Step 3. 주어+是+부사어+술어+的	袜子+是+在你的房间里+找到+的

정답 **袜子是在你的房间里找到的。** 양말은 너의 방에서 찾았다.

★袜子 wàzi 圄 양말 | 房间 fángjiān 圄 방

4

사이	그들	무슨 오해	도대체 ~가 있다
之间	他们	什么误会	到底有
명사	대명사	대명사+명사	부사+동사

해설 및 정답 **문제 분석▼** 之间은 대체로 복수를 가리키는 인칭대명사 뒤에 위치하여 주어 역할을 한다. 주어를 완성한 뒤에 는 기본 어순(주술목)에 따라 배열한다.

Step 1. 인칭대명사+之间	他们+之间
Step 2. 주어+부사어+동사	他们之间+到底+有
Step 3. 주어+부사어+동사+목적어	他们之间+到底+有+什么误会

정답 **他们之间到底有什么误会?** 그들 사이에는 도대체 무슨 오해가 있나?

之间 zhījiān 圄 사이 | ★到底 dàodǐ 囝 도대체 | 误会 wùhuì 圄 오해

5

무서워하다	어린아이	병원에 가다	이웃집의
害怕	小孩子	去医院	邻居家的
동사	명사	동사+명사	명사구+的

해설 및 정답 **문제 분석▼** 去의 목적어는 장소다. 的 뒤에 명사를 배열하여 주어를 완성한 후 기본 어순(주술목)에 따라 배열 한다.

| Step 1. | 的+명사 | 邻居家的+小孩子 |
| Step 2. | 주어+술어+목적절 | 邻居家的小孩子+害怕+去医院 |

(정답) **邻居家的小孩子害怕去医院。** 이웃집 어린아이는 병원에 가는 것을 무서워한다.

(단어) ★邻居 línjū 명 이웃집 | ★害怕 hàipà 동 무서워하다 | 医院 yīyuàn 명 병원

| 실전 트레이닝 2 | 기본서 200쪽

기본서 200쪽

(정답)
1. 你们最好不要打扰爸爸。
2. 我新买的笔记本电脑速度非常快。
3. 出租车司机的英语说得很流利。
4. 让我们为我们的友谊干杯。
5. 这件事应该由你负责。 | 应该由你负责这件事。

1

아빠	방해하다	너희들	~하지 마라	~하는 것이 가장 좋다
爸爸	打扰	你们	不要	最好
명사	동사	대명사	조동사	부사

(해설 및 정답) **문제 분석▼** 最好는 형용사 술어 역할을 하기도 하지만 '~하는 것이 가장 좋다'라는 의미의 부사이기도 하다. 부사어의 순서에 주의하여 배열해야 하는 문제다.

Step 1.	부사+조동사	最好不+要
Step 2.	주어+부사어	你们+最好不要
Step 3.	주어+부사어+술어+목적어	你们+最好不要+打扰+爸爸

(정답) **你们最好不要打扰爸爸。** 너희들은 아버지를 방해하지 않는 것이 가장 좋겠다.

(단어) 最好 zuìhǎo 부 ~하는 것이 가장 좋다 | 打扰 dǎrǎo 동 방해하다

2

빠르다	내가 새로 산	속도	노트북	매우
快	我新买的	速度	笔记本电脑	非常
형용사	관형어+的	명사	명사	부사

(해설 및 정답) **문제 분석▼** 형용사 술어 문제다. 형용사가 술어인 경우 목적어가 없다는 사실에 주의해야 한다.

Step 1. 的+명사	我新买的+笔记本电脑
Step 2. 정도부사+형용사	非常+快
Step 3. 관형어+주어+부사어+술어	我新买的笔记本电脑+速度+非常+快

(정답) **我新买的笔记本电脑速度非常快。** 내가 새로 산 노트북의 속도는 매우 빠르다.

(단어) 笔记本电脑 bǐjìběn diànnǎo 圆 노트북 | ★速度 sùdù 圆 속도

3

매우 유창하다	영어	말하다	택시 기사의	~하는 정도가
很流利	英语	说	出租车司机的	得
부사+형용사	명사	동사	명사구+的	구조조사

(해설 및 정답) **문제 분석▼** 정도보어 어순인 [동사+得+보어]에 따라 배열한다.

Step 1. 的+명사	出租车司机的+英语
Step 2. 동사+得	说+得
Step 3. 주어+술어+정도보어	出租车司机的英语+说得+很流利

(정답) **出租车司机的英语说得很流利。** 택시 기사는 영어를 유창하게 구사한다.

(단어) 出租车 chūzūchē 圆 택시 | ★司机 sījī 圆 기사 | ★流利 liúlì 圆 유창하다

4

~을 위해	우정	우리로 하여금	건배하다	우리의
为	友谊	让我们	干杯	我们的
개사	명사	동사+대명사	동사	대명사+的

(해설 및 정답) **문제 분석▼** 为는 '~을 위하여'라는 의미의 개사이므로 뒤에 명사 혹은 명사구를 배열하여 개사구를 만든 후 기본 어순(주술목)에 따라 배열한다.

Step 1. 的+명사	我们的+友谊
Step 2. 为+명사(구)	为+我们的友谊
Step 3. 주절+부사어+술어	让我们+为我们的友谊+干杯

(정답) **让我们为我们的友谊干杯。** 우리의 우정을 위해 건배하자.

(단어) 友谊 yǒuyì 圆 우정 | ★干杯 gānbēi 圆 건배하다

5

너	이 일	~가	책임지다	~해야 한다
你	这件事	由	负责	应该
대명사	지시대명사+양사+명사	개사	동사	조동사

해설 및 정답　**문제 분석▼** 由는 '~가(이)'라는 의미의 개사로 뒤에는 대체로 대상을 의미하는 명사가 위치한다. 개사구를 만든 후에는 부사어의 순서 [부사+조동사+개사]에 주의하여 배열한다.

Step 1. 조동사+개사구	应该+由你
Step 2. 주어+부사어	这件事+应该由你
Step 3. 주어+부사어+술어	这件事+应该由你+负责

정답 这件事应该由你负责。이 일은 마땅히 네가 책임져야 한다.
　　 应该由你负责这件事。마땅히 네가 이 일을 책임져야 한다.

단어 ★负责 fùzé 동 책임지다

[TIP] 위 문장은 这件事를 목적어로 삼아 应该由你负责这件事라고 배열해도 된다.

2 술어문의 종류

| 실전 **트레이닝 1** | 기본서 **210쪽**

정답
1. 这首歌在韩国很流行。
2. 哥哥打算明年去美国。
3. 李教授想参观这所学校。
4. 我的梦想是成为一名演员。
5. 今天的新闻内容很无聊。

1

유행하다	한국에서	이 노래	매우
流行	在韩国	这首歌	很
형용사	개사+명사	지시대명사+양사+명사	부사

해설 및 정답　**문제 분석▼** 형용사술어문이기 때문에 목적어를 취할 수 없다. 또한 정도부사 뒤에는 형용사 혹은 감정동사만 위치한다는 것에 주의해야 한다.

Step 1. 주어+부사어	这首歌+在韩国
Step 2. 정도부사+술어	很+流行
Step 3. 주어+부사어+술어	这首歌+在韩国很+流行

(정답) 这首歌在韩国很流行。이 노래는 한국에서 매우 유행한다.

(단어) ★流行 liúxíng 휑 유행하다

2

미국에 가다	오빠/형	내년	~할 계획이다
去美国	哥哥	明年	打算
동사+명사	명사	명사	동사

(해설 및 정답) **문제 분석▼** 시간부사가 있는 경우 시간부사를 打算 앞에 배열하는 실수를 많이 하는데, 의미상 '내년'이라는 시간 역시 계획 안에 포함되어 있으므로 목적절 안에 배열해야 한다.

Step 1. 주어+술어	哥哥+打算
Step 2. 부사어+술어+목적어	明年+去+美国
Step 3. 주어+술어+목적절	哥哥+打算+明年去美国

(정답) 哥哥打算明年去美国。오빠(형)는 내년에 미국에 갈 계획이다.

(단어) ★打算 dǎsuan 동 ~할 생각이다, 계획하다

3

학교	~하고 싶다	참관하다	이 교수	이곳
学校	想	参观	李教授	这所
명사	조동사	동사	명사+명사	지시대명사+양사

(해설 및 정답) **문제 분석▼** 所(suǒ)는 기관을 세는 양사이므로 학교를 셀 수 있다. 기본 어순과 양사만 정확히 파악하고 있다면 쉽게 풀 수 있는 문제이다.

Step 1. 양사+명사	这所+学校
Step 2. 부사어+술어	想+参观
Step 3. 주어+부사어+술어+목적어	李教授+想+参观+这所学校

(정답) 李教授想参观这所学校。이 교수는 이 학교를 참관하고 싶어 한다.

(단어) ★教授 jiàoshòu 명 교수 | ★参观 cānguān 동 참관하다

4

나의	~이다	꿈	한 명의 배우	~이 되다
我的	是	梦想	一名演员	成为
대명사+的	동사	명사	수사+양사+명사	동사

해설 및 정답 **문제 분석▼** 술어가 두 개인 문제이기 때문에 주절이나 목적절 문장일 가능성이 높다.

Step 1. 的+명사   我的+梦想

Step 2. 술어+목적어   成为+一名演员

Step 3. 주어+술어+목적절   我的梦想+是+成为一名演员

정답 我的梦想是成为一名演员。나의 꿈은 배우가 되는 것이다.

단어 梦想 mèngxiǎng 몡 꿈 | 演员 yǎnyuán 몡 배우

5

매우	뉴스	지루하다	내용	오늘의
很	新闻	无聊	内容	今天的
부사	명사	형용사	명사	명사+的

해설 및 정답 **문제 분석▼** 형용사술어문의 어순 [주어+부사어+술어(형용사)]에 따라 배열한다.

Step 1. 的+명사   今天的+新闻

Step 2. 정도부사+술어   很+无聊

Step 3. 관형어+주어+부사어+술어   今天的新闻+内容+很+无聊

정답 今天的新闻内容很无聊。오늘의 뉴스 내용은 매우 지루하다.

단어 ★新闻 xīnwén 몡 뉴스 | 内容 nèiróng 몡 내용 | ★无聊 wúliáo 혱 지루하다

정답
1. 他正在准备明天的篮球比赛。　　　　2. 千万别忘了电脑的密码。
3. 地球是我们共同的财产。　　　　　　4. 这家公司只招聘有经验的人。
5. 她是一个性格很活泼的女孩子。

1

~하고 있는 중이다	그	농구 경기	준비하다	내일의
正在	他	篮球比赛	准备	明天的
부사	대명사	명사+명사	동사	명사+的

해설 및 정답 **문제 분석▼** 正在는 '~하고 있는 중이다'라는 뜻의 부사로 술어 앞에 위치한다.

Step 1. 的+명사	明天的+篮球比赛
Step 2. 주어+부사어	他+正在
Step 3. 주어+부사어+술어+목적어	他+正在+准备+明天的篮球比赛

정답 **他正在准备明天的篮球比赛。** 그는 내일 있을 농구 경기를 준비하고 있다.

단어 ★准备 zhǔnbèi 동 준비하다 | 篮球 lánqiú 명 농구 | ★比赛 bǐsài 명 경기, 시합

2

잊지 마	절대	비밀번호	컴퓨터의
别忘了	千万	密码	电脑的
别+동사+了	부사	명사	명사+的

해설 및 정답 **문제 분석▼** 千万은 '절대'라는 의미의 부사로 뒤에는 대체로 부정부사가 위치한다. 부사어의 순서를 확정한 후 기본 어순에 따라 배열한다.

Step 1. 千万+부정부사	千万+别
Step 2. 的+명사	电脑的+密码
Step 3. 부사어+술어+목적어	千万别+忘了+电脑的密码

정답 **千万别忘了电脑的密码。** 컴퓨터의 비밀번호를 절대 잊지 마세요.

단어 千万 qiānwàn 부 절대 | 电脑 diànnǎo 명 컴퓨터 | 密码 mìmǎ 명 비밀번호

3

공동의	지구	우리	재산	~이다
共同的	地球	我们	财产	是
형용사+的	명사	대명사	명사	동사

해설 및 정답 **문제 분석▼** 共同은 '공동의'라는 의미로 앞에는 대체로 복수 인칭대명사가 위치한다. [복수 인칭대명사+共同]의 형식으로 자주 출제되니 숙지하도록 한다.

Step 1. 的+명사 　　　　　　　　　　　　　　共同的+财产

Step 2. 주어+술어 　　　　　　　　　　　　　地球+是

Step 3. 주어+술어+목적어 　　　　　　　　　地球+是+我们共同的财产

정답 **地球是我们共同的财产。** 지구는 우리의 공동 재산이다.

단어 ★地球 dìqiú 몡 지구 | 共同 gòngtóng 톙 공동의 | 财产 cáichǎn 몡 재산

4

단지	이 회사	경험이 있는	채용하다	사람
只	这家公司	有经验的	招聘	人
부사	지시대명사+양사+명사	관형어+的	동사	명사

해설 및 정답 **문제 분석▼** 기본 어순에 따라 배열한다. 只는 '단지, 겨우'라는 의미의 부사로 주어 뒤, 술어 앞에 위치한다.

Step 1. 的+명사 　　　　　　　　　　　　　　有经验的+人

Step 2. 주어+부사어 　　　　　　　　　　　　这家公司+只

Step 3. 주어+부사어+술어+목적어 　　　　　这家公司+只+招聘+有经验的人

정답 **这家公司只招聘有经验的人。** 이 회사는 경험이 있는 사람만 채용한다.

단어 ★招聘 zhāopìn 됭 채용하다 | ★经验 jīngyàn 몡 경험

5

한 명의 ~이다	그녀	성격	여자아이	매우 활발한
是一个	她	性格	女孩子	很活泼的
동사+수사+양사	대명사	명사	명사	관형어+的

해설 및 정답 **문제 분석▼** 간단한 기본 어순 문제이지만 명사가 많아 틀리기 쉽다. 性格(성격)과 活泼(활발하다)는 의미상 호응 구조이기 때문에 어휘의 의미를 연결하여 배열해야 한다.

Step 1. 的+명사	很活泼的+女孩子
Step 2. 주어+술어	她+是
Step 3. 주어+술어+관형어+목적어	她+是+一个性格很活泼的+女孩子

(정답) 她是一个性格很活泼的女孩子。 그녀는 성격이 매우 활발한 여자아이다.

(단어) ★性格 xìnggé 명 성격 | ★活泼 huópo 형 활발하다

3 부사어의 어순

| 실전 트레이닝 1 | 기본서 219쪽

(정답)
1. 请把那本书翻到88页。
2. 公司对这个员工进行了严厉的批评。
3. 他肯定不会做这种事。
4. 妈妈从来不给我买玩具。
5. 我很喜欢听中国音乐。

1

그 책	~을	88페이지	~해 주세요	~로 펴다
那本书	把	88页	请	翻到
지시대명사+양사+명사	개사	수사+양사	동사	동사+보어

(해설 및 정답) **문제 분석▼** 개사 把는 반드시 동작자가 주어져야 한다. 제시어 중 동작자가 없기 때문에 주어가 없는 문장임을 알 수 있다. 따라서 请을 우선 배치하고 부사어를 완성한 뒤, [술어+목적어] 순서로 배열한다.

Step 1. 개사+명사	把+那本书
Step 2. 술어+목적어	翻到+88页
Step 3. 请+부사어+술어+목적어	请+把那本书+翻到+88页

(정답) **请把那本书翻到88页。** 그 책을 88페이지 펴주세요.

(단어) 翻 fān 동 (책을) 펴다 | ★页 yè 양 (책의) 쪽, 페이지

[TIP] 请, 麻烦(máfan 번거롭게 하다)은 대체로 문장 앞자리에 놓여 접두사와 같은 역할을 한다.

회사	진행했다	이 직원에 대해서	호되게	꾸짖다
公司	进行了	对这个员工	严厉的	批评
명사	동사+了	개사+지시대명사+양사+명사	형용사+的	동사

해설 및 정답 **문제 분석▼** 对는 '~에 대해서'라는 의미의 개사로 뒤에 명사와 함께 짝을 이루어 개사구로 사용된다. 개사구는 주어와 술어 사이에 위치한다.

Step 1. 的+명사	严厉的+批评
Step 2. 술어+목적어	进行了+严厉的批评
Step 3. 주어+부사어+술어+목적어	公司+对这个员工+进行了+严厉的批评

정답 公司对这个员工进行了严厉的批评。 회사는 이 직원을 호되게 꾸짖었다.

단어 员工 yuángōng 몡 직원 | ★进行 jìnxíng 동 진행하다 | 严厉 yánlì 혱 호되다 | ★批评 pīpíng 동 비평하다, 꾸짖다

하다	그	틀림없이	~하지 않을 것이다	이런 일
做	他	肯定	不会	这种事
동사	대명사	부사	부정부사+조동사	지시대명사+양사+명사

해설 및 정답 **문제 분석▼** 부사어의 어순 [부사+조동사+개사] 순서에 주의하여 배열한다.

Step 1. 부사+조동사	肯定不+会
Step 2. 술어+목적어	做+这种事
Step 3. 주어+부사어+술어+목적어	他+肯定不会+做+这种事

정답 他肯定不会做这种事。 그는 틀림없이 이런 일을 하지 않을 것이다.

단어 肯定 kěndìng 뷔 틀림없이

장난감을 사다	지금까지	~않다	엄마	나에게
买玩具	从来	不	妈妈	给我
동사+명사	부사	부정부사	명사	개사+대명사

해설 및 정답　**문제 분석▼**　부사어의 기본 순서에 주의하여 배열한다. 부사 从来 뒤에 부정부사가 위치하는 것에 주의한다.

Step 1. 부사+개사구	从来不+给我
Step 2. 주어+부사어	妈妈+从来不给我
Step 3. 주어+부사어+술어+목적어	妈妈+从来不给我+买+玩具

정답　**妈妈从来不给我买玩具。** 엄마는 지금까지 나에게 장난감을 사주신 적이 없다.

단어　★从来 cónglái 凰 지금까지 | 玩具 wánjù 몡 장난감

[TIP] 从来와 더불어 并(bìng 결코), 千万(qiānwàn 절대), 根本(gēnběn 전혀) 등의 부사 역시 대체로 뒤에 부정부사가 위치한다.

↳ **몌** 他从来不抽烟。 그는 지금껏 담배를 피우지 않았다. | 我并不喜欢他。 나는 결코 그를 좋아하지 않는다. | 你千万别紧张。 너는 절대 긴장하지 마라. | 我根本没看。 나는 아예 보지 않았다.

음악	좋아하다	중국	나	듣다	매우
音乐	喜欢	中国	我	听	很
명사	동사	명사	대명사	동사	부사

해설 및 정답　**문제 분석▼**　정도부사 뒤에는 형용사 혹은 감정동사가 위치해야 한다는 것에 주의하여 배열한다.

Step 1. 정도부사+감정동사	很+喜欢
Step 2. 술어+목적어	听+中国音乐
Step 3. 주어+부사어+술어+목적절	我+很+喜欢+听中国音乐

정답　**我很喜欢听中国音乐。** 나는 중국 음악 듣는 것을 매우 좋아한다.

단어　音乐 yīnyuè 몡 음악

[TIP] 喜欢의 목적어는 명사뿐만 아니라 문장이 될 수 있다.

정답
1. 难道你不想跟他回国吗?
2. 冰箱里的鸡蛋已经都吃光了。
3. 你不应该相信自己的能力。
4. 我常常跟朋友练习书法。
5. 你为什么对文学感兴趣?

1

귀국하다	~하고 싶지 않다	~까?	설마 너	그와
回国	不想	吗	难道你	跟他
동사	부정부사+조동사	어기조사	부사+대명사	개사+대명사

해설 및 정답 문제 분석▼ '难道…吗?'는 '설마 ~하겠는가?'라는 의미로 반어 표현이다.

Step 1. 부사+조동사+개사구 　　　　　　不+想+跟他

Step 2. 难道+주어+부사어+술어+吗 　　　难道+你+不想跟他+回国+吗

정답 **难道你不想跟他回国吗?** 설마 넌 그와 귀국하고 싶지 않은 거니?

단어 ★难道 nándào 冟 설마 ~하겠는가?

2

달걀	다 먹었다	~의, ~한	이미 모두	냉장고 안
鸡蛋	吃光了	的	已经都	冰箱里
명사	동사+보어+어기조사	구조조사	부사+부사	명사+명사

해설 및 정답 문제 분석▼ 기본 어순에 따라 배열한다. 已经과 都 모두 부사이기 때문에 주어 뒤, 술어 앞에 배열한다.

Step 1. 관형어+的+명사 　　　　冰箱里+的+鸡蛋

Step 2. 주어+부사어 　　　　　　冰箱里的鸡蛋+已经都

Step 3. 주어+부사어+술어 　　　冰箱里的鸡蛋+已经都+吃光了

정답 **冰箱里的鸡蛋已经都吃光了。** 냉장고 안에 달걀은 이미 다 먹어 치웠다.

단어 ★冰箱 bīngxiāng 冟 냉장고 | 鸡蛋 jīdàn 冟 달걀

3

믿다	스스로의	능력	~해서는 안 된다	너
相信	自己的	能力	不应该	你
동사	대명사+的	명사	부정부사+조동사	대명사

해설 및 정답 **문제 분석▼** 부정부사 不와 조동사 应该 모두 부사어에 속하기 때문에 주어 뒤에 위치해야 한다.

Step 1. 的+명사	自己的+能力
Step 2. 주어+부사어	你+不应该
Step 3. 주어+부사어+술어+목적어	你+不应该+相信+自己的能力

정답 你不应该相信自己的能力。 당신은 스스로의 능력을 믿어서는 안 된다.

단어 ★相信 xiāngxìn 동 믿다 | 能力 nénglì 명 능력

4

나	연습하다	친구와	자주	서예
我	练习	跟朋友	常常	书法
대명사	동사	개사+명사	부사	명사

해설 및 정답 **문제 분석▼** 부사어의 순서 [부사+조동사+개사]에 주의하여 배열한다.

Step 1. 술어+목적어	练习+书法
Step 2. 부사+개사구	常常+跟朋友
Step 3. 주어+부사어+술어+목적어	我+常常跟朋友+练习+书法

정답 我常常跟朋友练习书法。 나는 자주 친구와 서예를 연습한다.

단어 ★练习 liànxí 동 연습하다 | 书法 shūfǎ 명 서예

5

~에 대해	왜	문학	너	느끼다	흥미
对	为什么	文学	你	感	兴趣
개사	대명사	명사	대명사	동사	명사

해설 및 정답 **문제 분석▼** 의문대명사 为什么는 주어 뒤에서 부사어 역할을 담당할 수 있다.

Step 1. 개사+명사	对+文学
Step 2. 주어+为什么+개사구	你+为什么+对文学
Step 3. 주어+부사어+술어+목적어	你+为什么对文学+感+兴趣

정답 **你为什么对文学感兴趣?** 너는 왜 문학에 흥미를 느끼니?

단어 文学 wénxué 명 문학 | 感 gǎn 통 느끼다 | ★兴趣 xìngqù 명 흥미

[TIP] '对…感兴趣'는 '~에 대해 흥미를 느끼다'라는 의미의 호응 구조이다.

4 관형어의 어순

| *실전* 트레이닝 1 | 기본서 225쪽

정답
1. 那些瓶子的质量不合格。
2. 窗户旁边那个座位空着呢。
3. 这家饭店的老板是位著名的演员。
4. 这道问题的答案有两个。
5. 我们公司将要扩大招聘范围。

1

불합격하다	병의	그것들	품질
不合格	瓶子的	那些	质量
형용사	명사+的	지시대명사	명사

해설 및 정답 **문제 분석▼** [관형어+的+주어/목적어] 순서에 주의하며 배열한다.

Step 1. 的+명사	瓶子的+质量
Step 2. 관형어+주어	那些瓶子的+质量
Step 3. 관형어+주어+부사어+술어	那些瓶子的+质量+不+合格

정답 **那些瓶子的质量不合格。** 그 병들의 품질은 불합격이다.

단어 瓶子 píngzi 명 병 | 质量 zhìliàng 명 품질 | 合格 hégé 형 합격이다

2

그것	~는?	자리	창문 옆	비어 있다
那个	呢	座位	窗户旁边	空着
지시대명사	어기조사	명사	명사+명사	형용사+着

해설 및 정답 **문제 분석▼** 관형어의 순서에 주의해야 하는 문제다. [장소→수량]의 순서에 따라 배열한다. 어법상으로는 [这/那+수사+양사+명사] 순이지만, 대체로 수사 ㅡ는 생략된다. 예를 들면 那一个座位와 같은 경우, 수사 ㅡ는 생략된 채 那个座位로 사용한다.

Step 1. 장소+수량	窗户旁边+那个
Step 2. 관형어+주어	窗户旁边那个+座位
Step 3. 관형어+주어+술어	窗户旁边那个+座位+空着呢

정답 **窗户旁边那个座位空着呢。** 창문 옆의 그 자리는 비어 있다.

단어 ★窗户 chuānghu 몡 창문 | 旁边 pángbiān 몡 옆 | ★座位 zuòwèi 몡 자리 | 空 kōng 휑 비다

3

유명한	이 호텔의	한 분이다	배우	사장
著名的	这家饭店的	是位	演员	老板
형용사+的	관형어+的	동사+양사	명사	명사

해설 및 정답 **문제 분석▼** [관형어+的+주어/목적어] 순서에 주의하며 배열한다.

Step 1. 的+명사	这家饭店的+老板
Step 2. 的+명사	著名的+演员
Step 3. 관형어+주어+술어+관형어+목적어	这家饭店的+老板+是+位著名的+演员

정답 **这家饭店的老板是位著名的演员。** 이 호텔의 사장은 유명한 배우다.

단어 饭店 fàndiàn 몡 호텔 | 老板 lǎobǎn 몡 사장 | 著名 zhùmíng 휑 유명하다 | 演员 yǎnyuán 몡 배우

4

~이 있다	문제의	답안	이 항목	두 개
有	问题的	答案	这道	两个
동사	명사+的	명사	지시대명사+양사	수사+양사

해설 및 정답 문제 분석▼ 道는 문제를 세는 양사이므로 뒤에는 명사가 위치한다.

Step 1. 的+명사	问题的+答案
Step 2. 관형어+주어	这道问题的+答案
Step 3. 관형어+주어+술어+목적어	这道问题的+答案+有+两个

정답 这道问题的答案有两个。 이 문제의 답은 두 개다.

단어 ★问题 wèntí 몡 문제 | 答案 dá'àn 몡 답

5

채용 범위	~할 것이다	우리 회사	확대하다	곧
招聘范围	要	我们公司	扩大	将
동사+명사	조동사	대명사+명사	동사	부사

해설 및 정답 문제 분석▼ 부사 将과 조동사 要는 부사어에 속하기 때문에 주어 뒤, 술어 앞에 위치한다.

Step 1. 부사+조동사	将+要
Step 2. 주어+부사어+술어	我们公司+将要+扩大
Step 3. 주어+부사어+술어+관형어+목적어	我们公司+将要+扩大+招聘+范围

정답 我们公司将要扩大招聘范围。 우리 회사는 곧 채용 범위를 확대할 것이다.

단어 公司 gōngsī 몡 회사 | 将 jiāng 뭐 곧 | 扩大 kuòdà 됭 확대하다 | ★招聘 zhāopìn 됭 채용하다, 모집하다 | ★范围 fànwéi 몡 범위

정답
1. 前天买的手机有点儿问题。　　2. 我的意见没有得到大家的支持。
3. 他的留学申请没通过。　　　　4. 我觉得飞机是最安全的交通工具。
5. 我不能接受他的观点。

1

약간	그저께 산	휴대폰	문제	~이 있다
点儿	前天买的	手机	问题	有
양사	명사+동사+的	명사	명사	동사

해설 및 정답 **문제 분석▼** 一点儿은 '약간'이라는 의미의 수량 관련 어휘로, 문장 맨 앞에 위치하지 않는 경우 一를 생략할 수 있다. 이 문장에서의 点儿은 问题의 수량과 관련된 관형어 역할을 한다.

Step 1. 的+명사　　　　　　　　　　　前天买的+手机

Step 2. 관형어+주어+술어　　　　　　　前天买的+手机+有

Step 3. 관형어+주어+술어+관형어+목적어　前天买的+手机+有+点儿+问题

정답 **前天买的手机有点儿问题。** 그저께 산 휴대폰에 약간의 문제가 있다.

단어 前天 qiántiān 몡 그저께 | ★问题 wèntí 몡 문제

[TIP] '有(一)点儿+형용사' 형식에서 有(一)点儿은 '약간'이라는 의미의 부사이고, '有+(一)点儿+명사' 형식에서 有는 술어, (一)点儿은 관형어 역할을 한다.

2

~하지 않았다	나의 의견	지지	모두의	얻다
没有	我的意见	支持	大家的	得到
부사	대명사+的+명사	명사	대명사+的	동사

해설 및 정답 **문제 분석▼** 没有는 동사로도 사용되지만, '~하지 않았다'는 의미의 과거 부정을 의미하는 부사로도 사용되기 때문에 문장의 의미를 잘 파악해야 한다.

Step 1. 的+명사　　　　　　　　　　　大家的+支持

Step 2. 주어+부사어+술어　　　　　　　我的意见+没有+得到

Step 3. 주어+부사어+술어+관형어+목적어　我的意见+没有+得到+大家的+支持

정답 **我的意见没有得到大家的支持。** 나의 의견은 모두의 지지를 얻지 못했다.

단어 ★意见 yìjiàn 몡 의견 | 支持 zhīchí 몡동 지지(하다)

3

신청하다	그의	유학하다	통과하다	~하지 않았다
申请	他的	留学	通过	没
동사	대명사+的	동사	동사	부사

해설 및 정답 **문제 분석▼** 留学(유학하다)와 申请(신청하다)가 留学申请(유학 신청)이라는 의미로 하나의 명사구가 될 수 있음에 주의해야 한다.

Step 1. 的+명사   他的+留学申请

Step 2. 관형어+주어+부사어   他的+留学申请+没

Step 3. 관형어+주어+부사어+술어   他的+留学申请+没+通过

정답 他的留学申请没通过。 그의 유학 신청은 통과되지 못했다.

단어 留学 liúxué 图 유학하다 | ★申请 shēnqǐng 图 신청하다 | 通过 tōngguò 图 통과하다

4

비행기	가장 안전한	~이다	내 생각에	교통수단
飞机	最安全的	是	我觉得	交通工具
명사	관형어+的	동사	대명사+동사	명사+명사

해설 및 정답 **문제 분석▼** 觉得는 뒤에 반드시 목적절을 취해야 하는 동사임에 주의해야 한다.

Step 1. 的+명사   最安全的+交通工具

Step 2. 주어+술어+관형어+목적어   飞机+是+最安全的+交通工具

Step 3. 주어+술어+목적절   我+觉得+飞机是最安全的交通工具

정답 我觉得飞机是最安全的交通工具。 내 생각에 비행기는 가장 안전한 교통수단이다.

단어 飞机 fēijī 圀 비행기 | ★安全 ānquán 圀 안전하다 | ★交通 jiāotōng 圀 교통 | 工具 gōngjù 圀 수단

5

그의	나	관점	~할 수 없다	받아들이다
他的	我	观点	不能	接受
대명사+的	대명사	명사	부정부사+조동사	동사

해설 및 정답 **문제 분석▼** 부정부사인 不와 조동사 能은 부사어로 주어 뒤에 위치한다.

Step 1. 的+명사	他的+观点
Step 2. 주어+부사어+술어	我+不能+接受
Step 3. 주어+부사어+술어+관형어+목적어	我+不能+接受+他的+观点

(정답) **我不能接受他的观点。** 나는 그의 관점을 받아들일 수 없다.

(단어) 接受 jiēshòu ⑧ 받아들이다 | 观点 guāndiǎn ⑲ 관점

5) 보어의 종류

| *실전* 트레이닝 1 | 기본서 239쪽

(정답)
1. 梅花主要生长在哪里?
2. 我希望你们继续坚持下去。
3. 她紧张得吃不下饭。
4. 你重新整理一下这些文件。
5. 他肯定做不了这么多的作业。

1

주로	~에서 자라다	매화	어디
主要	生长在	梅花	哪里
부사	동사+보어	명사	대명사

(해설 및 정답) **문제 분석**▼ 在는 결과보어 역할을 담당하며, 의미상 뒤에 대체로 장소명사가 위치한다.

Step 1. 在+장소명사	生长在+哪里
Step 2. 주어+부사어+[술어+보어]	梅花+主要+生长在
Step 3. 주어+부사어+[술어+보어]+목적어	梅花+主要+生长在+哪里

(정답) **梅花主要生长在哪里?** 매화는 주로 어디에서 자라는가?

(단어) 梅花 méihuā ⑲ 매화 | 主要 zhǔyào ⑨ 주로 | 生长 shēngzhǎng ⑧ 자라다, 생장하다

2

내려가다	너희	계속하다	나는 ~하기를 바라다	고수하다
下去	你们	继续	我希望	坚持
동사	대명사	동사	대명사+동사	동사

(해설 및 정답) **문제 분석▼** 希望은 대체로 목적절을 취하는 동사이고, 继续는 뒤에 동사를 수반하는 동사이다.

Step 1. 继续+동사	继续+坚持
Step 2. 주어+술어+보어	你们+继续坚持+下去
Step 3. 주어+술어+목적절	我+希望+你们继续坚持下去

(정답) **我希望你们继续坚持下去。** 나는 너희가 계속 고수해 나가길 바란다.

(단어) ★希望 xīwàng 图 바라다, 희망하다 | ★继续 jìxù 图 계속하다 | ★坚持 jiānchí 图 고수하다

3

밥을 먹을 수 없다	그녀	~한 정도가	긴장하다
吃不下饭	她	得	紧张
동사+보어+명사	대명사	구조조사	형용사

(해설 및 정답) **문제 분석▼** 정도보어의 어순 [동사/형용사+得+정도보어]에 따라 배열한다.

Step 1. 술어+得	紧张+得
Step 2. 술어+得+보어	紧张+得+吃不下饭
Step 3. 주어+술어+得+보어	她+紧张+得+吃不下饭

(정답) **她紧张得吃不下饭。** 그녀는 밥을 먹을 수 없을 정도로 긴장했다.

(단어) ★紧张 jǐnzhāng 图 긴장하다

4

이 문서들	너	다시	좀 ~하다	정리하다
这些文件	你	重新	一下	整理
지시대명사+명사	대명사	부사	수량사	동사

(해설 및 정답) **문제 분석▼** 重新은 '새로, 다시'라는 의미의 부사로 반드시 술어 앞에 위치해야 하며, 一下는 '좀'이라는 의미로 동사 뒤에서 보어 역할을 담당한다.

Step 1. 주어+부사어	你+重新
Step 2. 술어+보어	整理+一下
Step 3. 주어+부사어+술어+보어+목적어	你+重新+整理+一下+这些文件

정답 **你重新整理一下这些文件。** 너는 이 문서들을 다시 좀 정리해라.

단어 重新 chóngxīn 뷔 다시 | ★整理 zhěnglǐ 통 정리하다 | 文件 wénjiàn 몡 문건

5

그	숙제	틀림없이	이렇게 많은	할 수 없다
他	作业	肯定	这么多的	做不了
대명사	명사	부사	관형어+的	동사+보어

해설 및 정답 **문제 분석▼** 肯定은 '틀림없이'라는 의미의 부사로 주어 뒤에 위치해야 한다.

Step 1. 的+명사	这么多的+作业
Step 2. 주어+부사어+술어	他+肯定+做不了
Step 3. 주어+부사어+술어+관형어+목적어	他+肯定+做不了+这么多的+作业

정답 **他肯定做不了这么多的作业。** 그는 틀림없이 이렇게 많은 숙제를 할 수 없다.

단어 肯定 kěndìng 뷔 틀림없이, 분명히 | 作业 zuòyè 몡 숙제

| 실전 트레이닝 2 | 기본서 239쪽

정답
1. 姐姐感动得哭了。
2. 你到底要说到什么时候?
3. 王老师在外地生活了十年。
4. 我们在日常生活中离不开数学。
5. 我看不见黑板上的字。

1

~했다	언니/누나	감동하다	울다	~한 정도가
了	姐姐	感动	哭	得
어기조사	명사	동사	동사	구조조사

해설 및 정답 **문제 분석▼** 정도보어의 어순 [동사/형용사+得+정도보어]에 따라 배열한다.

Step 1. 술어+得	感动+得
Step 2. 술어+得+보어	感动+得+哭了
Step 3. 주어+술어+得+보어	姐姐+感动+得+哭了

정답 **姐姐感动得哭了。** 언니(누나)는 감동해서 울었다.

단어 ★感动 gǎndòng 통 감동하다 | 哭 kū 통 울다

2

너	~할 것이다	언제	말하다	도대체
你	要	什么时候	说到	到底
대명사	조동사	대명사+명사	동사+보어	부사

해설 및 정답 **문제 분석▼** 到는 결과보어 역할을 담당하며 뒤에 도달 시점이나 지점을 의미하는 목적어가 위치한다.

Step 1. 到+도달 시점	说到+什么时候
Step 2. 부사+조동사	到底+要
Step 3. 주어+부사어+술어+목적어	你+到底要+说到+什么时候

정답 **你到底要说到什么时候?** 너는 도대체 언제까지 말할 거니?

단어 ★到底 dàodǐ 부 도대체

3

10년	~에서	왕 선생님	타지	생활했다
十年	在	王老师	外地	生活了
수사+양사	개사	명사+명사	명사	동사+了

해설 및 정답 **문제 분석▼** 시량보어의 어순 [동사+시량보어]에 따라 배열한다.

Step 1. 개사+명사	在+外地
Step 2. 술어+보어	生活了+十年
Step 3. 주어+부사어+술어+보어	王老师+在外地+生活了+十年

정답 **王老师在外地生活了十年。** 왕 선생님은 타지에서 10년을 생활했다.

단어 外地 wàidì 명 외지, 타지 | ★生活 shēnghuó 명통 생활(하다)

4

수학	우리	~할 수 없다	일상생활 속에서	떨어지다
数学	我们	不开	在日常生活中	离
명사	대명사	보어	개사+명사구	동사

(해설 및 정답) 문제 분석▼ 가능보어의 어순 [동사+得/不+결과보어/방향보어]에 따라 배열한다.

Step 1. 술어+보어	离+不开
Step 2. 주어+부사어+술어	我们+日常生活中+离不开
Step 3. 주어+부사어+술어+보어+목적어	我们+日常生活中+离+不开+数学

(정답) 我们在日常生活中离不开数学。 우리는 일상생활 속에서 수학과 떨어질 수 없다.

(단어) 日常生活 rìcháng shēnghuó 명 일상생활 | 离不开 líbukāi 떨어질 수 없다 | 数学 shùxué 명 수학

5

글자	나	보이지 않다	보다	칠판의
字	我	不见	看	黑板上的
명사	대명사	보어	동사	관형어+的

(해설 및 정답) 문제 분석▼ 가능보어의 어순 [동사+得/不+결과보어/방향보어]에 따라 배열한다.

Step 1. 的+명사	黑板上的+字
Step 2. 술어+보어	看+不见
Step 3. 주어+술어+보어+목적어	我+看+不见+黑板上的字

(정답) 我看不见黑板上的字。 나는 칠판의 글자가 보이지 않는다.

(단어) 黑板 hēibǎn 명 칠판

6 연동문과 겸어문

| 실전 트레이닝 1 | 기본서 247쪽

정답

1. 班长让我参加这次比赛。
2. 爷爷肯定会叫我去买菜。
3. 姐姐明天坐飞机去加拿大。
4. 李先生请我吃过几顿饭。
5. 我没有时间跟他见面。

1

반장	이번 시합	참가하다	나더러
班长	这次比赛	参加	让我
명사	지시대명사+양사+명사	동사	동사+대명사

해설 및 정답 문제 분석▼ 겸어문의 어순에 따라 배열한다. 사역동사 让은 겸어문에서 동사1 역할을 담당한다.

Step 1. 주어+동사1	班长+让我
Step 2. 동사2+목적어	参加+这次比赛
Step 3. 주어+동사1+겸어+동사2+목적어	班长+让+我+参加+这次比赛

정답 班长让我参加这次比赛。 반장이 나더러 이번 시합에 참가하라고 했다.

단어 班长 bānzhǎng 몡 반장 | ★参加 cānjiā 통 참가하다 | ★比赛 bǐsài 몡 시합, 경기

2

채소를 사러 가다	틀림없이	할아버지	나에게	~할 것이다
去买菜	肯定	爷爷	叫我	会
동사+동사+명사	부사	명사	동사+대명사	조동사

해설 및 정답 문제 분석▼ 겸어문의 어순에 따라 배열한다. 사역동사 叫는 겸어문에서 동사1 역할을 담당한다.

Step 1. 부사+조동사	肯定+会
Step 2. 주어+부사어+동사1	爷爷+肯定会+叫我
Step 3. 주어+부사어+동사1+겸어+동사2	爷爷+肯定会+叫+我+去买菜

정답 爷爷肯定会叫我去买菜。 할아버지는 틀림없이 나에게 채소를 사오라고 하실 것이다.

단어 爷爷 yéye 몡 할아버지 | 肯定 kěndìng 囘 틀림없이, 분명히 | 菜 cài 몡 채소

3

가다	내일 타다	비행기	캐나다	언니
去	明天坐	飞机	加拿大	姐姐
동사	명사+동사	명사	명사	명사

(해설 및 정답) **문제 분석▼** 연동문의 어순 [동사1+목적어1+동사2+목적어2]에 따라 배열한다.

Step 1. 주어+부사어	姐姐+明天
Step 2. 동사1+목적어1	坐+飞机
Step 3. 주어+부사어+동사1+목적어1+동사2+목적어2	姐姐+明天+坐+飞机+去+加拿大

(정답) **姐姐明天坐飞机去加拿大。** 언니(누나)는 내일 비행기를 타고 캐나다로 간다.

(단어) 飞机 fēijī 몡 비행기 | 加拿大 Jiānádà 고유 캐나다

4

나에게	먹다	밥 몇 끼	~한 적이 있다	이 선생
请我	吃	几顿饭	过	李先生
동사+대명사	동사	수사+양사+명사	동태조사	명사+명사

(해설 및 정답) **문제 분석▼** 겸어문의 어순에 따라 배열한다. 사역동사 请은 겸어문에서 동사1 역할을 담당한다.

Step 1. 주어+동사1	李先生+请我
Step 2. 동사2+동태조사	吃+过
Step 3. 주어+동사1+겸어+동사2+목적어	李先生+请+我+吃过+几顿饭

(정답) **李先生请我吃过几顿饭。** 이 선생은 나에게 밥을 몇 끼 산 적 있다.

(단어) 顿 dùn 양 끼니, 차례

5

없다	그와	시간	나	만나다
没有	跟他	时间	我	见面
동사	개사+대명사	명사	대명사	동사

(해설 및 정답) **문제 분석▼** 연동문에서 (没)有가 동사1인 경우, 개사구는 동사2 앞에 위치한다.

Step 1.	동사1+목적어1	没有+时间
Step 2.	개사구+동사2	跟他+见面
Step 3.	주어+동사1+목적어+개사구+동사2	我+没有+时间+跟他+见面

(정답) 我没有时间跟他见面。나는 그와 만날 시간이 없다.

실전 트레이닝 2 | 기본서 247쪽

(정답)
1. 加油站禁止客人抽烟。
2. 你陪妈妈去公园散散步吧。
3. 这些礼物一定能使大家感动。
4. 邻居家的孩子会用筷子吃饭。
5. 老师让我通知大家明天八点出发。

1

흡연하다	주유소	금지하다	손님
抽烟	加油站	禁止	客人
동사	명사	동사	명사

(해설 및 정답) 문제 분석▼ 겸어문의 어순에 따라 배열한다. 의미상 주유소에서 흡연을 금지시키는 것이기 때문에 禁止(금지하다)가 첫 번째 동사 역할을 담당한다.

Step 1.	주어+동사1	加油站+禁止
Step 2.	겸어+동사2	客人+抽烟
Step 3.	주어+동사1+겸어+동사2	加油站+禁止+客人+抽烟

(정답) 加油站禁止客人抽烟。주유소에서는 손님이 흡연하는 것을 금지한다.

(단어) 加油站 jiāyóuzhàn 명 주유소 | ★禁止 jìnzhǐ 동 금지하다 | ★抽烟 chōuyān 동 흡연하다

2

엄마를 모시다	너	산책하다	공원에 가다	~해라
陪妈妈	你	散散步	去公园	吧
동사+명사	대명사	동사	동사+명사	어기조사

(해설 및 정답) 문제 분석▼ 연동문의 어순에 따라 시간 순서대로 배열한다.

Step 1. 주어+동사1	你+陪妈妈
Step 2. 동사2+동사3	去公园+散散步
Step 3. 주어+동사1+동사2+동사3+어기조사	你+陪妈妈+去公园+散散步+吧

(정답) **你陪妈妈去公园散散步吧。** 너는 엄마를 모시고 공원에 가서 산책해라.

(단어) ★陪 péi 图 모시다 | ★散步 sànbù 图 산책하다

3

감동하다	이 선물들	분명히	모두에게	~할 수 있다
感动	这些礼物	一定	使大家	能
동사	지시대명사+명사	부사	동사+대명사	조동사

(해설 및 정답) **문제 분석▼** 겸어문의 어순에 따라 배열한다. 사역동사 使는 겸어문에서 동사1 역할을 담당한다.

Step 1. 부사+조동사	一定+能
Step 2. 주어+부사어+동사1	这些礼物+一定能+使大家
Step 3. 주어+부사어+동사1+겸어+동사2	这些礼物+一定能+使+大家+感动

(정답) **这些礼物一定能使大家感动。** 이 선물들은 분명히 모두를 감동시킬 수 있다.

(단어) 礼物 lǐwù 몡 선물 | ★感动 gǎndòng 图 감동하다

4

~할 수 있다	아이	밥 먹다	이웃집의	젓가락을 사용하다
会	孩子	吃饭	邻居家的	用筷子
조동사	명사	동사	명사구+的	동사+명사

(해설 및 정답) **문제 분석▼** 연동문의 어순에 따라 배열한다. 조동사 会는 부사어이기 때문에 술어 앞에 위치해야 한다. 또한 동사 用(사용하다)는 수단을 의미하며, 吃(먹다)는 목적에 해당하기 때문에 用이 동사1, 吃가 동사2 가 된다.

Step 1. 的+명사	邻居家的+孩子
Step 2. 부사어+동사1	会+用筷子
Step 3. 주어+부사어+동사1+동사2	邻居家的孩子+会+用筷子+吃饭

(정답) **邻居家的孩子会用筷子吃饭。** 이웃집 아이는 젓가락으로 밥을 먹을 수 있다.

(단어) ★邻居 línjū 몡 이웃집 | 孩子 háizi 몡 아이 | 筷子 kuàizi 몡 젓가락

모두에게 알리다	선생님	나더러	내일 8시에 출발하다
通知大家	老师	让我	明天八点出发
동사+대명사	명사	동사+대명사	명사+수사+양사+동사

해설 및 정답 **문제 분석▼** 겸어문의 어순에 따라 배열한다. 사역동사 让은 겸어문에서 동사1 역할을 담당하기 때문에 동사 通知(알리다)는 동사2가 된다.

Step 1. 주어+동사1	老师+让我
Step 2. 동사2+목적어2	通知+大家
Step 3. 주어+동사1+겸어1+동사2+겸어2+동사3	老师+让+我+通知+大家+明天八点出发

정답 老师让我通知大家明天八点出发。 선생님은 나더러 내일 8시에 출발한다고 모두에게 알리라고 하셨다.

단어 ★通知 tōngzhī 图 알리다, 통지하다 | 出发 chūfā 图 출발하다

7 존현문

| *실전* 트레이닝 1 | 기본서 254쪽

정답
1. 前边跑过来一个男孩子。
2. 字条上写着几个汉字。
3. 行李箱里也有几个礼物。
4. 盒子里有几件漂亮的毛衣。
5. 冰箱里还剩了一瓶水。

1

한 개	달리다	다가오다	남자아이	앞
一个	跑	过来	男孩子	前边
수사+양사	동사	동사	명사	명사

해설 및 정답 **문제 분석▼** 존현문의 어순에 따라 배열한다. 존현문은 시간이나 장소가 주어를 담당하기 때문에 장소를 의미하는 前边(앞)이 주어 역할을 한다.

Step 1. 주어+술어	前边+跑
Step 2. 술어+보어	跑+过来
Step 3. 주어+술어+보어+관형어+목적어	前边+跑+过来+一个+男孩子

(정답) 前边跑过来一个男孩子。 앞에서 남자아이 하나가 달려온다.

(단어) 前边 qiánbian 몡 앞 | 孩子 háizi 몡 아이

2

몇 개	한자	쓰다	메모 위	~해 있다
几个	汉字	写	字条上	着
수사+양사	명사	동사	명사+명사	동태조사

(해설 및 정답) **문제 분석▼** 존현문의 어순에 따라 배열한다. 사물명사 뒤에 上이 붙어 있는 경우는 장소명사로 보면 된다. 따라서 字条上은 장소명사로 존현문에서 주어 역할을 담당한다.

Step 1. 주어+술어	字条上+写
Step 2. 술어+동태조사	写+着
Step 3. 주어+술어+동태조사+관형어+목적어	字条上+写+着+几个+汉字

(정답) 字条上写着几个汉字。 메모에는 한자 몇 개가 쓰여 있다.

(단어) 字条 zìtiáo 몡 메모 | 汉字 Hànzì 몡 한자

3

선물	~도	트렁크 안	~이 있다	몇 개
礼物	也	行李箱里	有	几个
명사	부사	명사+명사	동사	수사+양사

(해설 및 정답) **문제 분석▼** 존현문의 어순에 따라 배열한다. 존현문은 동사 뒤에 반드시 방향보어 또는 동태조사가 들어가지만, 동사가 有인 경우에는 보어나 동태조사가 올 수 없다.

Step 1. 주어+부사어+술어	行李箱里+也+有
Step 2. 관형어+목적어	几个+礼物
Step 3. 주어+부사어+술어+관형어+목적어	行李箱里+也+有+几个+礼物

(정답) 行李箱里也有几个礼物。 트렁크 안에도 선물이 몇 개 있다.

(단어) 行李箱 xínglixiāng 몡 트렁크 | 礼物 lǐwù 몡 선물

4

몇 벌	상자 안	~이 있다	스웨터	예쁜
几件	盒子里	有	毛衣	漂亮的
수사+양사	명사+명사	동사	명사	형용사+的

해설 및 정답 　**문제 분석▼** 　존현문에서 술어가 有인 경우에는 보어나 동태조사를 쓸 수 없다. 또한 관형어는 [시간/장소→소유→수량 관련→기타] 순으로 배열되기 때문에, 수량 관련 어휘인 几件은 漂亮 앞에 위치한다.

Step 1. 的+명사	漂亮的+毛衣
Step 2. 주어+술어	盒子里+有
Step 3. 주어+술어+관형어+목적어	盒子里+有+几件漂亮的+毛衣

정답 **盒子里有几件漂亮的毛衣。** 상자 안에 예쁜 스웨터가 몇 벌 있다.

단어 ★盒子 hézi 몡 상자 | 毛衣 máoyī 몡 스웨터

5

남았다	물	또, 더	한 병	냉장고 안
剩了	水	还	一瓶	冰箱里
동사+了	명사	부사	수사+양사	명사+명사

해설 및 정답 　**문제 분석▼** 　존현문의 어순에 따라 배열한다. 사물명사 뒤에 里가 붙어 있는 경우 장소명사로 파악하여 주어로 사용해야 한다. 还는 '아직'이라는 의미의 부사이기 때문에 주어 뒤에 배치한다.

Step 1. 주어+부사어+술어	冰箱里+还+剩了
Step 2. 관형어+목적어	一瓶+水
Step 3. 주어+부사어+술어+관형어+목적어	冰箱里+还+剩了+一瓶+水

정답 **冰箱里还剩了一瓶水。** 냉장고 안에 물이 한 병 더 남아 있다.

단어 ★冰箱 bīngxiāng 몡 냉장고 | ★剩 shèng 됭 남다 | 瓶 píng 양 병

정답
1. 火车站站着很多外国游客。
2. 昨天丢了一把钥匙。
3. 最近发生了很多奇怪的事情。
4. 楼上搬来了个子高高的男人。
5. 公园的长椅子上坐着两个可爱的孩子。

1

서다	기차역	~해 있다	외국 여행객	아주 많다
站	火车站	着	外国游客	很多
동사	명사	동태조사	명사+명사	부사+형용사

해설 및 정답   **문제 분석▼** 장소명사인 火车站을 주어로 선택한다. 또한 [부사+형용사] 형식이 관형어로 사용되는 경우 的
를 사용해야 하지만, 형용사 多와 少는 的를 생략할 수 있다.
예 很大的公司(O) 아주 큰 회사 | 很大公司(X) | 很多人(O) 아주 많은 사람

Step 1. 주어+술어 　　　　　　　　　　火车站+站
Step 2. 술어+동태조사 　　　　　　　　站+着
Step 3. 주어+술어+동태조사+관형어+목적어 　　火车站+站+着+很多外国+游客

정답 **火车站站着很多外国游客。** 기차역에 외국 여행객이 아주 많이 서있다.

단어 火车站 huǒchēzhàn 명 기차역 | 外国 wàiguó 명 외국 | 游客 yóukè 명 여행객

2

한 개	어제	열쇠	잃어버렸다
一把	昨天	钥匙	丢了
수사+양사	명사	명사	동사+了

해설 및 정답   **문제 분석▼** 존현문은 장소나 시간이 주어 역할을 담당하므로 시간명사인 昨天을 주어로 선택한다. 또한 把는
열쇠는 세는 양사임을 기억해 두자.

Step 1. 주어+술어 　　　　　　　　　　昨天+丢了
Step 2. 관형어+목적어 　　　　　　　　一把+钥匙
Step 3. 주어+술어+관형어+목적어 　　　昨天+丢了+一把+钥匙

정답 **昨天丢了一把钥匙。** 어제 열쇠를 하나 잃어버렸다.

단어 ★钥匙 yàoshi 명 열쇠

3

이상한	발생했다	아주 많다	최근	일
奇怪的	发生了	很多	最近	事情
형용사+的	동사+了	부사+형용사	명사	명사

해설 및 정답 **문제 분석▼** 존현문의 어순에 따라 배열한다. 시간명사인 最近을 주어로 선택하고 관형어는 [시간/장소→소유 →수량 관련→기타] 순에 따라 [很多→奇怪] 순으로 나열한다.

Step 1. 的+명사	奇怪的+事情
Step 2. 주어+술어	最近+发生了
Step 3. 주어+술어+관형어+목적어	最近+发生了+很多奇怪的+事情

정답 最近发生了很多奇怪的事情。 최근에 이상한 일이 많이 발생했다.

단어 最近 zuìjìn 명 최근 | ★发生 fāshēng 동 발생하다 | ★奇怪 qíguài 형 이상하다 | 事情 shìqing 명 일

4

남자	이사하다	위층	왔다	키가 큰
男人	搬	楼上	来了	个子高高的
명사	동사	명사	동사+了	관형어+的

해설 및 정답 **문제 분석▼** 존현문의 어순에 따라 장소명사를 주어로 선택하고, 동사 뒤에 [방향보어→목적어] 순으로 나열한다.

Step 1. 주어+술어	楼上+搬
Step 2. 술어+보어	搬+来了
Step 3. 주어+술어+보어+관형어+목적어	楼上+搬+来了+个子高高的+男人

정답 楼上搬来了个子高高的男人。 위층에 키가 큰 남자가 이사 왔다.

단어 ★搬 bān 동 이사하다

5

공원의	앉아 있다	~한 아이	두 명의 귀여운	긴 의자 위
公园的	坐着	的孩子	两个可爱	长椅子上
명사+的	동사+着	的+명사	수사+양사+형용사	형용사+명사+명사

해설 및 정답 **문제 분석▼** 的 뒤에는 명사가 위치해야 하므로 의미상 어울리는 长椅子(벤치)를 놓아 주어를 만든다.

Step 1. 的+명사	公园的+长椅子上
Step 2. 주어+술어	公园的长椅子上+坐着
Step 3. 주어+술어+관형어+목적어	公园的长椅子上+坐着+两个可爱的+孩子

(정답) **公园的长椅子上坐着两个可爱的孩子。** 공원 벤치에 귀여운 아이가 두 명 앉아 있다.

(단어) 公园 gōngyuán 명 공원 | ★椅子 yǐzi 명 의자 | 可爱 kě'ài 형 귀엽다

8 비교문

| *실전* 트레이닝 1 | 기본서 261쪽

(정답)
1. 你比别人长得好看。
2. 飞机的速度比火车快得多。
3. 这个学期的成绩跟上个学期一样优秀。
4. 他的心情肯定会比我难过。
5. 新房子的厨房不比原来的大。

1

예쁘다	너는 ~보다	~한 정도로 생기다	다른 사람
好看	你比	长得	别人
형용사	대명사+개사	동사+得	대명사

(해설 및 정답) **문제 분석▼** 비교문에 정도보어가 포함된 문제다. 개사 比 뒤에 대명사 别人을 연결하고, 술어 长을 그 뒤에 위치시켜 [得+형용사] 형식의 정도보어 문형을 완성한다.

Step 1. 개사+명사	你比+别人
Step 2. 得+보어	长得+好看
Step 3. 주어+부사어+술어+보어	你+比别人+长得+好看

(정답) **你比别人长得好看。** 너는 다른 사람보다 예쁘게 생겼다.

(단어) 长 zhǎng 동 생기다, 자라다 | 好看 hǎokàn 형 아름답다, 보기 좋다

기차보다	속도	훨씬	비행기의	빠르다
比火车	速度	得多	飞机的	快
개사+명사	명사	得+형용사	명사+的	형용사

해설 및 정답 **문제 분석▼** 비교문에 정도보어가 포함된 문제다. 비교문의 경우 차이가 큰 경우에는 술어 뒤에 得多나 多了를 붙여 표현하고, 차이가 작을 경우에는 一点儿 혹은 一些를 붙여 표현한다.

Step 1. 的+명사	飞机的+速度
Step 2. 주어+개사구	飞机的速度+比火车
Step 3. 주어+부사어+술어+보어	飞机的速度+比火车+快+得多

정답 飞机的速度比火车快得多。비행기의 속도는 기차보다 훨씬 빠르다.

단어 飞机 fēijī 명 비행기 │ ★速度 sùdù 명 속도 │ 火车 huǒchē 명 기차

우수하다	같다	성적	지난 학기와	이번 학기의
优秀	一样	成绩	跟上个学期	这个学期的
형용사	형용사	명사	개사+명사구	지시대명사+양사+명사+的

해설 및 정답 **문제 분석▼** '跟…一样' 문형에 따라 배열한다.

Step 1. 的+명사	这个学期的+成绩
Step 2. 부사어[跟…一样] 완성	跟上个学期+一样
Step 3. 주어+부사어+술어	这个学期的成绩+跟上个学期一样+优秀

정답 这个学期的成绩跟上个学期一样优秀。이번 학기의 성적은 지난 학기와 똑같이 우수하다.

단어 学期 xuéqī 명 학기 │ ★成绩 chéngjì 명 성적 │ ★优秀 yōuxiù 형 우수하다

나보다	그의 심정	~할 것이다	분명히	슬프다
比我	他的心情	会	肯定	难过
개사+대명사	대명사+的+명사	조동사	부사	형용사

해설 및 정답 **문제 분석▼** 부사어의 순서인 [부사+조동사+개사]만 잘 파악하고 있다면 쉽게 풀 수 있는 문제다. 부사 肯定, 조동사 会, 개사구 比我 순으로 부사어를 나열한 뒤 술어 难过를 연결한다.

Step 1. 부사+조동사+개사구	肯定+会+比我
Step 2. 주어+부사어	他的心情+肯定会比我
Step 3. 주어+부사어+술어	他的心情+肯定会比我+难过

(정답) **他的心情肯定会比我难过。** 그의 심정은 분명히 나보다 슬플 것이다.

(단어) 心情 xīnqíng 몡 심정 | 肯定 kěndìng 뮈 틀림없이, 분명히 | ★难过 nánguò 혱 슬프다

5

크다	~의 주방	새집	원래의	~보다 ~하지 않다
大	的厨房	新房子	原来的	不比
형용사	的+명사	형용사+명사	명사+的	부정부사+개사

(해설 및 정답) **문제 분석▼** [관형어+的+주어/목적어] 구조이기 때문에 的厨房 앞에 관형어 역할을 담당할 수 있는 어휘와 연결해야 한다.

Step 1. 관형어+주어	新房子+的厨房
Step 2. 개사+명사	比+原来的
Step 3. 주어+부사어+술어	新房子的厨房+不比原来的+大

(정답) **新房子的厨房不比原来的大。** 새집의 주방은 원래 집보다 크지 않다.

(단어) 房子 fángzi 몡 집 | ★厨房 chúfáng 몡 주방 | 原来 yuánlái 몡 원래

| 실전 트레이닝 2 | 기본서 **261**쪽

(정답)
1. 过程比结果更重要。
2. 我的性格没有你那么活泼。
3. 考生的数量比前年增长了两倍。
4. 这本杂志的内容比那本还无聊。
5. 这件事有你想象的那么严重吗?

1

결과보다	과정	중요하다	더
比结果	过程	重要	更
개사+명사	명사	형용사	부사

(해설 및 정답) **문제 분석▼** 정도부사는 부사어의 순서에 상관없이 술어 앞에 위치하는 부사이기 때문에 정도부사인 更은 술어 重要 앞에 제시되어야 한다.

Step 1. 주어+부사어	过程+比结果
Step 2. 정도부사+술어	更+重要
Step 3. 주어+부사어+술어	过程+比结果更+重要

(정답) **过程比结果更重要。** 과정이 결과보다 더 중요하다.

(단어) 过程 guòchéng 명 과정 | ★结果 jiéguǒ 명 결과 | ★重要 zhòngyào 형 중요하다

2

성격	활발하다	너만큼 ~하지 않다	나의	그렇게
性格	活泼	没有你	我的	那么
명사	형용사	동사+대명사	대명사+的	대명사

(해설 및 정답) **문제 분석▼** [A(没)有B+(这么/那么)+술어]의 어순에 따라 배열해야 하는 비교문이다. 没有는 동사나 부사로도 출제될 수 있기 때문에 역할 구분이 쉽지 않다. 일반적으로 비교문에 사용될 경우에는 这么나 那么와 함께 출제되므로 형식을 잘 기억해 두자.

Step 1. 的+명사	我的+性格
Step 2. (没)有B+이么/那么	没有你+那么
Step 3. 주어+부사어+술어	我的性格+没有你那么+活泼

(정답) **我的性格没有你那么活泼。** 내 성격은 너만큼 그렇게 활발하지 않다.

(단어) ★性格 xìnggé 명 성격 | ★活泼 huópo 형 활발하다

3

수형생의	증가했다	두 배	수량	재작년보다
考生的	增长了	两倍	数量	比前年
명사+的	동사+了	수사+양사	명사	개사+명사

(해설 및 정답) **문제 분석▼** 비교문에 수량보어가 포함된 문제다. 술어 뒤에 수량사인 **两倍**를 보어로 사용하여 구체적인 수치를 표현한다.

Step 1. 的+명사	考生的+数量
Step 2. 주어+부사어	考生的数量+比前年
Step 3. 주어+부사어+술어+보어	考生的数量+比前年+增长了+两倍

(정답) **考生的数量比前年增长了两倍。** 수험생 수가 재작년에 비해 두 배 증가했다.

(단어) 考生 kǎoshēng 명 수험생 | 数量 shùliàng 명 수량 | 增长 zēngzhǎng 동 증가하다

4

내용	무료하다	이 잡지의	저것보다	더
内容	无聊	这本杂志的	比那本	还
명사	형용사	지시대명사+양사+명사+的	개사+지시대명사+양사	부사

해설 및 정답 **문제 분석▼** 정도부사인 还는 비교문에서 술어 앞에 위치하는 특수한 용법을 가지고 있다. 따라서 술어인 无聊 앞에 위치해야 한다.

Step 1. 的+명사	这本杂志的+内容
Step 2. 주어+부사어	这本杂志的内容+比那本
Step 3. 정도부사+술어	还+无聊
Step 4. 주어+부사어+술어	这本杂志的内容+比那本还+无聊

정답 **这本杂志的内容比那本还无聊。** 이 잡지의 내용은 저것보다 더 무료하다.

단어 ★杂志 zázhì 圐 잡지 | 内容 nèiróng 圐 내용 | ★无聊 wúliáo 圀 무료하다

5

당신이 상상하는 것만큼	~까?	그렇게	이 일	심각하다
有你想象的	吗	那么	这件事	严重
동사+대명사+동사+的	어기조사	대명사	지시대명사+양사+명사	형용사

해설 및 정답 **문제 분석▼** [A(没)有B+(这么/那么)+술어]의 어순에 따라 배열해야 하는 비교문이다. 有는 주로 동사 술어 역할을 담당하지만 비교문에서는 '~만큼 ~하다'라는 의미로 사용되며, 이 경우 대체로 这么나 那 么와 함께 쓰인다.

Step 1. (没)有B+这么/那么	有你想象的+那么
Step 2. 주어+부사어	这件事+有你想象的那么
Step 3. 주어+부사어+술어+어기조사	这件事+有你想象的那么+严重+吗

정답 **这件事有你想象的那么严重吗?** 이 일이 당신이 상상했던 것만큼 그렇게 심각합니까?

단어 想象 xiǎngxiàng 圀 상상하다 | ★严重 yánzhòng 圀 심각하다

| *실전* 트레이닝 1 | 기본서 269쪽

정답
1. 小张把桌子上的杯子打破了。
2. 我刚买的手机被他弄丢了。
3. 我不想把这件事搞复杂。
4. 我们已经把这份文件打印完了。
5. 弟弟又被老师批评了一顿。

1

탁자 위의 ~을	샤오장	부수었다	컵
把桌子上的	小张	打破了	杯子
개사+명사+명사+的	접두사+명사	동사+了	명사

해설 및 정답 문제 분석▼ 정체가 분명한 고유명사를 주어로 선정한 뒤, 的 뒤에 명사를 연결하여 개사구를 완성한다.

Step 1. 的+명사	把桌子上的+杯子
Step 2. 주어+부사어	小张+把桌子上的杯子
Step 3. 주어+부사어+술어	小张+把桌子上的杯子+打破了

정답 **小张把桌子上的杯子打破了。** 샤오장은 탁자 위의 컵을 부수었다.

단어 ★桌子 zhuōzi 몡 탁자 | 杯子 bēizi 몡 컵 | 打破 dǎpò 동 부수다

2

방금 산 휴대폰	잃어버렸다	하다	그에 의해	나
刚买的手机	丢了	弄	被他	我
관형어+的+명사	동사+了	동사	개사+대명사	대명사

해설 및 정답 문제 분석▼ 피동문이기 때문에 주어는 피동 대상이어야 한다. 결과적으로 丢了(잃어버렸다)는 내용이기 때문에 手机(휴대폰)이 주어가 되어야 한다.

Step 1. 주어+부사	我+刚买的手机
Step 2. 부사어+술어	被他+弄
Step 3. 관형어+주어+부사어+술어+보어	我刚买的+手机+被他+弄+丢了

정답 **我刚买的手机被他弄丢了。** 내가 방금 산 휴대폰을 그가 잃어버렸다.

단어 手机 shǒujī 몡 휴대폰 | 弄 nòng 동 하다 | ★丢 diū 동 잃어버리다

쓰기 제4부분

3

~하고 싶지 않다	이 일	나	복잡하게 만들다	~을
不想	这件事	我	搞复杂	把
부정부사+조동사	지시대명사+양사+명사	대명사	동사+형용사	개사

해설 및 정답 　**문제 분석▼** 부사어의 순서에 따라 [부사+조동사] 구조인 不想 뒤에 개사구 [把+명사]를 배열한다. 완성된 부사어는 주어 뒤, 술어 앞에 나열한다.

Step 1. 개사+명사	把+这件事
Step 2. 부사+조동사+개사구	不+想+把这件事
Step 3. 주어+부사어+술어	我+不想把这件事+搞复杂

정답 我不想把这件事搞复杂。 나는 이 일을 복잡하게 만들고 싶지 않다.

단어 搞 gǎo 통 만들다 | ★复杂 fùzá 형 복잡하다

4

마쳤다	우리	이미	인쇄하다	이 문서를
完了	我们	已经	打印	把这份文件
동사+了	대명사	부사	동사	개사+지시대명사+양사+명사

해설 및 정답 　**문제 분석▼** 把자문은 반드시 동작자가 주어 역할을 담당하기 때문에 我们을 주어로 선택해야 하며, 부사어의 순서에 따라 [부사 已经→개사구 把这份文件]으로 나열한다.

Step 1. 부사+개사구	已经+把这份文件
Step 2. 주어+부사어	我们+已经把这份文件
Step 3. 주어+부사어+술어+보어	我们+已经把这份文件+打印+完了

정답 我们已经把这份文件打印完了。 우리는 이미 이 문서를 다 인쇄했다.

단어 份 fèn 양 부[문서를 세는 단위] | 文件 wénjiàn 명 문서 | ★打印 dǎyìn 통 인쇄하다

5

한바탕	또	꾸짖었다	선생님께	남동생
一顿	又	批评了	被老师	弟弟
수사+양사	부사	동사+了	개사+명사	명사

해설 및 정답 　**문제 분석▼** 피동문은 술어의 의미를 잘 파악해야 한다. 제시된 어휘 중 술어 역할을 담당할 수 있는 유일한 동사는 批评(꾸짖다)이기 때문에 혼나는 대상인 弟弟(남동생)가 주어가 되어야 하며, 부사어는 [부사 又→개사구 被老师] 순으로 배열되어야 한다.

Step 1. 부사+개사구	又+被老师
Step 2. 주어+부사어	弟弟+又被老师
Step 3. 주어+부사어+술어+보어	弟弟+又被老师+批评了+一顿

정답 弟弟又被老师批评了一顿。 남동생이 또 선생님께 한바탕 혼났다.

단어 ★批评 pīpíng 图 비평하다, 꾸짖다 | 顿 dùn 떙 차례, 바탕

| *실전* **트레이닝 2** | 기본서 **269**쪽

정답
1. 她突然把手机的密码改了。
2. 我竟然被他的话感动了。
3. 我们把这个花盆搬到对面吧。
4. 他被自己的孩子气得要命。
5. 请把这些材料按照日期顺序排列好。

쓰기 제4부분

1

비밀번호	그녀	바꿨다	휴대폰의 ~을	갑자기
密码	她	改了	把手机的	突然
명사	대명사	동사+了	개사+명사+的	부사

해설 및 정답 **문제 분석**▼ 突然은 '갑작스럽다'는 의미의 형용사이기도 하지만 부사로도 자주 사용된다. 의미상 휴대폰의 비밀번호가 바뀐 것이기 때문에 突然은 술어 역할을 할 수 없으므로 부사 위치에 놓아야 한다.

Step 1. 的+명사	把手机的+密码
Step 2. 부사+개사구	突然+把手机的密码
Step 3. 주어+부사어+술어	她+突然把手机的密码+改了

정답 她突然把手机的密码改了。 그녀는 갑자기 휴대폰의 비밀번호를 바꿨다.

단어 突然 tūrán 뭔 갑자기 | 手机 shǒujī 똉 휴대폰 | 密码 mìmǎ 똉 비밀번호 | 改 gǎi 图 바꾸다

감동했다	그의 말	나	~에 의해	뜻밖에
感动了	他的话	我	被	竟然
동사+了	대명사+的+명사	대명사	개사	부사

해설 및 정답 **문제 분석▼** 주어를 선정하기 어려운 문제다. 피동문은 동작자가 개사구로 사용되기 때문에 동작자인 我를 被 뒤에 나열해야 할 듯 보이지만, 술어(感动)의 의미상 나(我)는 그의 말에 감동을 받은 피동 대상이기 때문에 주어가 되어야 한다.

Step 1. 개사+명사	被+他的话
Step 2. 부사+개사구	竟然+被他的话
Step 3. 주어+부사어+술어	我+竟然被他的话+感动了

정답 我竟然被他的话感动了。 나는 뜻밖에도 그의 말에 감동했다.

단어 竟然 jìngrán 🅑 뜻밖에도 | ★感动 gǎndòng 🅥 감동하다

우리	~하자	건너편	이 화분을	~로 옮기다
我们	吧	对面	把这个花盆	搬到
대명사	어기조사	명사	개사+지시대명사+양사+명사	동사+보어

해설 및 정답 **문제 분석▼** 동사 뒤의 到는 도달 지점을 이끄는 결과보어로 장소명사가 목적어로 위치한다. 따라서 [搬到+장소(对面)] 순으로 문장을 완성해야 한다.

Step 1. 주어+부사어	我们+把这个花盆
Step 2. 주어+부사어+술어	我们+把这个花盆+搬到
Step 3. 주어+부사어+술어+목적어+어기조사	我们+把这个花盆+搬到+对面+吧

정답 我们把这个花盆搬到对面吧。 우리 이 화분을 건너편으로 옮기자.

단어 花盆 huāpén 🅜 화분 | ★搬 bān 🅥 옮기다 | 对面 duìmiàn 🅜 건너편

4

자신의 ~에 의해	죽을 지경이다	그	아이	~할 정도로 화나다
被自己的	要命	他	孩子	气得
개사+대명사+的	형용사	대명사	명사	동사+得

해설 및 정답 **문제 분석▼** 피동문과 정도보어가 함께 제시된 문제다. 우선 的 뒤에 명사를 붙여 自己的孩子(자신의 아이)라는 동작자를 만든 후, [술어+得] 뒤에 정도를 의미하는 要命(죽을 정도로)를 나열하여 气得要命(죽도록 화가 났다)의 문장을 완성한다.

Step 1. 的+명사		被自己的+孩子
Step 2. 주어+부사어		他+被自己的孩子
Step 3. 주어+부사어+술어+보어		他+被自己的孩子+气得+要命

정답 他被自己的孩子气得要命。 그는 자신의 아이에 의해 엄청 화가 났다.

단어 孩子 háizi 몡 아이 | 气 qì 됭 화나다 | 要命 yàomìng 혱 심하다, 죽을 지경이다

5

좋다	~을 ~해 주세요	배열하다	날짜 순서에 따라	이 자료들
好	请把	排列	按照日期顺序	这些材料
형용사	동사+개사	동사	개사+명사구	지시대명사+명사

해설 및 정답 **문제 분석▼** 개사구가 두 개인 문장이다. 접두사 역할을 하는 请과 개사 把가 붙어 있기 때문에 [把+명사] 다음에 [按照+명사] 순으로 배열해야 한다.

Step 1. 개사+명사		请把+这些材料
Step 2. 请+부사어		请+把这些材料按照日期顺序
Step 3. 请+부사어+술어+보어		请+把这些材料按照日期顺序+排列+好

정답 请把这些材料按照日期顺序排列好。 이 자료들을 날짜 순서에 따라 잘 배열해 주세요.

단어 ★材料 cáiliào 몡 자료 | ★按照 ànzhào 걔 ~에 따라 | 日期 rìqī 몡 날짜 | ★顺序 shùnxù 몡 순서 | ★排列 páiliè 됭 배열하다

⑩ 제시어 명사로 문장 만들기

| 실전 트레이닝 1 | 기본서 282쪽

모범 답안

1. 桌子上放着四个巧克力。| 桌子上的巧克力是我亲自做的。
2. 这把椅子看起来很舒服。| 坐在这把椅子上休息，感觉很舒服。
3. 他们在记录重点内容。| 为了写报告，他们详细地记录重点内容。
4. 他工作压力很大。| 他工作压力很大，我想帮他减轻压力。

1

해설 및 정답 **그림 및 어휘 분석▼** 탁자 위에 초콜릿이 놓여 있다.

巧克力
qiǎokèlì 몡 초콜릿

Step 1.	**연상 단어**	桌子(탁자) | 巧克力(초콜릿) | 放(놓다)
Step 2.	**기본 문장**	桌子上放着四个巧克力。 탁자 위에 초콜릿 네 개가 놓여 있다.
Step 3.	**확장 문장**	桌子上的巧克力是我亲自做的。 탁자 위에 초콜릿은 내가 직접 만든 것이다.

단어 桌子 zhuōzi 몡 탁자 \| 亲自 qīnzì 뮈 직접

[TIP] 무언가를 직접 했다는 표현을 사용하여 문장의 내용을 보다 구체적으로 만들 수 있다. 중국어에서는 '직접'이라는 표현이 동사에 따라 달라지기 때문에 주의해야 하는데 [亲+신체부위]로 외워 두면 기억하기 쉽다.

↳ 例 亲眼看的 직접 보다 \| 亲口说的 직접 말하다 \| 亲耳听的 직접 듣다 \| 亲手做的 직접 만들다 \| 亲自来的 몸소 왔다

2

해설 및 정답 **그림 및 어휘 분석▼** 편안해 보이는 의자가 있다.

椅子
yǐzi 몡 의자

Step 1.	**연상 단어**	舒服(편안하다) | 椅子(의자)
Step 2.	**기본 문장**	这把椅子看起来很舒服。 이 의자는 보기에 매우 편안하다.
Step 3.	**확장 문장**	坐在这把椅子上休息，感觉很舒服。 이 의자에 앉아 쉬면, 느낌이 아주 편안하다.

단어 ★舒服 shūfu 휑 편안하다 | 休息 xiūxi 통 쉬다 | 感觉 gǎnjué 몡 느낌

[TIP] 의자는 '앉다'라는 동사와 호응하는데, 이때 결과보어를 사용하면 풍부한 표현이 가능하다. 坐椅子보다는 坐在椅子上과 같은 표현이 점수를 얻는 데 유리하다.

3

해설 및 정답 **그림 및 어휘 분석▼** 그들은 중점 내용을 기록하고 있다.

重点
zhòngdiǎn 몡 중점

Step 1.	**연상 단어**	他们(그들)	记录(기록하다)	重点(중점)
Step 2.	**기본 문장**	他们在记录重点内容。 그들은 중점 내용을 기록하고 있다.
Step 3.	**확장 문장**	为了写报告, 他们详细地记录重点内容。 보고서를 쓰기 위해, 그들은 중점 내용을 상세히 기록하고 있다.

단어 记录 jìlù 통 기록하다 | ★内容 nèiróng 몡 내용 | 报告 bàogào 몡 보고서 | ★详细 xiángxì 휑 상세하다

[TIP] 重点内容과 같이 명사와 명사를 연결하여 좀 더 구체적인 표현이 가능하다.

4

해설 및 정답 **그림 및 어휘 분석▼** 남자가 일 때문에 스트레스가 심하다.

压力
yālì 몡 스트레스

Step 1.	**연상 단어**	他(그)	工作(일)	压力(스트레스)
Step 2.	**기본 문장**	他工作压力很大。 그는 업무 스트레스가 매우 심하다.
Step 3.	**확장 문장**	他工作压力很大, 我想帮他减轻压力。 그는 업무 스트레스가 매우 심해서, 나는 그의 스트레스를 줄여 주고 싶다.

단어 减轻 jiǎnqīng 통 줄이다, 감소하다

[TIP] 压力는 동사 减轻이나 缓解(huǎnjiě 완화하다)와 자주 함께 쓰인다.

쓰기 제2부분

|*실전* 트레이닝 2| 기본서 282쪽

1. 他把啤酒倒在杯子里。| 我想一口气喝光杯子里的啤酒。
2. 箱子里有很多玩具。| 箱子里装满了各种各样的玩具。
3. 我们要爱护植物。| 植物是我们的宝贝，我们要爱护植物。
4. 我想用钥匙打开门。| 如果我是钥匙，我想打开人们心中的门。

1

해설 및 정답 　**그림 및 어휘 분석▼** 맥주를 컵에 따르고 있다.

啤酒
píjiǔ 명 맥주

Step 1.	**연상 단어**	啤酒(맥주)	杯子(컵)	倒(따르다)
Step 2.	**기본 문장**	他把啤酒倒在杯子里。 그가 맥주를 컵 안에 따른다.
Step 3.	**확장 문장**	我想一口气喝光杯子里的啤酒。 나는 컵 안의 맥주를 단숨에 마셔 버리고 싶다.

단어 倒 dào 통 따르다 | 杯子 bēizi 명 컵 | 一口气 yìkǒuqì 부 단숨에

[TIP] 무엇인가를 '마신다'는 표현에는 부사 一口气를 사용하여 긴장감 있는 문장을 만들 수 있다.

2

해설 및 정답 　**그림 및 어휘 분석▼** 상자 안에 장난감이 많다.

箱子
xiāngzi 명 상자

Step 1.	**연상 단어**	箱子(상자)	玩具(장난감)	很多(많다)
Step 2.	**기본 문장**	箱子里有很多玩具。 상자 안에 장난감이 매우 많다.
Step 3.	**확장 문장**	箱子里装满了各种各样的玩具。 상자 안에 각종 장난감이 가득 담겨 있다.

단어 玩具 wánjù 명 장난감 | 装满 zhuāngmǎn 통 가득 채우다 | 各种各样 gèzhǒng-gèyàng 성 각종, 가지각색

[TIP] 어딘가에 무엇인가 존재하는 내용의 문장은 존현문을 사용한다. 존현문의 기본 형식인 [주어(장소)+술어(+동태조사/방향보어)+관형어+목적어] 순에 따라 문장을 만든다.

3

그림 및 어휘 분석▼ 식물들이 있다.

植物
zhíwù 명 식물

Step 1.	**연상 단어**	植物(식물) ¦ 爱护(아끼다)
Step 2.	**기본 문장**	我们要爱护植物。 우리는 식물을 소중히 해야 한다.
Step 3.	**확장 문장**	植物是我们的宝贝，我们要爱护植物。 식물은 우리의 보물이니, 우리는 식물을 소중히 해야 한다.

단어 ★爱护 àihù 동 애호하다 ¦ 宝贝 bǎobèi 명 보물

[TIP] 식물과 같은 자연과 연관된 어휘가 나올 경우에는 단순하게 '식물이 놓여 있다'와 같은 문장보다는 '식물을 보호해야 한다(要爱护植物)'와 같은 교훈적인 문장을 제시하는 것이 좋다.

4

그림 및 어휘 분석▼ 열쇠 꾸러미가 놓여져 있다.

钥匙
yàoshi 명 열쇠

Step 1.	**연상 단어**	钥匙(열쇠) ¦ 打开(열다) ¦ 门(문)
Step 2.	**기본 문장**	我想用钥匙打开门。 나는 열쇠로 문을 열고 싶다.
Step 3.	**확장 문장**	如果我是钥匙，我想打开人们心中的门。 만일 내가 열쇠라면, 나는 사람들 마음 속에 문을 열고 싶다.

단어 打开 dǎkāi 동 열다

[TIP] 주어진 어휘가 명사인 경우, 종종 동작이 불분명해서 동사를 생각하기가 어려운 경우가 있다. 이러한 경우에는 '열쇠로 사람들 마음속 문을 연다(打开人们心中的门)'와 같은 비유법을 활용하여 문장을 만드는 것이 좋다.

11 제시어 동사로 문장 만들기

| *실전* 트레이닝 1 | 기본서 292쪽

모범 답안
1. 他躺在草地上休息。| 他躺在草地上享受着温暖的阳光。
2. 他咳嗽咳得很厉害。| 他感冒很严重，咳嗽咳得很厉害。
3. 小男孩在弹钢琴。| 小男孩的梦想是成为一名钢琴家，所以每天练习弹钢琴。
4. 大家在会议室讨论几个问题。| 为了解决几个重大问题，大家在会议室进行讨论。

1

해설 및 정답 **그림 및 어휘 분석**▼ 남자가 풀밭에 누워 있다.

躺
tǎng ⑧ 눕다

Step 1.	**연상 단어**	他(그) | 草地(풀밭) | 躺(눕다)
Step 2.	**기본 문장**	他躺在草地上休息。 그는 풀밭에 누워 쉬고 있다.
Step 3.	**확장 문장**	他躺在草地上享受着温暖的阳光。 그는 풀밭에 누워 따스한 햇살을 즐기고 있다.

단어 草地 cǎodì ⑲ 풀밭 | 休息 xiūxi ⑧ 쉬다 | 享受 xiǎngshòu ⑧ 즐기다 | ★温暖 wēnnuǎn ⑲ 따뜻하다 | 阳光 yángguāng ⑲ 햇살

[TIP] 주어진 어휘를 사용해야 하는 것은 물론이고, 그림의 배경 설명까지 구체적이고 예쁘게 표현할 수 있도록 평소 감정이나 **温暖的阳光**(따스한 햇살)과 같은 자연 관련 어휘를 암기해 두는 것이 고득점 획득에 큰 도움이 된다.

2

해설 및 정답 **그림 및 어휘 분석**▼ 남자가 기침을 심하게 하고 있다.

咳嗽
késou ⑧ 기침하다

Step 1.	**연상 단어**	他(그) | 咳嗽(기침하다) | 厉害(심하다)
Step 2.	**기본 문장**	他咳嗽咳得很厉害。 그는 기침을 매우 심하게 한다.
Step 3.	**확장 문장**	他感冒很严重，咳嗽咳得很厉害。 그는 감기가 매우 심각해서, 기침을 아주 심하게 한다.

단어 ★厉害 lìhai ⑲ 심하다 | 感冒 gǎnmào ⑲⑧ 감기(에 걸리다) | ★严重 yánzhòng ⑲ 심각하다

[TIP] 기침이나 감기 등 병에 관련된 어휘에는 **厉害, 严重**과 같은 어휘를 활용하여 정도의 심화를 표현하는 문장을 만든다.

해설 및 정답 **그림 및 어휘 분석▼** 남자아이가 피아노를 치고 있다.

弹
tán ⑧ (악기를) 치다, 연주하다

Step 1.	**연상 단어**	小男孩(남자아이) ㅣ 弹(치다) ㅣ 钢琴(피아노)
Step 2.	**기본 문장**	小男孩在弹钢琴。 남자아이가 피아노를 치고 있다.
Step 3.	**확장 문장**	小男孩的梦想是成为一名钢琴家，所以每天练习弹钢琴。 남자아이의 꿈은 피아니스트가 되는 것이다. 그래서 매일 피아노 치는 것을 연습한다.

단어 ★钢琴 gāngqín ⑲ 피아노 ㅣ 梦想 mèngxiǎng ⑲ 꿈 ㅣ ★成为 chéngwéi ⑧ ~이 되다 ㅣ 钢琴家 gāngqínjiā ⑲ 피아니스트 ㅣ ★练习 liànxí ⑧ 연습하다

[TIP] 弹钢琴은 '피아노를 치다'라는 의미의 호응 구조로, 弹이 출제된 경우에는 钢琴을 목적어로 사용해야 하며, 반대로 钢琴이 출제된 경우에는 弹을 동사로 사용해야 한다. 호응하는 어휘가 이처럼 제한적인 경우에 호응 대상을 제대로 활용하지 못하면 좋은 점수를 기대하기 어려우므로 반드시 함께 숙지한다.

해설 및 정답 **그림 및 어휘 분석▼** 사람들이 회의실에서 토론을 하고 있다.

讨论
tǎolùn ⑧ 토론하다

Step 1.	**연상 단어**	大家(모두) ㅣ 会议室(회의실) ㅣ 讨论(토론하다)
Step 2.	**기본 문장**	大家在会议室讨论几个问题。 모두가 회의실에서 몇 가지 문제를 토론하고 있다.
Step 3.	**확장 문장**	为了解决几个重大问题，大家在会议室进行讨论。 몇 가지 중대한 문제를 해결하기 위해서, 모두 회의실에서 토론을 진행하고 있다.

단어 会议室 huìyìshì ⑲ 회의실 ㅣ ★问题 wèntí ⑲ 문제 ㅣ ★解决 jiějué ⑧ 해결하다 ㅣ 重大 zhòngdà ⑱ 중대하다 ㅣ ★进行 jìnxíng ⑧ 진행하다

[TIP] 进行讨论은 호응 구조로 함께 사용하는 것이 유리하며, 동작의 목적을 함께 서술하여 문장의 내용을 구체화시키면 더 좋은 점수를 받을 수 있다.

| 실전 트레이닝 2 | 기본서 292쪽

모범
답안
1. 她用手机和朋友联系。| 最近很多人用手机和朋友保持联系。

2. 这家店的门紧紧地关着。| 这家店的门紧紧地关着, 今天好像不营业。

3. 他的爱好是画画儿。| 他画的那幅画儿特别好看。

4. 结婚是幸福的开始。| 结婚到底是幸福的开始还是痛苦的开始?

1

해설 및 정답 **그림 및 어휘 분석▼** 여자가 휴대폰으로 친구와 연락한다.

联系
liánxì 통 연락하다

Step 1.	**연상 단어**	她(그녀) | 手机(휴대폰) | 联系(연락하다)
Step 2.	**기본 문장**	她用手机和朋友联系。 그녀는 휴대폰으로 친구와 연락한다.
Step 3.	**확장 문장**	最近很多人用手机和朋友保持联系。 요즘은 많은 사람들이 휴대폰으로 친구와 연락을 유지한다.

단어 手机 shǒujī 명 휴대폰 | ★保持 bǎochí 통 유지하다

[TIP] 주관적인 견해를 표현하는 것도 좋지만 문장의 내용은 객관적으로 표현하는 것이 점수를 받는 데 유리하다. 문장의 내용을 객관적으로 서술하기 위해서 **最近很多人**과 같은 표현을 사용하는 것도 좋은 방법이다.

2

해설 및 정답 **그림 및 어휘 분석▼** 문이 굳게 닫혀 있다.

关
guān 통 닫다

Step 1.	**연상 단어**	关(닫다) | 紧紧(단단히) | 门(문)
Step 2.	**기본 문장**	这家店的门紧紧地关着。 이 가게의 문은 굳게 닫혀 있다.
Step 3.	**확장 문장**	这家店的门紧紧地关着, 今天好像不营业。 이 가게의 문은 굳게 닫혀 있어서, 오늘은 영업을 하지 않는 것 같다.

단어 家 jiā 양 가게·기업 등을 세는 단위 | 店 diàn 명 가게 | 紧紧 jǐnjǐn 부 꽉, 단단히 | ★好像 hǎoxiàng 부 마치 ~인 것 같다 | 营业 yíngyè 통 영업하다

3 ▶

해설 및 정답 **그림 및 어휘 분석▼** 남자가 그림을 그리고 있다.

画
huà 통 그리다

Step 1.	**연상 단어**	他(그) | 画(그리다) | 画儿(그림)
Step 2.	**기본 문장**	他的爱好是画画儿。 그의 취미는 그림을 그리는 것이다.
Step 3.	**확장 문장**	他画的那幅画儿特别好看。 그가 그린 그 그림은 특히나 보기 좋다.

단어 ★爱好 àihào 명 취미 \| 画儿 huàr 명 그림 \| 幅 fú 양 폭[그림을 세는 단위] \| ★特别 tèbié 부 특히 \| 好看 hǎokàn 형 보기 좋다

[TIP] 정도보어 구문 [동사+得+정도보어]를 사용하여 동작이나 상태의 정도를 표현하는 문장은 좋은 점수를 받을 수 있다.

4 ▶

해설 및 정답 **그림 및 어휘 분석▼** 남녀가 행복한 모습으로 결혼을 한다.

结婚
jiéhūn 통 결혼하다

Step 1.	**연상 단어**	结婚(결혼) | 幸福(행복)
Step 2.	**기본 문장**	结婚是幸福的开始。 결혼은 행복의 시작이다.
Step 3.	**확장 문장**	结婚到底是幸福的开始还是痛苦的开始? 결혼은 대체 행복의 시작인가 아니면 고통의 시작인가?

단어 ★幸福 xìngfú 형 행복하다 \| 开始 kāishǐ 통 시작하다 \| ★到底 dàodǐ 부 도대체 \| 痛苦 tòngkǔ 형 고통스럽다

[TIP] 결혼에 대한 견해는 사람마다 다르지만 시험에서는 긍정적인 내용의 문장이 점수를 얻는 데 유리하다는 것을 염두에 두어야 한다.

12 제시어 형용사로 문장 만들기

실전 트레이닝 1 | 기본서 304쪽

모범답안
1. 他愉快地笑着。| 他的笑容使我感到愉快。
2. 路边到处都是垃圾, 太脏了。| 垃圾箱这儿太脏了, 需要清理了。
3. 这条路太窄了。| 这条路窄得两个人不能一起走过去。
4. 他衣服穿得很正式。| 他今天要参加面试, 所以打扮得很正式。

1

해설 및 정답　**그림 및 어휘 분석▼** 남자가 유쾌한 듯 웃고 있다.

愉快
yúkuài 톙 유쾌하다, 기분 좋다

Step I.	**연상 단어**	他(그)	愉快(유쾌하다)	笑(웃다)
Step 2.	**기본 문장**	他愉快地笑着。 그가 유쾌하게 웃고 있다.
Step 3.	**확장 문장**	他的笑容使我感到愉快。 그의 웃음은 나를 유쾌하게 만든다.

단어 ★笑 xiào 튕 웃다 | 笑容 xiàoróng 톙 웃음

[TIP] 겸어문을 사용하여 문장을 고급스럽게 표현할 수 있다. 주어가 他와 같은 인칭이 아니라 他的笑容과 같은 명령이나 제안을 할 수 없는 경우의 주어라면 사역동사 使를 사용하여 문어적인 표현을 할 수 있다.

2

해설 및 정답　**그림 및 어휘 분석▼** 길가에 쓰레기가 가득해 더럽다.

脏
zāng 톙 더럽다

Step I.	**연상 단어**	路边(길가)	垃圾(쓰레기)	脏(더럽다)
Step 2.	**기본 문장**	路边到处都是垃圾, 太脏了。 길가 도처가 다 쓰레기라, 너무 더럽다.
Step 3.	**확장 문장**	垃圾箱这儿太脏了, 需要清理了。 쓰레기통 쪽이 너무 더러워, 깨끗이 정리할 필요가 있다.

단어 ★垃圾 lājī 톙 쓰레기 | 垃圾箱 lājīxiāng 톙 쓰레기통 | ★需要 xūyào 튕 필요하다 | 清理 qīnglǐ 튕 깨끗이 정리하다

[TIP] 脏(더럽다) 하면 垃圾(쓰레기), 干净(gānjìng 깨끗하다) 하면 打扫(dǎsǎo 청소하다)와 같은 연관된 어휘들을 함께 사용한다.

3

해설 및 정답 **그림 및 어휘 분석▼** 좁은 길이 있다.

窄
zhǎi 형 좁다

Step 1.	**연상 단어**	路(길) | 窄(좁다)
Step 2.	**기본 문장**	这条路太窄了。 이 길은 너무 좁다.
Step 3.	**확장 문장**	这条路窄得两个人不能一起走过去。 이 길은 좁아서 두 사람이 함께 지나갈 수 없다.

단어 条 tiáo 양 길이나 강 같은 길고 가는 것을 세는 단위

[TIP] 중국어는 양사가 발달되어 있기 때문에 정확한 양사를 접목하여 문장을 완성하는 것조차 어려울 수 있다. 그러나 다양한 양사를 잘 암기하여 적절히 활용한다면 중국인처럼 문장을 만드는 데 큰 도움이 될 수 있다. 중국어는 길이나 강에도 양사가 있으므로 반드시 기억해 둔다.

4

해설 및 정답 **그림 및 어휘 분석▼** 남자가 옷을 격식 있게 차려 입었다.

正式
zhèngshì 형 정식의

Step 1.	**연상 단어**	他(그) | 衣服(옷) | 正式(정식의)
Step 2.	**기본 문장**	他衣服穿得很正式。 그는 옷을 매우 격식 있게 입었다.
Step 3.	**확장 문장**	他今天要参加面试，所以打扮得很正式。 그는 오늘 면접에 참가해야 해서, 매우 격식 있게 치장했다.

단어 ★参加 cānjiā 동 참가하다 \| ★面试 miànshì 명 면접 \| ★打扮 dǎban 동 치장하다

[TIP] 正式는 '정식의, 격식 있는'이라는 의미답게 실제 격식 있는 자리에서 매우 자주 사용되는 어휘이다. 옷차림에 활용할 수 있을 뿐만 아니라 正式开始(zhèngshì kāishǐ 정식으로 시작하다)와 같이 '正式+동사(정식으로 ~하다)' 형식으로 폭넓게 활용할 수 있다.

실전 트레이닝 2 | 기본서 304쪽

1. 妈妈在细心地照顾孩子。| 一般来说, 妈妈都会细心地照顾孩子。
2. 那儿的气候很干燥。| 那儿的气候很干燥, 好像好久没下雨。
3. 他们一直保持友好关系。| 他们是朋友, 因此一直对彼此很友好。
4. 妈妈和孩子都很幸福。| 世界上所有妈妈都会因为孩子而感到幸福。

1

해설 및 정답 **그림 및 어휘 분석▼** 엄마가 아이를 세심히 돌보고 있다.

细心
xìxīn 휑 세심하다

Step 1.	**연상 단어**	妈妈(엄마)| 细心(세심하다)| 孩子(아이)| 照顾(돌보다)
Step 2.	**기본 문장**	妈妈在细心地照顾孩子。 엄마가 세심히 아이를 돌보고 있다.
Step 3.	**확장 문장**	一般来说, 妈妈都会细心地照顾孩子。 일반적으로 엄마들은 아이를 세심히 돌볼 줄 안다.

단어 ★照顾 zhàogù 동 보살피다, 돌보다 | 孩子 háizi 명 아이

[TIP] 一般来说(yìbān lái shuō 일반적으로 말해서)는 어떤 어휘가 출제되더라도 객관적인 내용의 문장을 만들 때, 시작 부분에 활용하기 좋은 구문이다.

2

해설 및 정답 **그림 및 어휘 분석▼** 기후가 매우 건조해 보인다.

干燥
gānzào 휑 건조하다

Step 1.	**연상 단어**	气候(기후)| 干燥(건조하다)
Step 2.	**기본 문장**	那儿的气候很干燥。 그곳의 기후는 매우 건조하다.
Step 3.	**확장 문장**	那儿的气候很干燥, 好像好久没下雨。 그곳의 기후는 매우 건조해서 오랫동안 비가 오지 않은 것 같다.

단어 ★气候 qìhòu 명 기후 | ★好像 hǎoxiàng 부 마치 ~와 같다 | 好久 hǎojiǔ 명 오랫동안 | 下雨 xiàyǔ 동 비가 내리다

해설 및 정답 **그림 및 어휘 분석▼** 그들은 절친한 관계다.

友好
yǒuhǎo 혱 우호적이다

Step 1.	**연상 단어**	他们(그들) | 友好(우호적이다) | 关系(관계)
Step 2.	**기본 문장**	他们一直保持友好关系。 그들은 줄곧 좋은 관계를 유지한다.
Step 3.	**확장 문장**	他们是朋友，因此一直对彼此很友好。 그들은 친구다. 그래서 줄곧 서로에게 매우 우호적이다.

단어 一直 yìzhí 閅 줄곧 \| ★保持 bǎochí 통 유지하다 \| 关系 guānxi 몡 관계 \| 朋友 péngyou 몡 친구 \| 因此 yīncǐ 젭 그래서, 따라서 \| 彼此 bǐcǐ 몡 피차, 서로

[TIP] 因此는 所以(suǒyǐ)와 똑같은 의미의 접속사이지만 문어적인 표현이기 때문에 쓰기 영역에서 사용하기에 훨씬 더 적합하다. 독해 영역에서 자주 등장하지만 막상 직접 사용하려고 하면 쉽지 않기 때문에 평소 연습을 해두는 것이 좋다. 쓰기 영역에서 자주 사용되는 但是(dànshì 하지만) 역시 같은 표현이라면 然而(rán'ér)을 활용하는 것이 점수 획득에 훨씬 더 유리하다.

해설 및 정답 **그림 및 어휘 분석▼** 엄마와 아가의 행복한 모습이다.

幸福
xìngfú 혱 행복하다

Step 1.	**연상 단어**	妈妈(엄마) | 孩子(아이) | 幸福(행복하다)
Step 2.	**기본 문장**	妈妈和孩子都很幸福。 엄마와 아이 모두 매우 행복하다.
Step 3.	**확장 문장**	世界上所有妈妈都会因为孩子而感到幸福。 세상에 모든 엄마는 아이로 인해 행복을 느낀다.

단어 孩子 háizi 몡 아이 \| 世界 shìjiè 몡 세계 \| 所有 suǒyǒu 혱 모든 \| 自己 zìjǐ 몡 자신 \| 感到 gǎndào 통 느끼다

[TIP] 개사 为(wèi)는 '~을 위해서'라는 의미 외에 '~로 인해서'라는 의미도 가지고 있다.

쓰기 제2부분

13 기타 제시어 및 고득점 표현

| 실전 트레이닝 1 | 기본서 **312쪽**

모범답안
1. 她用笔记本电脑上网。| 她常常用笔记本电脑上网聊天。
2. 两个人一边喝咖啡，一边谈话。| 两个人在一边喝咖啡，一边谈昨天的会议内容。
3. 她兴奋得嘴都合不上了。| 明天要见男朋友了，她兴奋得嘴都合不上了。
4. 这儿的自然风景很美丽。| 这儿的风景很美丽，我们要保护美丽的大自然。

1

해설 및 정답　**그림 및 어휘 분석▼**　여자가 노트북으로 인터넷을 하고 있다.

上网
shàngwǎng ⑧ 인터넷을 하다

Step 1.	**연상 단어**	她(그녀)	笔记本电脑(노트북)	上网(인터넷을 하다)
Step 2.	**기본 문장**	她用笔记本电脑上网。 그녀는 노트북으로 인터넷을 한다.
Step 3.	**확장 문장**	她常常用笔记本电脑上网聊天。 그녀는 자주 노트북으로 인터넷 채팅을 한다.

단어 笔记本电脑 bǐjìběn diànnǎo ⑨ 노트북 | ★聊天 liáotiān ⑧ 잡담하다

[TIP] 딱히 떠오르는 문장이 없는 경우에는 동작들을 나열하여 연동문 구조의 문장을 만드는 것도 좋은 방법이다.

2

해설 및 정답　**그림 및 어휘 분석▼**　두 사람이 커피를 마시며 이야기를 하고 있다.

谈
tán ⑧ 이야기하다

Step 1.	**연상 단어**	两个人(두 사람)	咖啡(커피)	谈(이야기하다)
Step 2.	**기본 문장**	两个人一边喝咖啡，一边谈话。 두 사람이 커피를 마시며 이야기를 한다.
Step 3.	**확장 문장**	两个人在一边喝咖啡，一边谈昨天的会议内容。 두 사람이 커피를 마시며 어제의 회의 내용을 이야기하고 있다.

단어 一边…一边… yìbiān…yìbiān… 쩹 ~하면서 ~하다 | 谈话 tánhuà ⑧ 대화를 나누다 | 会议 huìyì ⑨ 회의

3

해설 및 정답 **그림 및 어휘 분석▼** 여자가 기뻐서 입도 다물지 못한다.

兴奋
xīngfèn 혱 흥분하다, 매우 기쁘다

Step 1.	**연상 단어**	她(그녀) ǀ 兴奋(흥분하다) ǀ 嘴(입)
Step 2.	**기본 문장**	她兴奋得嘴都合不上了。
		그녀는 기뻐서 입도 다물지 못한다.
Step 3.	**확장 문장**	明天要见男朋友了, 她兴奋得嘴都合不上了。
		내일 남자친구를 만날 것이라, 그녀는 기뻐서 입도 다물지 못한다.

단어 嘴 zuǐ 혱 입 ǀ 合 hé 됭 닫다 ǀ 合不上 hébushàng 닫을 수 없다

[TIP] 정도보어와 가능보어를 동시에 사용한 문장일 경우 더 높은 점수를 받을 수 있다.

4

해설 및 정답 **그림 및 어휘 분석▼** 아름다운 자연 풍경이 보인다.

自然
zìrán 명 자연

Step 1.	**연상 단어**	自然(자연) ǀ 美丽(아름답다) ǀ 风景(풍경)
Step 2.	**기본 문장**	这儿的自然风景很美丽。
		이곳의 자연 풍경은 매우 아름답다.
Step 3.	**확장 문장**	这儿的风景很美丽, 我们要保护美丽的大自然。
		이곳의 풍경은 매우 아름다우니, 우리는 아름다운 대자연을 보호해야 한다.

단어 风景 fēngjǐng 명 풍경 ǀ 美丽 měilì 혱 아름답다 ǀ ★保护 bǎohù 됭 보호하다

[TIP] 자연 풍경이나 환경에 관련된 어휘나 그림에는 캠페인 문구처럼 '~을 보호해야 한다'와 같은 내용으로 문장을 구성할 수 있다. 교훈적인 문장은 내용 면에서 점수를 상당히 높게 받을 수 있다.

| 실전 트레이닝 2 | 기본서 312쪽

모범
답안

1. 那本书她只看到88页。| 她喜欢看那本书88页的内容。

2. 这儿大概有三十个糖果。| 这儿大概有三十个糖果，够我们吃很久。

3. 火车每一小时开出一趟。| 我们准备乘坐第一趟火车去北京。

4. 我不知道孩子到底做什么。| 孩子一天到晚跑来跑去，不知道到底在做什么。

1

해설 및 정답 **그림 및 어휘 분석▼** 여자가 책을 보고 있다.

页
yè 양 페이지

Step 1.	**연상 단어**	她(그녀)	书(책)	页(페이지)
Step 2.	**기본 문장**	那本书她只看到88页。 그 책을 그녀는 88쪽까지만 봤다.
Step 3.	**확장 문장**	她喜欢看那本书88页的内容。 그녀는 그 책의 88쪽 내용을 좋아한다.

단어 只 zhǐ 부 단지, 겨우 | 内容 nèiróng 명 내용

[TIP] 위 확장 문장은 주어진 어휘와 사진에 부합하는 내용을 만들기 위해 여자의 동작에 초점을 맞추었다. 만일 사진에 사람이 없이 책만 놓여 있다면 把자문을 활용하여 고급 문장을 만들 수도 있다. 예를 들면 **请把书翻到88页**(책을 88쪽으로 펴주세요)와 같은 문장은 把자문과 결과보어가 동시에 사용된 문장이기 때문에 높은 점수를 받을 수 있다.

2

해설 및 정답 **그림 및 어휘 분석▼** 대략 30개 정도의 사탕이 있다.

大概
dàgài 부 대략

Step 1.	**연상 단어**	大概(대략)	糖果(사탕)
Step 2.	**기본 문장**	这儿大概有三十个糖果。 여기에는 대략 30개의 사탕이 있다.
Step 3.	**확장 문장**	这儿大概有三十个糖果，够我们吃很久。 여기에는 대략 30개의 사탕이 있어서, 우리가 오랫동안 먹기에 충분하다.

단어 糖果 tángguǒ 명 사탕 | 够 gòu 형 충분하다

3 ▶

그림 및 어휘 분석▼ 기차가 달려 오고 있다.

趟
tàng 양 차례, 번[사람이나
차의 왕래 횟수를 셈]

Step 1.	**연상 단어**	趟(차례, 번) ㅣ 火车(기차) ㅣ 开(몰다, 운전하다)
Step 2.	**기본 문장**	火车每一小时开出一趟。 기차는 한 시간마다 한 차례 출발한다.
Step 3.	**확장 문장**	我们准备乘坐第一趟火车去北京。 우리는 첫 번째 기차를 타고 베이징에 갈 준비를 한다.

단어 火车 huǒchē 명 기차 ㅣ 开出 kāichū 동 출발하다 ㅣ ★准备 zhǔnbèi 동 준비하다 ㅣ 乘坐 chéngzuò 동 탑승하다, 타다

4 ▶

그림 및 어휘 분석▼ 아이가 무엇을 하고 있는지 모르겠다.

到底
dàodǐ 부 도대체

Step 1.	**연상 단어**	孩子(아이) ㅣ 到底(도대체) ㅣ 不知道(모르다)
Step 2.	**기본 문장**	我不知道孩子到底做什么。 나는 아이가 도대체 무엇을 하는지 모르겠다.
Step 3.	**확장 문장**	孩子一天到晚跑来跑去, 不知道到底在做什么。 아이는 하루 종일 뛰어다니는데, 도대체 무엇을 하고 있는지 모르 겠다.

단어 知道 zhīdào 동 알다 ㅣ 孩子 háizi 명 아이 ㅣ 一天到晚 yì tiān dào wǎn 하루 종일 ㅣ 跑来跑去 pǎolái pǎoqù 뛰어다니다

기본서 **313쪽**

정답

1. 他是一个著名的画家。
2. 你把冰箱擦干净。
3. 经常喝水对身体有好处。
4. 这道题的答案到底是什么？
5. 王老师对这些材料很熟悉。
6. 他很喜欢跟朋友聊天。
7. 这次会议是刘经理负责的。
8. 小张不小心被狗咬了。
9. 他明天要坐火车去北京。｜明天他要坐火车去北京。
10. 这种电脑在商场里卖得很不错。
11. 她想买适合自己的鞋子。｜她想挑选适合自己的皮鞋。
12. 我常常给朋友写信。｜最近人们一般用电话联系，写信的人越来越少了。
13. 她对今天的购物很满意。｜她今天的购物满意度很高。
14. 房间的门开着。｜门开着需要敲门吗？
15. 她每天刷三次牙。｜她养成了吃东西后刷牙的好习惯。

1

한 명	화가	~이다	저명한	그
一个	画家	是	著名的	他
수사+양사	명사	동사	형용사+的	대명사

해설 및 정답 **문제 분석▼** 관형어의 순서[장소/시간→소유→수량→기타]에 주의하여 배열한다.

Step 1. 주어+술어 　　　　　　　　　 他+是
Step 2. 관형어 순서(수량→형용사) 　　 一个+著名的
Step 3. 주어+술어+관형어+목적어 　　 他+是+一个著名的+画家

정답 他是一个著名的画家。 그는 저명한 화가이다.

단어 著名 zhùmíng 톙 저명하다, 유명하다 ｜ 画家 huàjiā 톙 화가

2

냉장고	깨끗하다	~을	닦다	너
冰箱	干净	把	擦	你
명사	형용사	개사	동사	대명사

해설 및 정답 **문제 분석▼** 把자문의 주어는 반드시 동작자여야 하기 때문에 주어를 찾는 것은 어렵지 않다. 개사인 把 뒤에 명사를 연결하여 개사구를 만들고 술어 앞에 나열한다.

Step 1.	개사+명사	把+冰箱
Step 2.	주어+부사어+술어	你+把冰箱+擦
Step 3.	주어+부사어+술어+보어	你+把冰箱+擦+干净

(정답) **你把冰箱擦干净。** 너는 냉장고를 깨끗하게 닦아라.

(단어) 冰箱 bīngxiāng 명 냉장고 │ ★擦 cā 동 닦다 │ ★干净 gānjìng 형 깨끗하다

3

~이 있다	이점	물을 마시다	자주	몸에
有	好处	喝水	经常	对身体
동사	명사	동사+명사	부사	개사+명사

(해설 및 정답) **문제 분석▼** 주어가 명사가 아닌 문장으로 된 주절 관련 문제이기 때문에 어휘뿐만 아니라 문장의 의미까지 잘 파악해야 한다. 술어와 목적어를 배열하면 '이점이 있다(有好处)'는 의미로 해석되기 때문에 무엇이 어디에 이점이 있는가를 판단하여 문장을 구성한다.

Step 1.	술어+목적어	有+好处
Step 2.	부사어+술어+목적어	对身体+有+好处
Step 3.	주절+부사어+술어+목적어	经常喝水+对身体+有+好处

(정답) **经常喝水对身体有好处。** 자주 물을 마시면 몸에 이점이 있다.

(단어) 经常 jīngcháng 부 자주 │ 身体 shēntǐ 명 몸, 신체 │ ★好处 hǎochù 명 장점, 이점

4

도대체	무엇	답	~이다	이 문제의
到底	什么	答案	是	这道题的
부사	대명사	명사	동사	지시대명사+양사+명사+的

(해설 및 정답) **문제 분석▼** 的 뒤에는 일반적으로 명사가 온다는 것을 기억하고 기본 어순에 따라 배열한다.

Step 1.	的+명사	这道题的+答案
Step 2.	부사어+술어	到底+是
Step 3.	관형어+주어+부사어+술어+목적어	这道题的+答案+到底+是+什么

(정답) **这道题的答案到底是什么?** 이 문제의 답은 도대체 무엇인가?

(단어) 道 dào 양 문제를 세는 단위 │ 题 tí 명 문제 │ 答案 dá'àn 명 답, 답안 │ ★到底 dàodǐ 부 도대체

5

~에 대해	잘 알다	왕 선생님	이 자료들	아주
对	熟悉	王老师	这些材料	很
개사	형용사	명사+명사	지시대명사+명사	부사

해설 및 정답 문제 분석▼ 정도부사는 부사어의 어순과 상관없이 무조건 뒤에 형용사나 감정동사를 수식한다.

Step 1. 정도부사+형용사	很+熟悉
Step 2. 개사+명사	对+这些材料
Step 3. 주어+부사어+술어	王老师+对这些材料很+熟悉

정답 王老师对这些材料很熟悉。 왕 선생님은 이 자료들에 대해 아주 잘 아신다.

단어 ★材料 cáiliào 몡 자료, 재료 | ★熟悉 shúxī 톙 익숙하다, 잘 알다

6

매우	친구와	그	수다 떨다	좋아하다
很	跟朋友	他	聊天	喜欢
부사	개사+명사	대명사	동사	동사

해설 및 정답 문제 분석▼ 정도부사는 부사어의 어순과 상관없이 무조건 뒤에 형용사나 감정동사를 수식하며, 喜欢은 일반 명사 외에도 주로 문장을 목적어로 사용하기 때문에 목적절을 취할 가능성이 크다.

Step 1. 정도부사+감정동사	很+喜欢
Step 2. 부사어+술어	跟朋友+聊天
Step 3. 주어+부사어+술어+목적절	他+很+喜欢+跟朋友聊天

정답 他很喜欢跟朋友聊天。 그는 친구와 수다 떠는 것을 매우 좋아한다.

단어 喜欢 xǐhuan 동 좋아하다 | ★聊天 liáotiān 동 잡담하다

7

이번	회의는 ~이다	류 사장	책임지다	~의, ~한 것
这次	会议是	刘经理	负责	的
지시대명사+양사	명사+동사	명사+명사	동사	조사

해설 및 정답 문제 분석▼ 양사 뒤에는 명사를 연결해야 하므로 횟수를 나타내는 次 뒤에는 会议를 배열해야 한다. 会议와 술어 是가 일체형으로 제시되었기 때문에 주어와 술어 구조가 완성된 문장이니 그 뒤에 목적절을 기본 어순에 따라 배열한다.

Step 1. 양사+명사   这次+会议是

Step 2. 주어+동사   刘经理+负责

Step 3. 관형어+주어+술어+목적절+조사   这次+会议+是+刘经理负责+的

(정답) **这次会议是刘经理负责的。** 이번 회의는 류 사장이 책임진다.

(단어) 会议 huìyì 몡 회의 | 经理 jīnglǐ 몡 사장, 매니저 | ★负责 fùzé 통 책임지다

8

~에 의해	부주의하다	물렸다	개	샤오장
被	不小心	咬了	狗	小张
개사	부정부사+형용사	동사+了	명사	접두사+명사

(해설 및 정답) **문제 분석▼** 被자문은 피동문이기 때문에 주어가 동작자가 아닌 피동 대상이어야 한다. 문장의 술어가 咬(물다)이기 때문에 개(狗)가 동작자이고 샤오장(小张)이 피동 대상이 된다. 또한 부사어의 어순 [부사→조동사→~地→개사구]에 따라 형용사 부사어에 속하는 不小心은 '~地'에 해당되므로 개사구 앞에 나열한다.

Step 1. 被+명사(동작자)   被+狗

Step 2. 부사어+술어   不小心被狗+咬

Step 3. 주어+부사어+술어   小张+不小心被狗+咬了

(정답) **小张不小心被狗咬了。** 샤오장은 부주의해서 개한테 물렸다.

(단어) 不小心 bù xiǎoxīn 부주의해서, 실수로 | 狗 gǒu 몡 개 | 咬 yǎo 통 물다

9

베이징에 가다	~하려고 하다	그	기차를 타다	내일
去北京	要	他	坐火车	明天
동사+명사	조동사	대명사	동사+명사	명사

(해설 및 정답) **문제 분석▼** 연동문이므로 동작의 시간 순서대로 배열한다. 시간명사의 위치는 주어 앞뒤 모두 가능하다.

Step 1. 동사1+동사2   坐火车+去北京

Step 2. 주어+부사어   他+明天要

Step 3. 주어+부사어+술어   他+明天要+坐火车去北京

(정답) **他明天要坐火车去北京。/ 明天他要坐火车去北京。** 그는 내일 기차를 타고 베이징에 갈 것이다.

(단어) 坐 zuò 통 타다, 앉다 | 火车 huǒchē 몡 기차

쓰기 미니 테스트

컴퓨터	괜찮다	팔리는 것이	쇼핑센터 안	매우	이런 종류
电脑	不错	卖得	在商场里	很	这种
명사	형용사	동사+得	개사+명사+명사	부사	지시대명사+양사

해설 및 정답 **문제 분석▼** [정도부사+형용사], [양사+명사] 등의 기본 위치를 파악한 뒤 술어를 중심으로 문장을 배열한다.

Step 1. 정도부사+형용사	很+不错
Step 2. 술어+보어	卖得+很不错
Step 3. 주어+부사어+술어+보어	这种电脑+在商场里+卖得+很不错

정답 这种电脑在商场里卖得很不错。 이런 종류의 컴퓨터는 쇼핑센터에서 매우 잘 팔린다.

단어 种 zhǒng 양 종류 | 电脑 diànnǎo 명 컴퓨터 | 商场 shāngchǎng 명 쇼핑센터 | 卖 mài 동 팔다 | ★不错 búcuò 형 좋다, 괜찮다

해설 및 정답 **그림 및 어휘 분석▼** 여자가 어울리는 신발을 고르고 있다.

适合
shìhé 동 어울리다, 적합하다

Step 1.	**연상 단어**	她(그녀) | 适合(어울리다) | 鞋子(신발)
Step 2.	**기본 문장**	她想买适合自己的鞋子。 그녀는 자신에게 어울리는 신발을 사고 싶다.
Step 3.	**확장 문장**	她想挑选适合自己的皮鞋。 그녀는 자신에게 어울리는 구두를 고르고 싶다.

단어 自己 zìjǐ 명 자기, 자신 | 鞋子 xiézi 명 신발 | 挑选 tiāoxuǎn 동 고르다 | 皮鞋 píxié 명 구두

12

해설 및 정답 **그림 및 어휘 분석▼** 편지가 몇 장 놓여 있다.

信
xìn 명 편지

Step 1.	**연상 단어**	信(편지) | 写(쓰다)
Step 2.	**기본 문장**	我常常给朋友写信。 나는 자주 친구에게 편지를 쓴다.
Step 3.	**확장 문장**	最近人们一般用电话联系，写信的人越来越少了。 요즘 사람들은 일반적으로 전화로 연락을 하고, 편지를 쓰는 사람은 점점 줄고 있다.

단어 最近 zuìjìn 명 최근, 요즘 | 一般 yìbān 형 일반적이다 | 电话 diànhuà 명 전화 | ★联系 liánxì 동 연락하다 | 越来越 yuèláiyuè 부 갈수록, 점점

13

그림 및 어휘 분석▼ 여자가 쇼핑백을 들고 만족스러운 표정을 짓고 있다.

满意
mǎnyì ⠀형⠀ 만족하다

Step 1.	**연상 단어**	她(그녀) | 满意(만족하다) | 购物(쇼핑하다)
Step 2.	**기본 문장**	她对今天的购物很满意。 그녀는 오늘의 쇼핑에 매우 만족한다.
Step 3.	**확장 문장**	她今天的购物满意度很高。 그녀의 오늘 쇼핑 만족도는 매우 높다.

단어 ★购物 gòuwù ⠀동⠀ 쇼핑하다 \| 满意度 mǎnyìdù ⠀명⠀ 만족도

14

그림 및 어휘 분석▼ 문이 열려 있다.

开
kāi ⠀동⠀ 열다

Step 1.	**연상 단어**	门(문) | 开(열다)
Step 2.	**기본 문장**	房间的门开着。 방문이 열려 있다.
Step 3.	**확장 문장**	门开着需要敲门吗? 문이 열려 있는데 노크를 할 필요가 있나요?

단어 房间 fángjiān ⠀명⠀ 방 \| 需要 xūyào ⠀동⠀ 필요하다 \| 敲 qiāo ⠀동⠀ 두드리다

15

그림 및 어휘 분석▼ 여자가 양치를 하고 있다.

刷牙
shuāyá ⠀동⠀ 이를 닦다, 양치하다

Step 1.	**연상 단어**	她(그녀) | 刷牙(이를 닦다)
Step 2.	**기본 문장**	她每天刷三次牙。 그녀는 매일 이를 세 번 닦는다.
Step 3.	**확장 문장**	她养成了吃东西后刷牙的好习惯。 그녀는 음식을 먹은 후에 양치하는 좋은 습관을 길렀다.

단어 养成 yǎngchéng ⠀동⠀ 양성하다, 기르다 \| 东西 dōngxi ⠀명⠀ 물건, 음식 \| ★习惯 xíguàn ⠀명⠀ 습관

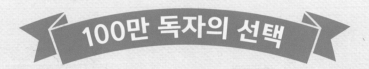